Marion Schreiber

Stille Rebellen

Der Überfall auf den 20. Deportationszug nach Auschwitz

Mit einem Vorwort von Paul Spiegel

Aufbau-Verlag

Mit 25 Abbildungen

ISBN 3-351-02513-0

2. Auflage 2001

Einbandgestaltung Henkel/Lemme
Druck und Binden Clausen & Bosse, Leck
Printed in Germany

www.aufbau-verlag.de

Meinen Söhnen
Till, Benjamin und Jonas

Paul Spiegel

»Wer ein Menschenleben rettet, der rettet ein ganzes Volk«

Daß ich den Holocaust überlebt habe, verdanke ich belgischen Bürgern, die den Mut besaßen, einen kleinen jüdischen Jungen aufzunehmen und vor den Nazis zu verstecken. Auch meine Mutter entging der Deportation, weil sie während der deutschen Besatzung bei einer Brüsseler Familie wohnte, die sie nicht nur beherbergte, sondern ihr immer wieder half, der Verfolgung durch die SS zu entgehen.

Das Land Belgien ist Deutschlands unbekannter Nachbar. Und das gilt in besonderem Maße für das Kapitel des Widerstands und des zivilen Ungehorsams in Belgien gegen das Naziregime. So wie ich überlebten mehr als 4000 Kinder unter falscher Identität in Familien, Internaten, Klöstern und Heimen den Holocaust. Sechzig Prozent der damals 60000 in Belgien lebenden Juden wurden nicht deportiert, weil sie sich mit Hilfe von Nachbarn, Freunden und Unbekannten dem Zugriff durch die deutschen Rassefanatiker entziehen konnten. Diese Belgier riskierten eine Gefängnisstrafe oder gar den Abtransport in ein KZ. Denn sie verstießen gegen die von der deutschen Militärverwaltung erlassenen Gesetze, wonach jede Hilfe für die verfolgten Juden wie ein schweres Verbrechen zu ahnden war.

Ich war zwei Jahre alt, als sich mein Vater, Hugo Spiegel, nach Belgien aufmachte, um für seine Familie eine sichere Bleibe zu finden. Während der antijüdischen Pogrome im November 1938 war er, ein angesehener Viehhändler in Warendorf, von den Nazis verprügelt worden. Man entzog ihm den Gewerbeschein und damit unsere Existenzgrundlage. Für meine Eltern war dies das Signal, Deutschland zu verlassen, um dann, wenn dieser nationalsozialistische Spuk in einigen

Monaten vorbei sein würde, wieder ins Münsterland zurückzukehren. 1939 fand mein Vater im Haus des Metzgers Blomme in St. Gilles ein Quartier für die vierköpfige Familie.

Kurz nach dem Einmarsch der Deutschen in Belgien wurde mein Vater auf der Straße verhaftet und in das französische Internierungslager Gurs gebracht, von wo aus er später nach Buchenwald, dann nach Auschwitz und schließlich nach Dachau deportiert wurde. Wie durch ein Wunder überlebte er die KZ. Für die belgischen Nachbarn war meine Mutter, die mit Vornamen Ruth hieß, »Madame Régine«. Sie verdiente ihren Lebensunterhalt als Putzfrau bei jüdischen Familien, die wegen ihrer belgischen Staatsangehörigkeit zunächst noch von der Deportation verschont wurden.

Meine Schwester Rosa war neun Jahre älter als ich und schon recht selbständig. Die Mutter hatte ihr eingebläut, wenn sie von einem Uniformierten angesprochen werde, solle sie niemals sagen, daß sie Jüdin sei. Eines Tages ging sie mit einer Freundin meiner Mutter zu einer Stelle, wo Lebensmittelkarten für die Juden ausgegeben wurden. Ein Mann in Zivil fragte die Dreizehnjährige, ob sie Jüdin sei. Arglos bejahte meine Schwester die Frage. Rosa wurde verhaftet, und wir haben nie wieder etwas von ihr gehört. Nach den Deportationslisten des Sammellagers Mechelen wurde sie gemeinsam mit 130 anderen Kindern am 24. Oktober 1942 mit dem 14. Transport nach Auschwitz deportiert.

Nun suchte meine Mutter für mich ein Versteck. Nach einem kurzen Aufenthalt in einem Haus in Uccle, wo etwa zehn Kinder unter sehr ärmlichen und unhygienischen Bedingungen untergebracht waren, erhielt meine Mutter von einer Organisation die Adresse eines Bauern in Chapelle-lez-Herlaimont, der bereit war, ein jüdisches Kind bei sich aufzunehmen. So kam ich als Fünfjähriger zu diesem älteren Ehepaar mit einem erwachsenen Sohn, das mich als ihren Neffen aus Deutschland ausgab. Nur der Pfarrer im Dorf, dessen Gottesdienste ich regelmäßig mit meiner katholischen Familie besuchte, wußte von meiner wahren Identität. Um mich besser vor den Nazis zu schützen, schlugen ihm meine Gasteltern vor, mich zu taufen. Doch der Pfarrer lehnte das ab. Er gehörte nicht zu jenen, die diese Gelegenheit nutzten, um jüdische Kinder zu missionieren. Dreieinhalb Jahre verbrachte ich bei diesen freundlichen Bauern. An den Einmarsch der amerikanischen Soldaten in unserem kleinen Nest kann ich mich noch sehr genau erinnern. Meine Mutter hatte mich auf diesen großen Augenblick vorbereitet, indem sie mir den Satz beigebracht hatte: »I am a German Jew«. Als ich nun am Straßenrand im Defilé der Fähnchen schwingenden und jubelnden Dorfbewohner stand, hielt plötzlich ein Riesenpanzer, und ein farbiger Soldat sah auf mich herunter. Ich schrie ihm meinen englischen Satz entgegen, er beugte sich zu mir herab und hob mich hoch, küßte mich und beschenkte mich mit Süßigkeiten. Ich weiß noch, daß ich fürchterliche Angst hatte und froh war, als er mich wieder auf der Straße absetzte.

»Wer ein Menschenleben rettet, der rettet ein ganzes Volk« – viele belgische Bürger haben während der deutschen Okkupation nach diesem Spruch aus dem Talmud gehandelt. Ich wünsche mir sehr, daß ihr Mut und ihre Hilfsbereitschaft durch das Buch von Marion Schreiber nun auch in Deutschland bekannt und gewürdigt werden.

Erstes Kapitel

Der 20. Januar 1943

Eine seltsam euphorische Stimmung lag über der Avenue Louise. In der breiten, von Kastanien gesäumten Allee strömten die Menschen wie auf ein geheimes Kommando zu dem Haus Nummer 453. Aus allen Stadtteilen Brüssels kamen sie an diesem kalten Wintertag, um die unverhoffte Demütigung der deutschen Besatzer zu besichtigen, die sich in der hellen Kalksandsteinfassade des Appartmentgebäudes in der Nähe des Stadtwaldes offenbarte. Mehr als ein Dutzend Einschußlöcher verunzierten das Haus.

Unglaubliches war geschehen. Ein Pilot der englischen Luftwaffe hatte sich an diesem Januarmorgen 1943 in den Luftraum über Belgien gewagt. Im Tiefflug donnerte er über die breiten Boulevards von Brüssel auf die belgische Außenstelle des Reichssicherheitshauptamtes zu, übersäte das Gebäude mit Granaten und Geschossen, drehte ab und verschwand.

Er hatte gut gezielt. Keines der benachbarten Bürgerhäuser war getroffen. Allein die cremefarbene Front des berüchtigten Hochhauses bot ein Bild der Verwüstung. Scheiben waren zersplittert, Metallrahmen verbogen und die Gitter der Balkons zerborsten. In den oberen Stockwerken klafften schwarze Fensteröffnungen.

Langsam schob sich die Menschenmenge an dem Haus vorbei. Niemand wagte, stehenzubleiben. Und niemand traute sich, seiner Freude laut Ausdruck zu geben. Nur jene, die in der überfüllten Straßenbahn vorbeifuhren, winkten triumphierend den Heerscharen der Spaziergänger zu. Sie wähnten sich vor dem Zugriff der grimmig blickenden deutschen Polizisten in den feldgrauen Uniformen sicher, die das Gebäude in einem

Halbkreis abgeriegelt hatten. Allein ihre Trillerpfeifen und Kommandos, mit denen sie die Neugierigen immer wieder auseinanderzutreiben suchten, übertönten schrill die gelöste Stimmung.

Youra Livchitz konnte den Blick nicht von der zerstörten Fassade abwenden. Ein solches Gefühl des Triumphes hatte er seit langem nicht verspürt. Der junge jüdische Arzt kannte die fürchterlichen Geheimnisse dieses Gebäudes. Freunde von ihm, Widerständler, waren in diesem Gebäude verhört und gefoltert worden, ehe sie im Gefängnis oder im Arbeitslager verschwanden. Im Keller warteten jüdische Frauen, Männer und Kinder, die bei den Razzien von Hitlers SS-Schergen, den Mitgliedern der Sicherheitspolizei und des Sicherheitsdienstes, verhaftet worden waren, auf die Weiterfahrt in das Sammellager Mechelen. Je höher die Etagen, desto grausamer die Methoden dieser Polizeizentrale für Menschenfang und Menschenvernichtung. In den beiden obersten Stockwerken hatte die Geheime Staatspolizei, die Gestapo, ihre Büros.

Livchitz hatte an diesem Nachmittag früher als gewöhnlich seinen Arbeitsplatz verlassen. In den Büros und Labors der Firma Pharmacobel, wo er als Laborleiter arbeitete, seit die Besatzer ihm als Juden die Ausübung des Arztberufs verboten hatten, sprach man an diesem 20. Januar von nichts anderem. Kündigte sich vielleicht das baldige Ende der Naziherrschaft an? Erstmals zeigten sich die Deutschen verwundbar. Warum sollte den Alliierten nicht bald im Großen gelingen, was dieser wagemutige Pilot im Alleingang geschafft hatte? Sogar die von den Nazis gleichgeschaltete Abendzeitung »Le Soir« vermochte nichts mehr an der hoffnungslosen Situation der Deutschen in Schnee und Eiseskälte an der Ostfront zu beschönigen. Die Einheiten der Wehrmacht, hieß es, seien vor Stalingrad »isoliert« und Ziel »unerbittlicher Angriffe von russischer Seite«.

Doch Youra hörte auch pessimistische Stimmen. Sie fürchteten, die gedemütigten Nazis würden nun um so rabiater agieren und Hausdurchsuchungen und Razzien verstärken, um ihre Autorität des Schreckens zurückzugewinnen. Mit Sicherheit aber würden die Deutschen alles tun, damit in den belgischen Zeitungen nichts von der Fliegerattacke gegen ihr Hauptquartier zu lesen sein würde.

Der junge Arzt wollte die Niederlage der verhaßten Besatzer mit eigenen Augen sehen, wollte hören, was die Leute auf der Straße sagten. Auch wenn er damit ein Risiko einging. Denn sicherlich verschärften die Deutschen die Personenkontrollen. Sollte sich herausstellen, daß er keinen Judenstern trug, dann wäre sein weiterer Weg vorgezeichnet: Er würde selbst im Keller dieser Nazizentrale landen und ins Sammellager Mechelen transportiert werden, von wo aus die Züge nach Polen abgingen. Doch Youra vertraute wie immer darauf, daß er jener krummnasigen Nazikarikatur eines Juden so gar nicht ähnlich sah, die auf den Plakaten in der Stadt für die »Antibolschewistische Ausstellung – Das sind die Sowjets« im Cinquantenaire warb. Livchitz war groß, sportlich, und er hatte blaue Augen – ein Typ, den Frauen mochten.

Die Menschen hier in der Avenue Louise, so schien es dem jungen Arzt, gingen heute aufrechter als sonst, sie wirkten entspannter, hoffnungsvoller. Die Angststarre war von ihnen gewichen. Den aufgeregten Gesprächen um sich herum entnahm der junge Mediziner, daß ein belgischer Pilot, ein ortskundiger Patriot offensichtlich, den Angriff geflogen haben mußte. Präzise habe er das Hochhaus Nummer 453 angesteuert. Und auf dem Anflug über Brüssel habe er über dem Haus einer bekannten adligen Familie die von den Nazis verbotene belgische Nationalflagge abgeworfen. Bei der verhaßten deutschen Polizei habe es offensichtlich Blutopfer gegeben. Die Bewohner der Nachbarhäuser berichteten, den ganzen Vormittag über hätten sie Feuerwehr und Ambulanzen vorfahren sehen.

Erst später wurde in Belgien bekannt, daß der 32jährige Jean de Sélys Longchamp den Angriff geflogen hatte. Der belgische Pilot hatte sich mit seiner britischen Typhoon bei einem Erkundungsflug der Royal Air Force über Belgien von seinem Geschwader entfernt und das Gestapo-Gebäude beschossen. Ein Racheakt für seinen Vater, einen angesehenen Politiker, der an den Folgen der Folterungen der nationalsozialistischen Sicherheitspolizei gestorben war.

Plötzlich zuckte Youra zusammen. Jemand hatte ihm auf die Schulter geschlagen. Es war Robert Maistriau, sein alter Schulfreund. Die beiden jungen Männer hatten sich seit Wochen nicht gesehen. Auch Robert war hierher gepilgert, um die Blamage der deutschen Besatzer zu besichtigen. Der vier Jahre jüngere Robert mit seinem blonden gewellten Haar war für den Juden Youra ein unverdächtiger Begleiter in dem Gedränge. Beide waren begeistert: Dieser sichtbaren Niederlage der Deutschen, spekulierten sie, würden weitere folgen. Wurde nicht die Stimmung der von Hunger und Kälte geplagten Bevölkerung den Besatzern gegenüber immer feindseliger? Und die Anschläge der Untergrundkämpfer häuften sich.

Robert war wild entschlossen, sich auch einer Widerstandsbewegung anzuschließen. Der Schreibtischjob bei der Metallgesellschaft Fonofer, wo er nach einem abgebrochenen Medizinstudium zu arbeiten angefangen hatte, langweilte ihn. Er brannte darauf, endlich etwas gegen die Deutschen zu tun. Nicht genug damit, daß alles, was die Belgier erwirtschafteten, Lebensmittel, Textilien oder Kohle, nach Deutschland ging. Nun sollten auch noch die jungen Leute zur Arbeit in deutschen Fabriken zwangsverpflichtet werden, um die Räder von Hitlers Rüstungsindustrie rotieren zu lassen. Robert mußte in diesen Tagen häufig an seinen Vater denken. Der Militärarzt, ursprünglich ein glühender Verehrer der deutschen Kultur, hatte im Ersten Weltkrieg an der Yser-Front all seine Hochachtung vor dem Volk der Dichter und Denker verloren. Für besonders barbarisch hielt er, daß die Deutschen beim Einmarsch 1914 die kostbare Universitätsbibliothek von Leuven mit ihren unersetzlichen Schriften in Brand gesetzt hatten. »Irgendwie«, erinnert sich Maistriau, »waren wir jungen Leute gegen die Deutschen, auch vor dem Zweiten Weltkrieg.«

Sein großer Freund Youra, den Robert im Gymnasium so bewundert hatte, war ihm auch jetzt wieder voraus. Er sei in der Résistance aktiv, erzählte er Maistriau, und arbeite als Kurier. Weil er sich in einigen Kliniken gut auskenne, habe er auch schon geholfen, gemeinsam mit jungen Untergrundkämpfern im Arztkittel ein krankenhausreif geschlagenes Gestapo-Opfer aus der Klinik herauszuschmuggeln. Doch anders als sein älterer Bruder Alexandre, ein überzeugter Kommunist, der den bewaffneten Partisanen angehörte, hatte sich Youra bisher noch keiner Gruppe angeschlossen. Der intellektuelle Freigeist verabscheute jede Form des Zwanges und wollte sich weder organisatorisch noch ideologisch einbinden lassen.

Auf einmal drängten sich deutsche Polizisten in die Menge, einige hielten Schäferhunde an der Leine. Offensichtlich hatten sie Anweisung, die Menschenansammlung aufzulösen. Sie griffen einzelne Neugierige heraus und führten sie ab. Höchste Zeit für Youra, das gefährliche Pflaster zu verlassen. Die beiden Schulkameraden wohnten noch immer im selben Viertel, in der Nähe ihres Gymnasiums in Uccle. Und so legten sie wie in alten Zeiten den Fußweg von zwanzig Minuten gemeinsam zurück.

Vom dritten Stockwerk der Avenue Louise Nummer 453 beobachtete Judenreferent Kurt Asche, wie sich die Menge langsam zerstreute. Im Laufe des Tages war der NS-Funktionär immer wieder ans Fenster getreten, um durch die zersplitterten Scheiben auf das Treiben zu blicken. Der Anblick dieser heiteren Menschen machte ihn wütend. Um nicht gesehen zu werden, hielt sich der kleinwüchsige Mann mit dem verkniffenen Gesicht im dunklen Hintergrund seines Büros, das wie durch ein Wunder unversehrt geblieben war.

Asche war Adolf Eichmanns verlängerter Arm in Belgien. Und als Referent und Obersturmführer der SS genoß er das Privileg eines Büros an diesem Prachtboulevard mit Blick auf den Park der Abbaye de la Cambre. Als am Morgen das Flugzeug im Sturzflug auf das Gebäude zudonnerte, waren andere

Mitarbeiter ans Fenster gerannt, um die Ursache des ohrenbetäubenden Lärms zu erkunden. Einige hatten ihre Neugierde mit schweren Verletzungen oder gar mit dem Leben bezahlen müssen.

Gegen Mittag hatte man ein Telegramm nach Berlin geschickt. Es unterrichtete das Reichssicherheitshauptamt (RSHA) von dem Angriff eines »englischen Tieffliegers auf das Kanzleigebäude«. Vier Tote und fünf Schwerverletzte wurden gemeldet. Auch einen guten Kumpel von Asche hatte es erwischt. Bedauerlich für den Judenreferenten. Denn mit diesem Mitarbeiter aus der Abteilung IVc hatte er bestens kooperiert. Hin und wieder hatten sie, bei entsprechender Zahlung, wohlhabende Juden aus der Deportationsliste gestrichen und ihnen einen französischen Paß verkauft. Wer würde nun seinen Posten einnehmen, sorgte sich der Obersturmführer. Denn von dem Gehalt allein konnte er sein ausschweifendes Nachtleben, seine Ausflüge in Brüssels Bordelle und seine feuchtfröhlichen Abende in einschlägigen Kneipen nicht bestreiten. Asches Geldgier war noch größer als sein Antisemitismus.

Daß der Chef des Sicherheitsdienstes, Alfred Thomas, an seinem Mahagonischreibtisch von einer Granate tödlich getroffen wurde, ließ ihn kalt. Die Witwe in Stettin und seine Kinder würden nun den Höchstsatz aus der Hinterbliebenenversorgung der Partei-Kasse bekommen.Was Asche nicht wissen konnte: Am folgenden Tag würde die Witwe seines Vorgesetzten einem dritten Sohn das Leben schenken, Günther Alfred, geboren am 21. 1. 1943.

Womöglich eröffnete der Tod des SS-Sturmbannführers seinem Untergebenen Asche nun die langersehnte Chance zur Beförderung. Der Ehrgeiz des gelernten Drogistengehilfen war geweckt. Schließlich hatte er Thomas schon bei wichtigen Besprechungen in der Reichshauptstadt vertreten. So im Juni 1942 bei einer Unterredung mit Adolf Eichmann, dem Vollstrecker der Endlösung. Damals hatten er und seine Kollegen aus Paris und Den Haag den Auftrag erhalten, dafür zu sorgen, daß »aus den besetzten Westgebieten größere Judenmengen dem KZ Auschwitz zwecks Arbeitsleistung überstellt werden«.

Asche war seither mit Eifer bei der Sache. Neunzehn Transporte mit rund 16000 Deportierten hatten Belgien inzwischen verlassen, der letzte Zug am 15. Januar. Die »Evakuierten«, wie sie im Jargon der Nazibürokraten hießen, blieben wie vom Erdboden verschwunden. Nun würde Kurt Asche, als Vertreter seines verstorbenen Vorgesetzten Thomas, den nächsten Transport, den 20. Konvoi zu organisieren haben.

Unten im Keller des vornehmen Hochhauses mit der lädierten Fassade saß eine zierliche junge Frau in Krankenschwesterntracht. Die bildhübsche Régine Krochmal war in der Nacht zuvor ins Netz der »voleurs de la vie«, wie sie Kurt Asches Menschenfänger nannte, geraten. Die 22jährige gehörte der Österreichischen Freiheitsfront an, einer Gruppe von jüdischen Widerständlern, die mit ihren Flugblättern und Zeitungen die Wehrmachtssoldaten in Belgien über die wahren Absichten Hitlers aufzuklären suchten. »Ziemlich primitives Agitationsmaterial«, wie Régines damaliger Kampfgenosse Hans Mayer befand, der nach dem Krieg unter dem Namen Jean Améry als Schriftsteller bekannt wurde: »Ich habe manchen Grund zu der Annahme, daß die feldgrauen Soldaten unsere vervielfältigten Schriften, die sie vor den Kasernen fanden, stracks und hackenklappernd ihren Vorgesetzten weitergaben, die ihrerseits mit der gleichen dienstlichen Fixigkeit die Sicherheitsbehörden verständigten.«

In der Nacht zum 20. Januar hatten Régine und ihre österreichischen Freunde in der Wohnung eines Genossen die Matrizen ihrer Zeitung »Die Wahrheit« abgezogen. Wie immer trug sie ihre Schwesternuniform mit der blauen Haube. »Das war für mich die beste Tarnung«, erklärt sie Jahrzehnte nach diesen Erlebnissen, »damit habe ich jede Kontrolle passiert und war an keine Sperrstunde gebunden.« Gegen Mitternacht bemerkten die jungen Leute einen Wagen, der auf der gegenüberliegenden Straßenseite des Hauses parkte. Das war ungewöhnlich in dieser Nachbarschaft, schließlich hatten die Deutschen fast alle belgischen Autos beschlagnahmt. Sie waren offensichtlich verraten worden. Zwar besaß Bobby, der Mieter der Wohnung, einen argentinischen Paß. Aber wenn die SS-Polizei die kleine Druckerei entdecken würde, dann drohte ihnen Folter und womöglich die Exekution.

Hastig versteckten sie den kostbaren Vervielfältigungsapparat, verbargen Papier und Matrizen. Dann flohen die beiden Freunde aus dem Fenster zur Gartenseite. Régine legte sich ins Bett. Als die Fahnder gegen die Tür schlugen, öffnete sie scheinbar verschlafen. Ein Mann habe sie mit in diese Wohnung genommen, erklärte sie den beiden Männern in den langen Ledermänteln, und sie hier allein gelassen, damit sie wenigstens für diese Nacht ein Dach über dem Kopf habe. Régine gab sich als Jüdin zu erkennen. Und die Häscher, froh über diese leichte Beute, unterließen es, die Wohnung zu durchsuchen.

Bis in die frühen Morgenstunden wurde die Tür des Kellers im Haus Nummer 453 immer wieder für weitere niedergedrückte und verzweifelte Ankömmlinge aufgeschlossen. Nach Mitternacht – wenn die Gejagten, aus tiefem Schlaf hochgeschreckt, keine Chance mehr hatten zu fliehen – kam die Zeit der gnadenlosen Jäger.

Kurz nach 9 Uhr morgens verstummte der Lärm der Geschosse, und Régine hörte im Flur die Wachmannschaften rennen und schreien. Einen Augenblick lang erwog sie zu fliehen. Mehr als fünfzig Jahre später fragt sie sich noch immer, ob sie damals richtig entschied. »Ich dachte, es ist aussichtslos, sie sind nah und sie sind wütend, sie werden dich töten.« Sie blieb.

Bevor die Rassegesetze der Nazis im Sommer 1942 Régine arbeitslos machten, hatte sie ihre Ausbildung als Krankenschwester und Hebamme abgeschlossen. Sie liebte ihren Beruf. Sie konnte sich nichts Schöneres vorstellen, als den werdenden Müttern beizustehen und den Babies auf die Welt zu helfen. Und sie erinnerte sich an eine Nacht im Krankenhaus von Etterbeek, als sie, die Lernschwester, gemeinsam mit einem jungen Assistenzarzt bei einer Frau Geburtshilfe leistete. Der dunkelhaarige gut aussehende Mediziner hatte sie nachhaltig beeindruckt. »Ein Mann zum Verlieben«, erinnert sie sich. Es war Youra Livchitz.

Zweites Kapitel

Youra Livchitz

Wie jeden Samstagabend war die kleine Wohnung binnen kurzem mit dicken Rauchschwaden und hitzigen Diskussionen erfüllt. Im Salon von Minnie Minet drängte sich die Brüsseler Boheme: Künstler, Intellektuelle sowie hübsche junge Mädchen in kurzem Faltenrock und langen, eng anliegenden Jacken, im Stil der »Zazous«, der Swing-Jugend, gekleidet. Der Jour fixe bei der exotischen Pianistin war für manchen der einzige Lichtblick in der sonst so langen düsteren Woche. Die Wände der Wohnung waren mit Fotos der Werke von Minnies Künstlerfreunden tapeziert. Und die musikalischen Einlagen der Gäste waren alles andere als amateurhaft. Einige der Solisten wurden wie der Violinist Arthur Grumiaux später weltberühmt.

Hier, in der Rue Van Goidtshoven, war man unter Gleichgesinnten. Man kam zusammen, um zu musizieren, der Musik zu lauschen und vor allem zu reden. Offen miteinander zu reden, das wurde – je länger die deutschen Besatzer das Land in Atem hielten – für Minnies Gäste schließlich noch wichtiger als die geliebte Musik. Sonst wäre man an dem Ungesagten erstickt.

Irgendwie schaffte es immer einer der Habitués, Wein oder gar Kaffee zu organisieren. Minnies javanische Zubereitung der kostbaren Bohnen war eine Sensation. Sie wurden mit der Mühle gemahlen, dann goß Minnie in einer stundenlangen

Prozedur das Kaffeepulver mit kleinsten Mengen kochendem Wasser auf. Das Filtrat war schwarz und dickflüssig und konnte nur mit viel Milch genossen werden. Die Suppe, die im großen Topf zur Selbstbedienung auf dem Herd stand, war ein Gemeinschaftswerk der Gäste. Jeder brachte mit, was er hatte: Reis, Gemüse oder Kartoffeln, vielleicht sogar ein ergattertes Stück Fleisch. Von Kriegsmonat zu Kriegsmonat fiel der Eintopf dünner aus. Der Kuchen bestand schließlich nur noch aus einer dunklen Masse von Kastanienmehl und Süßstoff. Aber nie gingen Minnies Gäste mit leerem Magen nach Hause.

Die kleine, wohlgerundete Gastgeberin mit den hohen Wangenknochen und den schrägen Katzenaugen, Tochter einer Indonesierin und eines Niederländers, war in dem behäbig bürgerlichen Brüssel eine außergewöhnliche Erscheinung. Sie war fröhlich, spontan und sexy. Die Begrüßungsküßchen, darauf achtete sie, mußten auf ihren beiden tiefen Grübchen plaziert werden. War sie 35 Jahre alt oder 45? Niemand vermochte es zu sagen. Von ihrem sehr viel älteren Ehemann, einem Professor am Konservatorium, lebte sie getrennt. Aber er unterstützte sie. Minnie war nicht nur Künstlerin, sie war auch eine Lebenskünstlerin mit einem großen Herzen.

Engstirnige Spießer waren ihr verhaßt. Die deutschen Besatzer in ihren blankgewienerten Schaftstiefeln, die dem Land ihren Stechschritt und ihre Marschmusik aufzuzwingen versuchten, waren ihr ein Greuel. Immer mehr wurden Minnies musikalische Soirees für ihre Intellektuellen- und Künstlerfreunde aus dem Widerstand ein Vorwand, Informationen auszutauschen oder gar die nächsten Coups zu besprechen. Der Musikliebhaber und Maler Marcel Hastir, der viele dieser Samstagabende bei Minnie mit seinem sprühenden Witz belebte, schüttelt seinen weißen Kopf, als er sich im Jahr 1999 an diese Zeiten erinnert: »Einige waren damals ziemlich leichtsinnig, geradezu abenteuerlustig. Und es gab viele, die zu viel erzählten.«

Youra Livchitz zählte zu Minnies liebsten Gästen. Er war geistreich, belesen und politisch interessiert. Ein brillanter Kopf, dem Lehrer und Professoren eine große Zukunft prophezeiten. Und wenn der Mittzwanziger an einem solchen Abend auf ebenbürtige Geprächspartner stieß, dann konnte er über Gott und die Welt oder auch stundenlang über den »idealen Menschen« philosophieren. Nicht der sozialistische Held, nicht der geniale Künstler oder der Wissenschaftler verkörperten für den jungen Mann den Idealtyp. Youra lehnte jede Festlegung auf eine Doktrin und jede Beschränkung auf ein Spezialgebiet ab. »Der vollkommene Mensch«, so sein Credo, »ist der vielseitig Gebildete, der sein Leben nicht schmalspurig und geradlinig plant, sondern sich von seinen unterschiedlichsten Interessen bestimmen läßt.«

Oft tauchte auch Youras älterer Bruder Alexandre in der buntgemischten Gesellschaft auf. Er wirkte verschlossener und ernster als sein sechs Jahre jüngerer eloquenter Bruder. Beide waren großgewachsen, sportlich und übten eine große Anziehungskraft auf Frauen aus. Dank des Altersunterschieds kamen sich die beiden dabei nicht in die Quere. Alexandre hatte mit der gleichaltrigen Wilhelmine Cohen-Baudoux angebändelt. Die üppige Schwarzhaarige, die sich so zu kleiden wußte, daß ihre Formen zur Geltung kamen, war zwar verheiratet, aber für jeden Flirt zu haben. Die Willy »hatte viele Techtelmechel«, erinnert sich Marcel Hastir. Eine Malerin, die damals ständiger Gast bei den Soirees von Minnie Minet war, drückt es krasser aus: »Die Willy war ein Luder.«

Wenn die Straßenbahn nicht mehr fuhr oder Sperrstunde war, fanden die Gäste bei Minnie bis zum Sonntagmorgen nächtliches Asyl. Es wurden Schlafsäcke und Decken auf dem Fußboden ausgerollt, für einen Schläfer fand sich Platz in der leeren Badewanne. Und als wärmende Bettflasche brachte Minnie ihnen allen im Winter eine mit heißem Wasser gefüllte Joghurtflasche.

Die Beziehung zwischen dem jungen Medizinstudenten und der lebenslustigen Minnie muß recht eng gewesen sein.

Ein Schnappschuß zeigt die beiden, als sie nebeneinander sitzend die Aussicht auf die Meuse bei Namur genießen. Im nahegelegenen Villeprofonde besaß das Ehepaar Minet ein kleines Sommerhaus.

Wie alle, die Youra aus dieser Zeit kannten, schwärmte auch Evelyn Coulon-Allègre von diesem jungen Mediziner. Lily, wie man sie damals nannte, war ein hübscher Backfisch, als sie Livchitz 1938 kennenlernte. Ihre Eltern und Youras Mutter gehörten der Theosophischen Gemeinschaft in Brüssel an. Und bei den Konzerten und Vorträgen, zu denen sie ihre Eltern begleitete, fiel dem jungen Mädchen mit den leuchtend blonden Haaren der gut aussehende Medizinstudent auf. Er war ihre erste Liebe. Rein platonisch. Denn der sechs Jahre ältere Youra behandelte sie zwar fürsorglich und herzlich, aber sah in ihr wohl eher eine kleine Schwester. Eine Zeitlang gab Youra seiner jungen Freundin Nachhilfeunterricht in Mathematik. Aber Lily lernte in diesen Stunden so gut wie nichts. »Ich konnte einfach nicht richtig denken, so verliebt war ich.«

Youra nahm sie mit, wenn in diesen politisch bewegten Zeiten an der Université Libre de Bruxelles gegen das faschistische Franco-Regime in Spanien oder die Invasion der Japaner in China protestiert wurde. Und sie demonstrierte an seiner Seite gegen den belgischen Rechtsradikalen und Hitler-Anhänger Léon Degrelle und dessen »Rexisten«, die mit ihren Großveranstaltungen in Brüssel politisches Terrain zu gewinnen suchten. Als Vorkommando des Faschistenführers Degrelle zog eine Gruppe von Matronen in grünen Jagdröcken, mit Blockabsätzen und Jägerhütchen in den Saal, die Arme zum Hitler-Gruß ausgestreckt.

»Für Youra gab es keine gesellschaftlichen Barrieren, ihm standen alle Türen offen«, erzählt Lily Allègre. Sie war siebzehn, als sie ihn auf das Geburtstagsfest eines Studienfreundes begleiten durfte. Zu einer – wie es damals Mode war – »gardenparty« im feinen Villenviertel von Rhodes-St.Genèse. Als die beiden jungen Leute sich in dem von Lampions erhellten Garten den elegant gekleideten Gästen näherten, beugte sich Youra zu seiner eingeschüchterten Freundin hinunter: »Entschuldige, daß ich dich zu den Großbürgerlichen ausführe.« Schließlich hatte sich Youra bisher ihr gegenüber als vehementer Verfechter des Sozialismus, des Antibürgerlichen zu erkennen gegeben.

Diesen Abend hat Lily noch aus einem anderen Grund nicht vergessen. Der junge Gastgeber wurde später ihr Ehemann. Er hatte sich bei seinem Geburtstagsfest für Youras schüchterne Begleiterin zu interessieren begonnen.

Seit 1928 lebte Youra mit seiner Mutter und seinem älteren Bruder Alexandre in Brüssel. Jüdische Immigranten aus dem Osten Europas, so schien es, die der wirtschaftlichen Not zu entfliehen suchten. Tatsächlich aber stammte Youras Mutter Rachel Livchitz aus einer der reichsten Familien Bessarabiens.

Rachel Livchitz, das spürte jeder, der ihr begegnete, war eine außergewöhnliche Person. Sie kam nicht aus den einfachen und beengten Verhältnissen des »stedtls«. Die hochgewachsene Frau mit den markanten Gesichtszügen und den strahlend blauen Augen, die sie ihrem Sohn Youra vererbt hatte, stammte aus der jüdischen Aristokratie. Sie sprach fließend Englisch, Französisch, Deutsch und Russisch. »Sie war eine Großbürgerin, nicht aufgrund ihrer Lebensumstände, sondern aufgrund ihres Verhaltens, sie hatte Klasse«, faßt Yvonne Jospa ihren Eindruck von Rachel Livchitz zusammen. Yvonne und ihr Mann Hertz Jospa waren etwa zur selben Zeit wie die Familie Livchitz aus Bessarabien nach Belgien gekommen, um hier zu studieren. Die Sozialwissenschaftlerin und ihr Mann gehörten zum selben Kreis von linken Intellektuellen wie Youra und sein Bruder Alexandre und spielten während der deutschen Besatzung eine tragende Rolle im jüdischen Widerstand.

Wer den Blick dafür hatte, konnte in der bescheidenen, aber geschmackvoll eingerichteten Wohnung der Familie Livchitz manchen Hinweis auf ihre wohlhabende Herkunft entdecken. Ein paar alte Stiche, ein prachtvoller Samowar und feines Silber. Die mit Jugendstilornamenten verzierten Teelöffel, in die ihre Anfangsbuchstaben R. L. eingraviert sind, hüten heute russische Freunde als teures Andenken an diese Grande Dame, die manchmal sogar etwas snobistisch sein konnte.

Die Mitchniks, Youras Großeltern mütterlicherseits, gehörten zu den reichsten Familien von Kischiniew, der Hauptstadt der russischen Provinz Bessarabien. Rachels Vater war Mitglied in der noblen zaristischen Kaufmannsgilde und besaß riesige Ländereien, Weinberge und ein Gestüt, in dem Pferde für die russische Armee gezüchtet wurden. Die Eltern waren gläubige Juden, erzogen ihre dreizehn Kinder gleichwohl weltoffen und unorthodox. Um die Jüngste der 13köpfigen Kinderschar, um Rachel, kümmerte sich eine französische Gouvernante. Sie war der einzige Verdruß in diesem Kindheitsparadies der mit allen irdischen Gütern gesegneten Großfamilie. Auch den Töchtern ließ der aufgeklärte Kaufmann Vater Mitchnick die beste Ausbildung angedeihen. Rachel, 1889 geboren, war Gasthörerin an der Universität St. Petersburg und studierte zwei Semester lang in Paris an der Sorbonne, wo sich auch eine ältere Schwester eingeschrieben hatte. Studienreisen nach England und in die Schweiz vervollständigten das anspruchsvolle Bildungsprogramm der jungen russischen Dame.

Lachend erzählte die über Achtzigjährige ihren Freunden in Brüssel von einem unvergeßlichen Abend bei ihrer Schwester in Paris. Rachel war eines Tages ein interessanter Tischherr für das Abendessen bei ihrer Schwester angekündigt worden. Man hatte ihr nicht zuviel versprochen. Der Landsmann mit der hohen Stirn und den glühenden Augen imponierte der Studentin sehr. Es war Wladimir Iljitsch Lenin. Und womöglich waren der aus Russland geflohene Revolutionär und seine charmante junge Tischdame sogar miteinander verwandt. Denn Rachels Mutter und die Mutter Lenins hießen beide mit Mädchennamen Blank.

Vielleicht schilderte Rachel dem sieben Jahre älteren Exilrussen bei dieser Gelegenheit, wie sie als Lyzeumsschülerin 1905 in ihrer Heimatstadt Kischiniew bei einer der vielen Massendemonstrationen gegen das Zarenregime mitmarschiert war. Immer wenn sie glaubte, jemand könnte sie, die höhere Tochter, unter den Demonstranten erkennen, zog sie die schwarze Schürze ihrer Schuluniform über das Gesicht. Ihre Sympathie für die sozialistischen Revolutionäre sollte Rachel Livchitz nie ganz verlieren. Auch Yvonne Jospa, lange Jahre Mitglied der kommunistischen Partei Belgiens, erinnert sich, daß die so großbürgerliche wirkende Madame Livchitz aus ihrer Sympathie für die Linken nie einen Hehl gemacht hatte.

Selten hingegen sprach Rachel Livchitz von ihrem Ehemann Salomon, der wie sie aus Kischiniew stammte. Schlema Livchitz war eine Jugendliebe, mit einem ihrer älteren Brüder besuchte er dieselbe Klasse im Gymnasium. Aber die Ehe entwickelte sich nicht besonders glücklich. Sie heirateten früh, noch ehe der junge Gatte sein Medizinstudium abgeschlossen hatte. Da die russischen Universitäten den Juden mit einem Numerus Clausus den Zugang verwehrten, war Youras Vater gezwungen, im Ausland zu studieren.

Ein Hinweis auf das junge Ehepaar findet sich in der Kartei des Münchener Einwohnermeldeamtes. Am 1. Dezember 1910 meldete sich der damals 24jährige Schlema Liwschiz gebürtig aus Meschirow, mit seiner Frau Rachel, geborene Mitschnick, in München an. Er war russischer Staatsangehöriger und studierte Medizin. Am 20. April 1911 kam ihr Sohn Alexandre zur Welt. 1913 promovierte »Schlema Liwschiz« – so die deutsche Schreibweise des Namens – zum Dr. med. an der Münchener Universität. Dann brach der Erste Weltkrieg aus, und der frischgebackene Mediziner wurde als Militärarzt zur Armee eingezogen. Wahrscheinlich verschlugen die Kriegswirren die Familie nach Kiew, wo am 30. September 1917 Youra das Licht der Welt erblickte.

Irgendwann hat Rachel Livchitz es nicht länger ertragen wollen, daß ihr Mann sie mit anderen Frauen betrog. Sie war

38 Jahre alt, als sie sich von ihm trennte und die Scheidung einreichte. Im selben Jahr, 1927, kam sie mit ihren beiden Söhnen nach Brüssel, um sich dort niederzulassen, Belgien galt als besonders gastfreundlich und liberal. Ihre Heimatstadt Kischiniew, aus der sie zuwanderte, war 1918 – wie die gesamte Provinz Bessarabien – Rumänien zugeschlagen worden. Und so steht in ihrem belgischen Personalausweis und in den Ausweisen ihrer Söhne als Staatsangehörigkeit »Rumänisch«.

Sich von der wohlsituierten Großfamilie und von dem Mann zu trennen und mit den Kindern in die Fremde zu gehen, ist nicht nur für die damalige Zeit ein außergewöhnlicher Akt. Er zeugt von einer großen Unabhängigkeit und einem starken Selbstbewußtsein dieser Frau, die alle nur »Saps« nannten. Diesen Namen hatte der kleine Youra seiner Mutter gegeben, als er zu sprechen anfing. Fotos aus den glücklichen Jahren in Brüssel zeigen eine schlanke Frau mit ausgeprägten Gesichtszügen, die viel innere Stärke verraten. Das schwere, hochgesteckte Haar fällt ihr weich ins Gesicht. Sie wird als äußerst gebildet und warmherzig geschildert. Die heute fast neunzigjährige Yvonne Jospa erinnert sich voller Hochachtung an ihre ältere Landsmännin: »Sie war immer bereit zu helfen, und sie war groß darin, Lösungen für schwierige Probleme zu finden.«

Als junge Frau war Rachel Livchitz mit der Theosophie, der Lehre von der übersinnlichen Welterkenntnis, in Berührung gekommen. Diese Weltanschauung mit mystischen und esoterischen Elementen, die im deutschsprachigen Raum den Anthroposophen Rudolf Steiner stark beinflußt hat, war in Rußland, aber auch in Deutschland sehr verbreitet. Zielstrebig wandte sich Rachel bei ihrer Ankunft in Brüssel an den Arzt Dr. Nyssen. Wahrscheinlich hatte es sich in der internationalen theosophischen Kommune herumgesprochen, daß eine Gruppe von Mitgliedern in Brüssel sich zu einem fortschrittlichen Wohnexperiment zusammengeschlossen hatten.

Die Künstler und Intellektuellen um den weißhaarigen und

weißbärtigen Mediziner Nyssen hatten in Uccle, in der Avenue de Floréal, zwei geräumige Stadthäuser aus der Jahrhundertwende miteinander verbunden. Sie lebten dort in einer Art theosophischer Wohngemeinschaft und widmeten sich nach Feierabend – die Mitglieder arbeiteten als Architekten, Lehrer, Musiker oder Schriftsteller – dem Studium der Theosophie. Überall an den Wänden kündeten Traktate und Wandsprüche von der höheren Bestimmung und vom Leben außerhalb des irdischen Seins. Wie in einer Kommune sollten die Klassenschranken und sozialen Unterschiede überwunden werden, die Honorare oder Gehälter der berufstätigen Mitglieder flossen an die »Monada«, so hieß die Gemeinschaft, und alle anderen Erwachsenen versorgten den gemeinsamen Haushalt. Da der Wohngemeinschaft auch ein kleines Pensionat angeschlossen war, gab es für Youras Mutter viel zu tun. Zwölf kleine Mädchen waren in zwei Schlafsälen untergebracht. Sie mußten bekocht und bei ihren Hausaufgaben beaufsichtigt werden. Da der Patron des Hauses, Dr. Nyssen, auch Vorsitzender der Vegetarischen Gesellschaft Belgiens war, wurde viel Wert auf biologische Kost gelegt.

Die Kinder waren an allen Hausarbeiten beteiligt, erzählt Henriette Vander Hecht, die damals eine der ersten kleinen Pensionärinnen in der »Monada« war. Ihre Eltern waren Mitglieder der Theosophischen Gesellschaft. Und da ihre Mutter wegen einer schwierigen Schwangerschaft die kleine Riquet, wie sie wegen ihres schwarzen Schopfes genannt wurde, nicht versorgen konnte, zog sie vorübergehend in das Jugendstilhaus in der Avenue de Floréal: »Es war für mich ein Paradies.« Unvergessen ist für sie, wie sie, die damals Neunjährige, mit dem vier Jahre älteren Youra gemeinsam in der Küche zum Geschirrspülen eingeteilt war. »Youra kam mir schon recht erwachsen vor, er war sehr redegewandt und philosophierte gern.« An diesem Abend schlüpfte er, das Geschirrtuch in der Hand, in die Rolle des Philosophen Sokrates. Er stellte der kleinen Riquet eine Frage nach der anderen, auf die er eine ernsthafte Antwort erwartete. Später lernte

Henriette im Gymnasium, daß Sokrates mit dieser Methode, die Youra bei ihr erprobte, seine Geprächspartner angeregt hatte, sich »auf das eigentliche Sein« zu besinnen.

Youras älterer Bruder Alexandre, den sie alle Choura nannten, kam nur in den Semesterferien und an den Wochenenden in die »Monada«. Da Rachel Livchitz von ihrer Familie in Bessarabien mit einer kleinen monatlichen Rente unterstützt wurde, konnte sie ihrem Ältesten in Gent das Studium der Ingenieurwissenschaft finanzieren. Choura, der eher praktisch veranlagt war, zeichnete sich allerdings nicht durch allzu großen Fleiß aus. Er genoß das lockere Studentenleben in vollen Zügen.

Als sich dann in der »Monada« eine Liebesaffäre zwischen dem damals über zwanzigjährigen Alexandre und einer jungen Montessori-Lehrerin entspann, schritt Dr. Nyssen ein. Er legte der Familie Livchitz nahe, die Wohngemeinschaft zu verlassen. Dem weißbärtigen Patriarchen und seiner strengen, knochigen Frau mißfiel zudem, wie die jungen Mädchen aus dem Pensionat den halbwüchsigen Youra anhimmelten.

Ganz in der Nähe, in der Avenue Brugmann, fand Rachel Livchitz im dritten Stock eines Eckhauses eine Wohnung. Die hellen Räume richtete sie mit wenig Mitteln ein. Sogar eine Dusche war installiert. Bunte dekorative Tücher verbargen die Schäbigkeit einiger Möbel, die sie billig erstanden hatte.

Von hier aus war es für Youra nur eine knappe Viertelstunde zu Fuß zum Athénée d'Uccle. Erst 1930 hatte die liberal-sozialistische Mehrheit der Vorortgemeinde dieses städtische Gymnasium gegründet. Denn die ländliche Sommerfrische für wohlhabende Brüsseler hatte sich zu einem geschäftigen Vorort entwickelt. Ganze Straßenzüge mit Reihenhäusern entstanden für die aus der Innenstadt ins Grüne drängenden Bürger und Kleinbürger. Die ganz reichen Stadtflüchtlinge ließen sich auf riesigen Arealen hochmoderne Villen im Bauhausstil errichten.

Das neue städtische Gymnasium war Ausdruck dieser Aufbruchstimmung. Es war der liberal-sozialistische Gegenentwurf zum klassischen katholischen Kolleg. Und es war das erste gemischte Gymnasium für Jungen und Mädchen. Religion stand nicht auf dem Lehrplan dieser freigeistigen Lehranstalt, in die all jene Bürger ihre Kinder schickten, die den späteren deutschen Besatzern ein Dorn im Auge waren: Sozialisten, Freimaurer, Juden. Sogar Kommunisten waren als Lehrer geduldet.

Leiter der Schule war freilich ein Mann, der allergrößten Wert auf Disziplin und Ordnung legte. Er bestand auf absoluter Pünktlichkeit, korrekter Sprache und adretter Kleidung bei seinen Schülern. In schnurgeraden Zweierreihen mußten Youra und seine Schulkameraden nach der Pause schweigend auf dem Schulhof warten, bis sie nach dem Appell im Gänsemarsch eingelassen wurden. Der Philologe Albert Peeters, der in den fünfziger Jahren auch der erste Direktor der Brüsseler Europaschule werden sollte, war ein erklärter Gegner der Rousseauschen Freiheitsprinzipien und des Laisser-faire. Doch als Anhänger eines humanistischen Bildungsideals war er tolerant genug, seinem handverlesenen Lehrerkollegium alle Freiheiten zu gewähren, wenn sie nur der Erziehung und Bildung der Schüler zugute kamen.

Einer der herausragendsten Lehrer des Athénée d'Uccle war der Geschichtslehrer Léon Moulin. Der überzeugte Sozialist begeisterte ganze Schülergenerationen mit seinem unkonventionellen Unterrichtsstil für sein Fach. Youra zählte zu seinen Lieblingsschülern. Und er blieb mit ihm auch nach dem Abitur in ständigem Kontakt, so hingerissen war er von dem Jungen, in dessen Wesen sich strahlende Lebenslust, Wissensdurst und Nachdenklichkeit miteinander vereinten.

In diesem Klima von Disziplin und intellektueller Offenheit wuchsen selbständig denkende und couragierte junge Menschen heran. Kein anderes Gymnasium in Brüssel hat so viele Blutopfer gegen die Nazibesatzer gebracht wie diese kleine kommunale Lehranstalt. Drei Lehrer und vierzehn Schüler starben als Widerständler, acht dieser Ehemaligen des Athénée d'Uccle wurden von den Deutschen hingerichtet.

1931 trat Youra diesem kleinen Gymnasium von damals nur hundert Schülern und zwölf Lehrern bei. Er war vierzehn Jahre alt und kam in die vierte Sekundarklasse. Wenn er morgens durch das Schultor ging, tauchte er in eine grüne Idylle ein. In dem verwunschenen Park von Wolvendael lag ein Schloß, das Schulgebäude. Die Stadtväter hatten ihr neues Gymnasium in dem alten und für Unterrichtszwecke nicht sonderlich geeigneten Gebäude untergebracht. Aber Schüler und Lehrer liebten ihr romantisches Provisorium hinter der Mauer zur Avenue De Fré. An heißen Sommertagen wurde im Schatten einer alten Buche unterrichtet.

Für seine Mitschüler war Youra Livchitz so etwas wie ein Star. »Er galt als Philosoph, als Idealist, bei uns war er sehr angesehen – auch wenn wir nicht alles, was er sagte, verstanden«, erzählt der vier Jahre jüngere Robert Maistriau.

Der Clown in Youras Klasse war Jean Franklemon. Der Junge mit den rotbraunen Haaren und dem verschmitzten Gesicht wurde »Pampelmousse« genannt, vermutlich, weil er als Kind immer ein paar Pfunde zu viel drauf hatte. Er war mathematisch begabt und ein künstlerisches Multitalent, zeichnete und musizierte. Mit Youra teilte er die Vorliebe für Süßigkeiten und die Begeisterung für das Theater. Mit der strengen Disziplin im Athénée d'Uccle tat sich der Sohn eines Ingenieurs und einer Lehrerin schwer. Nach zwei Jahren wechselte er an das Gymnasium von St. Gilles. Doch die Klassenkameraden verloren sich nicht aus den Augen.

Robert Leclercq, Youras engster Freund, war ein ganz anderer Typ. Ein ausgezeichneter Schüler, solide und ernsthaft. Er teilte mit Youra das Interesse für Philosophie, Theater und Literatur und beide wetteiferten um die besten Noten in der Klasse. Das Abitur bestanden sie mit Auszeichnung. Daß Youra, der in der Oberstufe als Hauptfach Latein gewählt hatte, die für das Medizinstudium obligatorische Griechisch-Prüfung bestand, verdankte er Robert. Der paukte mit ihm Grammatik und Vokabeln.

Dieses jugendliche intellektuelle Gespann besaß eine große

Ausstrahlung auf die übrigen Schüler. Beide Gymnasiasten machten sich über die Schickimickis und Hohlköpfe lustig, die den Modeströmungen der Zeit hinterherhechelten. Mancher moderne Schriftsteller, so ein Bonmot von Livchitz, das Leclercq später gern zur Charakterisierung seines Jugendfreundes zitierte, würde nur deshalb gerühmt, »weil der Autor es einigen Typen ermöglicht, sich als intelligent zu präsentieren, indem sie so tun, als hätten sie sein Werk verstanden«.

In seinem autobiografischen Roman »Une Mère Russe«, der 1978 mit dem Großen Preis der Académie Française ausgezeichnet wurde, erzählt der französische Schriftsteller Alain Bosquet von seiner Jugendzeit in Brüssel. Die einzigen Schulfreunde, die der Sohn russisch-jüdischer Emigranten aus dieser Zeit erwähnt, sind Leclercq und Livchitz. Livchitz imponierte dem ein Jahr Jüngeren mit seiner Belesenheit. Kierkegaard, Spinoza und Bergson verschlinge dieser Mitschüler. Und die Diskussionen mit den Freunden Leclercq und Livchitz über die Freiheit des Individuums, die Notwendigkeit, die Angst zu überwinden, sich aus der Rolle des gehorsamen Sohnes zu lösen und seinen eigenen Weg zu gehen, haben den jungen Alain Bosquet offensichtlich stark beeinflußt: »Ich war keineswegs unempfindlich für diese Kreuzzüge.«

In einer so kleinen Schülergemeinschaft kannte man sich, auch wenn man drei Klassen tiefer war. Und da Robert Maistriau bei Youra quasi um die Ecke wohnte, hatte er die Chance, seinen Mitschüler näher kennenzulernen. Robert wußte es einzurichten, daß er mit Youra den Schulweg möglichst häufig gemeinsam zurücklegte. Denn er liebte die Gespräche mit Livchitz, der ihn faszinierte, ohne ihn, den Jüngeren, einzuschüchtern.

Die Familienverhältnisse der beiden Schulkameraden waren ähnlich. Ihre Väter waren Militärärzte gewesen, der eine in der belgischen, der andere in der russischen Armee. Und Maistriaus Mutter lebte nach dem Tod ihres Mannes mit zwei Söhnen ebenfalls allein. Die Ähnlichkeiten gingen noch weiter. Ebenso wie Youra hatte auch Robert einen sechs Jahre älteren Bruder. Claude war der Sohn aus der ersten Ehe seiner Mutter mit einem jüdischen Keksfabrikanten aus Straßburg, der im Ersten Weltkrieg als Reserveoffizier gefallen war. Claude war somit Halbjude. Und Claudes Straßburger Großmutter war auch die geliebte »grandma« von Robert. Von daher mag sein Verständnis für die Situation seiner jüdischen Mitschüler rühren, von denen manche erst als Halbwüchsige mit ihren Eltern in Brüssel ankamen. »Sie taten mir leid«, so Robert Maistriau im Rückblick, denn trotz ihres Fleißes und ihrer Intelligenz wurden sie im Gymnasium erst einmal zurückgestuft, weil sie das Französische nicht ausreichend beherrschten.

Anders Youra, der von Anfang an zu den Besten seiner Klasse zählte, im französischen Aufsatz wie in den Naturwissenschaften. In ihrer Freizeit trafen sich die jungen Leute im Garten des Apothekers Roos zum Krocketspielen. Auch diese englische Mode fand damals viel Anklang. Und während sie mit geschickten Schlägen die Holzkugeln in die gewünschte Richtung dirigierten, tauschten sich die Gymnasiasten und Studenten über die jüngsten Abenteuer von Timm und Struppi aus, den populären Comic-Helden des belgischen Zeichners Hergé .

Heftig wurde über die neuesten Filme aus Hollywood, Paris und Babelsberg diskutiert. In allen Stadtteilen Brüssels lockten Filmpaläste und kleine Nachbarschaftskinos. Vor deren Kassen standen an den Sonntagnachmittagen die Familien Schlange. Das auf Zelluloid gebannte Illusionstheater war das moderne Volksvergnügen schlechthin. Vor Youras kritischen Augen hatten nur die wenigen künstlerischen Streifen oder aber Dokumentarfilme Bestand. Ansonsten produziere die Filmindustrie nur Scheinwelten und billigen »Ersatz«, sagte Youra und benutzte tatsächlich das deutsche Wort, denn er beherrschte auch diese Sprache.

In einem Artikel für die Studentenzeitschrift »Cahiers du Libre Examen« versuchte der junge Livchitz eine Diskussion über die moderne Unterhaltungsindustrie anzukurbeln: »Im Kino können wir mit der Sicherheit auf körperliche Unversehrtheit die stärksten Emotionen ausleben. Wir können Krieg führen, ohne verstümmelt zu werden, können morden, ohne die Strafe fürchten zu müssen, die schönsten Frauen lieben, ohne an unsere künftige Schwiegermutter zu denken …« Gefährlich aber sei das Kino vor allem deshalb, weil es »das tiefe Bedürfnis, uns selbst zu entfliehen«, befriedige. Es sei das perfekte »Suchtmittel für jedermann« .

Vier Jahre später sollten die Besatzer das Land mit ihren deutschen Filmprodukten überschwemmen. Heinz Rühmann amüsierte in »Quax der Bruchpilot«, Zarah Leanders dunkle Stimme faszinierte in »Die große Liebe« . In den Kriegsjahren trieb diese Form des Eskapismus allwöchentlich 1,4 Millionen belgische Zuschauer in die Kinosäle. Und die Besucher ließen sich in den warmen und bequemen Sesseln von der infamen Wirkungskraft perfekt gemachter Propagandafilme hinreißen. Mit beifälligem Murmeln verfolgte das belgische Publikum, wie der lüsterne und geldgierige Hof- und Finanzjude Jud Süß am Ende in einem Käfig hochgezogen wird, sich eine Falltür öffnet und schließlich nur noch seine baumelnden Füße zu sehen sind.

Drittes Kapitel

Die Freie Universität Brüssel

Vielleicht mußte man wie Youras Kommilitonin Han Suyin aus dem fernen China kommen, um die Université Libre de Bruxelles (ULB) vom ersten Tag an wunderbar zu finden. »Ich begann zu begreifen«, schreibt die Tochter eines chinesischen Ingenieurs und einer belgischen Mutter in ihren Memoiren, »was Demokratie bedeutet.« Die Hochschule im Stil einer amerikanischen Campus-Universität mit ihren großzügigen Sportplätzen, lichten Hörsälen, Seminarräumen und

Labors zählte damals zu den fortschrittlichsten Universitäten Europas.

Die funktionale Architektur der Neubauten an der Avenue des Nations entsprach den Prinzipien des »libre examen«, den Grundsätzen der freien, das heißt vorurteilsfreien und unabhängigen Prüfung aller Probleme, denen sich die Gründungsväter verschrieben hatten. Die Hochschule war die Antwort der Liberalen und Freimaurer auf die konservativ geprägte katholische Universität in Leuven. An dieser »Freien Universität« sollten Wissenschaft und Lehre nicht durch ideologische und religiöse Zwängen eingeengt werden.

Die ULB war für viele der dreitausend Studenten auch Schauplatz permanenter Debatten über abstrakte Kunst, Musik und Politik. Die unterschiedlichsten Grüppchen tummelten sich an der Hochschule. Erzkatholiken, Liberale, Trotzkisten und Kommunisten, aber auch reaktionäre Bürgersöhne, die den belgischen Faschisten, den Rexisten, nahestanden. Sie lieferten sich Wortgefechte, die manchmal in Handgreiflichkeiten ausarteten.

Kein Wochentag verging, an dem nicht protestiert, demonstriert oder diskutiert wurde. Meetings gegen die Invasion Mussolinis in Abessinien, Sammlungen für die Opfer des Franco-Regimes in Spanien, Seminare zum Sowjetkommunismus, Konzerte und Konferenzen fanden statt. »Für alles und jedes engagierten sich Gruppen. Die einen verteidigten die Rechte von Glatzköpfen«, so Han Suyin, »die anderen stritten für das Wahlrecht der Frauen im Kongo.«

Mit Begeisterung stürzte sich auch Youra in das neue, unbekannte Leben. Sein Schlachtruf : »Schluß mit dem Sklavenleben am Gymnasium! Es lebe die Freiheit!« Wie Han Suyin begann er im Oktober 1935 mit dem Studium der Medizin. Youras Erwartungen waren hoch. Zu hoch. In einem Artikel für die Studentenzeitschrift »Cahiers du Libre Examen« beschrieb er, wie er zunächst unter dieser »Enttäuschung für Anfänger« gelitten, wie ihn die falschen Erwartungen gelähmt hatten.

Die Vorlesungen schienen ihm kaum tiefgründiger als der gewohnte Unterricht im Gymnasium. Und jeder Kontakt zu den Professoren war nahezu ausgeschlossen. Wie Automaten trugen die Herren in Stehkragen und hochgeknöpfter Weste 60 Minuten lang vor, um anschließend grußlos zu entschwinden. Die Arbeit in den Labors war entweder kinderleicht oder viel zu kompliziert. Oft wurden Kenntnisse vorausgesetzt, die den Schulabgängern fehlten. Und die berühmten Studentenfeste boten nichts als dumme Witze und Pöbeleien, und wenn es hoch kam, vielleicht die Ergebnisse des letzten Fußballmatchs …

Youras Rat an die Erstsemester in diesem Artikel offenbart viel über seine eigene Lebensphilosophie: »Mach nur das mit, was dich interessiert, triff deine persönliche Wahl. Nach und nach wirst du feststellen, daß die Universität mehr ist als eine berufsvorbereitende Schule, mehr als eine Abendschule, die am Vormittag stattfindet. Unter den Studenten wirst du Freunde finden. In den Versammlungen wirst du auf die Begeisterung treffen, die dir abhanden gekommen ist, und auf Kameraden, die deine Sehnsucht teilen. Und du wirst feststellen, daß das Leben nicht darin besteht, am Ziel anzukommen, sondern dorthin zu gelangen.«

Youras anfängliche Skepsis gegenüber dem anonymen Hochschulbetrieb war schnell verflogen. Der Medizinstudent tauchte in das hektische Leben des Campus ein und genoß die vielen Möglichkeiten des Studentenlebens. Mit Studienkollegen gründete er eine Basketball-Abteilung in der Sportvereinigung der ULB und entwickelte sich zu einem leidenschaftlichen Spieler. Eine Zeitlang suchte er Mitstreiter für seine Idee, in Brüssel für die Stadtkinder in ruhigen Seitenstraßen oder auf Plätzen Basketballnetze anzubringen. Das war für ihn nicht nur eine sportliche, sondern auch ein soziale Initiative. Er wollte auf diese Weise die Straßenjungen davor bewahren, durch Langeweile auf falsche Gedanken zu kommen. Er engagierte sich am »Jungen Theater« der Universität, verfaßte Gedichte und Artikel für die Studentenzeitschrift.

Mit seinem Schulfreund Robert Leclercq, der Philologie studierte, gehörte Youra zu den Organisatoren des »Cercle Libre-Examen«. Ihr Manifest von 1937 kündet von einem ungebrochenen Glauben an den Fortschritt und an die Menschenrechte inmitten einer Welt der –ismen, des Faschismus und des Kommunismus: »Wir sind bereit, uns über alle ideologischen Schranken hinweg gegen all jene zu verbünden, die den Gedanken der Humanität zum Schweigen bringen und den Fortschritt behindern wollen. Wir hegen alle dieselbe Hoffnung: ein umfassendes, reiches Leben in Frieden und Brüderlichkeit.«

Dieser Debattierclub von Dozenten und Studenten hat mehr als jede andere politische Gruppierung die Atmosphäre an der Freien Universität geprägt. Und aus diesem Studentenzirkel, zu dem auch Richard Altenhoff und Jean Burgers gehörten, ist eine der schlagkräftigsten Widerstandsorganisationen im besetzten Belgien hervorgegangen, die »Gruppe G«. Ein tiefes Vertrauensverhältnis verband seine Mitglieder. Jahre später sollte das Leben der Studienfreunde Altenhoff und Livchitz noch einmal auf tragische Weise miteinander verknüpft werden.

Auch Youras alter Klassenkamerad Jean Franklemon hatte sich an der ULB eingeschrieben. Der fröhliche Bonvivant studierte Mathematik. Doch Jean ließ sich nur selten in den Vorlesungen blicken. Wie viele Intellektuelle und Künstler dieser Zeit sah er im Kommunismus das Allheilmittel für die Gesellschaft und das probate Gegengift gegen den Faschismus. Als «Pamplemousse« von den theoretischen Debatten genug hatte, kehrte er für einige Monate der Universität den Rücken und schloß sich den Roten Brigaden an. Daß sich Studenten der ULB aktiv im spanischen Bürgerkrieg gegen das Franco-Regime engierten, war kein Einzelfall.

An der Universität galt Jeans Herzblut einer kleinen Theatergruppe, die er noch als Pfadfinder mit seinem Freund Jacques Huysman gegründet hatte. Mit den »Comédiens routiers«, den Straßenkomödianten, zogen Huysman und Franklemon, wenn es wärmer wurde, übers Land. Molière und Shakespeare, aber auch zeitgenössische Stücke standen auf dem Repertoire der kleinen Brüsseler Truppe von Theaterfreaks.

Youra war ein disziplinierter Student. Das Lernen fiel ihm trotz aller Ablenkung leicht, von Anfang an zählte er in seinem Jahrgang zur Spitzengruppe. Sein Bruder Alexandre hingegen hatte sein Ingenieur-Studium in Gent aufgegeben und arbeitete nun als Elektriker. Er wollte nicht länger von der Mutter abhängig sein. Aber auch Youra verdiente sein eigenes Geld. Der Stiefvater seiner kleinen Freundin Lily Allègre, ein guter Bekannter von Rachel Livchitz aus der theosophischen Gemeinschaft, gab ihm einen Job. Youra konnte sich die Arbeit einteilen. Er war als Arzneimittel-Vertreter für die Firma Pharmacobel unterwegs.

Die »Société Théosophique« war für Rachel Livchitz so etwas wie eine Großfamilie geworden. Ihr weit verzweigter Bekanntenkreis in Brüssel bestand vor allem aus Anhängern dieser internationalen Gesellschaft, die damals weltweit rund 50000 Mitglieder zählte. Das Ziel der Theosophen, das Gemeinsame aller großen Religionen der Welt durch Vergleich aufzuspüren und zu einer Philosophie zu verschmelzen, zog viele Künstler und Intellektuelle, aber auch das liberale Bürgertum an. Die Mitbegründerin der Bewegung, die 1832 geborene Russin Helena Blavatsky, brachte starke mystische und okkultistische Elemente in die Theosophie ein, die mit hinduistischen Theorien vom Karma und der Wiedergeburt angereichert wurden.

»Einige Gedanken über den Mystizismus« überschrieb Youra im Mai 1939 einen Beitrag in »Les Cahiers du Libre Examen«, der den starken Einfluß der theosophischen Lehre auf den jungen Mediziner zeigt: »Das Mystische existiert. Jeder von uns spürt eine unvernünftige und fanatische Bindung an irgendeine Doktrin. ... Eine politische Überzeugung ist, wenn sie nicht von einem persönlichen oder einem Klasseninteresse diktiert wird, in ihrem Wesen nichts anderes als eine religiöse Überzeugung.« Bewußt provoziert der Autor jene

Altersgenossen, die von der Wissenschaftlichkeit der Marxschen Lehre, vom Materialismus überzeugt sind. Ein Kommunist, schreibt Livchitz, sei genau so ein Mystiker wie der Anhänger einer Religion. »Der eine glaubt an Gott, der andere an das Glück der Menschheit durch den dialektischen Materialismus. Der Liberale glaubt an den Neoliberalismus, der Sozialist an den Kampf und die Solidarität der Klassen. Die wissenschaftliche Basis fehlt in allen Fällen. Die Voraussagen von Marx sind genau so viel wert wie die Prophezeiungen der Apokalypse. … Wir sind Mystiker und wissen es nicht; ein guter Teil unserer Leiden und Diskussionen rührt von diesem latenten Konflikt her zwischen der Vernunft, die die Macht will, und dem Gefühl, das eine Rechtfertigung dafür sucht. Im derzeitigen Chaos der Meinungen und der Tatsachen nützt es nichts, den Wert des Mystischen zu leugnen. Man beweist nicht eine Moral, man glaubt sie. Man kann sie auch entwerfen. Das ist für mich die Aufgabe der heutigen Jugend.«

Stets fanden sich wohlhabende Mitglieder unter den Brüsseler Theosophen, die Rachel Livchitz mit ihren beiden Söhnen großherzig unterstützten. So konnte Youra mit seinem Bruder und seiner Mutter drei Sommer lang die Semesterferien im theosophischen Sommercamp in Ommen verbringen, wo jedes Jahr bis zu dreitausend Anhänger aus allen Teilen der Welt zusammenkamen, darunter auch Prominente wie der Schriftsteller Aldous Huxley.

Noch sechzig Jahre danach schwärmt der Maler Marcel Hastir von diesen »unglaublich wunderbaren« Wochen: »Es war das reine Glück, ein gegenseitiges Verständnis, obwohl wir doch alle aus den unterschiedlichsten Ländern und Kulturen kamen. Abends versammelten wir uns in einem großen Zelt und hörten die spannendsten Vorträge.« Hauptredner war damals der indische Philosoph Krishnamurti, der große Guru dieser Bewegung.

Ein Foto aus dem Sommer 1937 zeigt Youra und Marcel Hastir in einem holländischen Hafen auf einer Schiffsreling sitzend, zwischen ihnen der Teenager Henriette Vander Hecht im weißen Sommerkleid. Zu dritt waren die jungen Leute per Autostop nach Ommen gereist, so erzählt die Ärztin, die heute die Theosophische Gesellschaft in Brüssel leitet. Henriette kannte Marcel und Youra aus dieser Gemeinschaft. Unter der Anleitung von Marcel Hastir, der für die Organisation des Lagers mitverantwortlich war, halfen die jungen Leute damals beim Auf- und Abbau des riesigen Sommerlagers. Es bestand aus Holzhütten und Zelten, die mehr als tausend Zuhörer faßten. 1938 fand das Camp zum letzten Mal statt. Hastir: »Als die Deutschen Polen besetzten, war Schluß.«

Vor allem der charismatische Krishnamurti, damals um die vierzig, hatte es den jungen Leuten angetan. Der Inder war im Umfeld des Hauptquartiers der Theosophischen Gesellschaft in Adyar an der Küste von Madras aufgewachsen, und ihm war, getragen von der Begeisterung der Mitglieder für diesen schönen und klugen Knaben, die Rolle eines religiösen Superstars der Bewegung zugewachsen. Eine Rolle, die er schließlich nur noch als Bürde empfand und ablehnte. Jeder für sich, so predigte der »World Teacher« wider Willen vor seinen Zuhörern in Ommen, müsse seinen eigenen Weg zur Wahrheit finden, anstatt sich bei der Suche auf eine außenstehende Autorität zu verlassen. »Wahrheit ist ein wegloses Land … Wahrheit ist grenzenlos, bedingungslos, unerreichbar durch welchen Weg auch immer, durch keine Sekte und durch keine Religion, Wahrheit kann nicht organisiert werden.«

Auch Youra Livchitz war von dem indischen Philosophen stark beeindruckt. Die Tatsache, daß sich der junge Arzt später keiner ideologisch ausgerichteten Widerstandsgruppe anschloß, daß er ein Wanderer zwischen den Welten der Résistance blieb, hat womöglich mit der Überzeugung zu tun, die der indische Philosoph in seinen allabendlichen Ansprachen unter dem riesigen Zeltdach im holländischen Ommen seinen Zuhörern vermittelte: »Ob es sich um westliche oder um östliche Gurus handelt, zweifelt an, was sie sagen … Der Geist muß frei von aller Autorität sein – keine Anhänger, keine Schüler, keine Schablonen ...«

Das Medizinstudium an der Freien Universität war anspruchsvoll und anstrengend. Im dritten Studienjahr mußte Youra neben den Praktika in Biochemie, Physiologie und Histologie sowie einer Philosophie-Vorlesung fünf Vormittage im Anatomiesaal verbringen. Unter den angehenden Medizinern, die im beißenden Gestank des Desinfektionsmittels mit Youra am Seziertisch Nerven, Venen, Muskeln und Arterien an einer Leiche freilegten, befand sich auch Han Suyin. Die junge Chinesin und er galten als die »Cracks« ihres Mediziner-Jahrgangs. »Zwei Jahre lang«, heißt es in Han Suyins Memoiren, »maßen wir uns Ellenbogen an Ellenbogen, der junge Jude Livchitz und ich.«

Das andere weibliche Wesen in Youras sechsköpfiger Anatomie-Gruppe war eine aus Deutschland geflüchtete Jüdin. Mit leiser Stimme, als wollte sie sich entschuldigen, erzählte sie ihren Kommilitonen über die entsetzliche Zeit in den Händen der SS. Ihr Freund wurde mit glühenden Eisen gefoltert und litt noch immer unter schweren psychischen Störungen. Keiner von ihnen mochte sich damals – im Jahr 1938 – vorstellen, daß zwei Jahre später Hitlers Truppen in Belgien einmarschieren und den Geist der Freiheit und der Humanität ihrer Universität unter ihren Stiefeln begraben würden.

Viertes Kapitel
Die Deutschen kommen

Als sich der General Brüssel näherte, fiel ihm als erstes die mächtige Kuppel des Justizpalastes ins Auge. Klar zeichnete sich die riesige Halbkugel des neoklassizistischen Bauwerks gegen den Himmel ab. »Nehmen Sie das als Symbol«, sagte Alexander von Falkenhausen zu seinen Begleitern in der Dienstlimousine, »Recht, Gerechtigkeit und Menschlichkeit stehen über allem.« Sein Leben lang habe er nach diesen Maximen gehandelt, und er werde sich auch bei seiner neuen Aufgabe davon leiten lassen.

Freiherr von Falkenhausen, ein preußischer Aristokrat wie aus dem Bilderbuch, hager und hochgewachsen, kam an diesem 30. Mai 1940 als Militärgouverneur nach Belgien. Zwei Tage, nachdem König Leopold III. vor der Übermacht der deutschen Wehrmacht kapituliert hatte, übernahm der vitale 62jährige General die Regierung des Landes. Am 10. Mai hatte Hitler unter fadenscheinigen Vorwänden Belgien überfallen. Zum zweiten Mal innerhalb von 25 Jahren waren deutsche Soldaten in das Nachbarland einmarschiert.

Etwa zwei Wochen später – die Deutschen hatten inzwischen auch Paris eingenommen – entstieg ein untersetzter, schnauzbärtiger Mann in einem langen Uniformmantel vor dem Brüsseler Justizpalast einem schwarzen Mercedes. Lange betrachtete er, den Kopf unter der steifen Schirmmütze in den Nacken zurückgelegt, das kolossale Gebäude aus dem vergangenen Jahrhundert. Die 25 Meter hohe Säulenvorhalle hatte noch riesigere Ausmaße als die des Petersdoms in Rom.

Die imperiale Architektur beeindruckte offensichtlich den Führer. Minutenlang verharrte Adolf Hitler vor dem Justizgebäude, hin und wieder stieß er anerkennende Laute aus. Erst im nachhinein erfuhr sein Militärbefehlshaber von Falkenhausen von der Stippvisite Hitlers in Belgien. Der Reichskanzler hatte sich auf dem Weg ins besiegte Paris inkognito nach Brüssel chauffieren lassen. Eine Begegnung mit seinem Militärgouverneur wollte er vermeiden, denn Hitler mißtraute dem Freiherrn. Daß ein Militär und kein prominentes NSDAP-Mitglied im besetzten Belgien regierte, widersprach seiner Überzeugung. Es war eine Konzession des Reichskanzlers an die Armee. Er hatte mit dem Versprechen, eine Militärregierung in den besetzten Gebieten einzusetzen, den Widerstand der Offiziere gegen seine geplante Westoffensive brechen wollen.

Die Generäle wollten in Westeuropa eine Entwicklung wie

im besetzten Polen vermeiden. Dort hatte die nationalsozialistische Besatzungspolitik zu blutigen Exzessen und zu wirtschaftlichen Fehlentwicklungen geführt. Eine reine Militärverwaltung, hatte Generalmajor Eugen Müller 1939 formuliert, solle »soldatische Führung und fachkundiges Wissen in militärischer Disziplin verbinden«.

Von Falkenhausen war die erste Wahl des Oberbefehlshabers von Brauchitsch für diesen Posten. Nach einem langjährigen China-Aufenthalt als Militärberater war er seit 1938 stellvertretender Wehrkreisbefehlshaber in Dresden. Es war ein offenes Geheimnis in der Generalität, daß der drahtige Preuße, national gesonnen und elitär, Hitler und dessen Parteigenossen zutiefst verachtete. Dennoch hatte der Sechzigjährige sich irgendwann gegen den vorzeitigen Rückzug entschieden. Dem Vaterland zuliebe blieb er im Dienst. »Right or wrong my country« begründet er patriotisch für sich und seinesgleichen die Entscheidung in seinen Memoiren: »Wir waren uns darüber klar, daß von der anderen Seite der Krieg nicht gegen Hitler und das Regime, sondern gegen das deutsche Volk in seiner Gesamtheit geführt werden würde.« Er machte mit, um die Deutschen vor den Feinden zu schützen. Ein Argument aus Goebbels Propagandakiste.

Die belgische Bevölkerung lebte in panischer Furcht vor den »boches«, wie die ungeliebten Nachbarn genannt wurden. Denn noch war im kollektiven Gedächtnis das Wüten der deutschen Soldateska im Ersten Weltkrieg lebendig. Bei ihrem Einmarsch 1914 hatte die Armee als Vergeltungsmaßnahmen gegen den Widerstand Dörfer verwüstet, Kinder und Frauen ermordet. Der Militärgouverneur, der damals die Greueltaten mit zu verantworten hatte, war ein Onkel des neuen Befehlshabers. Daß der Neue denselben Namen trug wie dieser Ludwig Freiherr von Falkenhausen, war eine schwere Hypothek in Belgien.

Sein Neffe wollte es besser machen, anders. Wie Alexander der Große wollte er das besetzte Land verwalten. »Er ließ den unterworfenen Völkern nicht nur ihre Sitten, sondern auch ihre bürgerlichen Gesetze, oft sogar ihre Könige und Gouverneure. Er achtete die alten Überlieferungen, er eroberte, um es zu erhalten.« Im Geiste dieses Eroberers wollte von Falkenhausen sich Hitlers brutaler Unterwerfungspolitik entgegenstemmen, wollte verhindern, daß die NSDAP mit ihren brutalen Polizeitruppen in Belgien das Sagen bekam.

Als Falkenhausen in Brüssel ankam, bewegte sich ein endloser Flüchtlingstreck Richtung Norden und Westen. Eine Million der acht Millionen Belgier versuchte, den Deutschen zu entkommen. Wer genügend Geld oder gar ein Fahrzeug besaß, versuchte nach Frankreich zu fliehen. Jenseits der Grenze in Frankreich hoffte man, vor den Deutschen in Sicherheit zu sein.

Der Schriftsteller Alain Bosquet beschreibt in seiner Autobiografie »Une Mère Russe«, wie er sich in diesen Tagen der großen Umwälzungen mit seinen beiden Schulfreunden Robert Leclercq und Youra Livchitz in einem Café an der Chaussée de Waterloo traf . Sie hatten sich seit einem Jahr nicht mehr gesehen. Aber jetzt erhoffte Bosquet von den beiden bewunderten Mitschülern aus dem Gymnasium Uccle eine Einschätzung der Lage, vielleicht auch einen Rat, wie man sich zu verhalten habe. »Ich hatte gehofft, daß beide Kameraden gleichermaßen auf die Situation reagieren würden, was mich dann gezwungen hätte, es ihnen nachzutun. Aber es reichten zehn Sätze und meine Illusion war verflogen: »Livchitz war entschlossen, koste es, was es wolle, gegen die Barbaren zu kämpfen; Leclercq seinerseits war vorsichtiger … Man müsse erst einmal abwarten.«

Alain Bosquets Familie floh ins unbesetzte Südfrankreich, dann nach Amerika. Auch Robert Leclercq setzte sich nach Frankreich ab, ebenso die Familie seines Klassenkameraden Jean Franklemon. Sie alle kehrten Monate später nach Belgien zurück. Youra Livchitz schloß sich dem Exodus nicht an. Der junge Mann sah in Brüssel seine Zukunft. War er nicht auf dem besten Weg, sich seinen beruflichen Lebenstraum zu erfüllen? Nach seinem ersten Staatsexamen hospitierte er in einem Brüsseler Krankenhaus als Arzt im Praktikum, anerkannt von den gestandenen Medizinern und beliebt bei den Patienten. Er wollte Facharzt für Neurologie werden. Sollte er das alles aufgeben?

Bürgermeister und Landräte machten sich davon, manchmal unter Mitnahme der Gemeindekasse. Die gesamte Regierung samt Verteidigungsminister war nach England geflohen. Die Nationalbank hatte geschlossen. Nur König Leopold III. war geblieben. Er stand als Hitlers prominentester Kriegsgefangener, bewacht von einer deutschen Ehrenkompanie, während des Krieges im Schloß Laeken unter Hausarrest.

Die aus Litauen stammenden Goldsteinas schlossen sich mit ihrer kleinen Tochter Abela einem wohlhabenden belgischen Ehepaar an, das ein Auto besaß. Auf dem Rücksitz dieses Wagens erreichten sie, komfortabler als die Mehrzahl der Flüchtlinge, die südfranzösische Hafenstadt Marseille. Der promovierte Chemiker Mendelis Goldsteinas, der in der Brüsseler Zuckerfabrik Graeff einen verantwortungsvollen Posten bekleidete, hoffte, von dort aus nach Amerika weiterzukommen. Verwandte in den USA wollten ihm eine Bürgschaft, ein Affidavit schicken, das ihm und seiner kleinen Familie die Einreise ermöglichen würde. Doch das heiß ersehnte Dokument ließ auf sich warten. Schließlich ging den Goldsteinas das Geld aus. Sie mußten nach Belgien zurückkehren.

Hier schien das Leben zunächst fast unverändert weiterzugehen. Sie fanden ihre Wohnung und alles, was sie hinterlassen hatten, unberührt vor. Mendelis Goldsteinas nahm, als wäre nichts vorgefallen, seine Arbeit in der Zucker-Raffinerie wieder auf.

Auch die Gronowskis waren vor den Deutschen geflüchtet. Die vierköpfige Familie hatte sich dem Flüchtlingstreck Richtung Westen, nach Frankreich angeschlossen. Nur ungern ließ Léon Gronowski sein Haus und sein Lederwarengeschäft in Brüssel zurück. Er war stolz auf das, was er, der arme Emigrant aus Polen, erreicht hatte. Als junger Mann hatte er unter erbärmlichen Bedingungen in den Kohleminen von Lüttich geschuftet. Dann war er als Händler für Lederwaren über Land gefahren. Und nun war er ein Hausbesitzer und Geschäftsinhaber, der es sich sogar leisten konnte, in den Sommerferien seine Familie nach Ostende ans Meer zu schicken.

Wenn er sonntags mit seiner Frau Chana, seiner Tochter Ita und seinem kleinen Sohn Simon unter den Kastanienbäumen der breiten Avenue Louise flanierte, dann verkörperte Léon Gronowski in seinem dunklen Anzug mit Weste und schwarzem Hut, die Zeitung »Le Soir« in der einen, den unverzichtbaren Zigarillo in der anderen Hand, den Inbegriff des Brüsseler Bürgers. Er war nicht in St. Gilles wohnen geblieben, wo viele aus Osteuropa ausgewanderte Juden lebten, sondern hatte sich in Etterbeek in der Chaussée de Wavre ein bescheidenes Haus gebaut. Seine Kinder sollten außerhalb des jüdischen Ghettos aufwachsen und anders als er eine freie, eine nichtreligiöse Ausbildung genießen.

Bis nach Panne, einem beliebten Badeort nahe der französischen Grenze, kam Léon Gronowski mit seiner Familie, dann holten die deutschen Bomber sie ein. Die Nacht des Fliegerangriffs war für den achtjährigen Simon ein unvergeßliches Erlebnis. Die Familie war aus dem Haus, in dem sie Unterschlupf gefunden hatte, in einen nahegelegenen Wald geflüchtet. Von dort aus, an seine Eltern geklammert, verfolgte Simon die pausenlosen Einschläge und Detonationen.

Am nächsten Morgen, als Simon mit seinem Vater die Strandpromenade entlangging, begriff er endgültig, was Krieg bedeutete. Aus den Ruinen stieg noch dunkler Qualm empor. Fast alle Häuser waren ausgebrannt und zerstört. Aus der Ferne dröhnte das schwere Bombardement von Dünkirchen. Die deutsche Armee war bereits nach Nordfrankreich vorgedrungen. Ein Weiterflüchten schien sinnlos. Und so entschied sich Léon Gronowski, wie viele andere, nach Brüssel zurückzukehren. Auf dem Rückweg sah Simon die ersten Toten. Am Straßenrand lagen die Leichen britischer und belgischer Soldaten, die das Land vergeblich gegen den Ansturm von Hitlers Armee verteidigt hatten.

Der deutsche Befehlshaber von Falkenhausen versuchte, mit Hilfe seiner Truppen Ruhe und Ordnung herzustellen. Hilfsbereit und korrekt, so ordnete er an, hätten sich die Soldaten gegenüber der Bevölkerung zu verhalten. Die gefürchteten Barbaren benahmen sich wie freundliche Helfer. Die belgischen Rückkehrer mochten es nicht glauben, als deutsche Militärfahrzeuge anhielten, um sie nach Hause mitzunehmen. Den motorisierten Heimkehrern half die Armee sogar mit Benzin aus. Und in Brüssel empfingen die Soldaten der Besatzungsmacht die Heimkehrer mit Suppe aus ihren Feldküchen.

An der Place Royale, einem symmetrisch im Stil Ludwig des XVI. erbauten Carré oberhalb der Altstadt, quartierte sich von Falkenhausen ein. Von hier aus befehligte er die 456 Angestellten der Militärverwaltung und die 708 Mitarbeiter in den neun Feld- und Oberkommandanturen der belgischen Provinzen. Und von hier aus wurden die Anweisungen und Verordnungen für die belgische Verwaltung erteilt, deren Ausführung die Deutschen streng überwachten.

In großen Buchstaben prangte noch der Name »Ministère des Colonies« über dem Dienstsitz des Generals. Vor dem Haupteingang des Kolonialministeriums stapften deutsche Wachsoldaten auf und ab. Der hintere Flügel des stilvollen Palais grenzte an das königliche Stadtschloß an. Ein angemessener Standort also für einen Generalgouverneur.

Wie es sich für einen General gehörte, schmückten zahllose Militärkarten die rückwärtige Wand seines Büros. Und vom Schreibtisch aus blickte der Befehlshaber auf ein Reiterstandbild auf der Place Royale. Es stellte den Kreuzritter Gottfried von Bouillon dar, der sich im Jahr 1099 zum ersten König von Jerusalem ausgerufen hatte. Schräg gegenüber, ebenfalls in Sichtweite des Generals, lag das »Old England« mit seiner verspielt dekorativen Jugendstilfassade, Brüssels feinstes Kaufhaus.

Im Laufe von Falkenhausens Regentschaft verlagerte sich der Handel mit Luxusgütern von den vornehmen Kaufhäusern der Stadt in die proletarische Radieschenstraße. Wer sich dort auf dem Schwarzmarkt nicht zusätzlich mit Lebensmitteln eindecken konnte, der war ständig hungrig. Nur 1350 Kalorien standen jedem Angehörigen dieses Volks der Gourmands und Gourmets täglich auf der Lebensmittelkarte zu.

Während der Woche wohnte von Falkenhausen im Hotel Plaza am Boulevard Max. Dort konnte der Frühaufsteher schon im Morgengrauen bei einer Tasse Tee die ersten Gespräche mit seinen Mitarbeitern führen. Oder die »Times« lesen, die der Befehlshaber mit tagelanger Verspätung aus Lissabon bezog. Für dieses Privileg hatte er extra eine Genehmigung einholen müssen.

Eggert Reeder war sein Verwaltungschef, ein dem General treu ergebener Jurist, ein Pragmatiker, Parteimitglied zwar, aber weder Antisemit noch Blut-und-Boden-Fanatiker. Der ehemalige Regierungspräsident in Köln besaß eine feine Witterung für drohende Konflikte mit den Parteibonzen in Berlin und stellte sich oft schützend vor seinen Chef, der gelegentlich dazu neigte abzuheben. »Ich habe ihm das Leben sicher nicht leicht gemacht«, schreibt von Falkenhausen später in seinen Memoiren. »Auf seinen Schultern ruhte das Schwergewicht der Verwaltung.«

Die Belgier seien ein »schwieriges Volk«, befand der General, ihr Staat sei nur ein »künstliches Gebilde, zusammengehalten durch Religion, Verwaltung und Monarchie, beherrscht durch Geld, Priester und Advokaten«. Bei Flamen und Wallonen konstatierte der Gouverneur bei all ihren Unterschieden ein »starkes Gefühl für persönliche Freiheit«. Tatsächlich gewöhnte sich von Falkenhausen nur schwerlich an dieses Volk, dem die von dem Freiherrn hochgeschätzten preußischen Tugenden offensichtlich fehlten. Ein Volk, das jahrhundertelang unter wechselnden Besatzern gelernt hatte, sich wegzuducken, abzutauchen. So machte denn auch Falkenhausens Verwaltungschef Reeder bald die Erfahrung, daß die Verwaltung des Landes »mehr schlecht als recht« den Anordnungen der neuen Herren nachkam. Die belgischen Behörden machten Dienst nach Vorschrift.

Aus der Reichshauptstadt Berlin hatte von Falkenhausen nur einen Rat mitbekommen: die germanischen Flamen zu begünstigen und die welschen Wallonen kurz zu halten. Ein Rat, den der frankophile Adlige souverän ignoriert hatte. Während seiner vierjährigen Amtszeit vermied er jeden engen Kontakt mit den belgischen Freunden der SS, der nationalistischen flämischen Bewegung VNV und den Anhängern der faschistischen Neuen Ordnung. Auch Léon Degrelle, der wallonische Faschist, war bei dem General nicht willkommen. Die Rechtsradikalen repräsentieren, so argumentierte von Falkenhausen, ja nur eine Minderheit von noch nicht einmal zehn Prozent der Wählerstimmen: »Ich legte Wert darauf, mit den nationalen Belgiern in Fühlung zu kommen, die neun Zehntel der Bevölkerung ausmachten.«

Tatsächlich verkehrte Alexander von Falkenhausen fast nur mit den oberen Zehntausend des Landes, mit dem belgischen Adel, den Industriellen und der reichen Bourgeoisie, die seine Vorliebe für alte Burgunder, Champagner und die feine französische Küche teilten. Der asketisch wirkende General mit dem schmalen kahlen Kopf und den funkelnden Brillengläsern war in Wahrheit ein Genießer und ein Partylöwe. Er führte das Leben eines munteren Junggesellen. Nur Eingeweihte wußten, daß er seine Frau in Dresden zurückgelassen hatte.

Bei der Besichtigung eines alten Schlachtfeldes hatte der Freiherr in Begleitung seines geliebten Langhaardackels Striezel das Barockschloß Seneffe im Süden von Brüssel entdeckt. »Wie ein Märchen« habe das Bauwerk aus dem 18. Jahrhundert hinter den verwitterten Mauern auf ihn gewirkt. Ein Barockbau, umgeben von einem Park mit riesigen Buchen und Eichen, einem alten Tulpenbaum sowie zwei Gingko-Bäumen, die den General an seine glücklichen Jahre in China erinnerten. Das unbewohnte Schloß schien ihm wie geschaffen als Wochenendresidenz. Romantisch und stilvoll zugleich bot es den eines Generalgouverneurs würdigen Rahmen für traute Stunden und festliche Dinners.

Das Anwesen gehörte der Familie des jüdischen Bankiers Philipson, die ins Ausland emigriert war. Nach den Regeln der deutschen Besatzer also herrenloses nichtarisches Vermögen. Von Falkenhausen stellte das architektonische Kleinod unter Denkmalschutz. Es wurde restauriert und bewohnbar gemacht. Jedes Wochenende verlebte er in Seneffe »wahrhaft wunderbare Stunden fern jeder Unruhe und allem Übel dieser aus den Fugen geratenen Welt«.

Bei den Abendgesellschaften im Schloß war stets dieselbe attraktive Dame an der Seite des Gastgebers. Ab und zu tauchte die lebhafte Blondine auch in seinem Büro auf und hinterließ in der Männergemeinde der Militärverwaltung einen Hauch teuren französischen Parfüms. Die weichfallenden geblümten Kleider, die sie bevorzugte, brachten ihre untadelige Figur zur Geltung. Der General war offensichtlich bis über beide Ohren in die gut zwanzig Jahre jüngere Gräfin Elisabeth Ruspoli verliebt. Offiziell hatte er die adlige Schönheit als seine PR-Agentin engagiert. Die Witwe eines italienischen Piloten stammte aus der belgischen Aristokratie und verfügte tatsächlich über hervorragende Verbindungen in die höheren Kreise. »Elisa« wird zu einem unverzichtbaren Bestandteil im Leben des Generals.

In seinem Taschenkalender von 1943 ist mindestens einmal täglich ein Treffen mit »Elisa« vermerkt. So auch am 20. Januar 1943, als um 9 Uhr morgens das britische Flugzeug die Gestapo-Zentrale bombardierte. Der Befehlshaber, der zu dieser Zeit an der Place Royale an seinem Schreibtisch saß, führte – so steht es in seinem Notizbuch – mehrere Gespräche, unter anderem mit Reeder und mit Albert de Ligne, einem belgischen Aristokraten. Um 19.30 Uhr fuhr er zu Elisa zum Essen und blieb bei ihr bis 1.30 Uhr. Der Luftangriff ist in dem Terminkalender nicht festgehalten.

Die Liaison zwischen dem Gouverneur und der Gräfin

sorgte für Klatsch. Vor allem die Intimfeinde des Generals, die Parteigenossen in der Brüsseler Polizeidienststelle, bemühten sich eifrig, die Beziehung auch bei den höchsten Stellen in Berlin bekannt zu machen. Es wurde sogar kolportiert, von Falkenhausen habe sich in der Kathedrale von Antwerpen mit seiner Geliebten trauen lassen. Kein Wunder, hieß es, daß der Befehlshaber so nachsichtig mit den Belgiern umgehe.

Sicherlich war für die Belgier die Militärverwaltung das kleinere Übel. »Unter den Flüchtlingen flüstert man,« heißt es bei Jean Améry, »der General in Brüssel sei nicht ganz so schlimm.«

In Berlin waren die Nazis erbost über den Befehlshaber, der das besetzte Land mit Fairneß zu regieren versuchte. Hitlers Generalstabschef Keitel warf von Falkenhausen vor, zu wenig Härte zu zeigen. Und Josef Goebbels notierte in seinem Tagebuch, daß der Gouverneur »nicht ganz auf der Höhe seiner Aufgabe« sei, in Belgien werde ein »energischer Nationalsozialist benötigt«. Doch die »politisch-militärische Lage«, bedauerte Goebbels, erlaube es der nationalsozialistischen Führung nicht, die Militärverwaltung wie in den Niederlanden in ein Zivilkommissariat umzuwandeln. Hitler war auf die Generalität der Infanterie weiterhin angewiesen, er wollte sie nicht verstimmen.

Auch wenn sich Falkenhausen zu seiner eigenen Verwunderung vier Jahre lang auf seinem Posten zu halten vermochte, den Machtkampf mit dem Reichssicherheitshauptamt um die Polizeipräsenz hatte er schon nach wenigen Wochen verloren. Nur kurze Zeit gelang es Reeder und ihm, den Sicherheitsdienst (SD) und die Sicherheitspolizei (Sipo) aus Belgien fernzuhalten. Anfangs nahm ausschließlich die Feldgendarmerie des Heeres die Polizeiaufgaben wahr. Dann aber schickte das Reichssicherheitshauptamt erste Abordnungen als personelle Verstärkung nach Brüssel. Schließlich, im Oktober 1940, entschied Berlin, daß Himmlers Sicherheitskräfte nicht mehr der Militärpolizei zu unterstellen seien. Sie erhielten von nun an ihre Anweisungen direkt vom SS-Führer und

Chef des Sicherheitsdienstes Heydrich, vorbei an der Militärverwaltung.

Am 20. Oktober des ersten Besatzungsjahres weihte die SS das Fort Breendonk als Konzentrationslager für sogenannte »Schutzhäftlinge« ein. In der düsteren, zwischen Brüssel und Antwerpen gelegenen Festung sollten in den folgenden Jahren Hunderte der inhaftierten Widerständler an Hunger und Schwäche oder an den Folgen brutaler Mißhandlungen sterben.

Ernst Landau, ein junger österreichischer Journalist, war einer der ersten Internierten dieses unwirtlichen Forts. Er trug auf seiner gestreiften Häftlingsjacke die Nummer 31. Der aus Wien geflüchtete Jude hatte für die belgische Résistance Flugblätter übersetzt, die an die deutschen Soldaten gerichtet waren, um diese über die Grausamkeiten des Hitler-Regimes aufzuklären. Als die Gestapo in Brüssel eine Druckerei aushob, war er verhaftet worden. Mit seinen Leidensgenossen, Widerständler, Freimaurer oder Kommunisten, mußte er unter der Knute der sadistischen Bewacher täglich zwölf Stunden lang Sandsäcke und Steine schleppen, um das Konzentrationslager aufzubauen. Erst nach 28 Monaten sollte Ernst Landau aus dieser »Hölle auf Erden«, wie er es heute noch nennt, erlöst werden. Er kam in das Sammellager Mechelen und fuhr von dort am 19. April 1943 mit dem 20. Deportationszug nach Auschwitz.

Vergeblich erhob Generalgouverneur von Falkenhausen Einspruch, als er von den fürchterlichen Bedingungen des Straf- und Arbeitslagers hörte. Die Festung, so prophezeite er, werde »in die Geschichte des Landes als die Hölle von Breendonk eingehen«. Doch die SS ließ sich in diesen Monaten bereits nichts mehr vom General vorschreiben. Ihre Aufgabe im besetzten Belgien war von der Regierung in Berlin klar umrissen: »Erfassung und Überwachung von gegen das Reich gerichteten Bestrebungen: 1. Juden, 2. Emigranten, 3. Logen, 4. Kommunisten, 5. Kirchen.«

Die Treibjagd konnte beginnen.

Fünftes Kapitel

Die Juden in Belgien

Régine Krochmal hatte sich niemals zuvor die Frage gestellt, was Jude zu sein eigentlich bedeutete. Waren es vielleicht ihre schwarzen gekräuselten Haare, die den Unterschied zu ihren katholischen Mitschülerinnen ausmachten? In ihrem nichtreligiösen Elternhaus spielten die jüdischen Traditionen keine Rolle. Die zierliche Régine wurde 1920 als Tochter einer deutschen Mutter und eines österreichisch-polnischen Vaters in den Niederlanden geboren. In Belgien, wo sie aufwuchs, wurde die Religionszugehörigkeit noch nicht einmal im Personalausweis vermerkt.

Sie erinnert sich, daß die Leiterin der Hebammen-Schule an einer Brüsseler Klinik erstaunt aufblickte, als die Lernschwester Régine ihr erklärte, sie sei nicht katholisch, sondern jüdisch. »Keine Ahnung, was das heißt,« sagte die Direktorin, »ich werde Sie im Auge behalten.«

Kaum hatten die Nazis in Belgien Fuß gefaßt, versuchten sie, dem unwissenden Volk beizubringen, um was für eine minderwertige und gefährliche Rasse es sich bei den »hébreux« handelte: kommunistische Weltverschwörer, Wucherer, Faulenzer. Ihre Propaganda fiel in Belgien nicht auf fruchtbaren Boden. Es gab keinen ausgeprägten Antisemitismus, eher einen Mangel an Wissen, wie ihn Régines Ausbildungsleiterin hatte erkennen lassen. Die Juden belgischer Staatsangehörigkeit, die schon seit Generationen im Land lebten, waren oft angesehene Bürger, Notabeln.

Die größte Emigrantenwelle erreichte Belgien in den zwanziger Jahren. Die Zuwanderer aus Osteuropa flohen vor wirtschaftlicher Not und sozialer Ächtung. Viele hatten sich eigentlich von Antwerpen aus nach Übersee einschiffen wollen. Doch weil sie keine Visa bekamen, blieben sie dann in dem freundlich gleichgültigen Land hängen. Sie ließen sich in Brüssel nieder oder in der flämischen Hafenstadt Antwerpen, wo der Diamantenhandel traditionell in jüdischer Hand war.

Es kamen auch bildungshungrige junge Leute aus den osteuropäischen Ländern, die in ihrer Heimat wegen der antisemitischen Zugangsbeschränkungen keinerlei Aussicht auf einen Studienplatz hatten. In Lüttich kümmerte sich ein wohlhabender jüdischer Juwelier, der aus der Zarenprovinz Bessarabien stammte, um diese Landsleute, die sich mit wenig Geld, aber voller Wissensdurst auf den Weg nach Belgien gemacht hatten. Einer von ihnen war Hertz Jospa. Als 17jähriger kam der Sohn eines Apothekers 1921 in Lüttich an und absolvierte mit Auszeichnung seine Ausbildung zum Bergwerksingenieur. Seine aus derselben bessarabischen Kleinstadt stammende Frau Hava studierte in der damals blühenden wallonischen Industriestadt Soziologie. Ihren Lebensunterhalt verdiente sie sich als Kindermädchen. Als sie Anfang der dreißiger Jahre ihr Examen machte, gehörte sie zu den ersten Diplomierten dieses neuen Studienzweiges. In Brüssel sollten sich später die Wege des jungen Akademikerpaares Jospa mit denen der Familie Livchitz kreuzen.

Ähnlich ist der Werdegang des Ehepaares Goldsteinas, deren Leben Youra Livchitz später auf dramatische Weise beeinflussen sollte. Als junger Mann hatte Mendelis Goldsteinas seine Heimat Litauen verlassen, um in Brüssel Chemie zu studieren. Sein Sohn Jacques fragt sich heute, wie der Vater sein Studium damals unter den harten Bedingungen überhaupt schaffen konnte. Denn er sprach zunächst kaum ein Wort Französisch. Und von dem wenigen Geld, das sich seine Eltern vom Munde absparten, konnte er gerade die Miete für eine kalte Mansarde und seine kärgliche Abendmahlzeit, einen Hering, leisten. Aber Mendelis Goldsteinas und seine Frau Henda, die ihm ein Jahr später aus dem litauischen Mariampole nach Brüssel gefolgt war, schafften es. Er promovierte 1930 in Chemie und wurde in der Zuckerfabrik Graeff als Chemiker eingestellt. Sie studierte zwei Jahre lang Sozialwissenschaften und fand dann eine Stelle als Sekretärin.

Der zweite große Zustrom von Juden erreichte Belgien ab 1935 aus Deutschland und Österreich. Anfangs flüchteten die Juden vor den Schikanen der nationalsozialistischen Rassenpolitik, später dann, um ihr Leben zu retten. Rachel Livchitz, die seit ihrem Aufenthalt in München fließend Deutsch sprach, bemühte sich, Unterkünfte und Geld für die Vertriebenen zu finden. Sie arbeitete im Flüchtlingskomitee der Israelitischen Gemeinschaft, einer Organisation, die der Judenreferent Asche vergeblich dem ihm unterstehenden Judenrat anzugliedern versuchte. Einige der Insassen des 20. Transports nach Auschwitz waren – wie Rudolf Schmitz aus Köln, der 1939 mit seiner Familie nach Brüssel kam – von Youras Mutter betreut worden. Madame Livchitz, erzählt Yvonne Jospa bewundernd, sei nicht nur hilfsbereit, sondern auch sehr einfallsreich gewesen. Dank ihrer Verankerung in der Theosophischen Gesellschaft hatte sie zudem enge Kontakte zum belgischen Establishment. Yvonne Jospa: »Wenn es ganz schwierig war, wurden die Leute zu Rachel Livchitz geschickt. Sie fand immer eine Lösung.«

Im kleinen Nachbarland wurden die Emigranten zwar nicht mit offenen Armen empfangen, aber »man drückte bei der illegalen Einwanderung beide Augen zu«, bemängelt ein »Sonderbericht über das Judentum in Belgien«, den der nationalsozialistische Sicherheitsdienst 1941 verfaßte. Nach diesem Bericht waren von den 90000 »Glaubensjuden« in Belgien circa 60000 illegal eingewandert. Bis zum Jahr 1939 steigerte sich der Zustrom auf schätzungsweise 116000 Juden, von denen viele weiterflohen, als die Deutschen in Belgien einmarschierten.

Der Bericht des deutschen Sicherheitsdienstes über die Juden charakterisiert die Einstellung der belgischen Regierung den Flüchtlingen gegenüber als »wohlwollend«. Bezeichnend für ihr »loyales Verhalten« sei der »Fall des Dampfers St. Louis«. Das Passagierschiff war 1939 von Hamburg aus mit 900 deutschen Juden an Bord gestartet. Zielhafen war Havanna. Die jüdischen Fahrgäste schätzten sich glücklich, ein teuer erkauftes kubanisches Visum zu besitzen und so dem Naziterror entrinnen zu können. Doch die Regierung in Havanna zog die Einwilligung zur Aufnahme der Flüchtlinge zurück, die Passagiere durften nicht an Land gehen. Wochenlang irrte die St. Louis über die Weltmeere, ihre menschliche Fracht war überall unerwünscht. Bis das Schiff schließlich Antwerpen ansteuerte. Belgien erklärt sich als erstes europäisches Land bereit, 200 der verzweifelten Passagiere aufzunehmen. Frankreich, England und Holland folgten dem Beispiel und boten den übrigen Flüchtlingen Asyl. Für 75 Prozent der Passagiere der St. Louis, die in Belgien Asyl fanden, war es nur ein Aufschub auf Zeit. Sie wurden später deportiert und starben in den Konzentrationslagern.

Die Nazis machten in ihrer Analyse die katholische Kirche und den »freimaurerischen Liberalismus« für die positive Einstellung gegenüber den Juden verantwortlich. Diese beiden Machtgruppen im belgischen Staat hätten der »Ausbreitung und Förderung des Judentums Tür und Tor geöffnet«. In zwölf Exemplaren ging der Bericht des Sicherheitsdienstes an das Reichssicherheitshauptamt in Berlin.

Die Tragödie des Flüchtlingsschiffes St. Louis illustriert auch die Haltung der Weltöffentlichkeit gegenüber der nationalsozialistischen Judenpolitik. Man verschloß die Augen vor der Not der Verfolgten und ließ Hitler gewähren. Im Juli 1938 hatten sich die Vertreter von 32 Nationen in dem französischen Badeort Evian-Les-Bains versammelt, um über die Aufnahme der von den Nazis vertriebenen Juden zu verhandeln. Die Amerikaner waren nicht bereit, ihre Einwanderungspolitik zu liberalisieren. Mit ihrem Veto gaben sie auch für die anderen Staaten die Marschrichtung vor. Keines der Länder erhöhte seine Aufnahmequoten.

»Juden unerwünscht«, der Spruch, der in Deutschland an Geschäften und Gaststätten diese Menschen ausgrenzte, galt nun auch für die internationale Staatengemeinschaft. Damals konnte freilich niemand ahnen, daß diese Entscheidung in Evian den sicheren Tod von Abertausenden bedeutete, daß aus Hitlers Politik der Vertreibung eine Politik der Vernichtung werden sollte.

In Belgien machten sich im ersten Jahr der deutschen Besatzung Menschenjäger an die Arbeit. In aller Stille. Zunächst einmal galt es, die Juden zu erfassen. Denn bei den Einwohnermeldeämtern und in den Personalausweisen war die Religionszugehörigkeit nicht registriert. Zudem wehrte sich die belgische Verwaltung gegen die gesonderte Erfassung einer Glaubensgemeinschaft. Ein Judenregister verstoße gegen die belgische Verfassung, die eine Diskriminierung aufgrund von Rasse oder Religion verbiete.

Die Militärverwaltung des General von Falkenhausen gab die Bedenken an Berlin weiter. Doch die Nazis kannten kein Pardon. Sie machten Druck. Schon bald konnte sich die Brüsseler Außenstelle von Heydrichs Reichssicherheitshauptamt in der Avenue Louise rühmen, daß »durch laufende tätige Mitarbeit der hiesigen Dienststelle« – gemeint war, durch ständige Pressionen der SS-Zentrale – von der Militärverwaltung am 28. Oktober die ersten gegen die Juden gerichteten Verordnungen erlassen wurden: Alle Juden mußten bei ihrer Gemeindeverwaltung erscheinen und sich in ein Judenregister eintragen lassen. 42000 Juden, die älter als 15 Jahre waren, folgten der Anordnung und bekamen Ausweise, auf denen in roter Farbe der Vermerk »Juif-Jood« ins Auge sprang. Nur eine Minderheit der Gemeldeten, insgesamt 4000, besaß die belgische Staatsangehörigkeit.

Die Gemeinden waren verpflichtet, ein Doppel ihrer Kartei an das Hauptquartier der Brüsseler Gestapo zu schicken. Bei der Sicherheitspolizei in der Avenue Louise beanspruchten die hölzernen Karteikästen mit den Adressen, die den Mördern den Weg zu ihren Opfern weisen sollten, sechs Quadratmeter Büroraum.

Auch die achtzehnjährige Claire Prowizur ließ sich einschreiben. Warum auch nicht? Schließlich hatte man auf Lebensmittelkarten nur dann Anspruch, wenn man ordentlich gemeldet war. Es gab noch keinen keinen Anlaß, der Aufforderung zur Anmeldung zu mißtrauen. Im ersten Kriegsjahr, schreibt sie in ihrer Autobiografie, war im Alltag der Juden »von dem aus Deutschland importierten Antisemitismus« kaum etwas zu spüren. Die Synagogen und jüdischen Schulen waren noch geöffnet, Hochzeiten nach dem traditionellen jüdischen Ritus erlaubt, noch durften jüdische Kinder die belgischen Schulen besuchen.

»Unsere Eltern, die schon Pogrome erlebt hatten, glaubten eine Zeitlang an Entspannung. Nein, dachten sie, wir sind nicht ihre einzige Beute; die Deutschen besetzen ganz Europa, und wir werden dasselbe Schicksal wie die netten Leute erleiden.«

Claire war das älteste von vier Kindern. Ihre Eltern – der Vater stammte aus Polen, die Mutter aus Leipzig – hatten sich in Deutschland kennengelernt. Mittellos langte das Paar in Belgien an. Ein Schicksal, das sie mit Tausenden von Neuankömmlingen teilten. In einer kleinen Wohnung in einem Vorort von Brüssel brachte Claires Mutter ihre vier Kinder durch. Sie hatte schon bessere Zeiten erlebt. In Leipzig hatte sie immerhin Abitur gemacht und sich für die deutsche Literatur begeistert. Beim trüben Schein der Petroleumlampe wusch und bügelte sie nun für fremde Leute. Oft war der Strom abgestellt, weil die Rechnungen nicht bezahlt waren.

Der Vater war eher eine zusätzliche Belastung. Er besaß wie so viele Emigranten keine Aufenthalts- und Arbeitserlaubnis. Männer wie er arbeiteten zu Hungerlöhnen als Näher, Kürschner oder Zuschneider in Kellern und Hinterhöfen. Claires Vater begann auch noch zu trinken, bekam Probleme mit der Polizei und wurde mehrmals über die Grenze nach Deutschland abgeschoben.

Claire litt unter dem Konflikt daheim. Um ihren Eltern zu helfen, schrieb die Fünfzehnjährige einen Brief an Königin Elisabeth. Sie schilderte die unglückliche Lage der Familie und bat um eine Intervention zugunsten ihres Vaters. Elisabeth, die Mutter von Léopold III., wurde vom Volk wegen ihrer Großherzigkeit und Güte hoch verehrt. Sie half tatsächlich.

Claires Vater erhielt eine Aufenthaltserlaubnis gegen eine Kaution, so hoch wie das Jahreseinkommen des jungen Mädchens bei Herrn Libermann, dem Geschäftsführer einer deutschen Handelskette. Dort hatte Claire mit vierzehn Jahren als Bürokraft zu arbeiten begonnen, obwohl sie viel lieber weiter die Schule besucht hätte. Aber als Älteste fühlte sie sich verpflichtet, zum Familieneinkommen beizutragen.

Die Nazis, entsetzt über das friedliche Miteinander von Juden und Nichtjuden in Belgien, paßten ihre Strategie der Lage an. Nur keine Aufmerksamkeit mit »großangelegten Aktionen« erregen, keine Überfälle also auf jüdische Geschäfte, kein Zertrümmern von Schaufenstern, keine brutalen Übergriffe auf Schulen oder Synagogen. In kleinen, fein abgestimmten Dosen wurde die nationalsozialistische Rassenpolitik verabreicht, damit sich »der Belgier« langsam daran gewöhnte.

Die Betroffenen wiegten sich in falscher Sicherheit. Im Oktober 1940 mußte Léon Gronowski sein Lederwarengeschäft bei der deutschen Treuhandgesellschaft eintragen lassen und an der Ladentür ein Schild mit der Aufschrift »Jüdisches Unternehmen – Joodse onderneming – entreprise juive« anbringen. Dennoch war er zunächst nicht weiter beunruhigt. Die deutschen Soldaten aus der nahegelegenen Kaserne von Etterbeek erwiesen sich als gute Kunden. Die Männer in den feldgrauen Uniformen handelten nicht um die Preise, sie zahlten bar und auf Heller und Pfennig. Und sie zeigten sich dankbar, daß sie von dem Geschäftsinhaber in deutscher Sprache bedient wurden.

Zu spät erkannten die Gejagten die Heimtücke der nationalsozialistischen Taktik. Claire Prowizur: »Das Untier hatte, um uns zu täuschen, seinen Haß, seine Krallen versteckt, hatte Samthandschuhe angelegt.«

Sechstes Kapitel
Eichmanns Handlanger

Kurt Asche war ein unauffälliger Mann, einer, der gemeinhin übersehen wurde. Er war klein von Statur, sein Gesicht war vom vielen Trinken etwas schwammig, die Augen wurden von den dicken Gläsern einer Brille verdeckt. Wenn der SS-Mann morgens kurz vor neun Uhr der Straßenbahn an der Haltestelle Abbaye entstieg, mochte man den Anfang Dreißigjährigen für einen griesgrämigen Buchhalter oder Angestellten halten, der zu seinem Arbeitsplatz in einem tristen Büro ging.

Doch Asche war zu jener Zeit in Belgien ein mächtiger Mann. Der Referent für Judenfragen in der Brüsseler Gestapo-Zentrale konnte mit einem Federstrich über Leben und Tod eines Menschen bestimmen. Er sorgte dafür, daß sich die Züge nach Auschwitz mit Männern und Frauen, Jugendlichen, Kindern und Greisen füllten. Und er entschied darüber, wer von der Liste der zu Deportierenden gestrichen wurde. Er war der Prototyp des bieder wirkenden nationalsozialistischen Handlangers, der seine Machtfülle gegenüber denjenigen genoß, die ihm geistig und körperlich überlegen waren. Seine Augen begannen hinter den dicken Brillengläsern zu funkeln, seine Stimme sich vor Eifer zu überschlagen, wenn er ein hochgebildetes oder wohlhabendes Mitglied der von den Nazis verfemten Rasse in seine Schranken verweisen konnte.

Die Parteiakte der NSDAP beschreibt Kurt Asche als einen Mann ohne besondere Eigenschaften, als ein Parteimitglied unter ferner liefen. Sein »rassisches Gesamtbild« wird als »vorwiegend nordisch«, seine »persönliche Haltung« als »korrekt«, das »Auftreten und Benehmen« als »diszipliniert«, seine »geldlichen und Familienverhältnisse« werden als »geordnet«, »Willenskraft und persönliche Härte« als »zielbewußt« beurteilt. Kurt Asche, 1909 in Hamburg als Sohn eines

Tischlermeisters geboren, war 1,71 m groß und Träger des bronzenen SA-Sportabzeichens. Er hatte die Volksschule abgeschlossen, zwei Jahre lang die Handelsschule besucht und eine dreijährige Drogistenlehre samt Giftprüfung absolviert.

1931 war der 22jährige Drogeriegehilfe der Partei beigetreten, vier Jahre später bewarb er sich beim parteieigenen Sicherheitsdienst in Berlin. Bekannte hatten ihm diesen krisensicheren Arbeitsplatz empfohlen. Der Mitläufer wurde zum Mittäter. Asche war zunächst Wachmann, später wurde er, weil er Schreibmaschine und Steno beherrschte, als Schreibkraft beschäftigt. In internen Schulungen wurden ihm Theorie und Praxis der nationalsozialistischen Rassenlehre vermittelt, bis der junge Nazi ideologisch so gefestigt war, daß er 1936 zum Hilfsreferenten im Referat Judentum aufstieg. Von über zwanzig Außenstellen in Berlin sammelte er nun die Nachrichten von V-Männern und Spitzeln über jüdische Organisationen und Persönlichkeiten. Auch in Brüssel sollte sich der SS-Mann später ein Netzwerk von Denunzianten aufbauen, die ihm bei der »Entjudung« zur Hand gingen.

Sein Arbeitsplatz in Berlin trug damals die Bezeichnung Amt IIB des Sicherheitsdienstes. Es war der organisatorische Vorläufer jenes Büros, das ab 1941 unter der Leitung von Adolf Eichmann die Deportation der europäischen Juden in die Vernichtungslager organisierte. Und wie später in Brüssel trugen Asche und seine Kollegen in der Reichshauptstadt Informationen über den »Staatsfeind Nummer 1« zusammen, die »den berufenen staatlichen Stellen Fingerzeige und Vorschläge für die fortschreitende Bekämpfung des Judentums« geben, so umriß Theodor Dannecker, ein enger Mitarbeiter Eichmanns, die Aufgabe dieser Abteilung.

Im November 1938, als in der »Reichskristallnacht« die Synagogen brannten, als SA- und SS-Trupps die Fensterscheiben jüdischer Geschäfte zerschlugen, Läden verwüsteten, als die Terrorkommandos in Wohnungen eindrangen, die jüdischen Bewohner mißhandelten und ihre Möbel zertrümmerten, da war auch Kurt Asche in Berlin unterwegs. Er rühmte sich hinterher, an der Brandstiftung der großen Berliner Synagoge in der Oranienburger Straße beteiligt gewesen zu sein.

Ein Jahr später wurde der Untersturmführer zur Außenstelle des Sicherheitsdienstes in Lublin abkommandiert. Die Massenerschießungen der mörderischen Einsatzgruppen in diesem polnischen Gebiet, so wird er vierzig Jahre später bei seinem Prozeß im Landgericht Kiel erklären, seien ihm nur »vom Hörensagen bekannt« gewesen. Am 20. April 1941, am Geburtstag des Führers, wurde der Hilfsreferent »als Anerkennung für die geleistete Arbeit und im Einsatz in Polen« zum Obersturmführer befördert. SS-Untersturmführer Asche, so heißt es in der Begründung, habe »stets größten Fleiß und Eifer gezeigt und seine Leistungen waren durchaus zufriedenstellend«.

Im November 1941 trat Asche in der belgischen Außenstelle des SS-Leitabschnitts Berlin seinen Dienst an. Sein Berliner Kollege Theodor Dannecker, inzwischen Judenreferent in Paris, führte Asche in Brüssel ein. Dannecker genoß wegen seines harten Durchgreifens und seines Organisationstalents bei seinen Vorgesetzten im Reichssicherheitshauptamt besonders hohes Ansehen. Am 27. November ließen die beiden Nazifunktionäre den Großrabbiner Salomon Ullmann in der SS-Zentrale in Brüssel antreten. Dieser erste Kontakt mit Ullmann war das Vorspiel zur Gründung eines Judenrates in Belgien. Denn der oberste Chef der Sicherheitspolizei, Reinhard Heydrich, hatte schon 1939 verfügt, daß in jeder jüdischen Gemeinde ein jüdischer Ältestenrat zu gründen sei. Dieses Gremium sei für die »exakte und termingerechte Durchführung aller ergangenen oder zu ergehenden Weisungen« verantwortlich.

Die israelitische Gemeinschaft fürchtete, die Nazis selbst könnten die Verwaltung der Juden in die Hand nehmen. Deshalb wurde überall in den besetzten Gebieten von den jüdischen Honoratioren die Gründung eines selbstverwalteten Judenrates mitgetragen. Auch in Brüssel stellten sich angesehene

Mitglieder der jüdischen Gemeinschaft für dieses Amt zur Verfügung. Sie glaubten, damit Schlimmeres zu verhindern. Auch wenn ihre Motive ehrenhaft gewesen sein mögen, wurden die Mitglieder der Judenräte letztlich Erfüllungsgehilfen der Nazischergen.

In Belgien hieß der Judenrat »Association Juive en Belgique« (AJB). In der nationalsozialistischen Strategie der Vernichtung war dieser »Vereinigung der Juden in Belgien« eine wichtige Rolle zugedacht. Die Hebräer selbst sollten bei der Entrechtung und Deportation ihrer Glaubensgenossen helfen. Offiziell war der Zweck dieser im November 1941 gegründeten Körperschaft des öffentlichen Rechts, »die Juden in ihrer Eigenschaft als Juden zusammenzufassen und in ihren Bedürfnissen, insbesondere auf dem Gebiet der Auswanderung, der Schule sowie der fürsorglichen Betreuung zu fördern«.

Die Vorsitzenden des Judenrates, Akademiker und wohlhabende Geschäftsleute aus dem bürgerlichen Milieu, sollten bei ihren wöchentlichen Terminen im Hauptquartier der SS-Polizei immer wieder mit dem gelernten Drogeriegehilfen Kurt Asche zu tun haben. Der Beauftragte des Sicherheitsdienstes war zwar nur ein kleines Rädchen in der Vernichtungsmaschinerie, aber er repräsentierte dennoch für sie die ganze Machtfülle des Systems. Und Asche pochte auf seine Bedeutung. »Er gibt uns zu verstehen«, heißt es in dem Sitzungsprotokoll des AJB, »daß er die Absicht der Besatzungsmacht wahrnehme, für die Judenfrage eine allgemeine Regelung zu verwirklichen.« Zudem habe er »alle Vorhaben des Militärbefehlshabers hinsichtlich der Juden auszuarbeiten«.

Sie erlebten den SS-Mann als einen mitleidslosen Verhandlungspartner, wenn es darum ging, für Kranke, Kinder oder Greise Freistellungen von der Deportation zu erreichen. Einen »Nazikriminellen par excellence« nannte ihn Maurice Benedictus, der bis zu seiner Flucht nach Lissabon im Februar 1943 Mitglied im Vorstand dieser jüdischen Zwangsvereinigung war: »Asche ist launisch, grob, verletzend, sadistisch, ein Trinker.«

In den Kellern der Avenue Louise war der SS-Mann gefürchtet. William Smordynia, der im Auftrag des Judenrates den dort Inhaftierten täglich ihre Essensrationen brachte, gab nach dem Krieg zu Protokoll, daß er aus einigen Kellerzellen immer wieder Schreie von Mißhandelten hörte. Er sah Menschen mit blutig geschlagenen Gesichtern, die an ihm vorbei abgeführt wurden. Und er sah ausgerissene Haarbüschel auf dem Boden. Die Schläger hinter den geschlossenen Türen habe er nicht identifizieren können. Aber er habe festgestellt, daß unter Asches Aufsicht »die Maßnahmen noch unerbittlicher und brutaler« als sonst waren. Asche, so Smordynia, »war ganz unbestritten der Gewalttätigste.«

Nach Dienstschluß gab sich der Junggeselle von einer ganz anderen Seite. Dann spielte der verklemmte SS-Funktionär den fröhlichen Saufkumpan. So manchen Abend verbrachte Asche mit Untersturmführer Karl Mainzhausen und Hauptsturmführer Fritz Erdmann in einschlägigen Kneipen und Sexbars. Stets in Zivil, um nicht zu sehr aufzufallen. Ein bevorzugtes Ziel bei ihren nächtlichen Streifzügen war ein Etablissement in der Rue Berger Nr. 33. Ein Geheimtip, denn von außen war das Nachtlokal nicht als Bar zu erkennen, die Tür öffnete sich nur für Stammgäste. Hier boten leichte Mädchen den ausschließlich männlichen Gästen nicht nur Getränke an. Kurt Asche hatte ein Auge auf die Kellnerin Ellen geworfen. Die schwarzhaarige junge Frau war damals im Prostituiertenregister der Kommune Ixelles verzeichnet und mußte sich, wie alle Frauen dieses Gewerbes, regelmäßigen Gesundheitskontrollen unterziehen. Ellen war eine aus Deutschland geflüchtete Jüdin, die sich als Serviermädchen und Prostituierte durchschlug. Obwohl Asche damit gegen die nationalsozialistischen Rassengesetze verstieß, begann der SS-Mann ein Verhältnis mit ihr. Ellen war noch kleiner als Asche, sie sprach Deutsch und war als Jüdin von seinem Wohlwollen abhängig. Sollte er ihrer überdrüssig sein, würde er sich ihrer jederzeit entledigen können.

Die Liaison zwischen dem Antisemiten und der jüdischen

Serviererin war denn auch nicht von langer Dauer. Im September 1942 wurde Ellen vom Sammellager Mechelen aus nach Auschwitz deportiert. Ihr allmächtiger »Freund Kurt«, so wie sie Asche anderen Gästen gegenüber nannte, hatte sie nicht vor diesem Los bewahren wollen.

Bei seiner Arbeit als Judenreferent kamen Asche seine Lehrjahre in Berlin zugute. Er mußte darüber wachen, daß die antijüdischen Maßnahmen auch eingehalten und Verstöße gegen die Vorschriften geahndet wurden. Schon in der Reichshauptstadt hatte er zu jenen zahllosen kleinen SS-Funktionären gehört, die mit Hilfe von Zuträgern und Spitzeln kontrollierten, ob die schrittweise Aussperrung der Juden aus dem wirtschaftlichen und kulturellen Leben auch befolgt wurde. In Belgien spulten die Nazis erneut ihr rassistisches Diskriminierungsprogramm ab – allerdings mit erhöhter Geschwindigkeit.

Von Oktober 1940 bis September 1942 erließ die Militärverwaltung insgesamt 18 antijüdische Verordnungen. Zunächst mußten sich die über 15jährigen Juden in den Einwohnermeldeämtern einschreiben, dann wurden alle Juden aus dem öffentlichen Dienst entlassen, ihr Vermögen wurde enteignet, ihre Radios eingezogen, sie durften nur noch in den Städten Antwerpen, Brüssel, Charleroi und Lüttich wohnen und zwischen 20 Uhr und 7 Uhr morgens ihre Wohnungen nicht verlassen. Ihnen wurde der Besuch nichtjüdischer Schulen untersagt und der Zutritt zu Schwimmbädern und Kinos verboten.

Die Militärverwaltung war zwar offiziell für den Erlaß der Anordnungen zuständig, aber sie gab im Grunde nur die Weisungen aus dem Berliner Reichssicherheitshauptamt weiter. Tatsächlich liefen die Fäden der Judenpolitik in der Gestapo-Zentrale zusammen. Und in der Avenue Louise achtete Obersturmführer Kurt Asche darauf, daß keine Löcher in dem Netz entstanden, das sich immer enger um die Juden in Belgien zusammenzog. Wann immer er Lücken in dem Verfolgungssystem entdeckte, drohte er den Vertretern des Judenrates mit schlimmen Konsequenzen. Als er entdeckte, daß sich in Antwerpen rund 1500 Juden nicht hatten registrieren lassen, kündigte er den Vorsitzenden der Judenvereinigung harte Strafmaßnahmen an. Es sei denn, sie würden ihre Pflicht tun und dafür sorgen, daß die Anordnungen der Deutschen von allen befolgt würden.

Eine perfide Strategie, die für Maxime Steinberg, den Historiker des Holocaust in Belgien, darauf abzielte, den Juden »reif für die Zwangsdeportation« zu machen: »Er ist identifiziert, gezeichnet, auf seine Wohnung beschränkt, gehört einer Zwangsgemeinschaft an, die ihn verwaltet, ist von der übrigen Bevölkerung isoliert, seiner Güter beraubt und seiner wirtschaftlichen und beruflichen Aktivitäten. … Er ist bereit für die Endlösung.«

Chuzpe und Unternehmungsgeist halfen den verfolgten Juden überleben. Diejenigen, die die tödliche Bedrohung erkannten oder auch nur erahnten, suchten nach Schlupflöchern, nach Hintertüren aus der Falle. »Wann war es genau?« Claire Prowizur erinnert sich nicht mehr an das Datum, als sie zu ihrem Chef, Herrn Liberman gerufen wurde. Nein, sagte er ihr, als sie vor seinem riesigen Schreibtisch Platz nahm und ihren Block zückte, sie brauche kein Stenogramm aufzunehmen, er habe ihr nichts zu diktieren. Er reichte ihr ein Schreiben der Militärverwaltung. Alle Arbeitgeber, die Personen jüdischer Abstammung beschäftigten, hieß es darin, müßten diese umgehend und ohne Entschädigung entlassen. Nur die Arbeitgeber selbst, die Ladenbesitzer, die jüdischen Handwerker und diejenigen, die auf eigene Kosten arbeiteten, dürften in ihren Funktionen verbleiben.

Der Geschäftsmann blickte seine Angestellte, die vier Jahre zuvor als Backfisch bei ihm zu arbeiten begonnen hatte, aus dunklen, traurigen Augen an. »Die Räder der infernalischen Maschinerie waren in Gang gesetzt«, schreibt Claire in ihren Erinnerungen, »wir Juden waren der gemeinsame Nenner. Er wußte wahrscheinlich, daß morgen auch er an der Reihe sein würde.« Liberman zahlte ihr trotz des Verbots eine großzügige Abfindung. Und gemeinsam mit Philippe, den sie wenig später heiraten würde, suchte sie nach einer Möglichkeit, unter den immer schwierigeren Bedingungen zu überleben.

Seit fast zwei Jahren hatte Claire ein Doppelleben geführt. Tagsüber die fleißige und umsichtige Sekretärin, war sie nach Büroschluß militantes Mitglied in einer trotzkistischen Zelle. Sie war Philippe, den sie beim »Bund«, der sozialistischen jüdischen Jugendorganisation, kennengelernt hatte, zu den Trotzkisten gefolgt. Die beiden wurden zu Feierabend-Revolutionären. Der junge Ernest Mandel, später ein auch in Deutschland bekannter Wirtschaftswissenschaftler, gehörte damals ebenso dazu wie Abraham Wainstock, einer der Führer der 4. Internationale.

Sie redigierten ihre Zeitung »Der Arbeiterkampf«, die sie nachts in die Briefkästen der »Proletarier« verteilten. Sie diskutierten, büffelten in Schulungskursen den Marxismus und analysierten die Fehler des Stalinismus. Claire im Rückblick: »Wir lebten die wunderbare Welt der Jungen, die glaubten, daß ihre Ideale die Lösung für eine Veränderung der Gesellschaft in sich bergen. Wir waren überzeugt, eine wichtige Rolle zu erfüllen; wir lebten intensiv, auf eine geradezu überwältigende Weise, waren wir ernsthaft, aufrecht, glücklich, liebten das Leben, waren aber auch bereit, es hinzugeben. Wir kamen spät in der Nacht heim und zählten die Stunden, die uns vom nächsten Treffen am kommenden Tag trennten.«

Doch wovon sollten sie leben, wenn die deutschen Besatzer ihnen die Existenzgrundlagen entzogen? »Bei jeder Anordnung der Deutschen mußten wir einen noch längeren Schritt machen als sie,« schreibt Claire später, »wir mußten ihnen voraus sein. Wir wußten wohl, daß wir ihnen nur Sand in die Augen streuten und sie uns irgendwann erwischen würden. Wir waren auf alles gefaßt, aber wir jonglierten, das war unser einziger Ausweg.« Hatte es in dem Schreiben der Militärverwaltung nicht geheißen, daß diejenigen Juden, die auf eigene Kosten arbeiteten, ihre Arbeit behalten durften? Claire entschloß sich, das Schneiderhandwerk zu erlernen. Und zwar schnell. Innerhalb kurzer Zeit hatte die Achtzehnjährige das Diplom erworben.

Philippe machte sich ebenfalls als Schneider selbständig. In einer Ecke ihrer kleinen gemeinsamen Wohnung richteten sie ihren »Betrieb« ein. Das Leben ging weiter.

Doch Asche und seine Kollegen nahmen immer mehr Einfluß auf die Besatzungspolitik. Schritt für Schritt verschlechterte sich die wirtschafliche Lage der Juden. So erhielt der Lederwarenhändler Léon Gronowski im November 1941 ein Schreiben der Militärverwaltung, in dem er aufgefordert wurde, seine Waren aufzulisten und einem deutschen Revisor von der Brüsseler Treuhandgesellschaft »jede gewünschte Auskunft« über das Unternehmen sowie »Einblick in die Geschäftsbücher« zu gewähren. Für den Besuch des Buchprüfers mußte er anschließend 3100 Franken an die Brüsseler Treuhandgesellschaft überweisen.

Im April 1942 teilte die Militärverwaltung dann Léon Gronowski mit, daß »auf Grund der 3. Judenverordnung« ein Karl Schneider als Verwalter seines Unternehmens eingesetzt würde. Die »Kosten und Gebühren für die Verwaltung« würde er aus einer »gesonderten Anordnung« erfahren. Gronowski sollte also auch noch für die Enteignung zahlen. Im Juli 1942 erhielt er eine Quittung für seine Schreibmaschine, die »leihweise entnommen« wurde; am 13. August erfuhr er, daß der »Warenbestand abtransportiert« werden sollte. Der jüdische Geschäftsmann durfte über kein eigenes Konto mehr verfügen.

Sein Sohn Simon bekam nichts von den Sorgen der Eltern mit. Seit Anfang 1941 trug der Neunjährige stolz die Pfadfinderuniform. Mit seinen Freunden aus der Nachbarschaft gehörte er als »louveteau«, als kleiner Wolf, der 145. Sektion der belgischen Boy Scouts an. Eine neue Welt tat sich ihm auf. Jeden Samstag Treffen, sonntags dann gemeinsame Streifzüge im Forêt de Soignes und jeden Tag, wie es sich für einen Pfadfinder gehört, eine gute Tat. Zwei Sommer lang erlebte er unbeschwerte und glückliche Wochen im Pfadfinderlager. Er lernte das Morsealphabet, komplizierte Seemannsknoten zu knüpfen, sich allein im Wald zurechtzufinden und sich an den Sternen zu orientieren. Kenntnisse, die ihm später sehr nützlich sein sollten.

Die acht Jahr ältere Ita, Simons Schwester, hatte Ende Dezember 1941 das Lyzeum in Etterbeek verlassen müssen. Nach einer neuen Anordnung hatten alle »jüdischen Schüler aus nichtjüdischen Unterrichtsanstalten und Lehrgängen auszuscheiden«. Das lebenslustige junge Mädchen mit den schwarzen Augen und der dunklen Haarmähne besuchte nach den Weihnachtsferien die jüdische Ecole Moyenne Cymring, wo im Auftrag des Judenrats und mit Zustimmung der Militärverwaltung Lehrer für die von den belgischen Schulen geschaßten jüdischen Kinder ausgebildet werden sollten. Ita gefiel es wider Erwarten in der neuen Klasse. Vielleicht auch, weil sie das einzige Mädchen war.

»Ich bin launenhaft, sehr wankelmütig, herrisch, ein ehrgeiziges Ding, sehr stolz«, beschreibt sie sich in ihrem Tagebuch. »Ich habe ein gutes Herz, bin ebenso schnell, jemandem eine Freude zu bereiten wie ihn zwei Augenblicke später zu enttäuschen. Ich bin zwar intelligent, aber keine wirklich gute Schülerin, vor allem wegen meines schlechten Gedächtnisses.

Ich liebe die Musik, Liszt, Chopin, Bizet, Rossini, Verdi, Puccini.

Ich liebe die romantische Literatur, Balzac, Musset, Goethe, aber nicht Voltaire, Chateaubriand, Mérimée.

Ich liebe die Blumen, die Vögel und mein kleines Kätzchen Minou.«

Der kleine Simon liebte und bewunderte seine große Schwester. Ita spielte nicht nur Klavier, sie begann auch, einen Roman mit dem Titel »Kurt« zu schreiben. Sie verfaßte Gedichte und lange Liebesbriefe, wenn sie mal wieder verliebt war. Sie besaß einen Plattenspieler, und fast jeden Sonnabend stöberte sie in den Vorkriegsbeständen des Plattengeschäfts »La Maison Bleue« im Zentrum von Brüssel nach

Jazz- und Bluesaufnahmen von Louis Armstrong, Ella Fitzgerald oder Duke Ellington. Ihre Fundstücke brachte sie dann triumphierend mit nach Hause. Sich für die von den Nazis verbotene Musik aus Amerika zu begeistern war für die jungen Leute eine Form des Widerstandes.

Simon Gronowski besitzt ein altes Foto, auf dem seine Schwester Ita mit fünf ihrer Klassenkameraden aus der Ecole Cymring bei einer Wanderung in den Ardennen abgebildet ist. Es war im Mai 1942. Erst zwei Monate später sollte die Verordnung über den gelben Judenstern in Kraft treten. Die Jungen tragen, wie es damals im Sommer üblich war, Kniestrümpfe und kurze Hosen. Ita, mit festem Schuhwerk und weißen Söckchen, trägt zum kurzen dunklen Rock eine helle Bluse, die langen Haare sind von einem Kopftuch gebändigt. Auch Jacques Angielzyk ist dabei. Der schlanke junge Mann, auf dem Bild hinter Ita stehend, überragt das Mädchen um Haupteslänge.

Viele Jahre später wird sich Jacques an diesen Klassenausflug erinnern. Itas »kleiner« Bruder Simon, auf der Spurensuche nach seiner in Auschwitz ermordeten Schwester, wird ihn danach fragen. Und Jacques, der Arzt aus Ostende, wird Simon, dem Rechtsanwalt aus Brüssel, von diesen letzten fröhlichen Tagen in der freien Natur erzählen.

Jede Nacht schliefen sie in einer anderen Jugendherberge, sie wollten soviel wie möglich von der blühenden Landschaft und den malerischen Orten sehen, ehe sie wieder nach Brüssel zurückkehrten. Ihre Heimatstadt hatte sich verändert, wurde beherrscht von dem Feldgrau der deutschen Soldaten, von der Marschmusik und den Siegesmeldungen, die aus den Lautsprechern der Innenstadt dröhnten. Ihnen war bewußt, daß ihr Glück nicht mehr lange dauern würde.

Ein knappes Jahr später begegneten sich zwei von ihnen, Jacques und Ita, im Sammellager Mechelen, von wo aus die Züge nach Auschwitz fuhren.

Siebtes Kapitel

Die Deportation beginnt

Die Dienstreisen in die Reichshauptstadt waren für Kurt Asche eine angenehme Abwechslung. Das Berliner Nachtleben hatte nichts von seiner Anziehungskraft eingebüßt. Und dank seiner Auslandszulage konnte der nicht sonderlich attraktive Junggeselle ganz anders auftreten als in den Vorkriegsjahren. Das schönste aber war: alle sprachen Deutsch. In Belgien störte es den SS-Offizier gewaltig, daß die Einheimischen ihn einfach nicht verstehen wollten. Nur die Juden, mit denen er es in seiner Brüsseler Dienststelle vor allem zu tun hatte, bemühten sich, mit ihm Deutsch zu sprechen.

Für 10 Uhr war die Sitzung am 4. März 1942 in der Kurfürstenstraße 116 angesetzt. In den Anzügen der beiden Freunde Asche und Dannecker hing noch der Dunst einer langen Kneipennacht, als sie sich gemeinsam mit ihrem Kollegen Willy Zöpf aus Den Haag im Büro von Adolf Eichmann einfanden. Der bürokratische Vollstrecker des nationalsozialistischen Judenprogramms hatte neue Weisungen für sie. Am 20. Januar war unter der Regie von Reinhard Heydrich auf der Wannsee-Konferenz die »Endlösung der Judenfrage« beschlossen worden. Die systematische und massenhafte Ermordung der europäischen Juden sollte »in geeigneter Weise im Osten« erfolgen. Den Außenstellen des Reichssicherheitshauptamtes in den besetzten Westgebieten kam dabei eine Schlüsselrolle zu. Sie sollten möglichst unauffällig die Deportation der Juden in die Konzentrationslager organisieren.

Ein Vierteljahrhundert später lieferte der Lagerverwalter Kurt Asche, der nach Kriegsende zunächst einmal unter falschem Namen untergetaucht war, in Hamburg vor der Staatsanwaltschaft seine Version dieses entscheidenden Treffens: »Etwa im Frühjahr 1942 eröffnete mir mein Vorgesetzter Thomas, ich solle zu einer Besprechung im Judenreferat des RSHA fahren … Die Tagung wurde von Eichmann geleitet und muß wohl in Eichmanns Zimmer stattgefunden haben. Eichmann eröffnete uns, aufgrund eines Führerbefehls seien die Juden aus dem besetzten Westeuropa (Frankreich, Belgien und den Niederlanden) nach dem Osten in das Lager Auschwitz abzuschieben. Dort seien große Benzin- und Buna-Fabriken eingerichtet worden, in denen die Juden zu arbeiten hätten. Eichmann gab nähere technische Anweisungen für die Ausrüstung der Transporte sowie den Kreis der zu deportierenden Juden. Außerdem fällt mir ein, daß er im Zusammenhang mit der Judendeportation aus der Slowakei ein Kopfgeld erwähnte, das von irgendeiner Seite für die Juden bezahlt worden wäre. Eichmann nannte auch Zahlen der Juden, die aus den drei Ländern deportiert werden sollten. Für Belgien waren wohl 10000 Menschen vorgesehen. Nach meiner Erinnerung sollten auch Kinder, Frauen und alte Leute mit auf die Transporte gehen. Nicht dagegen jüdische Mischehepartner und jüdische Mischlinge, soweit sie nicht Geltungsjuden waren. Allerdings sollten aus Belgien wohl zunächst nicht Juden belgischer Staatsangehörigkeit, sondern lediglich staatenlose Juden sowie Juden mit der Staatsangehörigkeit bestimmter europäischer Länder deportiert werden.«

Doch zunächst einmal galt es, die Juden zu stigmatisieren. Der Judenstern, so ordnete Eichmann an, sei umgehend in Frankreich, Belgien und den Niederlanden einzuführen. Dann erst könnte der massenhafte »Abschub« in den Osten beginnen. Ein erster Testlauf sollte von Frankreich aus gestartet werden. Der Pariser Judenreferent Dannecker sollte die Vorbereitungen für die Deportation von 5000 Juden aus Frankreich treffen. Im Konzentrationslager von Auschwitz waren die Gaskammern schon im Einsatz.

Von jetzt an stand für Kurt Asche in Belgien die Endlösung auf der Tagesordnung. Knapp zwei Wochen später traf er Dannecker in Paris, um die Einführung des Judensterns für die besetzten Westgebiete zu koordinieren. Der gelbe Davidstern – in Belgien mit zweisprachiger Aufschrift – sollte gleichzeitig in den drei Ländern eingeführt werden. Eine Begründung dieser Maßnahme »etwa in Form einer Präambel« erübrige sich in den nationalen Verordnungen, heißt es in dem Aktenvermerk. Denn die Kennzeichnungspflicht müsse »im Rahmen der Endlösung der europäischen Judenfrage« gesehen werden. Markierung zwecks Vernichtung – so deutlich wollten die Nazis nicht werden.

In Paris kümmerte sich Dannecker darum, Transportmittel für die erste Deportation zu organisieren. Er traf in Generalleutnant Kohl, dem Chef der Eisenbahntransportabteilung, auf einen bereitwilligen, ja enthusiastischen Helfer. Dannecker in einer Aktennotiz: »Dabei konnte ich feststellen, daß er ein kompromißloser Judengegner ist und einer Endlösung der Judenfrage mit dem Ziel restloser Vernichtung des Gegners hundertprozentig zustimmt.«

Nur in Belgien gab es wieder Schwierigkeiten. Die Bürgermeister der Brüsseler Gemeinden weigerten sich, der Anordnung vom 27. Mai 1942 zur »Kennzeichnung der Juden« nachzukommen und die Stoffsterne an die »israélites« auszugeben. Die neue Vorschrift, so erklärten sie, sei für sie inakzeptabel, da sie »in so direkter Weise die Würde des Menschen verletzt, wer er auch immer sei«. Zwei Tage lang übernahm die Brüsseler Oberfeld-Kommandantur die Verteilung, dann mußte die Judenvereinigung die Davidsterne ausgeben.

Dort holte der Lederwarenhändler Léon Gronowski die gelben Flicken für seine Familie ab. Seine Frau nähte sie auf Mäntel und Jacken. So wie es von den Deutschen vorgeschrieben war, gut sichtbar auf der linken Seite, wo das Herz schlägt. Für Ita war es schrecklich, auf diese Weise öffentlich gebrandmarkt zu sein. In einem Brief an eine Klassenkameradin beklagt sie sich, »wie ein seltenes Tier angestarrt zu werden, man taxiert Dich, mustert Dich. Ich zwinge mich zu lachen, aber tief im Innern bin ich voller Bitterkeit.« Der kleine Pfadfinder Simon trug keinen Stern. Sein Leben schien so behütet wie vordem weiterzugehen.

Obersturmführer Kurt Asche wies bei den regelmäßigen Zusammenkünften mit den Vertretern des Judenrates immer wieder auf die Vorschrift hin, daß der Davidstern in der Öffentlichkeit getragen werden müsse. Wer ohne Stern ertappt werde, für den wäre »eine einzige Strafe vorgesehen, das Konzentrationslager Breendonk«. Im Juni 1942 existierte das Sammellager in Mechelen noch nicht, von wo aus für die Verhafteten der Weg in den sicheren Tod führte.

Anfang Juni 1942 verbot die Militärverwaltung den Juden die Ausübung medizinischer Berufe. Youra Livchitz mußte in der Klinik St. Pierre seine Stelle als Assistenzarzt aufgeben. Es war ein trauriger Abschied für den Mediziner. Auch Régine Krochmal, die Lernschwester und angehende Hebamme, durfte als Jüdin ihre Ausbildung nicht fortsetzen. Régine war schrecklich enttäuscht. So kurz vor dem Abschluß wurde sie hinausgeworfen und vom weiteren Unterricht ausgeschlossen. Doch als sie sich unter Tränen von ihrem Ausbildungsleiter verabschiedete, sagte er: »Ich rechne damit, daß sie bei dem Abschlußexamen dabei sind.« Und so erhielt Régine, die sich nun um so intensiver auf die Prüfung vorbereitete, nach einem mit Bravour bestandenen Examen doch noch ihr Diplom als Hebamme.

Régine hatte sich mit Marianne angefreundet, einem Flüchtling aus Deutschland. Von ihr erfuhr sie von den Greueltaten der Nationalsozialisten. Marianne hatte einen behinderten Bruder, der in einem Heim lebte. Eines Tages wurden er und all seine Gefährten aus dem Behindertenheim abgeholt. Später erhielten die Eltern die Mitteilung, daß ihr 18jähriger Sohn verstorben sei. Er war als Behinderter Opfer des nationalsozialistischen Euthanasieprogramms geworden.

Marianne und Régine weigerten sich, dem »entwürdigenden Befehl der Nazis« nachzukommen und den Judenstern zu tragen. In der Suppenküche der jüdischen Gemeinschaft fanden die Freundinnen Arbeit. Dort bei der »Soupe Populaire« in der Rue Ruysbroeck trafen sich die vor den Nazis geflüchteten Emigranten und ehemalige Spanienkämpfer, Studenten und Arbeiter in der mittäglichen Schlange vor der Essensausgabe. Es wurde viel Deutsch gesprochen. Die beiden jungen

Frauen, die die Sprache des Feindes beherrschten, freundeten sich mit Österreichern an, die eine Widerstandsgruppe gegründet hatten.

Sie wurden Mitglied in der »Österreichischen Freiheitsfront«. Begeistert stürzten sie sich in die konspirative Arbeit. Sie wollten die deutschen Soldaten darüber aufklären, welchem verbrecherischen Regime sie dienten, und sie mit ihren Flugblättern und hektographierten Zeitungen zur Desertion bewegen. Marianne und Régine fiel die Aufgabe zu, auf der Straße oder in Cafés die Männer in ihren Wehrmachtsuniformen anzusprechen. »Wir fragten Sie nach der Uhrzeit«, erinnert sich Régine, »und die Soldaten waren meist sehr froh, ihre Muttersprache zu hören.« Sie verwickelten sie in ein Gespräch, kamen auf den Krieg zu sprechen, unter dem sie alle zu leiden hätten. Sobald Régine merkte, daß ihr Gegenüber womöglich für kritische Informationen empfänglich sein könnte, verabredete sie sich zu einem weiteren Treffen. Da brachte sie dann die selbstgefertigten Flugblätter mit, von denen sie in ihrer jugendlichen Naivität glaubte, daß die Soldaten sie nur lesen müßten, um zu überzeugten Kriegsgegnern zu werden.

Wie Claire Prowizur in ihrer trotzkistischen Zelle war auch Régine Krochmal zutiefst davon überzeugt, »etwas Nützliches und Sinnvolles zu tun«. Dazu kam das Gefühl der Zusammengehörigkeit, der Freundschaft und der Hilfsbereitschaft in der zwanzig Mitglieder zählenden Gruppe. Nie wieder sei sie so glücklich in ihrem Leben gewesen, versichert sie Jahrzehnte später. Die tödliche Gefahr, in die sie und ihre Freunde sich begaben, war ihr damals bewußt. »Als Jüdin war ich sowieso verurteilt. Was riskierte ich also, gegen die Deutschen zu arbeiten?«

Im Juni 1942 konnte die Militärverwaltung in ihrem Vierteljahresbericht an Berlin Vollzug melden. Mit dem Verbot für die Juden, den Heilberuf auszuüben, und mit ihrer Kennzeichnung durch den Judenstern sei der gesetzgeberische Teil der Judenverfolgung in Belgien abgeschlossen. Die Juden hätten »nur noch äußerst beschränkte Lebensmöglichkeiten«. Jetzt sollte – unter dem beschönigenden Stichwort »Evakuierung« – die nächste Phase der Vernichtungspolitik beginnen. Die Deportation der Juden oder »ihre Evakuierung aus Belgien« müsse nunmehr »im Zuge der allgemeinen Planung von den zuständigen Reichsstellen veranlaßt werden«.

Dies geschah unverzüglich. Am 10. Juni trafen sich Theodor Dannecker und Kurt Asche morgens früh an der Brüsseler Gare de Midi, um gemeinsam nach Berlin zu fahren. SS-Obersturmbannführer Adolf Eichmann hatte für den folgenden Vormittag die Judenreferenten aus Paris, Brüssel und Den Haag in sein Büro in der Kurfürstenstraße 116 eingeladen. Es ging darum, möglichst umgehend Ersatz für die bisher aus Deutschland deportierten Juden zu schaffen, die »aus militärischen Gründen während des Sommers« nicht nach Osten abgeschoben werden könnten. Wegen der Vorbereitungen der deutschen Sommeroffensive in Rußland war eine Transportsperre für die Ost-Westverbindungen und damit auch für die Deportationszüge aus Deutschland erlassen worden. Dieser Ausfall an Nachschub für die Vernichtungslager sollte laut Eichmann durch Juden aus Holland, Belgien und Frankreich ausgeglichen werden. Im Bürokratendeutsch des Schreibtischtäters: »Aus den besetzten Westgebieten werden größere Judenmengen dem KZ Auschwitz zwecks Arbeitsleistung überstellt.« 15000 sollten aus den Niederlanden, 10000 aus Belgien und 100000 aus Frankreich deportiert werden. Die Deportierten »beiderlei Geschlechts« sollten zwischen 16 und 40 Jahre alt sein. Bei den Transporten dürften zehn Prozent »nicht arbeitsfähiger Juden mitgeschickt« werden. Ein versteckter Hinweis darauf, daß die Juden an ihrem Zielort nicht nur Arbeit erwartete.

»Wegen der Gestellung des Transportmaterials«, heißt es in demselben Aktenvermerk, würde man mit Generalleutnant Kohl in Paris Verbindung aufnehmen. »Dabei soll auch die Frage der für Belgien erforderlichen zehn Transportzüge geklärt werden.« Das Reichssicherheitshauptamt hatte sich ein hohes Ziel gesteckt: Ab Mitte Juli 1942 sollten »die Transporte – wöchentlich circa drei – abrollen«.

Als die Militärverwaltung von dem Vorhaben erfuhr, schickte General von Falkenhausen seinen Verwaltungschef Reeder ins Reichssicherheitshauptamt. Der SS-General ehrenhalber sollte zugunsten der belgischen Juden intervenieren. In einem Telegramm faßte die Militärverwaltung in Brüssel die Bedenken gegen eine generelle Deportation noch einmal zusammen: Die Juden belgischer Staatsangehörigkeit würden in der Bevölkerung, wo »das Verständnis der Judenfrage noch nicht sehr verbreitet« sei, »als Belgier angesehen«. Deshalb könnten die Maßnahmen als »Beginn einer allgemeinen Zwangsverschickung ausgelegt« werden. Da die Juden »weitgehend in den hiesigen Wirtschaftsprozeß eingegliedert« seien, müßte man Engpässe auf dem Arbeitsmarkt befürchten. Es wären außerdem »praktische Schwierigkeiten« zu erwarten. Denn durch das Bekanntwerden beginnender Abschiebungen aus Frankreich und Holland sei »im hiesigen Judentum schon eine gewisse Unruhe entstanden«. Die Israeliten versuchten, »sich dem Zugriff zu entziehen«.

Zur selben Zeit, am 7. Juli 1942, erhielten die Vertreter des Judenrates erstmals einen indirekten Hinweis auf die anstehende Deportation. Kurt Asche wies die Notabeln bei einem der regelmäßigen Treffen in seinem Büro darauf hin, daß die Vereinigung ihren Personalbestand halten müsse. Die Organisation müsse den kommenden großen Aufgaben gewachsen sein.

Sechs Tage später saßen in der Antwerpener Außenstelle des Ostministeriums die Vertreter aller an der Deportation beteiligten Organisationen zu einer Besprechung zusammen. Von der Polizei-Zentrale aus Brüssel war Sturmbahnführer Alfred Thomas anwesend, der ein halbes Jahr später bei dem Luftangriff des belgischen Piloten Jean de Sélys Longchamp ums Leben kommen sollte. Ein Repräsentant der Brüsseler Treuhandgesellschaft, an die alle Juden ihren Besitz übereignen mußten, saß in der Runde, ein Beamter der Militärverwaltung sowie ein Hauptmann des Brüsseler Quartieramtes. Es ging um die Aufteilung der zu erwartenden Beute. »Auf die rund 10000 Juden des ersten Transports entfallen nach vorsichtiger Schätzung ungefähr 2500 Judenwohnungen«, heißt es in dem Aktenvermerk, »die als erstes vom Sicherheitsdienst versiegelt« und auf interessantes Material hin untersucht werden sollten. Akribisch wird das weitere Verfahren vorgeschrieben, mit dem die Nazis sich der Besitztümer der Juden bemächtigen wollten. »Die Wohnungsschlüssel werden in Papiersäcken verpackt und fallweise dem Quartieramt Brüssel, und von diesem uns zur Verfügung gestellt. ... Mit einem Ausräumen der Wohnungen durch uns wird wohl erst in der 2. Hälfte bzw. gegen Ende August 1942 gerechnet werden können.« Vergebens bestand der Vertreter der Militärverwaltung darauf, daß für die von der SS-Polizei beschlagnahmten Möbel »eine Quittung mit eingesetztem Taxwert« eines neutralen Sachverständigen an den Militärbefehlshaber ausgehändigt würde. Diese Kontrolle durch die Militärverwaltung lehnten Sturmbahnführer Thomas und seine Kollegen strikt ab.

Während im Juli 1942 aus Frankreich und Holland die ersten Züge nach Auschwitz fuhren, liefen in Belgien die Vorbereitungen zur Deportation nur schleppend an. Die Brüsseler Militärverwaltung wollte nicht die belgische Polizei für diese umstrittenen Aktionen einspannen. Sie fürchtete Konflikte mit der sowieso schon renitenten Verwaltung. Das Berliner Reichssicherheitshauptamt hatte für diesen Fall ein anderes bewährtes Konzept parat. Um den Mangel an lokalen Polizeikräften zu kompensieren, wurden die Juden selbst in die Organisaton der Deportation eingebunden. So sollte es auch in Belgien geschehen.

Als Mitte Juli die Vorstandsmitglieder des Judenrats in die Gestapo-Zentrale gerufen wurden, war Asche nicht allein in seinem Büro. Diesmal führte ein bulliger SS-Offizier aus Berlin das große Wort. Das Reichssicherheitshauptamt hatte Anton Burger nach Brüssel geschickt. Der SS-Hauptsturmführer sollte seine Kollegen in der Avenue Louise auf Trab bringen, damit der »Abschub« aus Belgien endlich in Gang käme. Burger brachte einschlägige Erfahrung mit. Gemeinsam mit Eichmann hatte er bereits Wien »judenfrei« gemacht. Der »Schlächter von Wien« blieb nur wenige Wochen in der belgischen Hauptstadt, hinterließ aber einen nachhaltigen Eindruck. Er war, so hielt Maurice Benedictus vom Judenrat damals fest, seinen Brüsseler SS-Kollegen »an Brutalität und Sadismus weit überlegen«.

Anton Burger ließ die Abgesandten des Judenrates zur Begrüßung erst einmal strammstehen und drohte ihnen dann mit erhobener Stimme die Verschleppung an: »Es ist vorbei, daß die Juden nur an ihre Geschäfte denken oder auf der faulen Haut liegen, während sich Tausende deutscher Soldaten heldenhaft für Europa opfern.« Ab sofort würden 10000 für den Arbeitsdienst außerhalb Belgiens verpflichtet. Und die Judenvereinigung hätte für den ordnungsgemäßen Ablauf dieser Maßnahme zu sorgen. »Wo werden sie denn hingebracht?« fragte einer der Vorstandsherren. »Innerhalb der alten Grenzen des Deutschen Reiches«, erwiderte Burger ausweichend. Aber man werde »menschlich« mit den Zwangsarbeitern umgehen, sie würden für ihre Arbeit bezahlt, dürften Briefe schreiben und Päckchen empfangen. Doch die Vertreter des Judenrates blieben mißtrauisch. »Ich fürchte,« notierte Salomon Vanden Berg anschließend in seinem Kriegstagebuch, »daß es sich um eine Massendeportation nach Polen handelt. Ich hoffe, daß ich mich irre, aber ich fürchte das Schlimmste.«

Dennoch ließen sich Vanden Berg und einige seiner Vorstandskollegen zu Handlangern der Nazis machen. Die betuchten und gebildeten Herren im Vorstand der belgischen Judenvereinigung glaubten, durch Willfährigkeit und Fügsamkeit Schlimmeres verhindern zu können. Niemand ahnte, daß das, was den Deportierten bevorstand, alle bis dahin bekannten Grausamkeiten noch übersteigen würde. Man baute darauf, daß die Deutschen ein zivilisiertes Kulturvolk seien.

So willigte der Judenrat ein, für die SS eine Kartei mit den

Namen und Adressen aller in Belgien lebenden Juden anzufertigen. Burger hatte den jüdischen Honoratioren gedroht: »Wenn Sie sich weigern, die geforderte Liste zu erstellen, und damit einen ordentlichen Ablauf der Verschickung zur Zwangsarbeit verhindern, dann wird die deutsche Polizei die Juden eben von der Straße weg willkürlich verhaften, und zwar ohne Rücksicht auf Alter oder Gesundheit.«

Der Judenrat gehorchte und richtete im Gebäude Nr. 56 des Boulevard du Midi ein weiteres Büro ein, besorgte zusätzliche Schreibmaschinen und stellte Schreibkräfte ein. Am 17. Juli begannen die angeheuerten Hilfskräfte anhand der kommunalen Register und ihrer eigenen Listen mit der Aufstellung der Adressenliste in dreifacher Ausfertigung aller in Belgien lebenden Juden.

Drei Tage später tauchten am Nachmittag überraschend Asche und Burger in dem Büro auf. Sie wollten sich über den Stand der Arbeit informieren. Dreitausend Karteikarten waren bis dahin geschrieben worden. Viel zu wenig, befanden die Kontrolleure von der Avenue Louise und drohten mit »unangenehmen Konsequenzen«, wenn das gesamte Register nicht innerhalb der nächsten fünf Tage vorliege. Auch die Entschuldigung, daß die Schreibkräfte nur tagsüber arbeiten könnten, weil es nachts keinen Strom gäbe, ließen die beiden SS-Obersturmführer nicht gelten. Es sei ihnen egal, wie sie diese Aufgabe bewältigten. »Für diese Herren«, vermerkte der Bürovorsteher in seinem anschließenden Bericht für den Vorstand des Judenrates, »ist es offenbar von entscheidender Bedeutung, daß die Arbeit rechtzeitig beendet ist.«

Die Drohgebärden zeigten Wirkung. Pünktlich am 25. Juli verfügten die Nazis über eine umfassende Kartei von rund 56000 Todeskandidaten. Die ersten Einberufungen zur Zwangsarbeit konnten verschickt werden. Robert Holzinger aus dem Judenrat war dafür verantwortlich. Unter seiner Zuständigkeit wurden aus dem Judenregister diejenigen ausgewählt, die ein solches Schreiben erhalten würden. Zugestellt wurde es den Empfängern durch Boten des Judenrates.

Der Arbeitseinsatzbefehl war autorisiert vom Militärbefehlshaber und trug die Unterschrift des Chefs der Brüsseler SS-Kanzlei in der Avenue Louise, des Juristen Ernst Ehlers. Der unglückliche Empfänger erfuhr aus dem Schreiben, daß er »mit sofortiger Wirkung« zum Arbeitseinsatz gelange und sich im Laufe des Vormittags eines bestimmten Tages im Sammellager Mechelen einzufinden habe. Im Falle einer Weigerung wird den Empfängern mit genau den Konsequenzen gedroht, die sie auch zu erwarten hatten, wenn sie dem Befehl Folge leisteten: »Es wird Ihnen ausdrücklich untersagt, bei irgendwelchen deutschen oder belgischen Behörden oder Einzelpersonen Einspruch gegen diesen Befehl zu erheben. Etwaige Einwendungen können im Sammellager vorgebracht werden. Falls Sie sich im Sammellager nicht zu dem vorgeschriebenen Zeitpunkt melden, erfolgt Ihre Festnahme und Verbringung in ein Konzentrationslager nach Deutschland und die Einziehung Ihres gesamten Vermögens.«

Zum Ausgangspunkt für ihre Transporte nach Auschwitz hatten die Nazis das malerische Städtchen Mechelen in Flandern erkoren. Der jahrhundertealte Bischofssitz erwies sich für ihre Absichten geradezu als ideal. Mechelen – auf Französisch »Malines« – liegt genau zwischen Brüssel und Antwerpen, wo damals die meisten Juden lebten. Am Rande des mittelalterlichen Stadtkerns befand sich die nach dem General Dossin benannte Infanteriekaserne, die 1756 im Auftrag von Maria Theresia von Österreich erbaut worden war. Diese Kaserne bot Platz für tausend Menschen und verfügte über einen eigenen Schienenanschluß, eine »dienstspoor«, die die Kaserne mit dem Schienennetz der belgischen Eisenbahn verband. Der Abtransport konnte also diskret ablaufen.

In aller Eile waren in dem Gebäude Büros für die deutschen Aufseher und Schlafsäle mit grob gezimmerten Holzverschlägen für die Insassen eingerichtet worden. Drei Mitarbeiter aus der Brüsseler Polizeidienststelle wechselten nach Mechelen: Der SS-Offizier Philipp Schmitt wurde Leiter des Sammellagers, SS-Hauptscharführer Max Boden sein Stellvertreter und Asches Trinkkumpan aus der »Diana«-Bar, SS-Untersturmführer Karl Mainzhausen, war für die Gepäckkontrolle zuständig, ein einträglicher Posten, von dem auch sein Freund Kurt profitieren sollte.

Am 27. Juli trafen die ersten Juden in Mechelen ein. Sie waren der Aufforderung der Militärverwaltung gefolgt und hatten in ihren Koffern und Taschen all das verstaut, was ihnen für den Aufenthalt in einem Arbeitslager unentbehrlich erschien. Mit dem Arbeitseinsatzbefehl war ihnen eine Liste der erforderlichen »Ausrüstungsgegenstände« zugestellt worden:

»1. Verpflegung für 14 Tage (nur nichtverderbliche Lebensmittel wie Hülsenfrüchte, Graupen, Haferflocken, Mehl, Konserven etc.)

2. 1 Paar derbe Arbeitsstiefel, 2 Paar Socken, 2 Hemden, 2 Unterhosen, 1 Arbeitsanzug bzw. Kleid, 2 Wolldecken, 2 Garnituren Bettzeug, Eßnapf, Trinkbecher, 1 Löffel, 1 Pullover.

3. Lebensmittel- und Kleiderkarten, Identitätskarte und sonstige Ausweispapiere.«

Die Camouflage war fast perfekt. Lag es nicht auf der Hand, daß die Deutschen in ihren Fabriken Arbeitskräfte brauchten? Schließlich waren schon im Ersten Weltkrieg 200000 Belgier im Arbeitsdienst in Deutschland gewesen. Viele leisteten der Aufforderung Folge, weil sie für sich oder ihre Familie Repressalien fürchteten.

Mehrere Schüler der Ecole Cymring waren unter den ersten, die den harmlos klingenden »Arbeitseinsatzbefehl« erhielten und sich gehorsam im Sammellager meldeten. Als der Leiter der Schule Charles Cymring davon hörte, versuchte er mit den Verantwortlichen in Mechelen über die Freilassung der Halbwüchsigen zu verhandeln. Schließlich gehörten seine Schüler einer Institution an, die der Judenrat im Auftrag der deutschen Besatzer als Ausbildungsstätte für jüdische Lehrer gegründet hatte. Doch Cymring stieß in der Kaserne auf taube Ohren. Die Nazis dort hatten nur eines im Sinn: den für den 4. August anberaumten ersten Transport nach Auschwitz zu füllen. Wenn der Schuldirektor nicht mit seinen Schülern nach Auschwitz deportiert wurde, dann nur, weil er die belgische Staatsangehörigkeit besaß.

Die Nazis waren enttäuscht. Ihr schlaues Konzept einer ruhigen und friedlichen, als »Arbeitseinsatz« maskierten Deportation aus Belgien schien nicht aufzugehen. Weit weniger Juden folgten der Aufforderung als vorgesehen. Wenn es so weiterging, würde kaum die Hälfte des geplanten Solls von 10000 nach Polen abgeschoben werden können.

Im Brüsseler Hauptquartier der SS knöpften sich Asche und Burger die Repräsentanten der Judenvereinigung vor. Sie sollten gefälligst für einen glatten Ablauf der Verschickung sorgen, oder die SS würde künftig andere, brutalere Methoden anwenden. Sie wüßten ja vielleicht, wie man in Polen vorgegangen sei. Auch diesmal ließen sich die Notabeln wieder einspannen. Nachdem sie die jüdische Adreßkartei geliefert und die Verteilung der fatalen Einberufungen übernommen hatten, erklärten sie sich nun auch bereit, ihre Glaubensgenossen anzuhalten, dem Arbeitseinsatzbefehl nachzukommen.

Von nun an lag jeder Aufforderung der Militärverwaltung auch ein Schreiben der Judenvereinigung bei, die sich dafür verbürgte, daß »es sich lediglich um Arbeitseinsatz und nicht um eine Deportationsmaßnahme« handelte. Außerdem appellierten die jüdischen Honoratioren an das Verantwortungsgefühl der Empfänger: »Die bedauerlichen Vorkommnisse der letzten Tage veranlassen uns, Sie darauf aufmerksam zu machen, daß die Nichtbeachtung des Arbeitseinsatzbefehls sowohl für Sie als auch für die Mitglieder Ihrer Familie und die gesamte jüdische Bevölkerung des Landes besonders harte Folgen haben würde.«

Edith, die jüngere Schwester von Claire Prowizur, war eine von jenen, die glaubte, ihre Familie nur vor weiterem Ungemach schützen zu können, wenn sie gehorsam dem Aufruf nach Mechelen folgte. Keiner der Angehörigen vermochte das junge Mädchen davon abzubringen. Auch ihr Freund nicht, den Claire eilig herbeitelefonierte. Dieser Jean liebte

Edith und wollte sie in Sicherheit bringen. Er hatte die Möglichkeiten dazu, besaß das Geld, und er war ein »Goy«, ein Nichtjude. Auch die Eltern und Geschwister würden sich vor den Häschern verstecken und so vor den angedrohten Repressalien sicher sein. Doch Ediths Entschluß stand fest. Pünktlich meldete sie sich in Mechelen zum Arbeitseinsatz.

Die beiden Schwestern hatten beim Abschied ausgemacht, daß Edith versuchen solle, ihnen über die Adresse einer unverdächtigen Freundin zu schreiben. »Wenn es dir schlecht geht«, sagte Claire, »dann neige deine Schrift zur Seite.« Wochen später erhielten sie eine Postkarte aus Mechelen. Ediths Schrift war sehr stark zur Seite geneigt. Danach hörten sie nie wieder von ihr.

Am 4. August ging der erste Transport nach Osten ab. Vom ersten Konvoi nach Auschwitz an erwies sich die Behauptung, die Insassen der Züge gen Osten würden in ein Arbeitslager transportiert, als dreiste Lüge. Denn von Anbeginn an wurden nicht nur Arbeitsfähige deportiert, sondern auch Kinder und Greise. Mehr als die Hälfte der zur »Zwangsarbeit« Verschleppten waren älter als 40 und jünger als 16 Jahre.

Am 15. September faßte die Militärverwaltung in ihrem Vierteljahresbericht die »Maßnahmen gegen die Juden« wie folgt zusammen:

»Nach einer Weisung des Reichsführers SS wurde mit dem Abtransport der Juden nach dem Osten begonnen. Die Aktion wurde zunächst als Arbeitseinsatzmaßnahme durchgeführt und erstreckte sich daher vor allem auf arbeitsfähige Juden und Jüdinnen. Erst auf Grund späterer Weisungen des RSHA erhielt sie den Charakter einer allgemeinen Evakuierung der Juden, so daß daher in letzter Zeit auch nicht voll arbeitseinsatzfähige Juden abtransportiert werden. Staatsangehörige des britischen Reiches, der amerikanischen und neutralen Staaten sowie Italiens sind – ebenso wie die etwa 4000 belgischen Juden – von diesen Maßnahmen ausgenommen. Bisher sind insgesamt 10000 Juden nach dem Osten transportiert worden.

Unter den Juden rief diese Aktion naturgemäß eine erhebliche Panik hervor. Viele versuchten, ins unbesetzte Frankreich zu entkommen, wurden aber zum größten Teil durch die Grenzwachen und französische Polizeibehörden festgenommen. …

In der belgischen Öffentlichkeit erregte die Aktion kein allzu großes Aufsehen, da die Juden hier nur eine geringe Rolle spielten und zu 9/10 Emigranten und sonstige Ausländer waren. Vertreter des belgischen Justizministeriums und sonstige belgische Stellen betonten immer wieder, daß sie sich nur für die belgischen Juden einsetzen wollen.«

Der Bericht des Chefs der Militärverwaltung gibt in verklausulierter Form die dramatische Wende der Judenverfolgung in Belgien wieder. Die »sanfte« Deportation über den »Arbeitseinsatzbefehl« war gescheitert. Von den erwarteten 10000 Einberufenen, hatten sich nur knapp 4000 in Mechelen gemeldet. Um ihre Züge nach Auschwitz zu füllen, war die SS dazu übergegangen, die Juden in nächtlichen Razzien aufzugreifen und in die Dossin-Kaserne zu bringen. Feldgendarmen, flämische SS-Leute und Soldaten der Wehrmacht waren an den Einsätzen beteiligt. In den Nächten vom 15. und 28. August wurden in Antwerpen in dem Ghetto nahe der Diamantenbörse, am 3. September und 11. September in Brüssel sowie in den Immigrantengemeinden St. Gilles und Anderlecht die Juden zusammengetrieben und auf Lastwagen abtransportiert.

Meist gingen die SS-Offiziere nach demselben Muster vor. Spät in der Nacht kreisten Militärfahrzeuge die von den Juden bevorzugten Wohnviertel ein. Dann durchsuchten deutsche Militärpolizisten, deutsche und flämische SS-Angehörige Haus für Haus, Wohnung für Wohnung, Zimmer für Zimmer. Den Schlaftrunkenen und Überraschten blieben nur wenige Minuten Zeit, sich anzukleiden und eine Tasche zu packen. Dann wurden sie unter lauten Kommandos in die Lastwagen getrieben: junge und alte Männer, weinende Kinder, junge Mädchen, Mütter mit ihrem schreienden Baby auf dem Arm, ein kleiner Junge, der seine Großmutter stützte.

Hinter den Vorhängen blickten die belgischen Nachbarn auf die Straße, die von den Scheinwerfern der wartenden Lastwagen erleuchtet wurde. Und die Rufe »Schneller, schneller, weiter!« hallten lange in der Nacht nach. Noch am nächsten Tag war die Atmosphäre in dem Viertel bleiern, kein Kindergeschrei, kein Rufen, keine Schwätzchen auf dem Bürgersteig. Die Menschen blieben in ihren Häusern. Sie hatten Angst.

Mit stockender Stimme liest Samuel Perl aus seinem Tagebuch vor. 57 Jahre nach der Razzia am 15. August 1942 in Antwerpen treiben ihm die Erinnerungen an diese Nacht die Tränen in die Augen. Und der gläubige Jude kann heute nicht mehr begreifen, daß er als junger Diamantenschleifer damals sein Tagebuch auf Deutsch geschrieben hat, in der Sprache der Besatzer und der Henker. Als Achtjähriger war er mit seinen Eltern aus Ungarn nach Belgien gekommen, zu Hause sprach man Jiddisch, bei der Arbeit Niederländisch oder Französisch. Vielleicht, vermutet er, war es der Einfluß der »Brüsseler Zeitung«, dieser von den Nazis herausgegebenen deutschsprachigen Tageszeitung, die zu seiner täglichen Lektüre gehörte.

Samuel Perl hatte die Nacht bei einem Freund verbracht, der am nächsten Tag zum Arbeitseinsatz der Organisation Todt antreten sollte. Die letzten Stunden vor der Abfahrt wollten sie noch miteinander reden – ohne Rücksicht auf die Sperrstunde. Lange nach Mitternacht schliefen sie endlich ein. In Perls Journal heißt es: »Ich wachte plötzlich auf. Autos und Lastwagen fuhren unten vorbei. Ich hörte, wie gegen die Tür eines benachbarten Hauses gehämmert wurde, jemand brüllte. Dann hörten wir das Geschrei der Bewohner, von Frauen und Kindern. Schnell begriffen wir, daß es sich nur um die Gestapo handeln konnte. Zunächst glaubten wir, daß sie die jungen Leute suchten, die der Aufforderung zum Arbeitsdienst nicht gefolgt waren. Wir kleideten uns an und standen im finsteren Zimmer und verfolgten jede kleinste Bewegung der Gestapo. ›Fenster zu‹ und ›ihr Schweinehunde‹

hörten wir, von Revolverschüssen begleitet, rufen. Ein Auto wurde in Gang gesetzt, wendete in unsere Straße hinein und leuchtete mit den Scheinwerfern unser Haus ab. ›Nummer 53‹, hörten wir eine rohe Stimme sagen. ›Nein, wir müssen zu Nummer 35‹, antwortete eine andere Mörderstimme und das Auto fuhr an unserem Haus vorbei. Unten hörten wir lange Zeit Schreie, Jammern und Weinen. ›Wenn ich jetzt nicht verrückt werde, dann werde ich es nie‹, sagte ich zu meinem Freund. Mich überkam eine große Trauer, ohne den genauen Grund dafür zu wissen. Wir trösteten uns gegenseitig. Von Schlaf konnte keine Rede mehr sein.«

Als Sam am frühen Morgen zu seinem Elternhaus rannte, entdeckte er an der Haustür das Gestaposiegel. Seine Eltern und Geschwister waren abgeholt worden. Er sollte sie niemals wiedersehen.

Achtes Kapitel

Die »Ahnungslosen«

Der Militärbefehlshaber von Belgien war ein Mann, so könnte man meinen, dem alle Informationsquellen zugänglich waren. Alexander von Falkenhausen las, wenn auch mit einigen Tagen Verspätung, die Londoner »Times«, die ihm aus Portugal zugestellt wurde. Als oberstem Militärchef waren ihm die Erkenntnisse der Geheimen Feldpolizei bekannt. Er studierte die Protokolle der Mitschnitte ausländischer Rundfunksendungen, und ihm wurden sämtliche Berichte der Abwehrstelle vorgelegt. Dennoch schreibt der General, der vom Mai 1940 bis zum Juli 1944 Belgien regierte, in seinen unveröffentlichten Memoiren, er habe nichts über die Konzentrationslager und die Vernichtungspolitik des Naziregimes gewußt.

Sein Märchenschloß Seneffe war nicht nur Treffpunkt der belgischen Aristokratie und des Geldadels, auch Freunde, Bekannte und Verwandte aus Deutschland besuchten den Freiherrn, der als Hitler-Gegner galt, in seiner abgeschiedenen

Idylle: »Immer zahlreicher kamen meine Freunde nach Brüssel und nach Seneffe: Botschafter von Hassel, Legationsrat von Trott zu Solz, Professor Jessen, mein Vetter Gotthard von Falkenhausen, Bankkommissar in Paris, Minister Popitz, General Fellgiebel, Graf von Moltke, von dem ich von den geplanten und mißglückten Anschlägen auf Hitler hörte. Wir waren lange gegen ein Attentat gewesen, nunmehr sah auch er keinen anderen Ausweg mehr. Der ›Kreisauer Kreis‹ hatte Pläne ausgearbeitet, die ich mit Moltke und Trott durchsprach. Auch Goerdeler hatte alles schriftlich ausgearbeitet und war unermüdlich tätig. Ich bat ihn aber, mich nicht zu besuchen, da es mir für uns beide zu gefährlich erschien … Als ich Moltke zum letzten Mal in Seneffe sprach, im Sommer 1943, war er sehr bedrückt und sagte: ›Ich glaube, das deutsche Volk muß erst ganz in den Abgrund, bevor es wieder aufstehen kann.‹ Er hat leider recht behalten. Etwa zur gleichen Zeit kam auch Planck zum letzten Mal. Er fragte mich im Auftrag mehrerer Gruppen, ob ich bereit sei, im Falle des Umsturzes die Führung zu übernehmen. Ich erklärte mich unter der Bedingung bereit, daß ich die Räumung Belgiens selber leiten könne … Überrascht hat mich später doch, daß ich von den zahllosen Besuchern, die ich im Laufe dieser Jahre hatte, nichts über die Greuel im Osten und den Konzentrations- und Vernichtungslagern erfuhr. Selbst Männer wie Planck, Moltke, Hassel und andere, die in Deutschland lebten, haben mit mir nie darüber gesprochen. Sie müssen aber auch nichts gewußt haben. Das SS-Reich war hermetisch verschlossen.«

Aus dem »hermetisch verschlossenen SS-Reich« erreichten den Befehlshaber dennoch immer wieder Hinweise, die keinen Zweifel an den wahren Absichten der antisemitischen Maßnahmen ließen. Die Militärverwaltung setzte schließlich die Politik des Hitler-Regimes in Belgien um. Sie autorisierte die Anweisungen aus dem Reichssicherheitshauptamt als offizielle Verordnungen und Bekanntmachungen. Und sie gab die Weisungen der SS-Führung in Berlin an die eigene Militärpolizei als interne Handlungsanleitung weiter. So ging Ende Oktober 1942 bei allen Oberfeld- und Feldkommandanturen ein geheimes Schreiben des Militärbefehlshabers in Belgien und Nordfrankreich ein, in dem »zur Vermeidung von Mißverständnissen« die Militärpolizei auf den Unterschied zwischen der »Deportation nach dem Osten und der Verbringung von Häftlingen in ein KZ im Reich« aufmerksam gemacht wurde. Danach war für die – zumeist politischen und stets nichtjüdischen – Häftlinge ein Schutzhaftbefehl des Reichssicherheitshauptamtes erforderlich. Die Deportation hingegen, für die allein die nationalsozialistische Sicherheitspolizei und der Sicherheitsdienst zuständig seien, sollte geheimgehalten werden. »Die Deportation nach dem Osten ist eine andersgeartete und schärfere Maßnahme als die gewöhnliche Verschickung in ein Konzentrationslager.« Was mag sich der General, in dessen Namen diese Mitteilung versandt worden war, unter den »schärferen Maßnahmen« als die eines KZ-Aufenthalts vorgestellt haben?

Nicht nur dienstlich hatte Generalgouverneur von Falkenhausen mit dem Vertreter des Auswärtigen Amtes in Brüssel zu tun. Der Diplomat Werner von Bargen und seine Frau waren auch gerngesehene Gäste bei den illustren Abendessen im Schloß Seneffe. Der AA-Beamte berichtete regelmäßig über den Fortgang der Deportationen an Unterstaatssekretär Luther, der im Außenministerium in Berlin für die »Evakuierung« der Juden zuständig war. Von Bargen machte auf »illegale Abwanderungen« nach Frankreich und in die Schweiz aufmerksam und berichtete von »Gerüchten über das Abschlachten der Juden usw.«, die dazu geführt hätten, daß dem Arbeitseinsatzbefehl nicht mehr Folge geleistet würde. Nun müßten die Juden durch Razzien und Einzelaktionen erfaßt werden. Ist es denkbar, daß die Herren von Bargen und von Falkenhausen niemals über diese Gerüchte gesprochen haben?

Wie sollten, wenn sogar der oberste Befehlshaber des Landes erklärte, vom Holocaust nichts erfahren zu haben, die Juden in Belgien die wahre Bestimmung der Transporte in den Osten kennen? Im Juni 1942 hatte der englische Sender BBC unter Berufung auf die polnische Exilregierung erstmals über die Vernichtung der Juden im Osten berichtet. Ein einziges belgisches Untergrundblatt, der flämische »De Vrijschutter«, nahm zwei Monate später, als die ersten Deportationszüge Belgien Richtung Auschwitz verlassen hatten, diese Enthüllung auf: »Gruppenweise kommen sie im Gas um, andere werden durch Maschinengewehrsalven getötet.«

Oder wollte man sie gar nicht hören, wie Claire Prowizur, die Deportierte des 20. Konvois, in ihrem Lebensbericht argwöhnt? Im Oktober 1942 tauchte in ihrer trotzkistischen Gruppe in Brüssel ein französischer Genosse auf. Sein Name war Paul. Groß, blauäugig und blond, ganz der arische Typ. Ihm war die Flucht aus einem Lager in Oberschlesien quer durch Deutschland gelungen. Er hatte dort in einem Bergwerk gearbeitet. Und ein Wärter, mit dem er sich angefreundet hatte, verhalf ihm zur Flucht. In Brüssel wollte er die Genossen alarmieren und mit ihrer Hilfe die Weltöffentlichkeit auf die Ungeheuerlichkeiten aufmerksam machen, die sich dort in Polen abspielten. Mit eigenen Augen hatte er die Todesfabriken der Nazis gesehen.

Claire Prowizur beschreibt in ihrem Buch, wie glücklich und stolz sie waren, die Meldung in den britischen Rundfunk lanciert zu haben: »Wir schafften es über illegale Kanäle, daß der englische Sender BBC die Nachricht in einer seiner Sendungen verbreitete. Sie erreichte die Menschen in den freien Staaten und die in den besetzten Ländern, die heimlich den verbotenen Sender hörten. Die Verbrennungsöfen waren damit amtlich. Über den Rundfunk, durch die Stimme eines Zeugen!« Und schließlich die bittere Erkenntnis: »Aber die Öfen hörten erst bei der Befreiung auf zu rauchen. Einige Bomben hätten die Verbrennungsöfen zerstören können. Statt der Bomben folgte Stillschweigen auf diese Nachricht. Heute kennen wir den Grund: Wir waren keine Bombe wert.«

Die Résistance hatte von Massenerschießungen, Hunger

und unmenschlichen Arbeitsbedingungen in den Lagern gehört. Und jene Kommunisten, die wie Hertz Jospa als militante Antifaschisten schon in der Vorkriegszeit die dunkle Seite Hitler-Deutschlands kennengelernt hatten, trauten den Nazis das Schlimmste zu: »Ihre Grausamkeit, ihre Methoden warteten nur auf die Gelegenheit, sich voll entfalten zu können«, urteilte Jospa nach dem Krieg in einem Interview für die Wiener »Library«. »Für mich bestand kein Zweifel daran, daß sich insbesondere die jüdische Bevölkerung in großer Gefahr befand.« Doch das wahre Ausmaß der organisierten Vernichtung war auch dem Kommunisten im Herbst 1942 noch nicht bekannt.

Über die belgische Dachorganisation aller Widerstandsgruppen, der Front de l'Indépendance, hörte Jospa von einem Wirtschaftswissenschaftler der Universität Leuven, der mit einem Forschungsvorhaben nach Polen reisen wollte. Womöglich könnte er seine Tarnung nutzen, um dem Widerstand Informationen zukommen zu lassen. Für das jüdische Verteidigungskomitee endlich eine Gelegenheit, mehr über das Schicksal der Deportierten zu erfahren. Jospa: »Seit einiger Zeit waren uns düstere, aber ungenaue Gerüchte aus Deutschland zu Ohren gekommen, über die Vernichtung der deportierten Juden, die Existenz eines Vernichtungslagers mit Verbrennungsöfen bei Auschwitz. Man warf uns vor, daß wir das unglaubliche Gerücht, aus menschlichem Fett würde dort Seife hergestellt, in unserer Propaganda verwandt hatten. Die Nazis hatten bereits so abscheuliche Verbrechen begangen, daß man nicht auch noch unglaubliche Geschichten hinzufügen sollte, die eher dazu angetan waren, der Glaubwürdigkeit unserer Propaganda zu schaden. Wir wollten ein reines Gewissen haben. Es galt, koste es, was es wolle, herauszubekommen, was mit den Transporten der Juden tatsächlich geschah.«

Der Dozent Victor Martin erklärte sich bereit, das Risiko einzugehen und Nachforschungen über den Verbleib der belgischen Juden anzustellen. Er hatte 1938 als Doktorand Kontakte zu verschiedenen deutschen Universitäten geknüpft.

Und die Kölner Universität unterstützte ihn nun im Herbst 1942 bei seinem Wunsch, seine wissenschaftliche Untersuchung über den »Einsatz von Arbeitern in Belgien und im Ausland« in Polen fortzuführen. In Breslau wollte er, um seinen Studienaufenthalt zu finanzieren, an der Berlitz-Schule Französisch unterrichten.

Anfang 1943 traf der Wissenschaftler in der Region um Auschwitz ein. Dort befragte er zunächst französische Zwangsarbeiter, die in den Fabriken arbeiteten und zog in den Cafés und Kneipen von Kattowice Erkundungen ein. Im Ghetto von Sosnowitz begegnete er Deportierten aus Belgien, die unter den Kommandos von Auschwitz arbeiteten. Von den Frauen, Kindern und Alten, die im Herbst 1942 Belgien verlassen hatten, fand er keine Spur. Er sah den riesigen Verbrennungsofen von Auschwitz, der für ein normales Krematorium viel zu groß war, und erfuhr, daß die nicht arbeitsfähigen Juden dort verbrannt wurden. Doch mit seinen neugierigen Befragungen hatte er sich verdächtig gemacht. Im Februar wurde er in Kattowice verhaftet, aber Ende März vom Gefängnis in ein Arbeitslager überwiesen, aus dem er fliehen konnte. Erst im Mai kam er nach Brüssel. In einer Vollversammlung des jüdischen Verteidigungskomitees berichtete er über die spurlos verschwundenen Kinder, Frauen und Alten, die riesigen Verbrennungsöfen des Konzentrationslagers und über das, was man sich über das Schicksal der verschleppten Juden in Polen erzählte. »Doch noch immer«, so erinnerte er sich in einem Fernsehinterview, »mochten einige von meinen Zuhörern nicht glauben, daß diese hochzivilisierten Deutschen zum Völkermord übergegangen waren.«

In den Spalten der Nazipresse, vornehmlich in der französischsprachigen Gazette »L'Ami du Peuple«, wurden die nach Belgien einsickernden Hinweise auf die Vernichtungslager als »bolschewistische Greuelmärchen« abgetan. Auch Juden glaubten, daß es sich bei den Gerüchten nur um kommunistische Zweckpropaganda handeln könne. Die Widerständler, die zu den jüdischen Familien gingen, um sie davon zu überzeugen, ihre Kinder zu verstecken, machten immer wieder die Erfahrung, daß ihnen die Tür vor der Nase zugeschlagen wurde und man sie als infame Bolschewiken beschimpfte.

Mitte Oktober hatten bereits dreizehn Züge das Sammellager in Mechelen in Richtung Auschwitz verlassen. Noch gab es keine konkreten Hinweise auf das tatsächliche Schicksal der Deportierten. Aber das Gerede, daß viele von ihnen dort im Osten den Tod fanden, wollte nicht verstummen. Deshalb sah sich »L'Ami du Peuple« genötigt, gegenzusteuern und die Informationen als üble Nachrede darzustellen: »Der Jude kolportiert Gerüchte, wonach die Evakuierten schlecht behandelt würden.« Zu diesem Zeitpunkt waren bereits 8849 der insgesamt 12454 Deportierten tot. Sie wurden bei ihrer Ankunft in Auschwitz sofort vergast.

In diesen Herbsttagen des Jahres 1942 fand auch eines der regelmäßigen Treffen des SS-Funktionärs Asche mit den Repräsentanten des Judenrats statt. Demütig baten die Notabeln darum, im Keller der Gestapo acht bis zehn Bänke aufstellen lassen zu dürfen. Im Verlauf dieses Gesprächs machte der SS-Obersturmführer dann eine Bemerkung, die ihm Jahrzehnte später in seinem NS-Prozeß beim Landgericht Kiel vorgehalten werden sollte. Im Protokoll der Sitzung vom 23. Oktober 1942 wird Asche mit dem Satz zitiert: »Die Evakuierung betrifft alle Juden in Belgien, und keiner von ihnen wird in das Land zurückkehren.«

Bestimmungsort und Zweck der Deportation müssen Kurt Asche bekannt gewesen sein. Eine Sekretärin der Gestapozentrale sagte später vor dem Kieler Landgericht aus, daß jedes Mal, wenn vom Reichssicherheitshauptamt der Abfahrtstermin für einen weiteren Transport von Belgien nach Auschwitz mitgeteilt wurde, Asche zynisch kommentiert habe: »Für das Deutsche Reich wird wieder Seife gebraucht.«

Bei seinem Prozeß in Kiel will Asche sich an derlei Äußerungen nicht mehr erinnern. Er erklärte: »Ich wußte nicht, daß die Juden im Osten zum größten Teil ermordet wurden. Ich habe auch nicht befürchtet, daß man die deportierten Juden systematisch ums Leben brachte. Ich bekam allerdings mit der Zeit ein unangenehmes Gefühl wegen der ganzen Judendeportation. Das ging zwar nicht so weit, daß ich Zweifel hinsichtlich des wirklichen Schicksals der Juden zu hegen begann. Mir war aber klar, daß bei der Deportation von Kindern und alten Leuten der eine oder andere ums Leben kommen würde. Denn wie jeder andere wußte ich, daß das Leben im Konzentrationslager sehr hart und entbehrungsreich war und daß es schwache Menschen nicht immer überstehen würden. Gerüchte über die Ermordung von Juden sind mir in Brüssel niemals zu Ohren gekommen. Ich blieb hinsichtlich des Gesamtumfanges der tatsächlich geschehenen Judenvernichtung ahnungslos.«

Der Mediziner Youra Livchitz, so bezeugt Yvonne Jospa, gehörte »zu den wenigen, die eine Vorstellung davon hatten, was mit den Juden im Osten passierte«. Youra speiste sein Wissen über die Verbrechen des Naziregimes aus allen erdenklichen Quellen. Da er neben Französisch und Rumänisch auch Englisch, Russisch und Deutsch beherrschte, konnte er die Nachrichtensendungen der BBC, von Radio Moskau und die deutschsprachige Presse verfolgen. Außerdem verband ihn ein freundschaftliches Verhältnis mit seinem zwölf Jahre älteren bessarabischen Landsmann Hertz Jospa, der zweifellos einer der Bestinformierten in der Résistance war. Seine engsten Schul- und Studienfreunde gehörten der Widerstandsorganisation »War Office« an, und über seinen Bruder hatte er enge Beziehungen zu den bewaffneten Partisanen.

Mit anderen Linksintellektuellen übersetzte Youra die Nachrichtensendungen der sogenannten Feindsender ins Französische, die dann in der Untergrundzeitung »Radio Moscou« verbreitet wurden. Ende Dezember druckte dieses Informationsblatt unter der Überschrift »Die totale Vernichtung der jüdischen Bevölkerung in Europa« einen Artikel ab, der die mörderische Vernichtungspolitik der Nazis beschreibt: »Nach dem verbrecherischen Plan sollen vier Millionen Juden in Europa, insbesondere in Polen, konzentriert werden, mit dem einzigen Ziel, sie zu vernichten. Nach Angaben des jüdischen Kongresses in Amerika und den Auskünften der polnischen Regierung sind mehrere Hunderttausend Juden in Polen zusammengefaßt worden. Man erschießt die Juden in Massen, man vernichtet sie durch Gas und in den Konzentrationslagern mit Hilfe von Blausäure. Die Nazis üben alle erdenklichen Exzesse aus und begünstigen individuelle Gemetzel. Die abscheulichen Verbrechen werden bis zur Raserei betrieben: Man tötet jüdische Kinder, die noch nicht zwölf Jahre alt sind, man befiehlt, sich der kranken Leute zu entledigen, egal mit welchen Mitteln. Nur die wenigen qualifizierten und stärkeren Männer, die in den Kriegsfabriken nützlich und verwendbar sind, sind vorübergehend ausgenommen, um schließlich, von der sie überfordernden Arbeit und den extremen Entbehrungen entkräftet, in den Tod geschickt zu werden. Nach den offiziellen Angaben hat das Warschauer Ghetto, welches 1939 insgesamt 400000 Juden zählte und seit der dreijährigen deutschen Besatzung ständig Tausende und Abertausende von Juden aus Deutschland aufgenommen hatte, heute nur noch 40000 Einwohner. Ergebnis der methodischen Vernichtung, betrieben in einem wahnsinnigen Rhythmus.«

Neuntes Kapitel
Der Widerstand

Marcel Hastir ist ein »débrouillard«, einer, der über die in Belgien sehr verbreitete Eigenschaft verfügt, sich mit Witz und Schläue aus jeder noch so schwierigen Situation herauszuwinden. Die hellen Augen in dem verschmitzten Gesicht des 93jährigen leuchten auf, wenn er davon erzählt, wie sie damals die Deutschen an der Nase herumgeführt haben. »Es waren schwierige Zeiten, aber so aufregend, daß wir uns nach der Befreiung fragten: Und was sollen wir jetzt tun?«

Noch heute lebt der Maler und Musiker in dem ehemaligen

Zentrum der Theosophischen Gesellschaft in der Rue du Commerce 51, wo auch Youra, Alexandre und Rachel Livchitz vor über fünfzig Jahren ein- und ausgingen. In der ersten Etage des weißgetünchten Stadthauses befindet sich der kleine Saal, in dem sich Mitglieder, Freunde und Interessierte damals zu dem anspruchsvollen Kulturprogramm der Theosophen einfanden. Zweitausend Konzerte habe er im Laufe seines langen Lebens in diesen Räumen veranstaltet, berichtet Hastir stolz, »und es waren die berühmtesten Musiker darunter«. Der von schwerem Rheuma geplagte alte Mann mit seiner weißen Haarpracht hat trotz seines ehrwürdigen Alters nichts von seiner Lebhaftigkeit eingebüßt. Und er verfügt über ein ausgezeichnetes Gedächtnis.

Den Lebensweg von Youra Livchitz und dessen Bruder Alexandre hat er bis zum Schluß verfolgt. »Es waren zwei außergewöhnliche Burschen«, sagt er, »vor allem der jüngere, Youra, er besaß ein starkes Charisma.«

Der Maler Hastir hatte schon in den dreißiger Jahren sein Atelier im Haus der Theosophen. Und als Vorsitzender der »Jeunes Théosophiques« lud er allwöchentlich zu Diskussions- und Vortragsabenden über Religion und Philosophie ein, die bei den jungen Leuten viel Anklang fanden. Youra brachte häufig seine Freunde von der Universität mit. Robert Leclercq war dabei, der russischstämmige Ilia Prigogin, der nach dem Krieg mit dem Nobelpreis für Chemie ausgezeichnet wurde, und Sergej Rzepkowicz, der im April 1943 als Nummer 1405 im 20. Konvoi nach Auschwitz deportiert werden sollte.

Wie viele seiner Landsleute hatte sich Hastir nach Südfrankreich begeben, als die Deutschen in Brüssel einmarschierten. Die Theosophie, das war bekannt, war von den Nazis verboten. Sie würden die Anhänger dieser Internationale von Esoterikern und Freidenkern verfolgen, so, wie sie es schon in Deutschland auf brutale Weise praktiziert hatten. Da ihm nach einigen Monaten das Geld ausging und aus Belgien keine alarmierenden Nachrichten kamen, beschloß Hastir 1941 zurückzukehren. Als er mit seinen zwei Koffern vom Bahnhof in die Rue du Commerce kam, sah er, wie die Gestapo die gesamte Bibliothek der Gemeinschaft in Kisten verstaute. Die Bücher sollten nach Deutschland gebracht werden. Hastir: »Wir haben sie nie wiedergesehen.«

Was tun? Die Theosophische Gesellschaft war geschlossen, das Zentrum würde womöglich von den Besatzern requiriert werden. Eine Malschule für junge Leute erschien Hastir die richtige Lösung. Schließlich hatte er ja bereits sein Atelier in dem Gebäude. Dank seiner weitverzweigten Beziehungen beschaffte er sich Papiere mit den notwendigen Stempeln, die bestätigten, daß er in der Rue du Commerce 51 schon in der Vorkriegszeit eine kleine Kunstschule für Malerei geleitet hatte. Die deutsche Militärverwaltung genehmigte die Schule. Das hatte für alle Mitglieder dieser Institution – für die rund 30 Schüler und ihre Lehrer – den unbezahlbaren Vorteil, daß sie zunächst von der Verschickung zum Arbeitsdienst nach Deutschland ausgenommen waren.

Unter der Regie des umtriebigen Hastir entwickelte sich das von den Nazis geräumte Theosophen-Zentrum im Handumdrehen wieder zu einem Anziehungspunkt für Jung und Alt. Es wurde zu einem inoffiziellen Kulturinstitut in Brüssel. Da es sich unter der Künstlerelite herumsprach, daß in der Malschule während der Unterrichtsstunden ständig junge Männer und Frauen Modell saßen, fanden sich hin und wieder auch Maler wie Paul Delvaux und René Magritte in dem großen Atelier im rückwärtigen Teil der Rue du Commerce 51 mit ihren Skizzenblöcken ein.

Abends räumten die Studenten ihre Staffeleien zur Seite und schleppten die Stühle aus dem Versammlungsraum der Theosophen hinauf in das große Atelier, das sich so in einen Konzertsaal verwandelte. Und mindestens einmal wöchentlich belegte eine bunte, fröhliche Truppe den kleinen Saal in der oberen Etage. Marcel Hastir hatte den »Comédiens routiers« von Jacques Huisman und Youras Schulfreund Jean Franklemon erlaubt, hier zu proben. Zu ihrem Repertoire gehörten Dramen von Shakespeare, Volksstücke und zeitgenössische Texte. Während der Besatzungszeit zogen die Straßenkomödianten übers Land mit einem vorwiegend klassischen Repertoire oder volkstümlichen Lustspielen, gespickt freilich mit Anspielungen auf die verhaßte Naziherrschaft im Lande.

Die Brüder Livchitz saßen hin und wieder den Kunststudenten Modell, um sich nebenher etwas Geld zu verdienen, und schauten häufig bei ihrem Freund Marcel vorbei. Hatte der Vielbeschäftigte einmal keine Zeit zum Plaudern, zogen sie ein kleines Schachspiel aus der Tasche. Hastir: »Das Schachspielen gehörte damals zu ihren Leidenschaften; sie und ihre Freunde hatte ein regelrechtes Schachfieber ergriffen. Kaum saßen sie, dann ging es auch schon los.«

Die Malschule mit dem Namen »Les Ateliers« wurde zu einem unverfänglichen Treffpunkt für junge Widerständler. Denn die Schule verfügte über eine Kostbarkeit: In einem der graphischen Ateliers stand – unauffällig in eine dunkle Ecke gerückt – ein Gerät, auf dem Flugblätter abgezogen werden konnten. Hier wurden die Mitschriften der Rundfunknachrichten von BBC und Radio Moskau vervielfältigt. Manchmal beteiligte Youra sich auch an der konspirativen Verteilung von Informationsblättern oder Flugschriften, die den Lügen und der Schönfärberei der Deutschen ein Stückchen Wahrheit entgegenzusetzen versuchten. Das alles geschah quasi unter den Augen von Goebbels Propagandaapparat: Nur wenige Meter von der Kunstschule entfernt, in der Rue du Commerce 38, residierte die Brüsseler Außenstelle für Propaganda, deren Aufgabe es war, die belgischen Medien gleichzuschalten, den Antisemitismus zu verbreiten und die Bevölkerung über die Erfolge des von Hitler inszenierten Krieges ins Bild zu setzen.

»Ich stelle fest, wie sehr ich mich habe treiben lassen, wie wenig ich darüber nachgedacht habe, was um mich herum geschah«, notierte Youra 1942 in seinem Tagebuch. Sich treiben lassen? Mit Auszeichnung hatte er nach siebenjährigem Medizinstudium soeben seine Abschlußprüfung bestanden. Das

Examen mußte er vor einer »Zentralen Prüfungskommission« ablegen, die sich aus Professoren aller belgischen Hochschulen zusammensetzte, da die Université Libre de Bruxelles im November 1941 ihre Pforten geschlossen hatte. Die Verantwortlichen der ULB hatten sich geweigert, der Anordnung des deutschen Kommissars zu folgen und flämische Nationalisten als Ersatz für die von den Besatzern geschaßten Hochschullehrer zu berufen.

Seither lehrten und lernten Professoren und Studenten der Brüsseler Freien Universität im Untergrund. In Privatwohnungen, Schulen und Cafés traf man sich, um Stoff und Aufgaben zu besprechen. In den Labors von Industriebetrieben, Krankenhäusern und staatlichen Forschungseinrichtungen konnten die Studenten die für die Examen notwendigen Praktika absolvieren. Auch Youra war eingesprungen und gab in der »université clandestin« Einführungskurse für Erstsemester. Jede Woche kam man, um keinen Verdacht zu erregen, an einem anderen Ort zusammen.

Gleich zu Anfang war zwischen Jacqueline und dem Tutor ein Funke übergesprungen. Wenn Youra, der Charmeur, seine hellen blauen Augen auf ein Mädchen richtete, war sie auch bald erobert. In der kleinen Gruppe, die der junge Mediziner unterrichtete, war Jacqueline Mondo sicherlich die hübscheste. Zum Ärger ihrer Eltern hatte die junge Studentin, wie es damals der Mode entsprach, ihr kastanienfarbenes Haar mit Wasserstoffsuperoxyd aufgehellt. Das Bild der jungen Jacqueline hat sich dem Maler Hastir eingeprägt: »Sie hatte ein klassisches Profil, sie war eine Besonderheit.«

Doch die Zeiten waren schwierig für junge verliebte Pärchen, zumal wenn einer von beiden Jude war. Sich abends in einem Café oder zum Tanzen zu verabreden war ausgeschlossen. Das Risiko wäre einfach zu groß gewesen. Die Einhaltung der Ausgangssperre von 20 Uhr abends bis 7 Uhr morgens, die nur für Juden galt, wurde von den deutschen Sicherheitskräften streng kontrolliert. So trafen Youra und Jacqueline sich im Bois de la Cambre, um spazierenzugehen. Oder sie nutzten manchmal die Abwesenheit von Rachel Livchitz, um in der Wohnung ungestört Tee zu trinken.

Youra hatte seinem Tagebuch, das er in diesem entscheidenden Jahr 1942 zu schreiben begonnen hatte, einen Satz von Antoine de Saint-Exupéry vorangestellt: »Was dem Leben einen Sinn gibt, gibt dem Tod einen Sinn.« Überliefert sind von seinen Eintragungen nur einige Gedankensplitter, die seine Mutter drei Jahrzehnte später für eine kleine Gedenkschrift ausgewählt hat. Solange sie lebte, verwahrte sie die Briefe und Dokumente ihrer beiden Söhne in einem randvoll angefüllten Schubfach ihres Sekretärs. Sie sind nicht mehr aufzufinden.

Youra war nicht glücklich. Wie sollte er auch? Er hatte offensichtlich das Bedürfnis, sich schreibend Klarheit über seine Situation zu verschaffen. »Die Veränderungen in meinem Leben sind von den Umständen diktiert worden. Und wie habe ich auf das Unvermeidliche reagiert? Was habe ich getan, damit mir die Ereignisse nicht über den Kopf wachsen? Angesichts der neuen Bedingungen kann ich nicht wie ein niederes Weichtier nur die Fortsetzung abwarten.«

Robert Leclercq war nach seinem Philologiestudium an der ULB in das Örtchen Morlanwelz gezogen, wo er eine Stelle als Gymnasiallehrer gefunden hatte. Aus dem langweiligen Provinznest floh er so oft wie möglich nach Brüssel. Dann besuchte er stets Youras Familie in der Avenue Brugmann. Rachel Livchitz, inzwischen über fünfzig Jahre alt, war mit ihrer Vitalität, ihrem Interesse und ihrer Offenheit für die jungen Leute eine begehrte Gesprächspartnerin. Robert nannte sie einmal in einem an die »Chère Sapinksa« gerichteten Brief »meine geistige Mutter«. Seit der Besetzung Bessarabiens durch sowjetische Truppen war Rachel Livchitz »eine arme Frau«, wie sie ihren Freunden erklärte. Die regelmäßigen Geldsendungen aus ihrer Heimat waren versiegt, weil die Kommunisten ihre reiche Familie enteignet hatten.

Was tun? Diese Frage trieb nicht nur Youra um. Die Herrschaft der Deutschen wurde immer brutaler. Längst hatten die

Besatzer die Maske des »bon occupant« fallen lassen. Und was war mit den Menschen geschehen, die in Mechelen den Zug gen Osten bestiegen hatten, guten Glaubens, daß er sie in ein Arbeitslager bringen würde?

Youras Studienfreunde von der Freien Universität hatten inzwischen wie Robert Leclercq ihren Platz in der Gesellschaft gefunden. Jean Burgers, der im Debattierzirkel »Libre Examen« den Begriff des schlappen »Minus-Typen« erfunden hatte, war verheiratet und als Ingenieur in einem Elektrizitätsunternehmen in La Louvière angestellt. Henri Neuman arbeitete als Jurist in einer Anwaltskanzlei und Richard Altenhoff, ebenfalls früher in der Studentengruppe aktiv, in einem großen Bauunternehmen.

Der »Intelligence Service«, dieser geheimnisumwitterte britische Spionagedienst für die Alliierten, hatte es den jungen anglophilen Akademikern angetan. Sie waren davon überzeugt, daß diese machtvolle Organisation mit dem weitgefächerten Informationsnetz den Ausgang des Krieges mitentscheiden würde. In seinem Buch »Avant qu'il soit trop tard ...« erzählt Henri Neuman, wie Youras Freunde über einen ehemaligen ULB-Professor zunächst als Zulieferer für den britischen Geheimdienst arbeiteten. Sie nannten sich »War Office«. Vor allem Richard Altenhoff, der für seine Baufirma die Ausführung öffentlicher Aufträge betreute, erwies sich als wertvoller Informant. Er lieferte den Alliierten die genauen Pläne für den Ausbau der Flughäfen im Lande.

Doch bald drängte es die jungen Leute zur Aktion. Sie schlossen sich zu einer Widerstandsgruppe zusammen, die den Prinzipien des »libre examen« – Freiheit, Demokratie und Menschenrechte – verpflichtet war. In den ersten Monaten des Jahres 1943 entwickelte sich aus der Hilfstruppe für den britischen Intelligence Service eine professionell agierende Organisation, die mit Anschlägen auf die Verkehrsinfrastruktur die ökonomische Ausbeutung des besetzen Landes durch die Deutschen zu sabotieren suchte. Schließlich bauten sie ein Netzwerk von mehr als zehn Abteilungen in allen Wirtschaftsbereichen und verschiedenen Regionen des Landes mit rund 4 000 hochspezialisierten und hochmotivierten Mitgliedern auf. Nach dem Anfangsbuchstaben des Tarnnamens »Gérard« ihres Anführers Jean Burgers nannten sie sich »Groupe G«.

Mit einem guten Schuß Selbstironie schildert der Jurist Henri Neuman, einer der führenden Köpfe der »Groupe G«, seine erste Sabotageaktion, die er mit Richard Altenhoff und Walter de Sélys Longchamp im Herbst 1942 unternahm. Walter war ein Vetter jenes Piloten Jean de Sélys Longchamp, der einige Monate später, am 20. Januar 1943, den Angriff auf das Gestapo-Hauptquartier fliegen sollte. Die jungen Leute wollten ein Reifendepot der Wehrmacht anzünden, das außerhalb von Brüssel in einer Scheune untergebracht war. Da sie begeisterte Leser der Abenteuer von Tim und Struppi waren, hatten sie sich für ihre Feuertaufe im Widerstand von der populären Bildergeschichte inspirieren lassen. Sie waren als Geheimagenten verkleidet. Wie in der Comic-Reihe des belgischen Zeichners Hergé trugen sie lange Regenmäntel und dunkle Hüte. »Wir sahen aus wie von der Gestapo«, schreibt Henri Neuman später in seinem Buch, in dem er den Ablauf der Aktion auch deshalb so ausführlich schildert, weil die Episode viel über die Mentalität der anfänglich so unbekümmerten Widerständler aussagt:

»Da die Scheune hinter einem bewohnten Haus lag, galt es zunächst einmal, die Bewohner zu ›neutralisieren‹. Bei Einbruch der Nacht riefen wir von einer Telefonzelle aus dort an und legten den Hörer nicht wieder auf, so daß die Leitung blockiert war. Kurz darauf klingelten wir an der Haustür. Eine ältere Frau, die trotz ihres Alters etwas kokett wirkte, mit ihrem grauhaarigen, aber dennoch munteren und neugierigen Ehemann im Schlepptau, öffnete uns die Tür. Uns stieg ein köstlicher Duft aus der Küche in die Nase. Sie bereiteten offenichtlich gerade das Abendessen vor. Richard, der gut Deutsch sprach, befahl ihnen: ›Gestapo, ruhig bleiben, stellen Sie sich mit dem Gesicht zur Wand. Wenn Sie alles befolgen, passiert Ihnen nichts.‹ Ich übersetzte das auf Französisch und zog meinen Revolver. Zitternd gehorchte das Paar, und während einer von uns das Paar bewachte, näherten sich die anderen beiden vorsichtig der Scheune, die Pistole in der Hand und im Schutz der nächtlichen Finsternis. Wir wollten die Wachen einschüchtern und mit unseren Knüppeln so niederschlagen, daß wir in Ruhe unsere Brandsätze, die Richard eigens präpariert hatte, verteilen konnten. Doch unglücklicherweise war die Scheune leer. Als wir in das Haus zurückkehrten, erfuhren wir, daß die Reifen am selben Tag abgeholt worden waren. Wir ließen das verdutzte Paar zurück und verschwanden, schwer enttäuscht über das gescheiterte Unternehmen.«

Aber die mißlungene Operation, so resümiert Henri Neuman in seinem Buch, »hat uns als Freunde noch enger zusammengeschweißt und uns im Entschluß bestärkt, neue Aktionen zu unternehmen«.

Auch Youras älterer Bruder hatte sich für die Aktion entschieden. Alexandre schloß sich den bewaffneten Partisanen an. Diese Untergrundorganisation war von ehemaligen Spanienkämpfern 1941 in Belgien ins Leben gerufen worden, als Hitler Rußland den Krieg erklärte. Bereits im Bürgerkrieg gegen das Franco-Regime hatten sich zahlreiche junge jüdische Einwanderer an der Front gegen den Faschismus engagiert. Sie bildeten nun den Kern der Partisanenarmee, die streng nach militärischen Prinzipien aufgebaut war. An der Basis agierten die Abteilungen oder Kommandos, von denen je vier eine Kompanie bildeten. Vier Kompanien wiederum formten ein Bataillon, und an der Spitze stand das Hauptquartier, dem die alleinige Entscheidungs- und Befehlsgewalt zustand.

Nicht nur ein tiefer ideologischer Graben trennte die jüdischen Untergrundkämpfer dieser linksgerichteten Partisanenarmee von der Judenvereinigung Belgiens, die von der Militärverwaltung gegründet worden war und ihre Anweisungen aus dem Brüsseler Gestapo-Hauptquartier erhielt. Es bestand auch ein Klassenunterschied zwischen den Mitgliedern der jüdischen, oft kommunistischen Partisanen, die als Neuzuwanderer nur wenig zu verlieren hatten, und den wohlhabenden Juden mit belgischer Staatsangehörigkeit im Vorstand dieser Vereinigung von Notabeln. Die meisten Mitglieder des Judenrates sahen im bewaffneten Widerstand in erster Linie den verlängerten Arm des Sowjetkommunismus. Ihrer Meinung nach waren die Aktionen der Résistance nutzlos und überflüssig, sie lieferten den deutschen Besatzern nur neue Vorwände für weitere Repressionen. Der Möbelfabrikant Salomon Vanden Berg, Mitglied im Vorstand der Judenvereinigung AJB, erregte sich am 4. September 1942 in seinem Kriegstagebuch über die »dummen antideutschen Attentate« der Widerständler: »Diejenigen, die den Coup landen, haben noch nicht einmal den Mut, sich dafür verhaften zu lassen, sodaß Unschuldige für das zerschlagene Porzellan zu zahlen haben.«

Im Fadenkreuz der »partisans armés« , die bei Überfällen auf Militärdepots und Polizeistationen ihre Waffen erbeuteten, befanden sich die belgischen Kollaborateure. Der Polizeibericht der Geheimen Feldpolizei meldete am 4. August 1942: »Zahlreiche Attentate gegen Unterkünfte und Wohnungen von Belgiern, die mit den Deutschen sympathisieren, sind an der Tagesordnung. Glücklicherweise sind nur wenige Verluste an Menschenleben zu beklagen. Die Schuldigen rekrutieren sich vermutlich in der Mehrheit aus Mitgliedern der kommunistischen Partei Belgiens.«

Daß in dieser Widerstandsorganisation die Kommunisten den Ton angaben, hatte Alexandre nicht abgeschreckt. Er war kein Mitglied der Partei, sympathisierte aber mit dem Marxismus. »Choura« war zudem ein Mann der Tat, er war weniger philosophisch ausgerichtet als sein jüngerer Bruder. Und für ihn stand nicht soviel auf dem Spiel. Nach dem abgebrochenen Ingenieurstudium schlug der Dreißigjährige sich als Elektriker durch.

In das Soldatenhandwerk eines Partisanen führte ihn David Lachman ein. Der rothaarige David, Sohn polnischer Emigranten, aufgewachsen in der sozialistischen Jugendbewegung, war schon als 17jähriger zu den Widerständlern gestoßen. Er lebte in ständig wechselnden Quartieren und bezog vom Hauptquartier einen monatlichen Sold von 1200 belgischen Franken. Da er als Illegaler über keine Lebensmittelkarten verfügte, versorgte er sich von dem Geld auf dem Schwarzmarkt. David Lachman ist einer der wenigen noch lebenden Zeugen des jüdischen Partisanenkampfes, in dem so viele der Jungen gefallen und noch mehr auf Befehl des Militärgouverneurs als Terroristen hingerichtet worden sind.

»Mut«, so hat der jugendliche Untergrundkämpfer damals gelernt, »ist keine Eigenschaft, die man einfach so besitzt. Mut bedeutet jedes Mal aufs Neue, die Angst zu überwinden.« Erst wenn die Angst, sein ständiger Begleiter, von ihm abfiel, dann war David eiskalt und umsichtig, so wie es für die gefährlichen und manchmal todbringenden Aktionen erforderlich war. Mit 18 Jahren war David schon »instructeur«, militärischer Ausbilder. Nicht nur den Oberschülern in Knickerbockern, die sich voller Tatendrang und Abenteuerlust dem Widerstand anschlossen, brachte er den Umgang mit der Pistole bei. Auch den sehr viel älteren Alexandre wies er ein. Alexandre, so berichtet der heute 75jährige ehemalige Partisan, war ein ruhiger Typ, sehr intelligent und couragiert. »Ein guter, verläßlicher Kamerad.« Aber stets auch ein Herr. David Lachman erinnert sich an Alexandres hintergründigen englischen Humor und daran, daß der schlanke große Mann immer einen Hut trug – auch wenn er die Waffe gegen Kollaborateure zog.

Bald war der Widerständler im Gentleman-Look zum Kommandanten aufgestiegen. Sein Deckname war »Jean« – ein unverfänglicher belgischer Name. Mit seiner kleinen Einsatztruppe brach Kommandant Jean nachts in die Stadtverwaltung in Molenbeek ein und raubte 62000 Lebensmittelkarten. 24 Revolver erbeutete seine kleine Truppe bei einem Überfall auf ein Polizeirevier.

»Der schönste aller Kämpfe«, notierte Youra zu jener Zeit

in seinem Tagebuch, »ist der Kampf gegen die Menschen, gegen das, was sie sind, und für das, was sie sein sollten.« Dennoch trat er der Partisanenorganisation nicht bei. Er wollte sich nicht in die ideologische Zwangsjacke und die militärische Hierarchie einbinden lassen. Und er wollte nicht – wie sein Bruder – in den Untergrund gehen und die Mutter in der Avenue Brugmann allein zurücklassen. Youra, so hatten die Brüder vereinbart, würde zu Hause bei Saps bleiben. Schließlich übte er ja auch bei der Firma Pharmacobel eine anständig bezahlte und anspruchsvolle Tätigkeit als Laborleiter aus.

Doch wenn die Genossen seines Bruders ihn brauchten, half er ihnen mit seinen Kenntnissen und Erfahrungen. In dem Buch »Partisans armés juifs« erzählt ein überlebender Kämpfer von einem Anschlag aus den Anfängen des Widerstands im Spätherbst 1942, an dem auch Youra beteiligt war: »Neben den erfolgreichen Aktionen zeugten einige Mißerfolge von unserer Unerfahrenheit. Wir waren anfangs ja nur Amateure im Guerillakrieg. Was uns auszeichnete, waren unser Kampfeswille und unser Mut angesichts des Feindes. Aber es gab auch viele Schwächen.« Ein belgischer Faschist, der bei einem Attentat verwundet entkommen war, lag in der Chirurgie der Klinik St. Pierre. In der Intensivstation des verwinkelten rotbraunen Backsteinbaus wollten die Partisanen ihn endgültig liquidieren. Youra, der das Krankenhaus aus seiner Zeit als Assistenzarzt kannte, hatte sich erboten, die zu allem entschlossenen Untergrundkämpfer an das Krankenbett des Kollaborateurs zu führen. Sie wollten sich als Arzt und Pfleger ausgeben. Doch als sie sich vor der Klinik einfanden, trug nur Youra einen weißen Kittel. Die anderen hatten ihre normale Straßenkleidung an. Einer Krankenschwester, die sie auf der Station nach dem Zimmer des belgischen Kollaborateurs fragten, kamen die jungen Leute offenbar nicht seriös vor. Sie behauptete, so erzählt der Ex-Partisan, »der Typ würde nicht mehr im Krankenhaus behandelt. Und so sind wir wieder abgehauen. Wahrscheinlich hat die Krankenschwester Verdacht geschöpft und uns angelogen.«

Unter den Mitarbeitern des Judenrates hatte sich vor allem Robert Holzinger den Haß der kämpfenden jüdischen Partisanen zugezogen. Er galt bei ihnen als niederträchtiger Nazikollaborateur. Denn er war in der Judenvereinigung für die Zustellung der Arbeitseinsatzbefehle zuständig und somit ein enger Mitarbeiter Kurt Asches. Sicherlich glaubte Holzinger, nach bestem Gewissen zu handeln, als er vor allem die Jüngeren und Widerstandsfähigeren sowie Alleinstehende für den vermutlich schweren Einsatz in dem Arbeitslager auf die Liste setzte. Denn im Juli und August 1942 war noch nichts über die Vernichtungsmaschinerie der Nazis durchgesickert. Noch glaubte man ihnen die Mär vom Arbeitseinsatz im Osten.

Holzinger hatte junge Leute angeheuert, die er jeden Morgen von seinem Büro am Boulevard du Midi aussandte, um den Empfängern die Aufforderung persönlich zu überbringen. Auch Régine Krochmal, die in der Suppenküche einer jüdischen Hilfsorganisation arbeitete, hatte man angeboten, für den AJB als Briefzustellerin zu arbeiten. Ein Sonderausweis hätte sie vor der Deportation geschützt. Doch empört lehnte die junge Krankenschwester ab: »Da wäre ich mir wie eine Verräterin vorgekommen.«

Den Überbringern der Hiobsbotschaften schlug von ihren Glaubensgenossen Mißtrauen und Feindseligkeit entgegen, aber viele folgten dennoch der Aufforderung, um ihre Familienangehörigen zu schützen.

Nie wurde ganz aufgeklärt, welches Kommando dem Juden Robert Holzinger am 27. August vor seiner Wohnung in Anderlecht auflauerte. Vier Kugeln streckten ihn nieder. Einen Tag später starb im Krankenhaus an seinen Schußverletzungen.

Kaum hatte Kurt Asche von der Ermordung Holzingers erfahren, da tauchte er auch schon wutschnaubend im Büro der Judenvereinigung auf. Das Vorstandsmitglied Salomon Van den Berg hielt damals in seinem Tagebuch den heftigen Auftritt des SS-Offiziers fest. Mit sich überschlagender Stimme schrie Asche die verängstigten Repräsentanten an: »Wenn die

Mörder Holzingers nicht innerhalb von 24 Stunden gefunden werden, können Sie was erleben! Alles, was Sie bisher kennen, war nur ein Kinderspiel dagegen.«

Für den belgischen Historiker Maxime Steinberg markiert der Tod Holzingers einen wichtigen Einschnitt in der Deportationspolitik. Zwar trug die Verschleppung der Juden weiterhin den offiziellen Stempel »Zwangsarbeit«, aber von nun an wandte Asches Abteilung in der Avenue Louise andere Methoden an, um die Deportationszüge zusammenzustellen. Ab jetzt begannen die großen Razzien. Der jüdische Widerstand wurde militanter, und viele der Gejagten begannen zu begreifen, daß sie sich dem Zugriff der Nazis entziehen mußten.

Zehntes Kapitel
Verstecke sich, wer kann

Die Mehrheit der Belgier lehnte die rabiaten Methoden der deutschen Besatzungsmacht gegen die Israeliten ab. Vor allem in Brüssel und in der Wallonie erwies sich die Bevölkerung als weitgehend immun gegen das Gift des nationalsozialistischen Rassenhasses. Vergebens appellierte die von den Deutschen herausgegebene Wochenzeitung »L'Ami du Peuple« an die »Pflicht des guten Belgiers«, nur ja »kein falsches Mitleid« mit den Juden zu zeigen. Für viele war es ein Akt des Widerstandes, den von den Deutschen Verfemten und Verfolgten zu helfen. Die Hilfsbereitschaft und Mitmenschlichkeit der Bevölkerung jenen zugewanderten Fremden gegenüber, die oft ihre Sprache nur unzureichend beherrschten, bleibt für die seit 1969 in Israel lebende Claire Prowizur unvergessen. Mit ihrem Mann Philippe hatte die junge Trotzkistin sich dank dieser Hilfe immer wieder vor dem tödlichen Zugriff der Nazis retten können. »Sie haben uns die Hand gereicht, ohne uns zu kennen«, schreibt sie in ihrer Lebensgeschichte.

»Grüßt sie im Vorbeigehen! Bietet ihnen euren Platz in der Straßenbahn an! Protestiert gegen die barbarischen Maßnahmen, die man gegen sie anwendet. Das wird die ›boches‹ wütend machen!« So rief am 1. August 1942, als in Mechelen die Vorbereitungen für den ersten Deportationszug nach Auschwitz auf Hochtouren liefen, die patriotische Untergrundzeitung »La Libre Belgique« ihre Landsleute auf, den Juden demonstrativ ihre Sympathie zu zeigen.

Obwohl damals kaum einer ahnen konnte, welches grauenhafte Schicksal die Deportierten dort im Osten erwartete, öffneten viele Belgier den Juden ihre Wohnungen, verbargen sie in Hinterzimmern und Mansarden. Kuriere des von Hertz Jospa mitbegründeten »Comité de Défense des Juifs«, des jüdischen Verteidigungskomitees CDJ, versorgten die Versteckten mit Geld oder Lebensmittelkarten. Die Mittel dafür kamen auf Umwegen von der belgischen Exilregierung in London und von jüdischen Hilfsorganisationen in Amerika. Manche Belgier teilten sogar ihre kärglich bemessenen Lebensmittelrationen mit den Untergetauchten.

In allen Rathäusern und Gemeindeverwaltungen fanden sich Beamte, die unter der Hand für die angeblich ausgebombte Verwandtschaft oder für die aus heiterem Himmel aufgetauchte Nichte zusätzliche Lebensmittelkarten ausstellten. Es gab städtische Angestellte, die der Résistance Blankoformulare zukommen ließen, in die nur noch der falsche Name und das richtige Paßfoto eingeklebt werden mußten. Und es gab Briefträger, die an die Gestapo und an die Feldkommandanturen gerichtete Briefe abfingen, wenn sie vermuteten, daß es sich um eine Denunziation handeln könnte. Sie öffneten die Briefe, warnten die Angezeigten und stellten das Schreiben erst mit zweitägiger Verspätung zu, um den Betroffenen Zeit zum Untertauchen zu geben. »Service D« – gegen den Defätismus und die Denunziation – nannten sich die Mitglieder dieser Gruppe, die wahrscheinlich 5000 Menschen vor der Auslieferung an die Besatzungspolizei bewahrte.

Allerorten warnten Anschläge der Militärverwaltung die

Bevölkerung davor, den Juden zu helfen. Man mache sich damit strafbar. Das war keine leere Drohung. Einige der hilfsbereiten Belgier, die Juden bei sich versteckten, kamen, wenn sie Glück hatten, ins Brüsseler Gefängnis St. Gilles. Andere büßten ihre Großherzigkeit mit der Deportation in ein Konzentrationslager.

200000 Belgier wurden nach dem Krieg als aktive Mitglieder der Résistance anerkannt. Unzählige trugen dazu bei, daß in dem kleinen Land die Überlebenschancen der von den Nazis Gejagten relativ hoch war. Immerhin entkamen mehr als 50 Prozent, etwa 30000 der 56000 in Belgien registrierten Juden, dem Holocaust. In Holland waren es nur 12 Prozent.

Anders als die niederländische Königin Wilhelmina, die mit dem Kabinett nach London ins Exil geflüchtet war, ließ die in Belgien verbliebene Königin Elisabeth das Schicksal ihrer jüdischen Landsleute unter der deutschen Besatzung nicht ungerührt. Die Mutter des unter Hausarrest stehenden Leopold III. und Witwe des geliebten Königs Albert I., der bei einem Bergunfall ums Leben gekommen war, stammte aus der bayrischen Dynastie der Wittelsbacher. Elisabeth, vom Volk tief verehrt, war Kunst- und Musikliebhaberin. Sie rief den »Concours Elisabeth« ins Leben, bis heute einer der anspruchsvollsten Musikwettbewerbe der Welt.

Schon 1933 hatte ihr der deutsche Physiker Albert Einstein von den antisemitischen Greueltaten der Nazis berichtet. Der Nobelpreisträger, der damals vor seiner Emigration nach Amerika ein halbes Jahr lang mit seiner Familie im belgischen Nordseebad De Haan Station machte, war ein guter Freund der Königin.

Auf diese Frau setzten die belgischen Juden nun ihre ganze Hoffnung. Der Vorsitzende des Freundschaftskreises der ehemaligen Kriegsgefangenen des Ersten Weltkrieges, Lazare Liebman, hatte die Initiative ergriffen. Mit Entsetzen beobachtete er die erbarmungslose Treibjagd der Nazis auf die Juden. Nur die Königin, so glaubte er, besaß genügend Autorität, um die Nazis in ihre Schranken zu weisen. Als ein mit hohen Orden ausgezeichneter Kriegsheld nutzte der jüdische Patriot seine Beziehungen. Er bat den Kabinettschef des Königs, einen Waffenbruder, um einen Gesprächstermin mit der Königinmutter.

Am heißen Nachmittag des 1. August 1942 wurden drei ernste Herren, den gelben Davidstern am Revers ihrer schwarzen Anzüge, vom Protokollchef des Hofes in der Eintrittshalle des Brüsseler Stadtschlosses in Empfang genommen. Gleich um die Ecke residierte General von Falkenhausen, der erst später von dieser außergewöhnlichen Audienz erfahren sollte. Vorbei an den prachtvoll gerahmten Porträts im Treppenhaus stiegen die jüdischen Honoratioren die breiten Stufen hinauf und wurden in einen kostbar möblierten Salon geführt. Für 4 Uhr war an diesem Nachmittag ein Treffen mit Königin Elisabeth anberaumt. Um dem Gespräch mehr Gewicht zu geben, hatte man Liebman von höchster Stelle empfohlen, sich von offiziellen Repräsentanten des Judentums begleiten zu lassen. So warteten Salomon Vanden Berg und Eugène Hellendael, beide im Vorstand der belgischen Judenvereinigung, mit ihm auf die Königin, die sie für die Sache der Juden gewinnen wollten.

Eugène Hellendael war ein großbürgerlicher assimilierter Jude mit engen Verbindungen in die höchsten belgischen Gesellschaftskreise. Doch zugleich zählte er zu den Förderern des von dem Kommunisten Hertz Jospa gegründeten jüdischen Verteidigungskomitees. Als er Jospa von dem Vorhaben erzählt hatte, bei der Königin zugunsten der belgischen Juden zu intervenieren, hatte der Marxist ihn dringend gewarnt. Dieser Vorstoß, so Jospa, sei menschlich und politisch falsch, weil er die nichtbelgischen Juden diskriminieren würde, und im übrigen halte er ihn für nutzlos. »Der Antisemitismus und die Verfolgungen sind das ideologische Fundament des Naziregimes, an das niemand rühren kann«, hatte der kommunistische Ingenieur dem Großbürger erklärt. Es sei zwecklos, »bei den Hitler-Anhängern um Gnade für eine bestimmte jüdische Schicht zu ersuchen«. Jospas Skepsis, so stellte sich später heraus, war nicht übertrieben. Auch mit seiner Befürchtung, Hellendael würde sich mit seinem Vermittlungsversuch an höchster Stelle nur selbst in Gefahr bringen, sollte er Recht behalten.

»Für uns war es die letzte Rettung«, notierte Vanden Berg am selben Abend in seinem Tagebuch. Im Gegensatz zu Liebman und Hellendael schien er das Rendezvous im Stadtschloß genossen zu haben. Stolz registrierte er die freundliche Geste, daß die Königin für dieses Treffen eigens aus der königlichen Residenz Laeken nach Brüssel gekommen war. Mit seiner ungerührt wirkenden Distanziertheit war der wohlhabende Fabrikant als Bittsteller eine Fehlbesetzung. Zumindest sah Lazare Liebman es so, der Initiator des Gespräches. Später erzählte dieser seinem Sohn, wie sehr ihn das selbstgefällige und kühle Verhalten des Möbelfabrikanten schockiert hatte. Während Liebman und Hellendael die Köpfe zusammensteckten und flüsternd noch einmal die geplante Ansprache und einzelne Formulierungen miteinander beredeten, wanderte Vanden Berg zwanglos und ohne jede Nervosität durch den Raum, bewunderte hier ein besonders schönes Möbelstück und dort ein besonders wertvolles Gemälde. Als die drei von der Königin empfangen wurden, überließ er es Liebman und Hellendael, das schreckliche Leid ihrer Glaubensgenossen zu schildern.

Die Königin zeigte sich, so schrieb Vanden Berg in seinem Tagebuch, »tief beeindruckt von der Verzweiflung der jüdischen Bevölkerung angesichts der Massendeportation«. Tatsächlich kontaktierte sie kurz darauf ihre Tochter, Prinzessin Marie-José, Schwiegertochter des Königs Victor Emmanuel von Italien. Diese setzte sich wiederum mit Hitler in Verbindung. Und der Führer schließlich sicherte Elisabeths Tochter zu, daß bei der Verschleppung der Juden humanitäre Gesichtspunkte berücksichtigt werden sollten. Die frohe Botschaft erreichte die jüdischen Notabeln wenige Tage nach ihrem Bittgang bei der Königin.

»Heute mittag«, schrieb der Vertreter des Roten Kreuzes

am 4. August an Lazare Liebman, »erhielt ich den Besuch von Herrn Streel, Sekretär der Königin, der mir im Namen Ihrer Majestät folgende Tatsachen zur Kenntnis gab. Der Gegenstand des Gesuches Ihrer Majestät ist dem Führer persönlich unterbreitet worden, welcher die folgende Antwort übermitteln ließ:

1. Es gibt oder wird keine Trennung der Familien geben.

2. Es wird jemand aus Berlin entsandt, der darauf achten soll, daß es bei der Ausführung der gegegeben Anordnungen keinerlei Überschreitungen gibt.

3. Die Deportierten werden auf anständige Weise behandelt.

4. Kleine Kinder dürfen bei ihren Eltern wohnen, das heißt, daß die Kinder und ihre Eltern dasselbe Los haben.

5. Belgier werden nicht deportiert.

6. In Mechelen dürfen die künftigen Deportierten den Besuch ihrer Familienangehörigen empfangen.

Diese Antwort wurde uns von einer dritten Person übermittelt. Sie ist nur ein Verprechen.

Die Königin nimmt davon Kenntnis, aber sie wird sich auch weiterhin in den Grenzen ihrer Möglichkeiten für das Schicksal der geschätzten jüdischen Bevölkerung interessieren.«

Das Versprechen sollte sich im Laufe der folgenden Monate als reiner Zynismus entpuppen. Jede angebliche Konzession an die Menschlichkeit erwies sich im nachhinein als weitere Hinterlist der Nazis. Die Erlaubnis, im Sammellager Besuch zu empfangen, war eine Falle. Die Nazis brachten so auch die Adressen der jüdischen Familienangehörigen, die sich in eine Liste eintragen mußten, in Erfahrung. Das Versprechen, die Familien nicht auseinanderzureißen, führte dazu, daß Großfamilien geschlossen deportiert und in die Gaskammern geschickt wurden. Juden mit belgischer Staatsangehörigkeit vorläufig von der Deportation zu verschonen – ein besonderer Erfolg der königlichen Intervention bei Hitler – war zu diesem Zeitpunkt im Reichssicherheitshauptamt bereits beschlossene

Sache. Militärverwaltungschef Eggert Reeder hatte schon im Juli in Berlin bei Himmler diesen Sonderstatus erwirkt. Die belgischen Juden seien auf dem Arbeitsmarkt unersetzlich; ihr Abzug, so argumentierte er systemkonform, könnte Probleme für die Wirtschaft verursachen und damit der deutschen Sache schaden. Man wollte vor allem die belgische Bevölkerung nicht beunruhigen, kein Aufsehen erregen.

Aus dieser Zeit datiert auch ein geheimes Telegramm von Obersturmbannführer Adolf Eichmann an Ernst Ehlers, den Chef der Sicherheitspolizei und des Sicherheitsdienstes in Belgien: »Aus gegebener Veranlassung weise ich darauf hin, daß mit den Judentransporten nach Auschwitz nur staatenlose Juden abgefördert werden dürfen.« Nicht die Fürsprache Elisabeths, sondern die Angst vor Aufruhr veranlaßten Eichmann und seine Handlanger zu dieser Vorsicht.

Bei einer Arbeitstagung am 28. August im Reichssicherheitshauptamt legte Eichmann dann fest, wie lange die Freistellung der belgischen Juden gelten sollte. Ab Ende Juni 1943 sollten auch sie nach Auschwitz »evakuiert« werden. Der Zeitplan sollte exakt eingehalten werden. In einem Vermerk über eine Besprechung mit dem Militärbefehlshaber vom Juni 1943 hielt der Protokollant des SS-Sicherheitsdienstes in der Avenue Louise den schrittweisen Rückzug des Generals von Falkenhausen von seiner ursprünglichen Position fest, die belgischen Juden auf keinen Fall deportieren zu lassen. Zunächst versuchte von Falkenhausen den Abtransport auf die »illegal in Belgien lebenden Juden« zu beschränken. Am Ende verzeichnete das Protokoll die Kapitulation des Militärbefehlshabers vor der Politik der Vernichtung: »Von Falkenhausen hatte jedoch schließlich auch keine Bedenken gegen eine sofortige Aktion gegen die belgischen Juden.«

Selbst der Möbelfabrikant Vanden Berg, der so stolz war, von Königin Elisabeth empfangen worden zu sein, glaubte schon im September 1942 nicht mehr daran, daß die belgischen Juden vor der Deportation verschont bleiben würden. Am 19. September notierte er in seinem Tagebuch: »Die Verhaftungen ausländischer Juden lassen nicht nach. Ich glaube, daß schließlich alle ausländischen Juden deportiert sein werden. Und ich glaube auch, daß man, wenn diese fort sind, die Frage der belgischen Juden zu regeln beginnt.«

Wenige Tage später wurde der jüdische Geschäftsmann zu Kurt Asche in die Avenue Louise bestellt. Insgesamt zwanzig Vertreter des Judenrats drängten sich an diesem Vormittag des 24. September im Büro des Obersturmführers. Der Nazifunktionär thronte hinter seinem Schreibtisch, wirkte aber, vermerkte Samuel Vanden Berg in seinem Journal, »ziemlich nervös«. Mit sich überschlagender Stimme stauchte der SS-Mann die wie Schuljungen vor ihm stehenden jüdischen Honoratioren zusammen. »Ich kenne doch meine Pappenheimer«, schimpfte er. Einige von ihnen würden seine Anordnungen bewußt schlecht ausführen oder sogar sabotieren. »Und andere Herren hatten die Frechheit, bei der Königin vorstellig zu werden, um die Deportationen zu verhindern.« Doch letztlich habe der Vorstoß an höchster Stelle nichts gebracht, und man würde nun mit der Evakuierung der gesamten jüdischen Bevölkerung beginnen.

»Damit es nicht wieder zu den bekannten Schwierigkeiten und Einmischungen gegen diese Evakuierung kommt«, schloß der Judenreferent, »befinden sich die Herren Ullman, Benedictus, Hellendael, Blum, Vanden Berg und Rotkel ab sofort unter Arrest. Und zwar so lange, bis die anderen Mitglieder der Vereinigung bewiesen haben, daß sie gewillt sind, unsere Anordnungen ordnungsgemäß auszuführen.« Den restlichen Tag und die folgende Nacht verbrachten die sechs Mitglieder des Judenrats eingeschlossen in einem der Kellerräume der Avenue Louise. Am nächsten Tag wurden sie als politische Gefangene in das KZ Fort Breendonk gebracht. Erst eine Intervention des Staatssekretärs im Justizministerium erlöste sie aus der von Asche verordneten Gefangenschaft.

Für Eugène Hellendael, Bittsteller bei der Königin, verlief die Angelegenheit nicht so glimpflich. Hellendael, einer der Aufrechten im Judenrat, war in das Visier von Kurt Asche geraten. Er hatte mit verfassungsrechtlichen Argumenten verhindert, daß die Israelitische Vereinigung – Communité Israélite de Bruxelles – dem Judenrat eingegliedert und damit ihm, dem Judenreferenten, unterstellt wurde. Widerspruch konnte der SS-Mann nicht ertragen. Und so rächte sich der Nazi an dem couragierten Juden. Hellendael und seine Frau wurden beobachtet, wie sie ohne den vorgeschriebenen Judenstern ihr Haus verlassen hatten. Zur Strafe wurden nicht nur das Ehepaar, sondern auch die beiden kleinen Söhne und deren Großeltern nach Auschwitz deportiert.

1967 wurde Kurt Asche zu genau diesem Vorfall vernommen. Der wegen Beihilfe zum Mord Angeklagte erklärte, davon nichts mehr zu wissen: »Ich erinnere mich nicht mehr daran, daß Juden, die gegen Judenbestimmungen verstoßen hatten, den Deportationszügen nach Auschwitz angeschlossen wurden.«

Die Jagd auf die nichtbelgischen Juden wurde im Spätsommer 1942 immer erbarmungsloser. Den Erzbischof in Mechelen, unter dessen Fenster sozusagen die Züge nach Auschwitz vorbeifuhren, erreichten täglich Notrufe und Bittbriefe katholisch getaufter Juden. Auch sie waren von der Einberufung erfaßt. Kardinal Van Roey entschloß sich zu handeln. Er schickte seinen Domherrn Leclef in die Zentrale der Militärverwaltung an der Place Royale, um dort zugunsten der zum Katholizismus konvertierten Juden vorstellig zu werden.

Unverrichteter Dinge kehrte der katholische Würdenträger zu seinem Bischof zurück. Der Beamte in der Militärverwaltung hatte ihm beschieden, daß allein die Gestapo für diese Maßnahmen zuständig sei. Und außerdem hatte ihn der Deutsche belehrt, für die Verfasser der antisemitischen Verordnungen in Berlin sei nicht die Religion, sondern allein die Rasse ausschlaggebend. Juden blieben Juden, auch wenn sie zum Katholizismus übergetreten seien.

Dieser Nachmittag sollte dem Domherrn noch einen weiteren Einblick in die Abgründe der nationalsozialistischen Menschenverachtung gewähren. Im Vorzimmer seiner Eminenz des Erzbischofs, dem er Bericht erstatten wollte, fand Leclef eine in Tränen aufgelöste Frau vor. Weinend erzählte sie von ihren Bemühungen, die beiden minderjährigen und getauften Kinder einer jüdischen Freundin aus den Händen der SS-Polizei zu befreien. Die 19jährige Tochter und der 15jährige Sohn saßen im Sammellager Mechelen fest und würden, wenn nichts geschah, in den Osten deportiert werden. Zunächst hatte sich die brave Katholikin an die Militärverwaltung gewandt und war von dort an die Gestapo verwiesen worden.

In der Avenue Louise empfing sie dann, so heißt es in den Aufzeichnungen Leclefs, »äußerst grob ein gewisser Asche«. Das Gesuch, die beiden jungen Leute freizulassen, lehnte er strikt ab. Für die Zwangsarbeit, erklärte er, seien keine Altersgrenzen vorgesehen. Und außerdem dulde er keinerlei Einmischung in seine Zuständigkeit. Er habe da ganz alleine zu entscheiden. Als die Frau dem Judenreferenten schließlich erzählte, die Mutter der beiden Jugendlichen sei wahnsinnig vor Kummer, habe der kleine Mann im blauen Anzug nur höhnisch erklärt, daß er sich auch für diese Frau interessieren könnte.

»Gegenwärtig ist die Behandlung der Juden wahrhaft unmenschlich und erweckt allgemeines Mitleid und Empörung«, schrieb Kardinal Van Roey einen Tag später an seinen Kollegen Magliome im Vatikan. Über eine Antwort aus Rom ist nichts bekannt.

Überall im Lande verschärften Feldgendarmen und SS-Polizei die Kontrollen. Wer ohne den Judenstern auf der Straße erwischt wurde, landete zwangsläufig im Sammellager Mechelen. Und wer, wie die zwanzigjährige Claire Prowizur, auch noch um 23 Uhr, drei Stunden über die für die Juden geltende Sperrstunde hinaus, in einer Straßenbahn fuhr, der riskierte Kopf und Kragen. Wie stets saßen Claire und ihr Mann Philippe in dem Abteil weit auseinander, um bei einer Kontrolle nicht als Pärchen identifiziert zu werden. Beide kamen von einem Treffen ihrer trotzkistischen Gruppe. Plötzlich hielt die Bahn, die Türen waren blockiert, so daß niemand flüchten konnte. Zwei Militärpolizisten waren zugestiegen und verlangten die Ausweise. Philippe konnte einen gefälschten grünen Ausweis präsentieren, der ihn als Belgier auswies. Doch Claire besaß zu diesem Zeitpunkt nur eine gelbe Identitätskarte, wie sie für Ausländer galt – freilich ohne den schwarzen Stempel »Juif-Jood«.

Claire ruft sich später diesen dramatischen Augenblick noch einmal ins Gedächtnis: »Philippe passiert die Kontrolle. Seine grüne Karte ist perfekt. Ich versuche mich zu sammeln, während ich warte. ›Ruhig, Klärchen, deine Karte ist zwar gelb, aber ohne den Stempel „Jude".‹ Der Feldgendarm steht steif vor mir. Ich weise mich aus. Er kontrolliert ihn ein Mal, dann ein zweites Mal, er schaut mich an, blickt auf das Foto, und spricht mich in seiner Muttersprache an. Sein Ton ist eisig: ›Sprechen Sie deutsch?‹ Ich sehe ihn an, spiele die Erstaunte, runzele die Augenbrauen, tue so, als verstehe ich nichts. ›Jude?‹ fragt er mich mit Nachdruck. Ich blicke ihn an, ohne mit der Wimper zu zucken: ›Pardon, que dites-vous?‹ Er zögert einen Augenblick, reicht mir den gelben Ausweis zurück und geht zum nächsten Fahrgast. Ich bin davongekommen.«

Als sich das junge Paar wenig später in seiner Wohnung erleichtert in die Arme fiel, stand für beide fest: Die schwarzhaarige Claire mußte sich umgehend in eine Blondine verwandeln. Und ein Freund, ein versierter Fälscher, der ihnen bereits eine perfekt gefälschte grüne Identitätskarte für Claire versprochen hatte, mußte angehalten werden, so schnell wie möglich auch für sie einen solchen Ausweis herzustellen.

Mit Sorge beobachtete nicht nur die SS, sondern auch der Vertreter des Auswärtigen Amtes in Brüssel, Werner von Bargen, wie sich die Juden dem Zugriff ihrer Verfolger entzogen. Am 24. September schrieb er in einem Bericht an seine Vorgesetzten in der Reichshauptstadt: »Die bis zum 15. September vorgesehene Abschiebung von 10000 hier ansässigen staatenlosen Juden ist durchgeführt. Nachdem zu Anfang der Aktion die Juden sich auf den Arbeitseinsatzbefehl hin meist gestellt hatten, mußte im weiteren Verlauf derselben zu Razzien und Einzelfestnahmen geschritten werden, da den Gestellungsbefehlen in zahlreichen Fällen nicht mehr Folge geleistet wurde. Viele der in Frage kommenden Juden haben ihre Wohnungen verlassen und versuchen, bei arischen Belgiern ein Unterkommen zu finden. Diese Bemühungen werden von einem beträchtlichen Teil der belgischen Bevölkerung unterstützt. Weitere Schwierigkeiten ergeben sich aus der Tatsache, daß sehr viele Juden im Besitze falscher belgischer Identitätskarten sind. Dieser Umstand erleichtert auch die illegale Abwanderung in das besetzte und das unbesetzte Frankreich.«

Am 25. September 1942 bereitete der Militärbefehlshaber die ihm unterstehenden Oberfeld- und Feldkommandanturen auf »größere Aktionen« zur »Evakuierung der Juden« vor. Die Militärpolizei wurde damit in die Treibjagd auf die Juden eingespannt:

»Nach dem bisher durchgeführten Arbeitseinsatz von 10000 Juden im Osten wird jetzt die völlige Evakuierung der Juden aus dem Befehlsbereich in Angriff genommen. … Ausgenommen sind Juden, die in einer Mischehe leben oder die vom Tragen des Judensterns befreit sind. Im übrigen ist bei der Evakuierung auf das Zusammenbleiben der Familien zu achten und möglichst unauffällig vorzugehen.

Die Durchführung der Aktion liegt in den Händen der Sicherheitspolizei. Es wird gebeten, dieser für die Erfassung bei größeren Aktionen im Rahmen des Möglichen polizeiliche Exekutivkräfte zur Verfügung zu stellen. Von einer Zuziehung der belgischen Polizei ist abzusehen …

Schließlich ist auch im Einvernehmen mit der Sicherheitspolizei auf die in letzter Zeit zunehmende illegale Abwanderung der Juden besonders zu achten. Es muß vermieden werden, daß die Juden aus den vier großen Städten illegal unter Ablegung des Judensterns aufs Land oder in kleinere Orte verziehen.«

Für den Lederwarenhändler Léon Gronowski waren von

nun an die Tage in seinem eigenen Haus und Geschäft gezählt. Seit die Deutschen den Laden in der Chaussée de Wavre der Treuhandgesellschaft übereignet hatten, war er nicht mehr sein eigener Herr. Belgische Freunde hatten ihm dringend geraten, eine andere Wohnung zu suchen. Das Leben der Juden sei zu gefährdet, als daß sie weiterhin unter der den Nazis bekannten Adresse bleiben konnten.

Vier herrliche Wochen hatte Gronowskis kleiner Sohn Simon im Sommer 1942 in Diest im Zeltlager der Pfadfinder verlebt. Es sollten die letzten unbeschwerten Kindheitstage des Zehnjährigen sein. Braungebrannt und mit durch die wilden Spiele in der Natur aufgeschürften Knien kehrte er im August heim. Anders als sonst schienen sich diesmal seine Eltern nicht für seine Ferienerlebnisse zu interessieren. Der aufgeweckte Bub spürte die gedrückte Stimmung im Elternhaus in Brüssel.

Ita Gronowski hatte – so wie einige ihrer Klassenkameraden aus der Schule Cymring – bereits den gefürchteten »Arbeitseinsatzbefehl« erhalten. Brav war sie der Aufforderung, sich in Mechelen zu melden, gefolgt. Doch da das Mädchen mit sechzehn Jahren, wie es das Gesetz für die in Belgien Geborenen vorsah, die belgische Staatsangehörigkeit angenommen hatte, wurde sie wieder nach Hause geschickt. Noch waren die Juden belgischer Nationalität von der Deportation ausgenommen. Es war für Ita nur ein Aufschub auf Zeit – bis zum September 1943.

Im bürgerlichen Woluwe, einem grünen Viertel am Stadtrand von Brüssel, fand die Familie des Lederwarenhändlers mit Hilfe von Freunden eine kleine Wohnung. Geschäft, Haus und Garten, der ganze Stolz der fleißigen Einwanderer, mußten sie verlassen. Umsichtig organisierte Léon Gronowski den Umzug. Die eigene Wohnung vermietete er an die Rouffarts, die Eltern eines Pfadfinder-Kumpels von Simon, die inzwischen enge Freunde der Familie geworden waren. Itas Klavier kam in die Wohnung des Mieters. Einige Möbel und vor allem die Geschäftsvorräte wurden eingelagert; vom Verkauf der Waren sollte die Familie in der Illegalität und ohne Lebensmittelkarten überleben.

Sogar ihren kleinen Hund nahmen die Gronowskis Anfang September in die beengten neuen Wohnverhältnisse mit. Im Rückblick stellt Simon Gronowski fest, daß seine Eltern sich trotz aller Warnungen der drohenden Gefahr offensichtlich nicht bewußt waren. Léon Gronowski interessierte Politik nicht sonderlich. Er war – wie sein Sohn Jahrzehnte später dem auf Hebräisch geführten Tagebuch des Vaters entnahm – »ein poetisch veranlagter Träumer«. Er verehrte die deutsche Kultur, zitierte Goethe, Schiller und Hölderlin und machte sich wohl Illusionen über das Volk der Dichter und Denker.

So führten die Gronowskis in der Illegalität nicht unbedingt das Leben von Versteckten. Spaziergänge mit dem Hund und Besorgungen brachten die Eltern immer wieder dazu, die sichere Wohnung zu verlassen. Die unternehmungslustige Ita lamentierte so lange, bis sie doch hin und wieder mit ihren Freunden losziehen durfte. Den Judenstern hatte sie wieder von ihrer Jacke und ihrem Mantel abgetrennt. Und Simon tobte weiterhin jedes Wochenende mit seiner Pfadfindergruppe durch den Bois de la Cambre. Fünfzig Jahre danach weiß Simon: »Sie hätten, um die Risiken zu mindern, meine Schwester und mich getrennt von ihnen auf dem Land verstecken müssen.«

Unbemerkt von der Besatzungsmacht und vor allem von Himmlers SS-Schergen hatte indessen eine Gruppe von jüdischen Antifaschisten, belgischen Widerständlern, Sozialarbeitern, Kommunisten und Christen in Belgien ein Netzwerk zur Rettung jüdischer Kinder geknüpft. Bereits 1941 hatten Hertz Jospa und Chaim Perelman das »Comité de Défense des Juifs« (CDJ) gegründet, eine Untergrundorganisation zur Verteidigung der jüdischen Interessen, die mit allen anderen belgischen Widerstandsgruppen, bewaffneten und unbewaffneten, linken und königstreuen, unter dem Dach der »Front de l'Indépendance« in Verbindung stand. Ende August 1942 erkannten sie die Notwendigkeit, eine Abteilung »Enfance«

einzurichten, die sich um die verwaisten und gefährdeten jüdischen Kinder kümmern sollte.

Wenn nachts die deutschen Polizisten an die Tür klopften und unten auf der Straße die Lastwagen mit den laufenden Motoren warteten, dann schoß den Eltern oft als erstes durch den Kopf: Wie schütze ich meine Kinder? Manchmal gelang es ihnen, ihren kleinen Sohn oder ihre Tochter zu verstecken, die dann am nächsten Morgen laut weinend von den Nachbarn entdeckt wurden. Mütter oder Väter, die von der Gestapo auf der Straße festgenommen wurden, verschwiegen beim Verhör in der SS-Zentrale, daß daheim ihre Kinder vergeblich auf sie warteten. Sie vertrauten darauf, daß ihre Kleinen von Nachbarn und Freunden versorgt würden. Es gab auch Eltern, die, weil sie das Schlimmste befürchteten, sich freiwillig von ihren Kindern trennen und sie in einer belgischen Familie unterbringen wollten. In all diesen Fällen wurde die Abteilung »Enfance« des CDJ eingeschaltet.

Mitglieder der Judenvereinigung halfen mit beim Verstecken. Fragten besorgte Eltern dort im Büro nach einer Möglichkeit, ihre Kinder sicher unterzubringen, schickte man sie, nachdem man sich die Adresse hatte geben lassen, unverrichteter Dinge nach Hause. Wenig später tauchte bei ihnen eine Abgesandte der jüdischen Untergrundorganisation auf. Innerhalb von 24 Stunden mußten die Eltern das gepackte Köfferchen für ihre Kinder bereitstellen und die Kleinen, wenn sie bereits verständig waren, auf die Trennung vorbereiten. Eine Trennung mit ungewissem Ausgang.

Die Kinder unterzubringen, das war Sache der Frauen. Yvonne Jospa, die Ehefrau des CDJ-Mitbegründers Hertz Jospa, nutzte ihre Kontakte zu den unterschiedlichsten Sozialeinrichtungen. In der Borinage, einer Bergbauregion der Wallonie, hatte die diplomierte Soziologin an einem Projekt mitgearbeitet, das die Verständigung zwischen den zugewanderten italienischen Bergarbeitern und den Einheimischen zu verbessern suchte. Jetzt fuhr sie übers Land und suchte nach Familien und Institutionen, die bereit waren, jüdische Kinder aufzunehmen. Die wunderschöne Yvonne mit ihrem weichen russischen Akzent wurde überall freundlich empfangen, bei Priestern, Bauern, Internatsleitern, Kloster-Vorstehern und Äbtissinnen, bei Wohlfahrtsorganisationen, Gewerkschaftsgruppen und wohltätigen Aristrokraten. Noch Jahrzehnte später wunderte sie sich über die große Bereitschaft zu helfen: »Nirgendwo habe ich eine Absage bekommen.«

Die junge Grundschullehrerin Andrée Geulen, als Belgierin aus bürgerlichem Haus zunächst einmal unverdächtig, hatte die schwere Aufgabe übernommen, die Kinder bei ihren Eltern abzuholen. Herzzerreißende Szenen spielten sich vor ihren Augen ab. Einige Mütter brachten es nicht über sich, ihre Tochter oder ihren Sohn mit dieser fremden Frau einfach so ziehen zu lassen. Sie mußten ihnen geradezu entrissen werden. Der Abschied wurde ihnen noch schwerer gemacht, weil sie aus Sicherheitsgründen die künftige Adresse ihrer Kinder nicht kennen durften. Besuche oder Briefe würden die Versteckten und ihre belgischen Beschützer verraten.

Bereits auf dem Weg zur neuen Bleibe, einer Familie auf dem Lande, einem Heim oder einem Kloster, trichterte Andrée, die mit ihren hellen Haaren und dem fröhlichen Wesen einigen ihrer Schützlinge wie eine Märchenprinzessin vorkam, den Kindern ein, daß sie von nun an einen anderen Namen hatten. Aus der kleinen Sarah wurde eine Susanne, aus Guscia wurde Gaby. David sollte von nun an nur noch auf den Namen Daniel hören und Abraham auf den Namen Albert. 4000 Kinder wurden so in Belgien vor dem sicheren Tod gerettet. In keinem anderen von den Deutschen besetzten Land war der Anteil der überlebenden Kinder an der jüdischen Bevölkerung so groß.

Auch die aus Litauen stammenden Goldsteinas fürchteten um ihre kleine Tochter. Das Ehepaar hatte sich nach dem Studium in Belgien eine bürgerliche Existenz aufgebaut und lebte mit der sechsjährigen Abela in einem gutbürgerlichen Brüsseler Wohnviertel. Dennoch fühlten Henda und Mendelis Golsteinas sich, als sie von der ersten Razzia in der Nähe des

Südbahnhofs hörten, als staatenlose Juden nicht mehr sicher. Die Treibjagd, so glaubten sie, würde auch in anderen Stadtvierteln fortgesetzt. Von den Kollegen in der Zuckerfabrik Graeff hatte der diplomierte Chemiker nichts zu befürchten. Im Gegenteil, der Arbeitsplatz war der einzig sichere Ort für ihn. Die Firma unterstützte ihn sogar finanziell, als er sich mit seiner Frau entschloß, die sechsjährige Tochter Abela zu verstecken. Ein Freund, der offensichtlich enge Beziehungen zum jüdischen Widerstandskomitee hatte, fand für die kleine Abela das Kloster St. Pietersleeuw als Unterschlupf. Dort waren auch andere jüdische Kinder untergekommen.

Abela mußte sich daran gewöhnen, daß sie nun Janine Liégeois hieß, sie lernte, wie eine Katholikin zu beten, und besuchte die erste Klasse der katholischen Internatsschule. Unvergeßlich ist ihr, wie sie eines Nachmittags von einer Nonne gepackt und dem Kreis ihrer Mitschülerinnen entrissen wurde. Hals über Kopf stürzte die Schwester mit ihr fort, zog sie an der Hand ins Haus und eilte mit ihr die Treppen hinauf, auf den Speicher und schließlich auf das Dach des Klosters. Der Sicherheitsdienst hatte einen Tip bekommen, daß jüdische Kinder von den Schwestern versteckt würden. Und nun durchsuchten die uniformierten SS-Männer das Kloster nach kleinen dunkelhaarigen Mädchen wie Abela.

Noch am selben Abend holten Nachbarn ihrer Eltern sie im Kloster ab. Abela war dort nicht mehr sicher. Bei zwei unverheirateten Schwestern, die in einem kleinen Dorf bei Tournai lebten, fand sie als deren ausgebombte Nichte ihr neues Asyl. Ihre Eltern hatten sich falsche Ausweispapiere besorgt und hießen jetzt Yvonne und Marcel Poncelet.

Elftes Kapitel

Asches Helfer: Verräter und Denunzianten

Die beiden Männer, Meister ein und desselben Metiers, waren vom Äußeren her sehr unterschiedlich. Der eine, Icek Glogowski, war ein bullig wirkender Mitvierziger mit flinken, stechenden Augen. Die Insignien der Bürgerlichkeit, sommers ein heller, winters ein brauner Hut auf dem breiten Schädel sowie zu allen Jahreszeiten ein dunkler, zu eng geschnittener Anzug, verstärkten das proletarische Flair, anstatt es zu kaschieren. Der andere, Pierre Romanovitch, war eine außergewöhnlich elegante Erscheinung. Groß und schlank, das pomadisierte dunkle Haar glatt nach hinten gekämmt, trug er mit lässiger Selbstverständlichkeit das handgefertigte Seidenhemd und den modischen Anzug. Der polnische Jude Glogowski und der mondän wirkende Weißrusse Romanovitch gingen in der Gestapo-Zentrale ein und aus. Sie verdingten sich als Verräter.

Der »dicke Jakob«, wie der bei seinen Glaubensgenossen Verhaßte und Gefürchtete hieß, stand im Sold des Sicherheitsdienstes und war somit ein ständiger Mitarbeiter des Judenreferenten Kurt Asche. »Le gros Jacques« half als Spitzel und Greifer, die Züge nach Auschwitz zu füllen. An seinem Revers trug er das Hakenkreuz.

Romanovitch, der sich gelegentlich mit dem Titel eines Grafen schmückte, betätigte sich gegen Honorar als Gelegenheitsverräter. Während Glogowski sich mit Haut und Haaren an die SS verkauft hatte, arbeitete der elegante Weißrusse eher auf eigene Rechnung. Der talentierte und gewissenlose Bluffer war, so das Resümee eines Staatsanwalts, der nach dem Krieg den Fall Romanovitch untersuchte, »einer der perfidesten Spitzel im Dienst der Deutschen«. Seine Taktik sei immer dieselbe gewesen. Er habe sich durch Gefälligkeiten in das Vertrauen seiner Opfer geschlichen, um sie dann,

»wenn er sicher war, einen guten Fang zu machen«, ans Messer der SS-Schergen zu liefern.

Als die Deutschen Belgien besetzten, gehörte Romanovitch zu den wenigen, die dieser nationalen Demütigung auch positive Seiten abzugewinnen vermochten. Seit er vor Jahren sein Studium an der Freien Universität abgebrochen hatte, existierte er vor allem auf Kosten anderer. Einen ehrlichen Beruf hatte er noch nicht ausgeübt. Seine Polizeiakte wies den Handelsvertreter als professionellen Betrüger aus. Jetzt lebte er vom Schwarzhandel, Devisenschmuggel und vom Verrat.

Das bevorzugte Jagdrevier des in Kiew geborenen und in Brüssel aufgewachsenen Weißrussen war die Café-Terrasse des Hotels Metropol im Zentrum der belgischen Hauptstadt. Am Steuer seines schwarzen Citroën strich er langsam über den Boulevard Anspach, um den Wagen dann möglichst in Sichtweite der Kaffeehausbesucher zu parken. Lässig schälte er sich aus der Limousine. Schon der Besitz eines solchen Wagens, ein außergewöhnliches Privileg, erregte Staunen, denn zu dieser Zeit waren fast alle Privatwagen von den Deutschen beschlagnahmt worden. Wie ein Dandy ließ er, während er auf einen der Marmortische zuschlenderte, den Autoschlüssel um den rechten Zeigefinger kreisen. Je nach Tageslaune spielte ein gewinnendes oder ein herablassendes Lächeln um seinen Mund. Herzhaft zu lachen vermied er, das hätte seine schadhaften Zähne enthüllt.

Von den bequemen Korbstühlen aus hatte man den belebten Boulevard im Blick, der sich zu dieser Stunde mit Sekretärinnen, Geschäftsleuten, feldgrauen Soldaten und Damen füllte. Auch das Kommen und Gehen der Hotelgäste konnte man von hier aus verfolgen. Das in reinem Art-Déco-Stil erbaute Hotel Metropol war für internationale Künstler, Schauspieler und Musiker die erste Adresse. Hier stiegen Stars wie Django Reinhardt, Edith Piaf, Fernandel oder Maurice Chevalier ab. Deutschlands größter Filmproduzent, die UFA aus Berlin Babelsberg, veranstaltete in den repräsentativen Räumen des Hotels ihre Galas.

Auch die Naziprominenz traf sich hier. In einem der Salons hatte sich Adolf Eichmann, der Organisator des Holocaust, mit den beiden wichtigsten Vertretern der Brüsseler »Zentralstelle für jüdische Auswanderung« getroffen, mit den Obersturmbannführern Kurt Asche und Fritz Erdmann. Drei Wochen zuvor war unter der Federführung des Reichssicherheitshauptamtes auf der Berliner Wannseekonferenz die »Endlösung der Judenfrage« administrativ auf den Weg gebracht worden.

Manchmal hatte Pierre Romanovitch Malka Cymring an seiner Seite. Sie war die jüngere Schwester von Charles Cymring, dem Leiter der gleichnamigen jüdischen Schule. Malka war eine spektakuläre Schönheit, gertenschlank, mit schmalem Gesicht und einem unsäglich kühlen Blick. Sie war mit einem Belgier verheiratet und damit – zumindest vorerst – vor der Verschleppung geschützt. Aus ihrer Beziehung zu Romanovitch machte sie keinen Hehl. Das elegante Pärchen genoß es, sich gemeinsam in der Öffentlichkeit zu zeigen.

»Comte« Romanovitch konnte sich auf die vielfältigste Art in Szene setzen. Mal spielte er den geheimnisumwitterten russischen Aristokraten, mal den gewieften Geschäftsmann. Aus seinen Brüsseler Polizeiakten geht hervor, daß er sich sogar als deutscher Ordnungshüter ausgab. So versuchte er einen Hausbesitzer einzuschüchtern, um dessen Garage für seinen Citroën in Beschlag zu nehmen. Ein anderes Mal prellte er einen Geschäftspartner um die vereinbarte Gegenleistung, indem vorspiegelte, deutscher Polizist in Zivil zu sein. Anfang 1941, als die Juden in Belgien noch ihr Recht bekamen, wurde Romanovitch dabei überführt, wie er einen jüdischen Geldwechsler zu betrügen versuchte. Dem Agenten Max Cohen hatte er angeboten, 100 englische Pfund gegen belgische Franken einzutauschen. Als dieser, nachdem sich Romanovitch mit den britischen Devisen davongemacht hatte, sein Kuvert öffnete, enthielt es nur wertlose Papiercoupons.

Das Strafregister des Handelsvertreters Romanovitch war lang. Im August 1941 wurde der Sohn russisch-orthodoxer

Eltern vom deutschen Feldgericht wegen Betrugs und Amtsanmaßung zu acht Monaten Haft verurteilt. Danach sollte Romanovitch unter der deutschen Besatzung noch acht Mal wegen Betrugs, Devisenschmuggels und unerlaubter Grenzüberschreitung das Gefängnis St. Gilles von innen sehen. Aber Romanovitchs Aufenthalte hinter Gittern wurden immer kürzer. Manchmal kam er schon nach drei Tagen frei. Für die Gestapo war der Gauner so etwas wie ein Joker in ihrem Kampf gegen die belgische Résistance. Dem gewieften Weißrussen mit seinen vielfältigen Beziehungen trauten die Brüsseler Geheimen Staatspolizisten offenbar die Qualitäten eines V-Manns zu. Er wurde auf den belgischen Widerstand angesetzt.

Von Icek Glogowski wußte jeder einigermaßen Informierte in der jüdischen Gemeinschaft, daß er ein Verräter war. Gemeinsam mit der Gestapo machte er Jagd auf untergetauchte Juden. Vom Rücksitz eines deutschen Polizeiwagens aus suchte er unter den Passanten auf den Bürgersteigen nach Verdächtigen. Manchmal tauchte der »dicke Jakob« auch plötzlich in Cafés oder Restaurants auf, oder er stand unvermutet vor einer Wohnung, in der sich Juden versteckt hielten. Der untersetzte Mann schien in Brüssel allgegenwärtig zu sein.

Was trieb diesen ehemaligen Türsteher aus dem Viertel um den Nordbahnhof dazu, seine Glaubensgenossen den SS-Schergen ans Messer zu liefern? Am 3. September 1942 war mit dem 12. Transport nach Osten seine Familie deportiert worden. In einem der Waggons fuhren Glogowskis Ehefrau Eva und seine drei kleinen Kinder, die neunjährige Elka, der siebenjährige Simon und der fünfjährige Léon, dem sicheren Tod in Auschwitz entgegen. Hatte der Vater sich als Spitzel von der Deportation freigekauft? Oder übte er das schreckliche Gewerbe aus, weil er es nicht ertragen konnte, daß andere unbehelligt lebten, während seine Familie verschwunden war?

Er wurde – sozusagen als Ortskraft – auf der Gehaltsliste der Gestapo-Zentrale geführt und wohnte gemeinsam mit einem deutschen SS-Mann in Fußnähe seines Arbeitsplatzes. Sein Tageslauf war geregelt. Morgens gegen neun Uhr betrat er das Hauptquartier in der Avenue Louise. Wenig später verließ eine Limousine die Toreinfahrt des Gebäudes, Glogowski saß im Fond des Autos mit dem deutschen Pol-Kennzeichen. Der polnische Jude hatte ein untrügliches Gespür für seinesgleichen. Unter den Passanten roch er geradezu die Hebräer ohne Judenstern, die sich eine andere Identität zugelegt hatten. Immer wieder hielt der Wagen während dieser Fahrten an. Der Greifer Glogowski, trotz seiner Korpulenz sehr behende, und sein deutscher Kompagnon von der SS sprangen heraus, stürzten sich auf einen Passanten und forderten ihn mit einem drohenden »Den Ausweis bitte« auf, sich zu identifizieren. Häufig konnten die Umstehenden beobachten, wie nach einem heftigen Wortwechsel das Opfer in den Wagen gezerrt wurde.

Manchmal bekam der Spitzel auch einen Tip und erschien unvermutet in der Wohnung eines Untergetauchten. So bei dem Kölner Rudolf Schmitz, der 1939 mit seiner Familie vor den Nazis nach Brüssel geflüchtet war. In den Gerichtsakten des NS-Prozesses gegen Kurt Asche findet sich der Bericht dieses Überlebenden des Holocaust. Unter der Überschrift »Geschrieben in einer Gastwirtschaft in Brüssel im September 1945« rekonstruiert der deutsche Jude Schmitz seine unvergeßliche Begegnung mit dem »dicken Jakob«. Der Kölner hatte seine drei Kinder in einem Kloster versteckt und lebte mit seiner Frau völlig zurückgezogen in einer kleinen Wohnung im Brüsseler Zentrum. »Es ist ein Regentag. Ich komme vom Lebensmitteleinkauf zurück. Weil ich naß geworden bin, kleide ich mich um und hänge meine Sachen zum Trocknen auf. Ich mache es mir gemütlich und lese etwa eine halbe Stunde ganz vertieft die Zeitung. Die Tür geht leise auf und vor mir steht ein großer Mann in grünem Lodenmantel und hält mir einen Revolver vor. ›Wo sind die anderen?‹ fragt er und deutet auf eine Postkarte, die er aus der Tasche zieht: ›Hier sollen sich abends sechs bis sieben Personen versammeln. Reden Sie!‹ Ich antworte nicht, er schlägt mir mit dem Revolver auf die rechte Hand ›Vielleicht sprechen Sie jetzt.‹ Die Tür geht wieder auf, meine Frau kommt herein, gefolgt von Jacques. Jacques, der Jude, der sich dazu hergegeben hat, mitzuhelfen, seine Glaubensgenossen ins Unglück zu stürzen. Er versucht, meine Frau zu schlagen, weil sie sich verstecken wollte, läßt aber nach und greift nach dem Schlüsselbrett, steckt Hausschlüssel und Taschenlampe in die Tasche, durchsucht die Schubladen, steckt meine Lederhandschuhe ein und sucht alles ab, ob etwas zu stehlen ist.«

Viele der von Glogowski gefaßten Juden besaßen einwandfreie Identitätskarten, die sie als Belgier auswiesen. Doch alles Leugnen half nicht. Im Keller der SS-Zentrale mußten die männlichen Juden vor den höhnischen Blicken des »dicken Jakob« die Hosen runterlassen. Waren sie als Juden überführt, schlugen die Schergen auf sie ein.

Manchmal stand Kurt Asche in der Tür und und beobachtete das Treiben. Es kam vor, daß er seine brutalen Handlanger auch noch anfeuerte. Das Vergnügen des Judenreferenten an den blutigen Szenen war offensichtlich. Sogar in der SS-Zentrale hatte das Gespann Asche-Glogowski einen schlechten Ruf. Sie waren dafür bekannt, daß sie ihre Opfer filzten und ausplünderten, noch ehe die Personalien der Verhafteten aufgenommen wurden.

Ein flämischer SS-Mann aus Gent, der 1942 und 1943 in der Polizeidienststelle an der Avenue Louise gearbeitet hatte, schilderte in der Nachkriegszeit Obersturmführer Kurt Asche als einen unangenehmen Zeitgenossen: »Seine Untergebenen waren der SS-Sturmscharführer Rodenbusch, der SS-Sturmscharführer Frank, der deutsche Dolmetscher Müller und der polnische Staatsangehörige Glogowski, ein Spitzel der Dienststelle Judenverfolgung. … Asche duldete die Mißhandlungen und Ausschreitungen seiner Untergebenen gegenüber Juden, die sich im Gewahrsam der Gestapo befanden. Ich habe selbst wiederholt gesehen, wie er Menschen, die in das Gebäude kamen, schlug. Das geschah im Eingangsflur und im Keller, bevor man die Verhafteten in die Zelle sperrte. Bei diesen Behandlungen half ihm vor allem Glogowski, der sich durch ein besonders brutales Vorgehen auszeichnete. Mittels dieses ›Zur-Sache-Kommens‹ zwang Asche die Juden zur Preisgabe ihrer wahren Identität. ... Viele der Juden bluteten, weil sie durch Mißhandlungen von Asche und besonders von Glogowski verletzt worden waren. Innerhalb weniger Monate sollen sich, wie ich gehört habe, vier oder fünf Juden in den Zellen das Leben genommen haben, nachdem sie von Glogowski auf Weisung von Asche mißhandelt worden waren.«

Unter den jüdischen Widerständlern kursierte ein Steckbrief Glogowskis mit dem sechsten Sinn für seine Glaubensgenossen. Der gemeingefährliche Greifer wurde wie folgt beschrieben: »Mittelgroß, schwarze Haare, dunkler Teint, jüdischer Typ, lange Nase, längliches Gesicht«. Er sei mit einem braunen Mantel bekleidet und trage einen dunklen Hut. Seine Gewohnheit, nach dem Mittagessen in der Gestapo-Kantine am Square du Val de la Cambre noch von 13.45 Uhr bis 13.55 Uhr einen kurzen Spaziergang über die Rue du Monastère anzuschließen, biete für zwei Partisanen auf Fahrrädern eine gute Gelegenheit, ihn in dieser ansteigenden Nebenstraße der Avenue Louise zu überfallen und zu töten. Den Fluchtweg sollten die Attentäter bergab über die Rue du Bourgmestre nehmen.

Es war einer von vielen Plänen, den Polizeispitzel »Jacques le mouchard« zu liquidieren. Auch Youra Livchitz, so heißt es, habe sich an der Jagd auf den Greifer beteiligt. Doch Icek Glogowski war ein listiger Gegner. Als Nachtportier im heißen Bahnhofsviertel hatte er wahrscheinlich einen Spürsinn für gefährliche Situationen entwickelt und es gelernt, einem potentiellen Angreifer um Nasenlängen voraus zu sein.

Jacob Gutfrajnd schildert in dem Buch »Les Partisans armés« die vergeblichen Versuche seiner Widerstandsgruppe, Glogowski auszuschalten: »Die Geschichte unseres Kampfes voller Mut und Selbstlosigkeit, der so viele Opfer gefordert hat, war von einem verfluchten Schatten verdunkelt, dem verruchten Jacques.« Im Kampf gegen jüdische Denunzianten hatte Glogowski absolute Priorität. »Nach unseren Informationen ging er jeden Sonntag zum Rennen. Dort wollten wir den Anschlag ausüben. Als die Zuschauer aus dem Hippodrom herausdrängten, postierten sich drei von uns am Ausgang. Sie entdeckten Jacques und näherten sich ihm. Derjenige, der als erster auf den Verräter schießen sollte, gedeckt von den beiden Kameraden, befand sich direkt hinter ihm. Er hatte schon den Finger am Abzug, da schob sich jemand dazwischen. Der Spitzel brach aus der Menge aus und rannte zur Straßenbahn, die gerade an der Haltestelle einfuhr.«

Ein anderes Mal versuchten die enttäuschten Attentäter, ihn beim Verlassen seiner Wohnung in der Rue Vander Kinderen zu erwischen. Doch diesmal hatte der Revolver eine Ladehemmung. Jacques schoß zurück und floh. Seither holte ihn die Gestapo morgens mit dem Auto ab und brachte ihn wieder heim.

Schließlich hofften die jungen Untergrundkämpfer, dem schlauen Denunzianten eine Falle stellen zu können. Zu mehreren verabredeten sie sich in einem Café nahe dem Park Josaphat in Schaerbeek, einem bevorzugten Wohnquartier für Juden. Diejenigen, die besonders jüdisch aussahen, blieben als Lockvögel dort sitzen, ein paar andere bezogen in einem nahegelegenen Café Stellung, die übrigen zerstreuten sich im Viertel. Einer von ihnen rief die Gestapo an und meldete, daß sich in einem bestimmten Café in Schaerbeek Juden aufhielten. Tatsächlich, so meldete die Späherin der Widerstandsgruppe von ihrem Beobachterposten an der Avenue Louise telefonisch an ihre Freunde zurück, sei ein Wagen mit dem Verräter Jacques auf dem Rücksitz abgefahren. Doch warteten die Partisanen vergebens auf ihr Opfer. Glogowski hatte auf dem Weg in das Café einen Juden auf der Straße entdeckt und war mit ihm in das Polizeihauptquartier zurückgekehrt.

Hunderte seiner Glaubensgenossen schickte Icek Glogowski erbarmungslos in den Tod. Selbst Kinder verschonte der Familienvater nicht. Wie der Leibhaftige in Person muß den frommen Schwestern im Kloster in der Rue Clémenceau der untersetzte Mann erschienen sein, der in Begleitung zweier deutscher SS-Offiziere das Gebäude nach versteckten Kindern zu durchsuchen verlangte. Im Hof entdeckte er unter den spielenden Mädchen tatsächlich mehrere kleine Jüdinnen. Am folgenden Vormittag, verkündete er, würden sie wiederkommen und die Kinder abholen. Die Schwestern sollten dafür sorgen, daß sie reisefertig angezogen und mit einem Proviantpäckchen versorgt seien.

Oberin Marie-Angèle, die in dem Internat 28 kleine jüdische Mädchen beherbergte, war außer sich vor Angst um ihre Schützlinge. Sie alarmierte eine Vertrauensperson beim Judenrat und das Bischofsamt in Mechelen. Aber Interventionen, das wußte man inzwischen, bewirkten bei den Rassefanatikern in der Avenue Louise nichts. Nur ein Wunder konnte helfen.

Es war gegen neun Uhr abends, als ein junger Mann und ein junges Mädchen in der Rue Clémenceau in Begleitung eines Priesters Einlaß begehrten. Sie seien vom Widerstand und wollten die Kinder vor der Deportation retten, erklärten die jungen Leute. Der Geistliche versuchte, die Oberin auf das, was in den nächsten Minuten passieren würde, vorzubereiten: »Wir befinden uns in einer Notlage. Jetzt hilft nur noch Gewalt.«

Der 23jährige Paul Halter, Kommandant bei den bewaffneten Partisanen, hatte am Nachmittag von der bevorstehenden Säuberungsaktion in der Rue Clémenceau erfahren. Ein Freund, der regelmäßig in der Suppenküche der katholischen Gemeinde Anderlecht zu Mittag aß, hatte die Schreckensnachricht vom Pfarrer erfahren. Mit vier Freunden heckte Paul den Plan aus, das Kloster zu überfallen und die Kinder zu befreien. Der Pfarrer übernahm die Rolle des Vermittlers zwischen den frommen Schwestern und den jungen Widerständlern.

Nach der kurzen Vorwarnung stürmten die jungen Leute das Kloster. Mit dem Revolver im Anschlag, traten sie die Tür ein. Als erstes sperrten sie die Oberin in ihrem Zimmer ein. Dann rissen sie die Telefonkabel heraus und befahlen den

Nonnen, sich im Büro zu versammeln. Dort fesselten sie die Schwestern auf Stühlen, schärften ihnen ein, erst in einer Stunde um Hilfe zu rufen, und schlossen das Büro ab. Zwei junge Nonnen wurden beauftragt, den Kleineren beim Anziehen zu helfen. »Schnell, schnell«, feuerten die Nonnen ihre kleinen Zöglinge an: »Die weißen Ritter wollen euch retten.«

Als die Gruppe das Kloster verließ, warteten schon zehn Eltern vor der Tür, die informiert worden waren. Die übrigen Kinder marschierten diszipliniert wie eine Schulklasse in Zweierreihen hinter ihren jungen Befreiern her. In einer illegalen Werkstatt hatten sie für die kleinen Mädchen ein Matratzenlager vorbereitet. Für alle befreiten Kinder fanden sich neue Verstecke, und alle überlebten den Holocaust.

Ihr Retter, Paul Halter, wurde später festgenommen und nach Auschwitz deportiert. Dort sollte ihm erst die wahre Dimension dieser mutigen Entführungsaktion aufgehen: »Mir wurde klar, was aus den Mädchen geworden wäre.« Alle Kinder unter 16 Jahren wurden bei der Ankunft im Vernichtungslager direkt in die Gaskammern geschickt. Halter, vom belgischen König zum Baron ernannt, nahm im Mai 1991 in New York am ersten internationalen Treffen der während der Nazizeit versteckten jüdischen Kinder teil. Dort konnte er fünf der von ihm und seinen Mitstreitern damals Geretteten in die Arme schließen. Diese Frauen erinnerten sich 48 Jahre nach ihrer abenteuerlichen Rettung noch lebhaft an ihren »weißen Ritter«.

Zwölftes Kapitel

Der Wartesaal zum Holocaust

Durch den oberen Teil der vergitterten Kellerfenster, die über dem Straßenniveau lagen, fiel tagsüber etwas Licht in den Keller. Von den Passanten, die achtlos an der Fensteröffnung vorbeigingen, waren nur Beine und Schuhwerk zu sehen. Mit sehnsüchtigen Augen vefolgte die junge Frau in ihrer Krankenschwesterntracht von der Holzbank aus diese Schritte jenseits der Eisenstreben vor dem Fenster. Sie beneidete die Fußgänger um ihre Freiheit. Mehrere Tage und Nächte hatte Régine Krochmal nun schon im Keller der Avenue Louise 453 verbracht. Hier, in einer Zelle im Untergeschoß der Gestapo-Zentrale, wartete sie, seit sie in der Wohnung eines Freundes verhaftet worden war, mit anderen Mitgefangenen auf den Weitertransport in das Sammellager Mechelen.

Zwei Mal täglich kam ein Abgesandter des Judenrats und brachte die Verpflegung für die Verhafteten. Wenn Régine zur Toilette wollte, mußte sie laut klopfen und wurde dann von einem flämischen SS-Mann, die Waffe im Anschlag, bis vor den Abort begleitet. Hin und wieder öffnete sich die Tür zu dem düsteren Raum und ein verzweifelter Neuankömmling wurde hineingestoßen.

Der Luftangriff auf die Gestapo-Zentrale am 20. Januar hatte die SS-Polizei ins Mark getroffen. Vier Mitarbeiter, darunter der Chef des Sicherheitsdienstes, waren von den Geschossen des englischen Tieffliegers getötet, fünf waren schwer verletzt worden. Noch immer rätselten die Nazifunktionäre, wer wohl der Pilot der Royal-Air-Force-Maschine gewesen sein mochte. Er mußte hervorragende Ortskenntnisse besessen haben. Zielgenau hatte er das Gebäude angesteuert und mit Granaten übersät. Es war eine bittere Niederlage für die »Herrenrasse«. Ihr stupides Überlegenheitsgefühl war erschüttert worden. Vorübergehend herrschte Chaos in dem sonst so disziplinierten Hauptquartier der SS-Polizei. Dennoch ging die Treibjagd auf Oppositionelle und Juden unvermindert weiter.

Und Kurt Asche wachte unnachsichtig darüber, daß keiner der Verhafteten dank irgendwelcher Fürsprecher wieder freikam. Er sprach inzwischen nicht mehr von einer Verschickung zur Zwangsarbeit. »Ziel der Maßnahmen« sei eine allgemeine Evakuierung und »die völlige Trennung der Juden von den Ariern«, so wird der Judenreferent von der Avenue Louise im Sitzungsprotokoll zitiert.

Selbst die Militärverwaltung war ihm gegenüber häufig machtlos. Am 18. Januar sprach ein junges Mädchen in Begleitung eines Vertreters des Judenrats bei Kurt Asche vor. Sie besaß im Unterschied zu ihren Eltern, die einen Tag zuvor in den Keller der Avenue Louise gebracht worden waren, die belgische Staatsangehörigkeit. Die Tochter war überzeugt, es könne sich bei der Verhaftung von Esther und Majer Mileband nur um ein Versehen handeln. Schließlich konnte sie dem Nazifunktionär eine Bescheinigung der Militärverwaltung vorweisen, wonach das Ehepaar vom »Arbeitseinsatz freigestellt« worden war. Umgehend griff Asche zum Telefon, um dem Beamten beim Militärbefehlshaber im barschen Ton sein Mißfallen darüber kundzutun, daß er sich in die Angelegenheiten des Judenreferats eingemischt habe.

Dann wandte der Obersturmführer sich wieder dem jungen Mädchen zu und seine Augen hinter den dicken Brillengläsern wurden zu schmalen Schlitzen. Für ihre Eltern könne er nichts tun. Es handele sich nicht mehr um einen Arbeitseinsatz, sondern um eine Evakuierung der jüdischen Bevölkerung. Und sie käme als belgische Jüdin auch noch an die Reihe. Aber wenn sie wolle, dann könne sie, bitteschön, schon jetzt zu ihnen in den Keller gehen. Am 22. Januar wurden die Eheleute Mileband unter der Nummer 202 und 203 im Sammellager Mechelen für den 20. Konvoi nach Auschwitz registriert.

Die nationalsozialistischen Menschenjäger zogen das Netz immer enger. Sogar der phlegmatische Möbelfabrikant Samuel Vanden Berg fühlte sich als Inhaber eines Sonderausweises des privilegierten Judenrats nicht mehr sicher. »Der Krieg in Rußland schreitet für uns nicht schnell genug voran«, vermerkte Samuel Vanden Berg im Januar 1943 in seinem Tagebuch. »Wir befinden uns trotz aller Versprechen, daß wir durch unseren Ausweis gedeckt sind, in großer Gefahr. Es gilt vor allem, den Judenstern sichtbar zu tragen, sonst liefert man den Vorwand für eine Verhaftung. ... Obwohl äußerlich alles so ruhig scheint, weiß man nie, ob man am Abend wieder im eigenen Bett schlafen wird. Die Nerven sind zu Reißen gespannt.«

Besonders mitgenommen hatte Vanden Berg offensichtlich die Verhaftung einer alten Bekannten. Er selbst hatte für die 78jährige Augusta Rose in Woluwe ein Versteck gefunden. Und nun wurde er von der Hausbesitzerin benachrichtigt, daß »ein großes Unglück« passiert sei. Deutsche hätten die aus Polen stammende Frau abgeholt, sie brutal herumgestoßen und ihr nur eine knappe Stunde gelassen, um all ihre Habseligkeiten einzupacken. Auf die Frage der Hauswirtin, weshalb sie mit der armen Frau so böse umgingen, hätten die Männer geantwortet: »Wir sind beauftragt, die Welt von dieser Pest zu befreien.«

Augusta Rose wurde am 26. Januar bei ihrer Ankunft im Sammellager Mechelen für den 20. Transport nach Auschwitz unter der Nummer 242 registriert.

Einen Tag später wurde Régine Krochmal mit weiteren Leidensgenossen in einem Lastwagen in die Kaserne von Mechelen gebracht. Unter den fünfzig Personen, die im Morgengrauen aus den Kellerzellen in den im Innenhof parkenden LKW getrieben wurden, befanden sich auch Claire Prowizur und ihr Mann Philippe. Das junge trotzkistische Ehepaar war verraten worden. Von einem Kommunisten, den sie auf Bitten von Freunden für eine Nacht bei sich aufgenommen hatten. Bis spät in die Nacht hatten sie mit dem überzeugten Stalinisten diskutiert, ehe ihr Gast sich mangels eines Bettes auf dem mit Stoffen bedeckten Zuschneidetisch zum Schlafen legte. Am folgenden Tag war der Mann dann, wie verabredet, verschwunden.

In ihrer Biografie schildert Claire die Stunden vor ihrer Verhaftung. Wie so viele der von den Nazis Gefaßten wirft sie sich vor, sich im entscheidenden Augenblick nicht auf ihren Instinkt verlassen zu haben. Das war am 26. Januar um 9 Uhr morgens, als sie mit ihrem Mann das Haus verließ und ihren nächtlichen Gast auf der Straße plötzlich wiedersah.

»Auf dem Bürgersteig kam er uns entgegen, der Unbekannte der Nacht, in Begleitung einer Frau. Wir trafen uns auf gleicher Höhe, gingen mit einer kaum merkbaren Kopfbewegung aneinander vorbei. Und dann ein Schock. Weshalb verspürten Philippe und ich in derselben Sekunde diesen Schock? Nein, es war unmöglich. Und dennoch blieben Zweifel!

Welchen Grund gab es für die Zweifel? Weshalb diese Angst? Sicherlich zu unrecht. Waren wir beide schon zu empfindlich? Nein, wir brauchten keine Angst zu haben. Wir hatten schlicht einen Bekannten getroffen, der von einer blonden Frau begleitet wurde. Schließlich war ja auch ich blond, und nicht alle Blondinen waren gefährlich …«

Am selben Nachmittag traf Claire die Tochter der Freunde, die ihnen den nächtlichen Gast vermittelt hatten. Die zwanzigjährige Ety Ajzenberg trieb sich, seit ihre Eltern und ihr kleiner Bruder vor wenigen Tagen von der Gestapo in ihrem Versteck abgeholt worden waren, ohne feste Bleibe in Brüssel herum. Jemand mußte ihre Familie denunziert haben. Ety war den Häschern nur entgangen, weil sie gerade unterwegs gewesen war, als die Gestapo bei ihren Eltern erschien. Nun wollten Claire und Philippe ihr weiterhelfen. Zunächst einmal sollte sie bei ihnen unterkommen.

Lautes Pochen an der Wohnungstür schreckte die jungen Leute mitten in der Nacht auf. Der Blick auf die Uhr – 3 Uhr morgens – ließ sie vor Angst erstarren. Um diese Zeit konnte es nur die Gestapo sein. Jede Flucht war unmöglich. Philippe öffnete und drei schwarz gekleidete Männer, den Revolver im Anschlag, drängten herein. Während sie die Schubladen und Schranktüren aufrissen und alles durchwühlten, zogen sich Ety und Claire schnell an. Eine Aktentasche aus Leder, die auf einem Stuhl stand, erregte die Aufmerksamkeit der SS-Polizisten. Als einer der Schwarzgekleideten sie öffnete, fielen aus dem doppelten Boden antinazistische Schmähschriften heraus. Philippe stammelte, er habe die Aktentasche am Tag zuvor auf dem Flohmarkt gekauft. Eine Ohrfeige, so heftig, daß ein Bluterguß an der Nase zurückblieb, war die Antwort auf die Ausrede. Als Claire ihrem Mann zu Hilfe eilen wollte, bekam auch sie Schläge. Immerhin, Claire durfte noch im letzten Augenblick Wäsche zum Wechseln mitnehmen. Eskortiert von den brutalen Greifern, verließen die drei ihre kleine Behausung. Die Tür wurde mit einem Aufkleber »Beschlagnahmt« versiegelt.

In einem langen, schwarzen Polizeiwagen durchquerten sie die nächtlichen Straßen. Nach kurzer Fahrt hielt das Auto im Innenhof der Gestapo-Zentrale in der Avenue Louise. Die jungen Leute wurden herausgezerrt und zur Vernehmung geführt. Als erster mußte Philippe in den Verhörraum. Da er einen einwandfreien belgischen Ausweis besaß, weigerte er sich trotz der Schläge, seine wirkliche Identität preiszugeben. Schließlich mußte er die Hose herunterlassen. »Da haben wir den dreckigen Juden erwischt«, triumphierten seine Peiniger, als sie sahen, daß er beschnitten war, und prügelten ihn noch heftiger. Aschfahl und mit geschwollenem Gesicht kehrte er von der Vernehmung zurück. Dann wurden die beiden jungen Frauen vernommen. »Bei uns Mädchen«, kommentierte Claire später ihr glimpflicher verlaufenes Verhör, »gab es nichts zum Runterlassen.«

Wenige Stunden später kletterten Claire und Philippe in den Lastwagen, der sie und die anderen Unglücklichen nach Mechelen bringen sollte. In der dichtgedrängten Menge im Laderaum befand sich auch die kleine Krankenschwester Régine. Ihre fröhlichen hellbraunen Augen waren wie erloschen. Von ihrer Umgebung nahm sie keinerlei Notiz mehr. »Ich war unglaublich fertig nach den vielen Nächten auf der Holzbank. Ich weiß bis heute nicht, wie und mit wem zusammen ich in der Kaserne ankam.«

Die schweren Flügeltüren aus Eiche wurden schnell wieder geschlossen, als der Lastwagen durch das Portal aus blauem Basalt mit der Inschrift »Het hof van Habsburg« in den rechteckigen Innenhof eingefahren war. Augenzeugen waren unerwünscht für das, was sich im Inneren der Dossin-Kaserne von Mechelen abspielte. Müde und niedergeschlagene Menschen stiegen vom Lastwagen, einen Koffer, einen Rucksack oder eine Tasche mit dem Allernötigsten in der

Hand. Zwei SS-Offiziere in Uniform erwarteten sie. Sie alle, Erwachsene, Kinder und gebrechliche Alte, wurden angewiesen, sich in Dreierreihen vor einer Tür mit dem Hinweisschild »Aufnahme« anzustellen.

Am Fenster des ersten Stockwerks im gegenüberliegenden Gebäude stand Chaskel Prowizur, Claires Vater. Wie immer, wenn eine neue Menschenfracht im Innenhof der Kaserne anlangte, tasteten seine Blicke die Ankömmlinge förmlich ab, voller Furcht, unter ihnen seine Frau oder eines seiner Kinder zu entdecken. Mehrmals schon hatte er dieses traurige Schauspiel beobachtet. Vor Angst zitternd. Und jedesmal war er bisher erleichtert, seine Familienangehörigen nicht unter den Verhafteten zu finden.

Chaskel Prowizur war Anfang Januar von Jacques, dem Gestapo-Greifer, bei einem Spaziergang in der Chaussée de Vleurgat verhaftet worden. Er war sicherlich leichtsinnig gewesen. Gegen den Rat seiner Tochter und seines Schwiegersohnes hatte er nicht auf seinen täglichen kleinen Spazierweg verzichten wollen. Er brauche die frische Luft, so hatte er argumentiert, wegen seines Asthmas. Und zudem fühlte er sich unter einer Chauffeursmütze, die er bei diesen Ausgängen dann aufsetzte, hinreichend getarnt. Doch Glogowski, der im Fond der schwarzen Polizei-Limousine an diesem kalten Januarvormittag durch Brüssels Straßen fuhr, ließ sich nicht täuschen. Claires Vater wurde verhaftet und landete wenig später im Sammellager Mechelen.

Seine Tochter Claire hatte versucht, ihn freizukaufen. So wie sie kurz zuvor schon einmal im Auftrag ihrer trotzkistischen Organisation den Genossen Ernest Mandel aus dem Gefängnis St. Gilles ausgelöst hatte. Der Handel war über eine Vermittlerin gelaufen, eine etwa vierzigjährige attraktive Jüdin, die ihre Verbindungen zur Gestapo für derlei Geschäfte nutzte. 100000 belgische Franken hatte Claire ihr für die Freilassung des Genossen Mandel übergeben. Mit Hilfe dieser Unterhändlerin und der finanziellen Unterstützung ihrer Partei wollte die junge Trotzkistin auch ihren Vater aus der Kaserne freibekommen. Doch die Vermittlerin machte ihr diesmal keinerlei Hoffnungen. Noch nie habe es ein Jude geschafft, aus der Kaserne entlassen zu werden. Immerhin gelang es ihr zu erreichen, daß Chaskel Prowizur von der Liste für den 19. Transport gestrichen wurde, der am 15. Januar Mechelen Richtung Auschwitz verlassen hatte. Doch nun mußte er an diesem grauen Morgen des 27. Januar mitansehen, wie seine tapfere Tochter Claire und ihr Mann Philippe aus dem Lastwagen sprangen und sich in die Schlange der Neuankömmlinge vor dem Aufnahmebüro einreihten.

Im Büro standen drei lange Tische nebeneinander. Dahinter saßen SS-Männer und junge Frauen an Schreibmaschinen. Am ersten Tisch wurde Claire in barschem Ton nach ihren Personalien befragt. Als sie erklärte, sie wisse nicht, wo ihre anderen Familienangehörigen wohnten, sagte der Deutsche höhnisch: »Wir kriegen euch doch noch alle.« Die Schreibkraft tippte den Namen, die Adresse, den Geburtsort und das Geburtsdatum sowie den Beruf in die Maschine. Die knappen Angaben paßten genau in eine Zeile: Klara Prowisor, 30. 5. 22 Altona, stl., Schneiderin. Auf jedem neu in die Maschine gespannten Blatt Papier – mit zwei Blaupausen für die Durchschläge – befanden sich etwa 15 solcher Kurzbiografien, wobei stl. für staatenlos stand. Um sich Schereien mit den ausländischen Botschaften zu ersparen, die sich womöglich für den Verbleib eines inhaftierten Staatsbürgers interessieren könnten, wurden von den deutschen Besatzern alle ausländischen Juden einfach als staatenlos bezeichnet. Denn für diese war niemand verantwortlich. Da Ety Ajzenberg, das junge Mädchen, das bei den Prowizurs die Nacht verbracht hatte, in Belgien geboren war und mit sechzehn Jahren die belgische Staatsangehörigkeit angenommen hatte, kam sie auf eine andere Liste.

Am nächsten Tisch mußten die Internierten sämtliche Papiere, ihren Schmuck und alle Wertgegenstände abliefern. Ihnen wurde ein Pappschild mit der Nummer ausgehändigt, unter der sie in der Aufnahmeliste registriert waren. Dieses viereckige Stück grauer Pappe, auf dessen Rückseite ihr Name stand, sollten sie von nun an ständig an einer Schnur um ihren Hals tragen. Claire erhielt die Nummer 255, ihr Mann Philippe wurde als Frain Szyper unter der Nummer 254 registriert. Und Régine Krochmal, die bei der Aufnahmeprozedur ganz dicht bei den jungen Eheleuten gestanden haben mußte, war fortan die Nummer 263. Régine: »Eine Schnur, eine Karteinummer, unsere Persönlichkeit sollte zerstört, unsere persönlichen Merkmale vernichtet werden.«

Alle ihre Pappschilder enthielten neben der fortlaufenden Registriernummer immer dieselbe römische Ziffer XX. Das war die Nummer ihres Transports, mit dem sie irgendwann in den nächsten Wochen oder Monaten das Lager verlassen würden.

Schmuck, Geld und Armbanduhren wurden in einer Papiertüte verschlossen, dazu die Wohnungs- oder Hausschlüssel. Nur Eheringe wurden nicht konfisziert. Auf den Papiertüten wurden die einzelnen Wertgegenstände sowie der Name des früheren Besitzers und dessen Transportnummer notiert.

Am dritten Tisch mußten die Enteigneten mit ihrer Unterschrift den Inhalt im Umschlag bestätigen. Als Claire glaubte, nun endlich sei alles erledigt, wurde sie in einen Nebenraum weitergeschickt. Zwei Männer, einer in Zivil hinter dem Schreibtisch sitzend, der andere in SS-Uniform, erwarteten sie. »Ziehen Sie sich aus«, wurde ihr befohlen. Zögernd entledigte sie sich ihrer Kleidung. Nackt, ihre Scham mit den Händen bedeckend, sah sie mit an, wie der SS-Mann akribisch ihre Unterwäsche untersuchte. Dann ging er mit den Fingern durch ihr dichtes krauses Haar, steckte seinen Zeigefinger in ihre Ohren, in die Nase, in den Mund. Auf der Suche nach einem geheimen Versteck, bog er sogar ihre Zehen auseinander. Noch niemals in ihrem Leben war Claire einer solch peinlichen Behandlung ausgesetzt gewesen. Endlich durfte sie sich wieder anziehen.

Schließlich mußte Claire mit ihrer Tasche, die sie im Innenhof zurückgelassen hatte, die sogenannte Gepäckkontrolle passieren. Hier führte ein alter Trinkkumpan von Kurt Asche die Regie, der SS-Untersturmführer Karl Mainzhausen. Schon am Morgen stand er unter Alkohol. Hemmungslos schlug er zu, wenn er jemanden dabei ertappte, etwas vor ihm verbergen zu wollen. Oft prügelte er auch nur, weil ihm die Gefangenen zu langsam ihren Koffer öffneten.

Drei Stunden dauerte die Aufnahmeprozedur im Lager Mechelen. Zum Schluß erhielten alle Gefangenen eine Decke, einen Teller, einen Becher und einen Löffel. Dann wurden sie in die Schlafsäle eingewiesen, die in den oberen Stockwerken des rechteckigen Gebäudes lagen. Ety mußte sich von ihnen trennen, sie kam in den Schlafsaal mit den belgischen Juden.

Plötzlich fand sich Claire in den Armen ihres Vaters wieder: »Das war kein Wiedersehensfest«, wird sie Jahrzehnte später notieren, » es war eine Begegnung geprägt von Tragik und Freude zugleich.« Auch Ety fand an diesem Tag ihre Familie wieder. Ihre Eltern und ihr neunjähriger Bruder Peretz waren schon am 21. Januar in Mechelen eingeliefert und unter den Nummern 88, 89 und 90 registriert worden.

Das Glücksgefühl, ihren Vater wiedergefunden zu haben, währte für Claire nur einen kurzen Augenblick. Die schreckliche Realität dieses unwirtlichen Wartesaals zum Holocaust holte sie schnell wieder ein. Roh gezimmerte, zweistöckige Holzverschläge dienten als Bettstatt. Die Strohmatratzen waren vom Schweiß und Schmutz der Vorgänger getränkt. Keine Schränke, kein Stuhl. Die Habseligkeiten mußten unter den Verschlägen verstaut werden.

Ein junger, gutaussehender Mann hielt den Neuankömmlingen einen kurzen Einführungsvortrag. Später erfuhren sie, daß der deutsche Jude Dagobert Meier zuvor Opernsänger in Antwerpen gewesen war und nun als Oberaufseher über die 108 jüdischen Hilfskräfte fungierte. Meier erläuterte ihnen den Tagesablauf und die Verhaltensmaßregeln. Um 6 Uhr war Wecken, Frühstück um 7 Uhr, anschließend wurde die Arbeit verteilt. Mittag gab es um 12 Uhr, Abendessen um 18 Uhr. Wenn um 21 Uhr das Licht ausgeschaltet wurde, mußte absolute Ruhe herrschen. Das Bett habe untadelig zu sein, die

Decke exakt gefaltet. Niemand dürfe bei den Appellen, die tagsüber und auch nachts stattfinden könnten, fehlen.

In der Mitte des rund 21 Meter langen und 7 Meter breiten Schlafsaals standen zwei Tische. Hier stellten morgens um 7 Uhr die Saalältesten die Kessel mit einer schwarzen Brühe ab, dem Ersatzkaffee. Es wurde gemunkelt, dem Muckefuck würde Brom beigemengt, damit die Internierten nicht zu heftige sexuelle Gelüste entwickelten. In den Schlafsälen waren Männer und Frauen, Kinder und Alte gemeinsam untergebracht. Alle Klassenunterschiede waren aufgehoben. Die Prostituierte schlief neben der tiefgläubigen orthodoxen Jüdin, der kleine Hehler neben dem Bankdirektor.

Auf dem Treppenabsatz zwischen zwei gleichgroßen Schlafsälen für jeweils hundert Personen standen zwei Eisenkanister, die als Nachttöpfe dienten. Weder auf dem Treppenabsatz noch im Schlafsaal gab es fließend Wasser, dafür um so mehr Ungeziefer. Läuse, Würmer und Flöhe plagten die Insassen. Im Erdgeschoß befanden sich die Waschräume mit den primitiven Spülbecken und daneben die Toiletten, etwa zehn stinkende Latrinen. Vor diesem »Abort nur für Juden« standen die Menschen allmorgendlich Schlange.

Ständig knurrte der Magen, alle Gedanken kreisten ums Essen. Morgens teilte der Saaldienst Ersatzkaffee und Brot aus. 250 Gramm gab es täglich, dazu einen Teelöffel voll Konfitüre und einen voll Zucker, mittags eine Blechschüssel voll dünner Kohlsuppe. Und abends noch einmal etwas Brot und zwei Schöpflöffel mit der mageren Kohlsuppe. Brot war die Währung: für Brot wurde betrogen, verraten und gestohlen. Der Besitz von Brot oder anderen Lebensmitteln bedeutete Macht, Respekt und Einfluß. Alle, die sich mit den von der Lagerleitung zugebilligten Rationen begnügen mußten, waren nach wenigen Wochen an ihren ausgemergelten Gesichtern und ihrem schleppenden Gang zu erkennen.

Besser genährt waren jene, die von Verwandten oder Freunden ab und zu Päckchen erhielten. Einmal wöchentlich wurden die Briefe und Päckchen verteilt. Alle Sendungen wurden von jüdischen Hilfskräften geöffnet. Neben diesen standen zwei SS-Leute, die sich die kostbarsten Stücke sofort griffen. Oft blieb den Empfängern nur ein kläglicher Rest der liebevoll und unter großen Entbehrungen zusammenstellten Sendung.

Im Lager herrschte das Prinzip »Entmenschlichung«, wie Régine Krochmal es nennt. »Unmöglich für uns zu glauben, daß es jenseits der Mauern lachende Menschen gab, Freundschaft, Nahrung, Blumen, Musik, Bücher ...« Geschweige denn Solidarität. Ein perfides System kleiner Vergünstigungen für einige wenige stiftete Mißgunst und Hader in dieser bunt zusammengewürfelten Gesellschaft.

In seinen Erinnerungen »A Holocaust Memoir: Doctor 117641« beschreibt der amerikanische Professor für Psychiatrie Louis J. Micheels die Mechanismen der Einschüchterung und Unterdrückung in der Kaserne Dossin. Der aus den Niederlanden stammende Arzt, wie Youra Livchitz 1917 geboren, war einer der 1631 Insassen des 20. Transports nach Auschwitz. Er zählt zu den wenigen Überlebenden des Todescamps. Micheels hatte die Situation in Mechelen schnell begriffen: »In diesem Lager war unser traditionelles Wertesystem außer Kraft gesetzt worden und damit auch die Möglichkeit, die Internierten gegen den Unterdrücker zu vereinigen.«

Wie die meisten der in Mechelen Gestrandeten war auch der junge niederländische Mediziner verraten worden. Mit seiner Verlobten Nora hatte er sich einer Organisation von Schleusern anvertraut, die sie gegen viel Geld aus Holland, über Belgien und Frankreich, in die Schweiz schmuggeln sollte. Statt über die Grenze nach Frankreich brachte sie der flämischsprechende Fahrer, der sie in Belgien übernommen hatte, in die Avenue Louise. Einen Monat verbrachten Louis und Nora im Gefängnis St. Gilles, dann wurden sie nach Mechelen überstellt. Dort gaben sie sich, um beieinander bleiben zu können, als Ehepaar aus.

Das Leben im Lager, so stellte Micheels fest, weckte in den Menschen die schlechten Eigenschaften. Louis und Nora hatten ständig Hunger. Ohne Kontakt nach außen und ohne jede

Chance, je ein Päckchen zu erhalten, befanden sich die beiden auf der untersten Stufe der Lagerhierarchie. Sie lernten die Techniken des Überlebens in einer Wolfsgesellschaft und verhielten sich wie Bettler, stets auf der Suche nach Eßbarem. Rasch hatten sie herausgefunden, daß sie sich möglichst als letzte in die Schlange vor dem Suppenkessel einreihen mußten. Denn je tiefer die Kelle schöpfte, desto gehaltvoller war die Portion in der eigenen Schüssel.

Eines Tages machte Louis die Bekanntschaft eines Belgiers, des einzigen Nichtjuden unter den Häftlingen. Es war ein Homosexueller, der von dem Drang besessen war, sich wie eine Frau zu kleiden. In den Augen der Nazis hatte er damit sein Recht auf ein menschenwürdiges Dasein verwirkt. Da der Transvestit gut mit Proviantpäckchen versorgt wurde, bot er dem jungen, vom Hunger geschwächten Mediziner an, ihm seine Suppenration zu überlassen. Nach der Essensausgabe sollte er sich bei ihm an der Schlafstelle einfinden. Doch als Micheels sich bei dessen Zimmergenossen nach dem Platz des Belgiers erkundigte, begannen diese ihn zu beschimpfen und schlugen auf ihn ein. Schließlich stießen sie ihn die Treppe hinunter. »Ich fühlte mich gedemütigt, hilflos und wütend. Ich wollte nicht glauben, daß ein Jude einem anderen, der nicht die Kraft hatte, sich zu verteidigen, so grausam zusetzen konnte.«

Wer wie der junge Arzt unter die Kategorie »Häftling« fiel, befand sich auf der untersten Ebene der Hierarchie in der Kaserne. Die Juden mit belgischer Staatsangehörigkeit besaßen einen höheren Status, weil sie – vorläufig noch – unter dem besonderen Schutz von Königin Elisabeth standen. Keiner der Internierten ahnte zu dieser Zeit, daß die Nazis ihr Versprechen, die jüdischen Landsleute der Königin nicht zu deportieren, später brechen sollten. Die belgischen Juden fühlten sich vergleichsweise sicher. Viele von ihnen hatten sich in ihrer Holzkoje im Schlafraum soweit möglich häuslich eingerichtet, mit richtigem Bettzeug, mit Pfannen und Töpfen. Sie verfügten über Konserven, Zigaretten und Seife, da ihnen auch nichtjüdische Freunde oder Nachbarn, für die der Gang zur Post kein Risiko darstellte, Päckchen schickten.

Über den Juden belgischer Nationalität rangierten die Juden, die einen arischen Elternteil vorweisen konnten, die »Mischlinge«. Ihnen gleichgestellt waren jene, die mit einem Arier oder einer Arierin verheiratet waren, die sogenannten »Mischehen«. Angehörige dieser beiden Kategorien waren nach den nationalsozialistischen Rassengesetzen von der Vernichtung ausgenommen. Sie arbeiteten im Lager als Päckchen-Zusteller, Bademeister, in der Küche oder leiteten eine der Werkstätten.

Dann gab es noch die jüdischen Büro- und Schreibkräfte, meist hübsche junge Frauen, die wegen ihrer Sprachkenntnisse und ihrer Fähigkeiten in Stenographie und Schreibmaschine angestellt worden waren und sich im Laufe der Monate unentbehrlich gemacht hatten. Sie waren freilich auf die Gunst ihrer deutschen Vorgesetzten angewiesen, um sich nicht eines Tages selbst auf der nächsten Transportliste wiederzufinden.

Für alle anderen war die Kaserne in der mittelalterlichen Bischofsstadt ein riesiger Wartesaal. Die Inhaftierten, die von hier aus ihre letzte, schreckliche Reise antraten, waren nur vorübergehend in den Mauern geduldet. »Die Menschen waren hier nutzlos«, schreibt Louis Micheels, der nach Mechelen die Hölle von Auschwitz durchlitt. »Der einzige Zweck ihrer Existenz war, die sadistischen Neigungen der Unterdrücker zu befriedigen. Die SS war nicht nur begeistert über interne Konflikte, sie förderte den Streit und das selbstzerstörerische Konkurrenzverhalten.«

Aber es gab auch Internierte, die das System durchschauten, die zusammenhielten und sich gegenseitig halfen. Eine kleine Elite in dieser Gesellschaft der Deklassierten, die sich durch Menschlichkeit und Tapferkeit auszeichnete. Viele von ihnen gehörten dem Widerstand an und hatten von Massenerschießungen und organisierten Greueltaten der Nazis in Polen gehört. All ihre Gedanken waren nur darauf ausgerichtet, wie sie der mörderischen Nazimaschinerie entkommen könnten. Zu ihnen gehörten Claire und Philippe, das junge trotzkistische Ehepaar. Und Szymon Baruch Birnberg – die Nummer 245 auf der Deportationsliste –, der mit seinem Freund David Gorski, Listen-Nummer 230, einen Tag vor ihnen in Mechelen eingetroffen war. Philippe kannte den sieben Jahre Älteren aus seiner Zeit bei einer linkszionistischen Jugendorganisation. Doch sie hatten, nachdem sich Philippe den Trotzkisten angeschlossem hatte, jeden Kontakt abgebrochen. In Mechelen, das gemeinsame Schicksal vor Augen, begannen der überzeugte Stalinist Birnberg und der ebenso überzeugte Trotzkist Chaim Szyper wieder miteinander zu sprechen. Und sie entdeckten, daß sie von ein und demselben Kommunisten an die Nazis verraten woren waren, jenem Mann im Sold der SS, dem Claire und Philippe eine Nacht in ihrer kleinen Wohnung Asyl gewährt hatten.

Dreizehntes Kapitel
Ein General steht unter Druck
Ende Januar 1943

Hitlers Statthalter in Belgien hatte das Wochenende wieder einmal in Seneffe verlebt. Alexander von Falkenhausen genoß die Stille und Abgeschiedenheit. Im Barockschloß war er nur von Menschen umgeben, die ihm – wie seine Adjudanten und seine Sekretärin, die dort die Rolle der Hausdame übernommen hatte – wohlgesonnen und zu Diensten waren. Auch Elisabeth war da, der blonde Sonnenschein des 62jährigen Preußen.

Der General zog sich in das Kaminzimmer zurück, wo das Feuer eine wohlige Wärme verströmte. Hitlers Feldzug gen Rußland, diese, so von Falkenhausen, »wahnsinnige, jeder militärischen Einsicht hohnsprechende Idee«, hatte tief in sein Leben eingegriffen. Sein Lieblingsneffe und Patensohn

Alexander war mit 23 Jahren in der Steppe am Kaspischen Meer gefallen. Ein sinnloses Opfer für einen sinnlosen Feldzug.

Das Verhältnis des Generals zu den Regierenden in Berlin hatte sich in den vergangenen Monaten eher verschlechtert. Ein Sonderbeauftragter Heinrich Himmlers war in Belgien aufgetaucht, ein SS-Brigadeführer namens Richard Jungclaus. Der hatte es bisher nicht für nötig befunden, bei dem Militärbefehlshaber einen Antrittsbesuch zu machen. Er schnüffelte, so war dem General zugetragen worden, hinter ihm her und sammelte angeblich Material gegen ihn.

Nun bot von Falkenhausen mit seinem Lebenswandel und seinem losen Mundwerk auch einigen Stoff für die Berliner Gerüchteküche. Es hieß, Himmler habe Jungclaus als Sonderbeauftragten für Volkstumsfragen nach Belgien entsandt, damit der SS-Offizier den parteilosen Militärgouverneur bei erstbester Gelegenheit an der Spitze der Verwaltung ablöste.

Die Situation in Belgien hatte sich für die Besatzungsmacht zugespitzt. Die Stimmung in der Bevölkerung schwankte zwischen Wut und Euphorie. Der Zusammenbruch der Ostfront, so war in dem aktuellen Lagebericht der Geheimen Feldpolizei zu lesen gewesen, habe in den »anglophilen Kreisen die Hoffnung auf eine baldige Niederlage Deutschlands verstärkt«.

Gleichzeitig häuften sich Sabotageaktionen und Anschläge. Die Widerstandsbewegung schien zu erstarken, seit Fritz Sauckel, Hitlers Generalbevollmächtigter für den Arbeitseinsatz, die Zwangsverschickung belgischer Arbeitskräfte nach Deutschland verfügt hatte. Zuvor waren die Arbeiter für die deutschen Fabriken auf freiwilliger Basis rekrutiert worden.

Auf den Einwand des Generals, daß »Leute, die man zur Arbeit zwingt, nichts Rechtes leisten, sondern nur die Gefahr der Sabotage erhöhen«, hatte in Berlin niemand hören wollen. Die Militärverwaltung erhielt von Sauckel den Befehl, die Arbeitsdienstpflicht einzuführen. Und die Oberfeld-Kommandanturen mit ihren sogenannten Werbestellen wurden angewiesen, bei Verweigerern hart durchzugreifen. Wer sich nach der zweiten Aufforderung nicht zur Zwangsarbeit bei der Werbestelle meldete, hatte sein Anrecht auf die Lebensmittelkarten verloren.

Die dem Militärgouverneur unterstehende Feldgendarmerie mußte Zivilfahnder aus dem rechtsradikalen Umfeld einsetzen. Wallonische Rexisten und flämische Nationalisten machten nun Jagd auf ihre jungen Landsleute, die sich der Einberufung zu entziehen suchten. Von Falkenhausen sollte mit seiner Einschätzung recht behalten, daß die Zwangsrekrutierung alle Schichten gegen die Besatzung aufbringen würde. In seinem Buch »La Belgique occupée« urteilt der Historiker Etienne Verhoeyen: »So war die Aufforderung zur Zwangsarbeit in Deutschland der entscheidende Beitrag von Berlin zur Entwicklung des Widerstandes in all seinen unterschiedlichen Formen.«

Bei den Nazibonzen in Berlin galt der regierende Militärbefehlshaber wegen seiner angeblich zu großen Milde gegenüber der widerspenstigen Bevölkerung als Schwächling. In den Amtsstuben hatte man einen Artikel der schwedischen Tageszeitung »Svenska Dagbladet« herumgereicht, in dem Belgien als Hort des Widerstandes beschrieben wurde. Der Diplomat Werner von Bargen, ein Freund des Generals, war dem Militärbefehlshaber zur Seite gesprungen. In seiner Funktion als Leiter der Brüsseler Dienststelle des Auswärtigen Amtes hatte er die aufgebrachten Gemüter in der Reichshauptstadt mit einem Telegramm zu besänftigen versucht: »Bericht ›Svenska Dagbladet‹ bezüglich Lage in Belgien stark übertrieben. Sabotageaktionen kommen zwar vor, haben aber Verkehrs- und Wirtschaftsleben bislang nur geringfügig und vorübergehend schädigen können. Reaktion Militärverwaltung in sämtlichen Fällen energisch und zweckmäßig.«

Belgiens Gouverneur stieß mit seiner Politik der Mäßigung bei der Regierung in Berlin auf Unverständnis, und in Belgien straften die Sicherheitskräfte der SS mit ihren Terroraktionen die guten Absichten des Generals Lügen. Auf die SS-Polizei, den Sicherheitsdienst und die Geheime Staatspolizei, die sich wie eine Krake im Lande ausbreiteten, hatte der General keinerlei Einfluß. Die SS-Polizei erhielt ihre Weisungen unmittelbar vom Berliner Reichssicherheitshauptamt. Sie verfügte über eigene Fernschreibleitungen und einen eigenen Kurier, so daß die Militärverwaltung im wahrsten Sinne des Wortes ausgeschaltet war. Der NS-Sicherheitsdienst erhielt immer mehr Kompetenzen. Die dem General unterstehende Geheime Feldpolizei, die zunächst für Sabotage, Spionage und Zersetzung der Wehrmacht zuständig gewesen war, beschränkte sich schließlich nur noch auf rein militärische Delikte.

Wie unbeliebt die Deutschen waren, konnten die Soldaten allabendlich an ihren Uniformen feststellen. Unter den jungen Leuten war es zu einem Volkssport geworden, mit ihren Zigaretten Löcher in das feldgraue Tuch der deutschen Militärs zu brennen. Schauplatz dieser weit verbreiteten Widerstandsübung war die Plattform einer Straßenbahn, wo sich die Fahrgäste dicht drängten und das Rauchen erlaubt war. Dort häuften sich die kleinen Brandstiftungen an den Ärmeln und Rückenpartien der deutschen Uniformträger so sehr, daß die Militärverwaltung schließlich das Rauchen auf den Plattformen der Straßenbahn verbot.

In der Bevölkerung gärte es. Die Belgier, immer wieder fremden Herrschern unterworfen, praktizierten die in Jahrhunderten eingeübte Strategie des hinhaltenden Widerstandes. Die belgische Administration befand sich, sobald es irgendwelche Anliegen der Militärverwaltung auszuführen galt, sozusagen im Bummelstreik. Sie machte Dienst nach Vorschrift.

Und die Polizei des Landes, so hatte die Militärverwaltung erkennen müssen, war für die Belange der Besatzungsmacht nicht einsetzbar. Weder für die Razzien noch für die Begleitung der Deportationszüge forderte sie belgische Gendarmen an. Es stand zu befürchten, daß die Ordnungshüter die Befehle der Deutschen unterliefen, um ihren Landsleuten zu helfen. Nur auf die fanatisierten flämischen und wallonischen

Rechtsextremisten war einigermaßen Verlaß. Die flämischen SS-Leute hatten sogar den Ruf, im Dienst der Gestapo noch brutaler gegen die politischen Gefangenen und die Juden vorzugehen als ihre deutschen Vorgesetzten.

In Belgien – Heimat kleinbürgerlicher Anarchisten – wurde der Individualismus groß- und jede Form von Obrigkeitsdenken kleingeschrieben. Kein Wunder, daß dem konservativen Preußen von Falkenhausen dieses Land fremd blieb.

Machtlos mußte auch die deutsche Polizei mit ansehen, wie sich die Saboteure, Attentäter und Heckenschützen nach ihren Aktionen mit Hilfe völlig Unbeteiligter immer wieder vor ihren Verfolgern retteten. Kaum je gelang es der Gestapo, einen Widerständler auf frischer Tat zu erwischen. Sie flüchteten in das nächstliegende Café oder Geschäft und wurden von den Besitzern oder Angestellten durch die Hintertür wieder hinausgelassen.

Die Täter, so heißt es in einem Bericht des Diplomaten Werner von Bargen an das Auswärtige Amt, hätten so gut wie niemals ermittelt werden können. Sie seien »nach wenigen Schritten verschwunden«.

Es war ein schwieriges Land für die an Ordnung und Gehorsam gewohnten Nazis. Und ohne einheimische Denunzianten und Verräter, die ihnen Widerständler und Juden ans Messer lieferten, wäre die SS-Polizei völlig erfolglos gewesen. Im Tätigkeitsbericht Nr. 23 der Militärverwaltung für die Monate Januar bis März 1943 heißt es denn auch: Wenn die nationalsozialistische Sicherheitspolizei und die Geheime Feldpolizei bei der Bekämpfung des Terrors und der illegalen Organisationen »trotz ihrer zahlenmäßigen Schwäche hervorragende Erfolge« erzielte, dann vor allem wegen der Infiltration der Résistance durch Spione und Spitzel: »Als erfolgreichste Bekämpfungsmaßnahme hat sich nach wie vor die auf nachrichtendienstlicher Grundlage aufbauende Tätigkeit der Sipo und der Geheimen Feldpolizei erwiesen.«

Hohe Erwartungen setzte die Gestapo in dieser Hinsicht offenbar in den eleganten und redegewandten Gefangenen

Romanovitch. Der im Gefängnis von St. Gilles wegen Betrugs und Amtsanmaßung einsitzende Weißrusse hatte bei seinen Vernehmungen durchscheinen lassen, daß er den Deutschen bei der Bekämpfung des Terrorismus als Doppelagent behilflich sein könnte. Er verfüge über hervorragende Beziehungen auch zu Widerstandskreisen. Am 26. Januar wurde Romanovitch aus dem Gefängnis St. Gilles entlassen. Das Gericht der Oberfeld-Kommandantur 672 Brüssel hatte überraschend das Urteil vom September 1942 aufgehoben und das Verfahren gegen ihn eingestellt.

Vierzehntes Kapitel
Der Bürger als Terrorist
Ende Januar 1943

Wer von den deutschen Polizisten hätte die vornehme Passantin verdächtigen mögen, die auf hohen Absätzen, im maßgeschneiderten Kostüm und mit einem modischen Hut auf der gepflegten Dauerwelle ihre täglichen Besorgungen und Besuche machte? Und hätten die deutschen Ordnungshüter dennoch Verdacht geschöpft, so hätten sie in der Handtasche dieser gutgekleideten Dame nichts Auffälliges zu entdecken vermocht. Die Überprüfung ihrer Papiere hätte ergeben, daß es sich um eine aus der Provinz zugezogene Belgierin handelte, die an der Place Brugmann lebte. Eine gutbürgerliche Adresse, die zu der Dame paßte. An dem Platz in Uccle waren Anfang der dreißiger Jahre großzügige Appartementhäuser für die oberen Einkommensschichten entstanden.

Das, was Madame de Castro tatsächlich zu verbergen hatte, trug sie gut versteckt im doppelten Boden ihres modischen Hutes auf dem Kopf. Es waren gefälschte Ausweise, die sie im Auftrag von Maurits Bolle zu einer bestimmten Stunde bei einer bestimmten Adresse abliefern sollte.

Die scheinbar über jeden Verdacht erhabene Dame war Jüdin. Sie und ihr verstorbener Mann stammten wie der Firmenrepräsentant Maurits Bolle aus den Niederlanden und waren Anfang der dreißiger Jahre nach Brüssel gezogen. Ihre Tochter Inès war mit Bolles Tochter Hélène befreundet. Diese wiederum war eine Kommilitonin von Youra Livchitz. Seit ihrer Schulzeit im Gymnasium von St. Gilles waren die Mädchen unzertrennlich. Beide waren sie Mitglieder bei den belgischen Scouts und verbrachten als Pfadfinderinnen oft auch die Wochenenden zusammen.

Inzwischen war Hélène im letzten Jahr ihres Medizinstudiums an der Universität Lüttich. Und Inès arbeitete als Krankengymnastin in der Klinik St. Pierre. Über Hélène hatte sie die ganze Clique um Youra kennengelernt. Sie spricht noch heute im Jargon der jungen Leute von damals von der »bande des amis«, der Freundesbande. Im ersten Kriegsjahr, so erinnert sich die über Achtzigjährige, feierten die beiden Freundinnen mit Youra und seinen Freunden im Theosophenzentrum in der Rue de Commerce Silvester. Es war ein ausgelassenes Fest.

Youra war ein guter Kumpel ihrer Freundin Hélène »und nichts weiter«. Indirekt verdankte Inès de Castro es dem jungen Mediziner, daß sie ihre Abschlußprüfung als Krankengymnastin auch in den Fächern Psychologie und Philosophie bestand. Denn Hélène hatte ihr den Kommilitonen als Nachhilfelehrer vermittelt. »Youra war da sehr beschlagen«, meint Frau de Castro im Rückblick, »und vor allem konnte er sehr gut erklären.«

Auch Inès arbeitete für den Widerstand. Ihr Auftraggeber war »Papa« Bolle, der Vater von Hélène und Freund ihrer Eltern. Der holländische Geschäftsmann hatte schon vor der Okkupation auf eigene Faust Flüchtlingen aus Nazideutschland über die Grenze nach Frankreich geholfen, bis er sich von Hertz Jospa für das jüdische Verteidigungskomitee anwerben ließ.

Inès transportierte die ihr anvertrauten Dokumente nicht wie ihre Mutter in einem Hut, sondern in einem Gebäckkarton, der die Aufschrift einer bekannten Konditorei trug. Manchmal, wenn ein deutscher Polizist die Straßenbahn bestieg, in der sie gerade saß, nahm sie ihren kleinen weißen Spitz, der sie stets begleitete, auch noch auf ihren Schoß, um den Karton zu verbergen. Ein schlaues Ablenkungsmanöver, wie sie noch viele Jahre später findet: »Alle haben sich dann nur noch für den hübschen kleinen Hund interessiert. Und ich fühlte mich sicher.« Erst im nachhinein wurde ihr bewußt, welcher Gefahr sie sich damals ausgesetzt hatte: »Irgendwie war dieser Kurierdienst für mich damals ganz selbstverständlich. Wie waren jung und nahmen das ganz sportlich.«

Der Vater von Inès war 1940 gestorben. Eigentlich war die Wohnung im ersten Stock des modernen Appartementgebäudes an der Place Brugmann für Mutter und Tochter zu groß, doch »Papa« Bolle, der die beiden mit einwandfreien belgischen Personalausweisen ausgestattet hatte, wußte eine Verwendung für das überflüssige Zimmer. Es wurde eine nächtliche Zwischenstation für Flüchtlinge, die außer Landes geschmuggelt werden sollten.

Die beiden Frauen erfuhren jeweils vorher, an welchem Tag und zu welcher Stunde ihre Gäste eintreffen würden. Ein Mittelsmann begleitete sie bis zur Haustür und wies sie an, den Aufzug in den ersten Stock zu nehmen. Bei Inès und ihrer Mutter erwartete sie eine warme Mahlzeit – Maurits Bolle sorgte für die Lebensmittel – und ein frisch bezogenes Bett. Für viele eine ungewohnte Wohltat nach Tagen oder Wochen der Flucht.

Am frühen Morgen folgten die Flüchtlinge Inès in die Straßenbahn, stiegen mit ihr an der Place des Héros aus und gingen solange hinter der jungen Frau her, bis sie einen Mann grüßte. Das war das vereinbarte Zeichen, daß ihre nächtlichen Besucher nun diesem Passanten auf ihrer weiteren Fluchtroute folgen sollten. Damit war Inès' Mission erfüllt.

Der damals 22jährige Robert Maistriau, der gemeinsam mit Youra Livchitz das Gymnasium in Uccle besucht hatte, urteilt aus der zeitlichen Distanz von einem halben Jahrhundert: »Alle, die politisch aufgeweckt waren, wollten im Grunde etwas tun. Doch den Schritt in den Untergrund mit all seinen Konsequenzen haben letztlich nur einige gewagt.«

Die meisten von Youras Schul- und Studienfreunden versuchten beides miteinander zu vereinbaren: ihr bürgerliches Leben und ihre Aktivitäten für den Widerstand in der »Groupe G«. Eine Möglichkeit, die sich dem Juden Youra Livchitz verschloß. Als Jude war er seit dem Sommer 1942, als die Razzien begannen, stets gefährdet und eine Gefahr für seine nichtjüdischen Freunde.

Robert Maistriau hatte das Entstehen der »Groupe G« von Anfang an verfolgt. Die Köpfe dieser Untergrundorganisation hatte er über Youra und dessen Freund Robert Leclercq kennengelernt. Leclercq war Informationschef der Gruppe. Richard Altenhoff, der für die Beschaffung von Waffen und Sprengstoff zuständig war, hatte Maistriau hin und wieder beim Krocketspielen getroffen. Dieses aus England importierte Freizeitvergnügen hatte bei den jungen Leuten in den ersten Kriegsjahren nichts von seiner Attraktivität eingebüßt.

Es muß Ende Januar 1943 gewesen sein, als Robert Maistriau von seinem älteren Freunden eingeladen wurde, an einem Treffen im Wald von Soignes teilzunehmen. Mit dem Fahrrad fuhr er zu der verabredeten Stelle, wo Henri Neuman, Walter de Sélys Longchamp, Richard Altenhoff, Robert Leclercq und Jean Burgers an diesem Samstagnachmittag Selbstverteidigung trainieren wollten. Auf einer Waldlichtung ahmten sie die schnellen und komplizierten Griffe nach, die der Jurist Neuman ihnen vorführte. Judo hieß diese asiatische Nahkampfmethode. »Wir hatten viel Spaß«, erinnert sich Maistriau, »aber ich glaube kaum, daß irgendeinem von uns im Ernstfall der richtige Judogriff eingefallen wäre.«

Noch eine andere Episode aus den ersten Monaten des Jahres 1943 ist Robert Maistriau im Gedächtnis geblieben. Richard Altenhoff hatte den jüngeren Burschen gebeten, ihn an eine Schleuse des Kanals bei Charleroi zu begleiten. Als Ingenieur bei einer öffentlichen Baugesellschaft war Altenhoff bestens über die sensiblen Knotenpunkte der Verkehrsinfrastruktur informiert. Ein weiterer Vorteil seines Berufes war, daß er sich an den Schauplätzen späterer Sabotageaktionen bewegen konnte, ohne Mißtrauen zu erregen.

Bei diesem Ausflug wollte Altenhoff die Möglichkeit erkunden, die Schleusenmechanik zu zerstören und wenigstens für einige Tage den Kanal unbefahrbar zu machen. Maistriau war dazu ausersehen, zu einem späteren Zeitpunkt die Sabotageaktion auszuführen. Doch die Aufgabe erwies sich für Maistriau als undurchführbar. Er hätte, um die Mechanik funktionsunfähig zu machen, in das trübe kalte Wasser steigen müssen. Unmöglich für den kräftigen und sonst so zupackenden jungen Mann. Er hatte eine Phobie gegen Blutegel. Und bis ins Alter kann sich Maistriau, der später ganz andere Bravourstücke als Mitglied der »Groupe G« vollbrachte, über den damaligen Ausspruch von Richard Altenhoff amüsieren: »Du bist mir der Richtige! Du fürchtest dich nicht vor bewaffneten Deutschen, aber vor Blutegeln hast du Angst.«

Henri Neuman beschreibt in seinem Buch »Avant qu'il soit trop tard« den fast unmerklichen Übergang der Bürgersöhne zu immer gewagteren Aktionen. Der Ingenieur Richard Altenhoff, der bei seinen Inspektionen für das staatliche Bauunternehmen SOCOL viel im Lande herumkam, hatte ein Wehrmachtsdepot für Stroh und Viehfutter in Vilvoorde entdeckt. Mit dem Fahrrad war es von ihren damals noch legalen Wohnungen aus zu erreichen. Nach einer ersten Erkundung beschlossen Altenhoff und Neuman, das Depot in Brand zu setzen. Dieser Anschlag blieb Neuman deshalb in Erinnerung, weil die beiden jungen Saboteure erstmals jeder mit einem Revolver bewaffnet loszogen. Sie hatten sich den Colt um ihre Waden gebunden. Im gußeisernen Gestell ihrer Räder waren Zündschnur und Zündstoff versteckt.

Am Tatort warteten sie ab, bis die Patrouillen verschwunden waren, überwanden die Einzäunung und legten ihre Brandzünder. Als sie zu ihren Fahrrädern zurückkehrten, hatte sich das Feuer schon ausgebreitet. Wenig später war die Nacht taghell erleuchtet. Das Feuer entwickelte eine solche

Kraft, daß auch das benachbarte Holzdepot der Wehrmacht mit in Flammen aufging.

Der Sabotageakt wird auf der Liste der Anschläge von der Militärverwaltung aus dem Monat Februar kurz erwähnt: »14. 2. 43. Brand im Schuppen eines Bauernhofes, 75000 kg Pressstroh verbrannt.«

Auf dem Rückweg nach Brüssel kamen den beiden Saboteuren mit heulenden Sirenen die Feuerwehrwagen entgegen. Henri und Richard radelten Seite an Seite, fest entschlossen, auf den ersten zu schießen, der sie anhalten würde, um sie zu kontrollieren. Denn auf Waffenbesitz stand die Todesstrafe. Doch sie trafen nur auf zwei belgische Polizisten, die ihnen freundlich rieten, bestimmte Kreuzungen zu meiden, weil diese abends von deutschen Feldgendarmen besonders streng überwacht wurden. Als sie heil in die Wohnung von Henri Neuman zurückkehrten, trank auch Richard Altenhoff, der sonst Alkohol strikt ablehnte, zur Entspannung ein großes Glas Cognac. »So verwandelte sich dieser nachdenkliche und friedfertige junge Ingenieur in einen Mann der waghalsigen Tat«, schließt Neuman in seinen Memoiren diese Episode.

Fünfzehntes Kapitel

Der Kampf wird härter

Februar 1943

Youra hatte es sich angewöhnt, nach seiner Arbeit bei Pharmacobel mindestens einmal in der Woche in der Rue du Commerce bei Marcel Hastir vorbeizuschauen. Auch wenn die rund dreißig Studenten der Malschule ihre Kurse längst beendet hatten, kehrte in diesem Haus keine Ruhe ein. Immer hockten Freunde oder Freunde von Freunden in dem warmen Atelier von Hastir, der auch in diesem Winter dank seines Organisationstalents stets über genügend Heizmaterial für den Ofen verfügte.

Vor wenigen Wochen noch hatten Youra und seine Freunde gejubelt. Sie waren voller Hoffnung, daß der Krieg und die Zeit der Besatzung sich endlich dem Ende zuneigte. Die Bombardierung des Gestapo-Hauptquartiers durch ein britisches Kampflugzeug der Royal Air Force hatte allen einen ungeheuren moralischen Auftrieb gegeben. Jenseits des Ärmelkanals konnten sie auf Freunde bauen, auf die Alliierten, die bereit waren, diesem kleinen unterdrückten Land zu helfen.

Doch die deutschen Besatzer hatten sich schnell von dieser Niederlage erholt. Ihre Medizin, mit der sie ihre Wunden heilten, war eine noch stärkere Dosis an Repression. Das heizte wiederum die Stimmung in der Bevölkerung gegen die autoritären Eindringlinge an.

Die Zeiten waren für die jungen Leute schwierig geworden. Sich in Cafés zu verabreden oder in Gruppen herumzustehen war inzwischen riskant. Überall konnte plötzlich die deutsche Militärpolizei auftauchen, die Ausweise kontrollieren und junge Belgier für den Arbeitseinsatz in Deutschland rekrutieren. Sie sollten in der Industrie und in der Landwirtschaft die Deutschen ersetzen, die zu den Waffen gerufen worden waren und nun an der Ostfront verbluteten. Selbst in den Kinos fahndete die Feldpolizei inzwischen nach arbeitsfähigen Personen, die sich vor der Verschickung in deutsche Fabriken drückten. Nach einer neuen Verordnung konnten jetzt alle Männer zwischen 18 und 50 Jahren und alle unverheirateten Frauen zwischen 21 und 35 Jahren zwangsweise zum Arbeitseinsatz in Deutschland eingezogen werden.

Anders als die von der SS-Polizei organisierte Deportation der Juden, die klammheimlich und ohne öffentliches Aufsehen verlief, war die Zwangsrekrutierung der belgischen Arbeitskräfte das beherrschende Gesprächsthema dieser kalten Wintermonate in Belgien. In jeder Familie gab es mindestens einen Angehörigen, der von der neuen Verordnung betroffen war und ihr irgendwie zu entgehen versuchte. In seinem ersten Vierteljahresbericht von 1943 beschreibt der Militärbefehlshaber für die zuständigen Stellen in Berlin die brisante

Stimmung im Land: »Für die sich versteifende deutschfeindliche Einstellung und Haßstimmung waren innenpolitisch die unvermeidbaren Auswirkungen der Durchführung der Dienstverpflichtung in das Reich maßgebend. Im Zuge der planmäßigen Anhebung der Zahl der Arbeitskräfte und der Erfassung aller Schichten der Bevölkerung hat sich der Widerstand aller politischen Kreise immer mehr zusammengeschlossen.«

An diesem Abend entdeckte Youra seinen alten Klassenkameraden Jean Franklemon in der Runde um Marcel Hastir. »Pamplemousse« hatte mit seinen Straßenkomödianten im zweiten Stock des Gebäudes für Jean Cocteaus »Les parents terribles« (»Nein, diese Eltern«) geprobt und lauschte nun dem Hausherrn, dessen Erzählungen aus der Wirklichkeit der deutschen Okkupation wieder einmal viel spannender waren als jedes Theaterstück. Das ungeliebte Mathematik-Studium an der ULB hatte Jean aufgegeben, er studierte nun an der Kunsthochschule La Cambre. Schon äußerlich sah man ihm den Wechsel ins Künstlerfach an. Sein dunkles Haar trug der schlanke, großgewachsene junge Mann länger als die durchschnittlichen Zeitgenossen.

In der Rue du Commerce hatte wenige Tage zuvor eine Hausdurchsuchung stattgefunden. Es erwies sich wieder einmal als Vorteil, daß Marcel mit den verschmitzten hellen Augen gute Beziehungen zu einigen kulturbeflissenen Herren der deutschen Propagandaabteilung unterhielt. Diese Mitarbeiter der Brüsseler Außenstelle von Goebbels Propagandaministerium, deren Zentrale sich in der Nachbarschaft der Malschule befand, waren der französischen Sprache mächtig und parlierten gerne mit dem gebildeten belgischen Künstler. Und so war er von einem ihm freundlich gesonnenen Presseoffizier vorgewarnt worden, daß am folgenden Tag die deutsche Polizei eine Hausdurchsuchung vornehmen wolle. Es wurde vermutet, daß sich in der Schule auch junge Leute aufhielten, die sich dem Arbeitseinsatz in Deutschland entziehen wollten.

Noch in derselben Nacht schafften Hastir und seine Freunde verdächtiges Material beiseite. Das meiste wurde vorübergehend auf dem Dach des Nachbarhauses gelagert. Doch wohin mit dem schweren Vervielfältigungsapparat, auf dem seine »Studenten« regelmäßig ihre antideutschen Flugblätter und die Untergrundpostille »Radio Moscou« abzogen? Wenn die Polizei dieses Gerät in der Malschule fand, würden sie alle als Terroristen verhaftet und im Lager Breendonk landen. Hastir, der es bisher noch immer geschafft hatte, sich aus einer schier aussichtslosen Situation geschickt herauszulavieren, hatte auch diesmal wieder die rettende Idee. Ein paar Häuser weiter lebte ein alter Mann, ein krankhafter Sammler, der bei sich im Hof alles aufbewahrte, was er irgendwo finden konnte. Und unter dem Berg von Trödel und Unrat verschwand vorübergehend das wertvolle Gerät.

Noch mal Glück gehabt. Aber wen von ihnen würde es beim nächsten Mal erwischen? Marcel Hastir erinnert sich: »Es war ein Leben unter Hochspannung, eine ständige Verschwörung.« Alle, die sie hier ein- und ausgingen, verstießen ständig gegen die Regeln der Besatzer und waren im Widerstand engagiert. Jean Robert Leclercq, und Franklemon, Mitglied der Kommunistischen Partei. Auch Franklemons Eltern setzten sich einem großen Risiko aus, denn sie nahmen immer wieder gefährdete Widerständler auf, und in ihrem Haushalt lebte ein jüdisches Kind unter falscher Identität. Ein anderer Freund von Youra, der häufig im Atelier auftauchte, war Szmul Rzepchowicz. Er war ein ebenso leidenschaftlicher Kartenspieler wie Franklemon. »König der Matritze« nannte man ihn wegen seiner Fertigkeit im Fälschen von Papieren. Doch er und Youra machten sich in den Augen der Nazis vor allem schuldig, weil sie als Juden gegen das nationalsozialistische Rassengesetz verstießen.

Einige von ihnen hatten noch bis vor kurzem geglaubt, der Widerstand sei so etwas wie ein Räuber-und-Gendarm-Spiel, in dem die schlauen Räuber die tumben Gendarmen an der Nase herumführten. Inzwischen belehrte die Erfahrung sie eines anderen. Unnachgiebig schlug neuerdings die Militärverwaltung zurück. Die Gewalt auf beiden Seiten eskalierte.

Begonnen hatte die Terrorspirale im November, als drei nazifreundliche Gemeindevorsteher, darunter der Bürgermeister von Charleroi, von Partisanen liquidiert wurden. Zunächst schienen die Widerständler mit ihrer Strategie, die Zusammenarbeit zwischen der Besatzungsmacht und rechtsgerichteten belgischen Kollaborateuren zu stören, tatsächlich Erfolg zu haben. In mehreren Städten traten Gemeinderäte aus Angst vor solchen Anschlägen von ihrem Amt zurück.

Doch dadurch geriet der Generalgouverneur unter Druck. Der preußische General von Falkenhausen hatte sich bis dahin an die militärische Regel gehalten, Geiseln nur bei Mordanschlägen auf deutsche Wehrmachtsangehörige zu exekutieren. Und die kommunistischen Attentäter hatten es bisher vermieden, dem General durch Anschläge auf deutsche Uniformträger den Vorwand für solche Vergeltungsaktionen zu liefern.

Jetzt aber drängten ihn wallonische Rexisten und flämische Nationalisten, auch die Attentate auf ihre Leute mit der Erschießung von Geiseln zu ahnden. Nur so könnten Recht und Ordnung im Lande aufrechterhalten werden. Und der General gab nach. Im 23. Tätigkeitsbericht des Militärbefehlshabers verkündete er den Vollzug dieser neuen Regelung: »Da grundsätzlich die sich zur Verfügung stellenden Flamen und Wallonen (Waffen-SS, flämische und wallonische Legion, NSKK, Hilfsgendarmerie, Hilfspolizei, Eisenbahnwacht) dieselben Maßnahmen verlangen können, wie sie bei Anschlägen auf deutsche Wehrmachtsangehörige getroffen werden, hat der Militärbefehlshaber die Erschießung einer größeren Anzahl von Terroristen angeordnet.« Von Falkenhausen ließ erstmals acht politische Gefangene aus dem KZ Breendonk als Vergeltungsmaßnahme für das Attentat auf den Bürgermeister von Charleroi exekutieren.

Nach dieser blutigen Machtdemonstration schwor die bewaffnete Résistance Rache. Der Widerstand fühlte sich durch einen Erlaß der belgischen Exilregierung bestärkt. Jeder, der mit dem Feind kollaboriere oder seine Landsleute denunziere, hatte das belgische Kabinett in London erklärt, müsse nach Beendigung des Krieges mit der Todesstrafe rechnen. »Mehr als je zuvor werden die Verräter fallen, und die Deutschen selbst werden an ihrer eigenen Haut die Rache der Partisanen verspüren«, kündigten die kommunistischen Freischärler in ihrer Untergrundzeitung »Le Partisan« an. Und sie hielten Wort. Zwischen Weihnachten 1942 und dem 12. Januar 1943 wurden sechs deutsche Uniformträger, darunter zwei Kriegsverwaltungsräte der Militärverwaltung, überfallen und erschossen.

Die Antwort des Generals ließ diesmal nicht auf sich warten. Er befahl, weitere Kommunisten und Terroristen zu exekutieren. Sie starben, ohne zuvor zu den ihnen vorgeworfenen Straftaten vernommen worden zu sein. Bis zum Ende der Besatzung sollte die Militärverwaltung mit diesen »Sühnemaßnahmen« fortfahren. In knapp zwei Jahren ließ von Falkenhausen 240 Geiseln hinrichten. Im größeren Frankreich, wo General von Stülpnagel die Polizeigewalt an einen SS-Polizeichef abgetreten hatte, lag die Zahl der hingerichteten Geiseln in mehr als zwei Jahren nur geringfügig höher. Dort wurden 254 Geiseln exekutiert.

Doch die Guerillakämpfer ließen sich nicht einschüchtern. »Trotz drakonischer Gegenmaßnahmen der Miliärverwaltung, insbesondere der Erschießung zahlreicher Geiseln«, berichtete der Brüsseler Vertreter des Auwärtigen Amtes Mitte Januar nach Berlin, »scheinen die terroristischen Kreise nicht beeindruckt.«

Keiner der jungen Leute, die an diesem späten Nachmittag in der Rue du Commerce zusammensaßen, hatte sich je zuvor für einen Hirtenbrief des Bischofs von Mechelen interessiert. Doch diesmal war es anders. Der jüngste öffentliche Aufruf des katholischen Kirchenoberhaupts, den die Pfarrer sonntags von ihren Kanzeln verlasen, wurde in allen politischen Kreisen derzeit heftig diskutiert. Bischof Van Roey hatte die blutigen Anschläge der Résistance verdammt. Für die einen war es der längst fällige Appell an die Vernunft im Lande, für die anderen ein feiger Akt der Unterwerfung. »Wohin führt das

Blutvergießen?« hieß es in dem Brief. »Die Folgen sind offensichtlich: Unsicherheit und allgemeine Aufregung, Zwietracht und tödlicher Haß. Das Heil des Volkes muß das oberste Prinzip sein. Im Namen dieses Prinzips bitten wir, mit den blutigen Aktionen aufzuhören, damit Ruhe und Geduld in der Hoffnung auf einen gerechten Frieden wieder einkehren.«

In dem Kreis um den Maler Hastir war man sich einig, daß der Hirtenbrief nicht nur den kommunistischen Widerstand im Visier hatte, sondern die Résistance insgesamt diffamierte. Indem er die Anschläge der Partisanen verdammte, aber die Verbrechen der Okkupanten mit keinem Wort erwähnte, stellte sich der Kardinal auf die Seite der deutschen Besatzer. Die Lage für den Widerstand war schon schwierig genug. Nun versuchte auch noch der katholische Oberhirte einen Keil zwischen seine Schäflein und die Rebellen zu treiben. Genauso sah es im übrigen der Vertreter des Auswärtigen Amtes in Brüssel, der in einem Telegramm an seine Vorgesetzten in Berlin beifällig konstatierte: »Offener Konflikt mit katholischem Klerus bisher unterblieben. Kardinal Erzbischof von Mechelen hat im Gegenteil in einem Hirtenwort Mordanschläge schärfstens verurteilt.«

Youra fiel auf, daß Jean Franklemon an diesem Nachmittag mit ungewohnt ernster Miene die Unterhaltung verfolgte. Vom fröhlichen »Pamplemousse« waren diesmal keine Witze oder Persiflagen zu hören, er blieb stumm. Und schließlich rückte Jean mit dem heraus, was ihn bedrückte. Von einem Parteifreund hatte er erfahren, daß die Gestapo in den letzten Wochen Dutzende von Kommunisten festgenommen hatte. In Charleroi war die Organisation mehr oder weniger zerschlagen. Auch in Brüssel habe es mehrere Verhaftungen gegeben.

Youra dachte sofort an seinen Bruder Alexandre. Der ältere Livchitz war als Mitglied der bewaffneten Partisanen in den Untergrund gegangen. Seit mehreren Tagen hatte er nichts mehr von sich hören lassen. Daß er sich nur in unregelmäßigen Abständen meldete, war eigentlich nichts Außergewöhnliches, es diente dem Schutz seiner Angehörigen.

Um 20 Uhr war Sperrstunde für die Juden. Wer dann noch auf der Straße gefaßt wurde, dem drohte die Verhaftung. Youra wollte seine Mutter, die sicherlich schon auf ihn wartete, nicht beunruhigen. So ließ er seine Freunde im Atelier zurück. Auf der Straße überfielen ihn Dunkelheit und Kälte. Es hatte zu regnen begonnen. Der Niederschlag sollte im Laufe der Nacht, so lautete die Wettervoraussage, in Schnee übergehen. Den Mantelkragen hochgeschlagen, die Hände in die Taschen vergraben, machte er sich zu Fuß auf den Heimweg.

Von hinten hörte Youra, wie sich ein Auto näherte. Als sich der Wagen auf gleicher Höhe mit ihm befand, fuhr er Schritt. Das konnte nichts Gutes bedeuten. Ohne den Kopf zu bewegen suchten Youras Augen die Straßenfront nach einer Fluchtmöglichkeit ab, einer offenen Haustür oder einer erleuchteten Kneipe. Da hörte er eine helle Frauenstimme seinen Namen rufen. Malka Cymring hatte die Scheibe des schwarzen Citroën heruntergedreht und ergötzte sich an dem Schrecken, den sie und ihr Begleiter Pierre Romanovitch dem jungen Arzt eingejagt hatten. Sie hatte Youra an seinem federnden Gang erkannt, ein markantes Merkmal des hochgewachsenen Sportlers. Malka hatte einen Blick dafür.

Das Pärchen lud ihn ein einzusteigen. Sie würden ihn in der Avenue Brugmann absetzen. Malka mit dem schmalen rassigen Gesicht kannte Youra seit längerem. Sie war die jüngere Schwester von Charles oder Chaim, dem ehemaligen Vorsitzenden der jüdischen Studentenorganisation an der Freien Universität Brüssel. Jetzt leitete Charles Cymring im Auftrag des Judenrates eine höhere jüdische Schule, deren Schüler allerdings nach und nach hinter den Kasernenmauern von Mechelen verschwanden. Der elegante Weißrusse Romanovitch war ihm von Malka erst vor wenigen Tagen im Bistro Vitefili an der Porte de Namur vorgestellt worden. Die Studenten- und Künstlerkneipe galt als »koscher«. Die Wirtsleute waren wie ihre Gäste gegen die Deutschen eingestellt. Und in den Lärm und Qualm trauten sich Fremde nicht hinein.

Eindringlich hatte der 36jährige Romanovitch in der Kneipe

auf Youra Livchitz eingeredet. Es war ganz offensichtlich, daß er dem jungen Mediziner zu imponieren suchte. Youra gegenüber gab sich der windige Weißrusse, der sich in der Gestapo-Zentrale als Spitzel angedient hatte, als Widerständler aus. Er sei Geschäftsmann, erzählte er. Und alle Informationen, die er von seinen deutschen Partnern erhalte, gebe er an die »weiße Armee« weiter. Das sei äußerst riskant und würde von den Besatzern hart bestraft. Als er wie beiläufig erzählte, daß er gerade ein paar Monate im Gefängnis von St. Gilles gesessen habe, schien Youra tatsächlich beeindruckt. Er faßte Vertrauen zu dem durchtriebenen Gauner.

Jetzt saß Youra trocken und bequem im Fond der schwarzen Limousine und hörte Romanovitch entspannt zu. Der erzählte, begleitet von dem perlenden Gelächter seiner bildhübschen Gefährtin, die neuesten antideutschen Witze. Erst als sie sich in der Avenue Brugmann voneinander verabschiedeten, wurde der Weißrusse wieder ernst. Youra könne jederzeit auf ihn rechnen. Und vielleicht ergäbe sich ja demnächst eine Gelegenheit, etwas gemeinsam zu tun. Sie würden sich bald wiedersehen.

Sechzehntes Kapitel

Eine Idee kommt auf

Ende Februar

Unruhig ging Hertz Jospa in dem kleinen Zimmer auf und ab. Es war früher Morgen, auf der Straße herrschte noch Dunkelheit. Auch in dem gegenüberliegenden roten Backsteinbau des Krankenhauses von Ixelles, auf den er von seinem Zimmer aus blickte, waren die Lichter noch nicht angegangen. Selbst zum Lesen war Jospa heute zu unruhig. Er, der nächtelang über den Büchern verbrachte, fand heute keine Ruhe. Der Lichtkegel der trüben Lampe auf dem Arbeitstisch fiel auf ein aufgeschlagenes Buch, auf dem Fußboden türmten sich Bücher und Papiere, die auf dem schmalen Tisch keinen

Platz mehr fanden. Seit er und seine Frau Yvonne ihre gemeinsame Wohnung hatten verlassen müssen und untergetaucht waren, lebten sie in diesem Provisorium. Es war eine Schlafstelle bei Freunden, die sie aus Sicherheitsgründen nur nachts aufsuchen konnten.

Jospa machte sich Sorgen. Die gestrige Fahrt nach Charleroi, voller Unterbrechungen im überfüllten Zug, war mühselig gewesen, die Lage der Genossen in der Industriestadt hatte ihn zutiefst deprimiert. Ungeduldig hatten sie schon auf ihn gewartet. Die Ankündigung auf Jiddisch »Jochpa kimt« genügte, um insbesondere die jüdischen Parteimitglieder der kommunistischen Partei zu mobilisieren. Von dem bedächtigen und integren Intellektuellen aus Brüssel erhofften sie sich Zuspruch und Ermutigung nach den katastrophalen Ereignissen der letzten Wochen. Doch diesmal war es Jospa schwergefallen, ihnen auch nur etwas Zuversicht zu vermitteln. 34 kommunistische Partisanen waren in der Region von Charleroi verhaftet worden, weil ein Mitglied der Partei in die Fänge der deutschen Sicherheitspolizei geraten war. Der Mann hatte den Verhören nicht standgehalten und Namen und Adressen preisgegeben. Jetzt war die Organisation in der Region Charleroi ihrer entschlossensten Kämpfer beraubt. Doch auch in Brüssel hatten sich die Reihen des Widerstands gelichtet. Die Partisanenarmee hatte in der Hauptstadt mehrere Mitglieder des Mobilen Einsatzkommandos verloren. Vor allem jüdische Kämpfer hatte es getroffen. Diejenigen, die ohne Waffen entdeckt worden waren, warteten in Mechelen auf den nächsten Transport nach Osten. Die anderen, bei denen die Gestapo Pistolen gefunden hatte, sollten, so war es in »Le Soir« angekündigt worden, als Terroristen hingerichtet werden.

Wahrscheinlich verfügte die verhaßte deutsche Sicherheitspolizei über Informationen aus den Reihen des Widerstands. Anders konnte Jospa sich die Erfolge nicht erklären. Die Kommandeure zweier Mobiler Einsatzgruppen waren gefaßt worden. Der eine war verantwortlich für den Brandanschlag auf die Judenkartei, der andere, ein ehemaliger Spanienkämpfer, der Ungar Sandor Weisz, hatte den Bombenanschlag auf das Kino Marivaux befehligt, als die flämischen Nationalisten dort zu einer Vorstellung eingeladen hatten. Diese Niederlage der Untergrundbewegung gab den deutschen Besatzern Auftrieb. Stolz konnte die Militärverwaltung für das Reichssicherheitshauptamt in Berlin resümieren, daß die belgische Untergrundbewegung schwere Rückschläge erlitten habe. Zwar hätten sich die »Terroranschläge auf Wehrmachtsangehörige und Mitglieder der Erneuerungsbewegung« bis Mitte Januar gesteigert. Doch dann sei es »der hervorragenden planmäßigen Arbeit der Sicherheitspolizei und des Sicherheitsdienstes sehr bald« gelungen, »die kommunistische Organisation, von der die Attentats- und Sabotageschläge ausgingen, aufzudecken und mehrere Führer sowie eine große Anzahl von kommunistischen Partisanen zu verhaften … Als erfolgreichste Bekämpfungsmaßnahme hat sich nach wie vor die auf nachrichtendienstlicher Grundlage aufbauende Tätigkeit« erwiesen. Gemeint war die Tätigkeit von Spitzeln und Denunzianten.

Das Einschleusen von Gestapo-Spitzeln in die fest geschlossenen Reihen des Widerstands fürchtete Jospa am meisten. Seit Monaten lebte er schon im Untergrund. Er und seine Frau besaßen hervorragend gefälschte Ausweise, die jeder Kontrolle standhalten würden. Helfer in den Gemeindeverwaltungen lieferten der Résistance nicht nur die Ausweisoriginale, sondern sorgten auch dafür, daß durch vorgetäuschte An- und Abmeldungen die Identität des jeweiligen Besitzers für die Gestapo lückenlos mit mehreren Wohnungswechseln nachvollzogen werden konnte. Von seinen Freunden ließ sich Jospa nur noch mit seinem Decknamen Joseph anreden. Seine Frau Hava hieß jetzt Yvonne, das war ein unverfänglicher französischer Name. Ihre von Natur aus schwarzen Haare, die sie früher mit einem Mittelscheitel glatt nach hinten gebunden getragen hatte, fielen ihr nun als blonde Locken auf die Schultern.

Von ihrem kleinen Sohn Paul hatten sie sich trennen müssen. Er lebte bei nichtjüdischen Freunden. Ab und zu wurde ihnen von den Gasteltern der Zeitpunkt eines Spaziergangs übermittelt. Dann konnte sich Yvonne, ohne daß sie von ihm gesehen wurde, davon überzeugen, daß es dem kleinen Kerl in seiner neuen Familie offensichtlich gutging.

Yvonne war diese Nacht nicht nach Hause gekommen. Seine Frau war als Organisatorin der Abteilung »Enfance« des jüdischen Verteidigungskomitees über Land gefahren, um Unterkünfte für jüdische Kinder zu suchen. Diesmal sollte der Direktor eines katholischen Jungeninternats in der Wallonie von der Notwendigkeit überzeugt werden, ein paar Halbwüchsige aufzunehmen, deren Eltern verhaftet worden waren. Hertz Jospa war sicher, daß die schöne und redegewandte Yvonne eine Bleibe für die Jungen finden würde. Bisher war sie noch nie erfolglos von einer solchen Reise zurückgekehrt. Über tausend Kinder hatten die Mitarbeiterinnen des CDJ bisher plazieren können.

Das Leben von Hava und Hertz Jospa stand, seit sie sich 1933 im Standesamt der Brüsseler Gemeinde Ixelles das Ja-Wort gaben, unter dem Zeichen des gemeinsamen politischen Engagements für die Benachteiligten und Unterdrückten. Die junge Soziologin, die in der Borinage, dem Armutsrevier der Wallonie, als Sozialarbeiterin tätig war, und der wissenschaftliche Laborleiter eines Brüsseler Pharmaunternehmens waren überzeugte Marxisten und Mitglieder der Kommunistischen Partei. Zur Zeit des spanischen Bürgerkriegs halfen sie den Freiwilligen gegen das Franco-Regime aus Mittel- und Osteuropa, Belgien zu durchqueren. Sie waren seit 1936 in der Liga gegen Rassismus und Antisemitismus aktiv, wo die unermüdliche Kämpferin für Menschenrechte sich bis zu ihrem Tod im Januar 2000 gegen Fremdenhaß und Diskriminierung engagierte. In den neunziger Jahren waren es die unerwünschten Ausländer und Asylbewerber, um die sich die unermüdliche Kämpferin für die Menschenrechte sorgte.

Zur Zeit der deutschen Okkupation gehörte ihr Mann Hertz

Jospa zu den führenden Persönlichkeiten der Kommunistischen Partei Belgiens. Doch auch bei den Bürgerlichen genoß der Mann mit den freundlichen dunklen Augen, der so gut zuhören konnte, großes Ansehen. Der Geschäftsmann Benjamin Nijkerk, ein parteiloser Zionist, und der niederländische Unternehmer Maurits Bolle lernten den klugen Kommunisten und dessen organisatorische Fähigkeiten schätzen. Im Kampf gegen den Hitler-Faschismus wurden sie Freunde. Kapitalisten und Marxisten einte damals der Wille, ihren verfolgten Glaubensgenossen zu helfen. Sie gründeten das jüdische Verteidigungskomitee CDJ, das innerhalb der belgischen Unabhängigkeitsfront – Front de l'Indépendance – die Interessen der Juden wahrnahm. Mit 750000 belgischen Franken monatlich finanzierte das »American Jewish Joint Distribution Comitee« das »Comité de Défense des Juifs« in Belgien. Benjamin Nijkerk, der mit jeder Reise sein Leben riskierte, holte das Geld in der Schweiz ab. Aus dieser Kasse wurden der karge Sold der jüdischen Partisanen bezahlt und die versteckten Kinder und Erwachsenen versorgt.

Das Büro des jüdischen Verteidigungskomitees lag nur zehn Minuten zu Fuß von dem Nachtquartier der Jospas in der Rue Léon Cuissez entfernt im Haus eines belgischen Geschäftsmannes. Man betrat das Haus durch einen Laden, so daß das Kommen und Gehen der Mitglieder des CDJ nicht besonders auffiel. Über eine Hintertreppe gelangte man im zweiten Stock in das Büro, das freilich nur tagsüber als Arbeitszimmer zu erkennen war. Nachts wurde daraus wieder ein normales Schlafzimmer. Sämtliche Unterlagen und Papiere wurden nach Dienstschluß woanders versteckt, damit die Dokumente bei einer Hausdurchsuchung nicht in falsche Hände fielen. Eintreten durfte nur derjenige, der sich zu einem verabredeten Zeitpunkt mit dem vereinbarten Klopfzeichen bemerkbar machte.

An diesem Vormittag sollte Youra Livchitz zu den wenigen gehören, denen im Büro des jüdischen Verteidigungskomitees Einlaß gewährt würde. Der junge Arzt hatte schon seit Tagen vor, Hertz Jospa aufzusuchen. Er war beunruhigt. Die Hiobsbotschaften schienen sich in letzter Zeit zu überschlagen. Bei dem Kommunisten und Mitherausgeber der jiddischen Untergrundzeitschrift »Onzer Wort« liefen viele Informationsstränge zusammen. Dort würde er mehr über die tatsächliche politische Lage hören. Und außerdem hatte Youra die Erfahrung gemacht, daß ein Gespräch mit dem nachdenklichen und unbestechlichen Landsmann aus Bessarabien die eigenen sprudelnden Gedanken ordnen half.

Als Youra am vergangenen Abend nach Hause gekommen war, fand er Alexandre, seinen geliebten »Choura« vor. Zwei Wochen lang hatte sein älterer Bruder nichts von sich hören lassen. Und nun saß er wie ein abgekämpfter Krieger in seinem angestammten Sessel am Kamin und war schrecklich hungrig. Rachel Livchitz stand in der Küche, um Makkaroni mit Tomatensauce zuzubereiten, ein Lieblingsgericht ihrer beiden Söhne.

Saps, wie sie von allen genannt wurde, war in diesen Zeiten der Abschiede ohne Wiederkehr für jede Stunde dankbar, die sie mit Youra und Choura gemeinsam verbringen konnte. Als Sozialhelferin bei der Israelitischen Gemeinschaft hörte sie tagtäglich von den schrecklichsten Familientragödien:

Ehepaare wurden auseinandergerissen, Eltern hofften seit Monaten vergebens auf ein Lebenszeichen ihrer zum Arbeitseinsatz gefahrenen Söhne und Töchter, Kinder, deren Mütter und Väter in einem der Züge nach Osten verschwunden waren, blieben als Waisen zurück. Jeder Tag konnte für einen Juden der letzte in Freiheit sein, solange die Nazis in Belgien regierten. Manchmal fragte sich die 54jährige, ob sie als junge Frau in München tatsächlich in diesem Land gelebt hatte, aus dem nun alles Unheil dieser Welt zu kommen schien.

Die vier Jahre in der bayrischen Hauptstadt an der Seite ihres Mannes hatten ihr ein so anderes Deutschlandbild vermittelt. Sie erinnerte sich an die üppigen kulturellen Angebote, die Ausstellungen, Theater- und Konzertbesuche, an die Offenheit für alle neuen Geistesströmungen. Nun standen die Theosophie und Rudolf Steiners Anthroposophie, Lehren, die damals in Deutschland viele Menschen angezogen hatten, auf dem Index der Nazis. Im Land der Dichter und Denker herrschten die Mißgünstigen und die Bornierten – und die Judenhasser.

Dieser fatale Haß traf auch sie und ihre Söhne. Rachel Livchitz hatte ihre Kinder bewußt nicht in der jüdischen Tradition erzogen. Dies hätte ihrer liberalen Haltung und ihrer theosophischen Überzeugung von der Gleichwertigkeit aller Religionen widersprochen. Weit mehr als in der jüdischen Gemeinde war ihr Leben in Brüssel in der Theosophischen Gemeinschaft verankert. Unter den Mitgliedern hatte sie ihre Freunde gefunden. Es waren Akademiker, Künstler und Intellektuelle, die allem Neuen gegenüber aufgeschlossen waren, die wie sie Musik und Literatur liebten.

Daß ihr inzwischen 32jähriger Sohn Alexandre in der Partisanenarmee als »commandant Jean« eine wichtige Rolle spielte, erfüllte Saps mit Stolz, aber auch mit Angst. Sie wußte, daß er kürzlich an dem Überfall auf eine Polizeistation in Molenbeek beteiligt gewesen war. 62000 Lebensmittelkarten und 24 Revolver waren dabei erbeutet worden. Choura renommierte nicht mit seinen Heldentaten gegen die Besatzer. Aber sie ahnte, daß ihr Ältester an weit gefährlicheren Aktionen teilnahm und häufig in Lebensgefahr schwebte.

Ihre Sorge wuchs, als sie an diesem Abend von ihrem Sohn erfuhr, daß in Brüssel mehrere seiner Kameraden verhaftet worden waren. Die Gestapo besaß offensichtlich Informationen aus dem Widerstand, sonst hätte sie nicht diesen Coup gegen die Résistance gelandet. Zwei von Chouras Kameraden waren als »kommunistische Terroristen« im belgischen Konzentrationslager Breendonk interniert, weil man Waffen in ihrem Besitz gefunden hatte. Drei Brüsseler Partisanen saßen inzwischen im Sammellager Mechelen und mußten fürchten, deportiert zu werden. Ihnen hatte die Gestapo nur nachweisen können, daß sie Juden waren.

Während die Festung Breendonk hermetisch abgeschlossen war, drangen aus der Dossin-Kaserne in Mechelen immer wieder Nachrichten nach außen. Einige der privilegierten Juden, die in sogenannter »Mischehe« mit einem Arier lebten oder von einem arischen Elternteil abstammten, übten im Sammellager Funktionen aus, die sie in Kontakt mit der Außenwelt brachten. Über diese Kanäle flossen die Informationen.

Aber Choura hatte an diesem Abend auch Erfreuliches zu berichten. Wie ein Wunder waren kürzlich zwei jüdische Partisanen wieder bei ihren Kommandos aufgetaucht. Man hatte sie längst in einem deutschen Konzentrationslager vermutet. Sie waren noch auf belgischem Boden aus dem Deportationszug gesprungen, der am 15. Januar von Mechelen aus gestartet war. Einer der Flüchtigen wollte seine Erfahrungen gern in einer Untergrundzeitung publik machen. Vielleicht könnte man auf diese Weise auch andere Juden ermutigen, jede sich bietende Chance zur Flucht zu ergreifen.

Youra, so hatten die beiden Brüder vereinbart, sollte Hertz Jospa davon unterrichten. Das jüdische Verteidigungskomitee sei sicherlich an weiteren Einzelheiten dieser Fluchtmöglichkeit interessiert.

Erst kurz vor Mitternacht hatte sich der ältere Livchitz verabschiedet. Weil es zu spät und zu riskant war, in das Quartier zurückzukehren, in dem er sich gerade versteckt hielt, wollte er bei ihrer gemeinsamen Freundin Minnie Minet übernachten. Die temperamentvolle Pianistin war auf derlei Überraschungsgäste stets eingestellt. Ihre samstäglichen Soirees für die Boheme fanden nicht mehr statt. Das Gesellschaftsleben von Youra und seinen Freunden war damit um ein buntes Ereignis ärmer geworden. Bei der letzten Party war ein deutscher Militärlastwagen in der Rue Van Goidtsoven vorgefahren, hatte alle Gäste eingeladen und in der Oberfeld-Kommandantur die Personalien überprüfen lassen. Offensichtlich hatte es einen Hinweis gegeben, daß die Musikdarbietungen an den Abenden nur eine Tarnung seien. Glücklicherweise mußte die Militärpolizei Minnie und ihre geladenen und ungeladenen Gäste wieder auf freien Fuß lassen. Aber der Schock saß tief.

Pünktlich um acht Uhr morgens rief Youra im Labor der Firma Pharmacobel an, um anzukündigen, daß er an diesem Tag später zur Arbeit kommen würde. Dann versuchte er Maurits Bolle zu erreichen. Der Niederländer, Vater seiner Studienfreundin Hélène und ein enger Mitstreiter von Jospa im jüdischen Verteidigungskomitee, hatte ausnahmsweise die Nacht zu Hause verbracht. Seit sich der Mittfünfziger, Repräsentant eines niederländischen Unternehmens, im Widerstand engagiert hatte, lebte er nur noch sporadisch in seinem großbürgerlichen Haus in der Avenue Lepoutre. Meist schlief er bei Freunden, um seine Familie nicht zu gefährden. Hélène absolvierte gerade ihr letztes Studienjahr in Medizin an der Universität Lüttich.

Bolle erbot sich, Jospa zu informieren, daß Youra ihn um 11 Uhr im Büro aufsuchen würde. Er selbst hatte sich dort für 10.30 Uhr angekündigt. Diese eiserne Regel, jedes Treffen exakt abzusprechen, half, im Untergrund zu überleben.

Kaum hatte Youra den Hörer aufgelegt, wählte er aufs neue. Diesmal rief er bei Jacqueline Mondo an. Mit der hübschen Medizinstudentin hatte er als Tutor in einem Erstsemesterkurs einen heftigen Flirt begonnen. Und ihre Verliebtheit dauerte an. Vielleicht hatte sie ja Lust zu einem kleinen Morgenspaziergang. Denn noch war es viel zu früh für die Verabredung mit Jospa. Ausnahmsweise schien dieser Februarmorgen einmal heller und freundlicher als die vergangenen grauen und naßkalten Wintertage zu werden. Frische Luft und eine Plauderei mit seiner Freundin würden ihm gut tun.

Jacqueline zeigte sich begeistert von der Idee. Sie wollten sich in der Nähe ihres Elternhauses an den Etangs d'Ixelles treffen. Nicht weit davon lag das Büro des CDJ. Nach einem hastigen Frühstück nahm Youra die Straßenbahn, die genau vor seiner Haustür hielt. In riesigen Aufschriften an der Außenseite der Tram wurden die Belgier in Französisch und Niederländisch aufgefordert, als Arbeitskräfte nach Deutschland zu gehen. Dort winke ihnen ein guter Lohn und eine gute Gesundheitsfürsorge. Jemand hatte die Reklame mit einem

Totenkopf versehen, dem Zeichen, das die SS-Männer an ihren Schirmmützen und Gürtelschnallen trugen.

Hand in Hand bummelte Youra wenig später mit der lebhaft plaudernden Jacqueline um die Teiche von Ixelles. Das junge Mädchen stammte aus einer bürgerlichen belgischen Familie, der Vater war Rechnungsprüfer bei der Stadt, die Mutter besaß eine Modeboutique. Auch sie waren im Widerstand. Die Mondos halfen dabei, englische Piloten, die über Belgien abgeschossen wurden und sich mit dem Fallschirm retten konnten, zu verstecken und nach Großbritannien zurückzuschmuggeln.

Es war genau halb elf Uhr, als Youra das Schreibwarengeschäft betrat. Der junge Livchitz gehörte zu den wenigen, die den Weg durch den Laden zum Büro in der ersten Etage kannten. Als ihm nach dem vereinbarten Klopfzeichen die Tür geöffnet wurde, stieg ihm der köstliche Duft echten Bohnenkaffees in die Nase. Ein seltener Luxus in diesen harten Kriegszeiten. Aber der Geschäftsmann Bolle, bei dem sich der Hang zum guten Leben in einem leichten Übergewicht niedergeschlagen hatte, verfügte offensichtlich über eine nie versiegende Quelle für dieses Lebenselixier.

Mit Youra waren nun drei Generationen in dem kleinen provisorischen Büro versammelt. Livchitz war 25, Hertz Jospa 38 und »Papa Bolle«, wie er bei den Freunden seiner Tochter Hélène hieß, 55 Jahre alt. Die beiden Älteren mochten den jungen idealistischen Mediziner. Beide waren überzeugt, daß Youra Livchitz mit seinem Intellekt und der Fähigkeit, Menschen für sich zu gewinnen, eine große Zukunft als Arzt erwartete. Wenn sich die Zeiten nur endlich ändern würden.

Hertz Jospa, der überzeugte Marxist, besaß die Gabe, aus einer Vielzahl der unterschiedlichsten Informationen die wesentlichen Elemente herauszufiltern und – frei von allen Ideologien und Vorurteilen – seine Schlußfolgerungen zu ziehen. Auch diesmal beeindruckte er seine beiden Zuhörer mit seiner klaren Analyse. An der Ostfront sah es weiterhin gar nicht so schlecht aus. In Leningrad und im Kaukasus war die Rote Armee auf dem Vormarsch. 100 Divisionen der Wehrmacht waren geschlagen, 300000 deutsche Soldaten in sowjetischer Kriegsgefangenschaft.

Doch an der Heimatfront, in Belgien, hatte der bewaffnete Widerstand gegen die deutschen Besatzer schwere Verluste hinnehmen müssen. Mit fast tonloser Stimme rekapitulierte Jospa die niederschmetternden Berichte seiner Genossen in Charleroi. Auch in Brüssel war die Lage eher deprimierend. Jospas Informationen deckten sich mit denen, die Youra am Vorabend von seinem Bruder vernommen hatte.

Über die gelungene Flucht von Widerständlern aus einem Deportationszug hatte Jospa gerüchteweise gehört. Daß diese nun von Youra bestätigt wurde, war für ihn eine gute Nachricht. Wenn diese Männer es riskiert hatten, vom Zug zu springen, dann zeugte das von einem erwachenden Widerstandsgeist unter den Deportierten. In den vergangenen Monaten war Jospa immer wieder dasselbe Bild durch den Kopf gegangen: Das Bild einer Schafherde, die ihrem Schlächter willig zur Schlachtbank folgt.

Oft war er verzweifelt, daß die Aufklärungsarbeit des Widerstandes, daß Zeitungsartikel und Flugblätter so wenig bei den braven Israeliten bewirkten. Die Mehrzahl der Juden glaubte tatsächlich, die Züge gen Osten würden sie in Arbeitslager bringen, wo sie gemeinsam mit ihren Familien unter harten Bedingungen das Ende des Krieges abwarten könnten. Alles andere hielten sie für sowjetische Greuelpropaganda.

Doch nun hatten sich einzelne Schafe von ihrer Herde entfernt, waren geflüchtet und tatsächlich ihren Schlächtern entkommen. Das war vielleicht der Beginn einer stillen Rebellion, die es wachzuhalten und zu verstärken galt. Vielleicht fanden sich doch Mittel und Wege, die wie geschmiert laufende Deportationsmaschinerie der Nazis zu sabotieren. Jospas Blick fiel auf das Deckblatt des auf dem Tisch liegenden Zentralorgans der Kommunistischen Partei. »Ja! Es gibt Möglichkeiten, die Deportationen scheitern zu lassen!« lautete die

Überschrift eines Artikels auf der ersten Seite von »Le Drapeau Rouge«. Auch seine beiden Gesprächspartner starrten wie gebannt auf die fettgedruckte Zeile.

Doch schnell mußten sie erkennen, daß es bei dem Artikel in der »Roten Fahne« nicht um die Juden ging. Es war ein Appell der Kommunistischen Partei an die Arbeiterklasse, durch Streik und Boykott die Zwangsverschickung der belgischen Arbeitskräfte nach Deutschland zu stoppen und damit der feindlichen Rüstungsindustrie zu schaden: »Hitler ist fest entschlossen, für die riesigen Verluste, die er durch die Rote Armee erlitten hat, und für seine Fabriken skrupellos sämtliche Arbeitskräfte aus den besetzten Gebieten abzuziehen. Es ist falsch zu behaupten, daß man den Besatzer nicht in seine Schranken verweisen kann. Die Arbeiter haben das bisher jedes Mal erreicht, wenn sie gemeinsam und geschlossen gehandelt haben.« Schon sei es in verschiedenen Unternehmen der Wallonie zu Streiks gegen die Zwangsarbeit in deutschen Fabriken gekommen.

Wie viel hoffnungsloser war dagegen die Lage der Juden. Niemand würde ihretwegen streiken, niemand würde ihretwegen zum Boykott aufrufen. Dennoch ließ Jospa von nun an der Gedanke nicht mehr los, daß es vielleicht doch eine Möglichkeit gab, einen Teil der Internierten zu retten, die in Mechelen auf den nächsten Konvoi nach Auschwitz warteten.

Siebzehntes Kapitel
Die Profiteure der Deportation
Ende Februar 1943

Diese klare Winternacht in der zweiten Februarhälfte 1943 hat sich tief in Claires Gedächtnis eingegraben. Die junge Trotzkistin lebte mit ihrem Mann Philippe nun schon vier Wochen im Sammellager Mechelen. Flüsternd waren in den vergangenen Tagen unter den Internierten Nachrichten wei-

Youra Livchitz

Robert Maistreau

Jean Franklemon

Ita Gronowski

Ehepaar Goldsteinas in der Vorkriegszeit auf der Avenue Louise

Youra Livchitz und Minnie Minet

Marcel Hastir, Henriette Vander Hecht, Youra Livchitz, 1938

Simon Gronowski und seine Eltern

J. Krishnamurti, Zeichnung von Marcel Hastir

Marguérite Boulenger-Franklemon am Tag ihrer Hochzeit mit ihren Eltern (erste und zweiter von rechts) und ihrem Bruder Jean (vierter von rechts), 12. November 1942

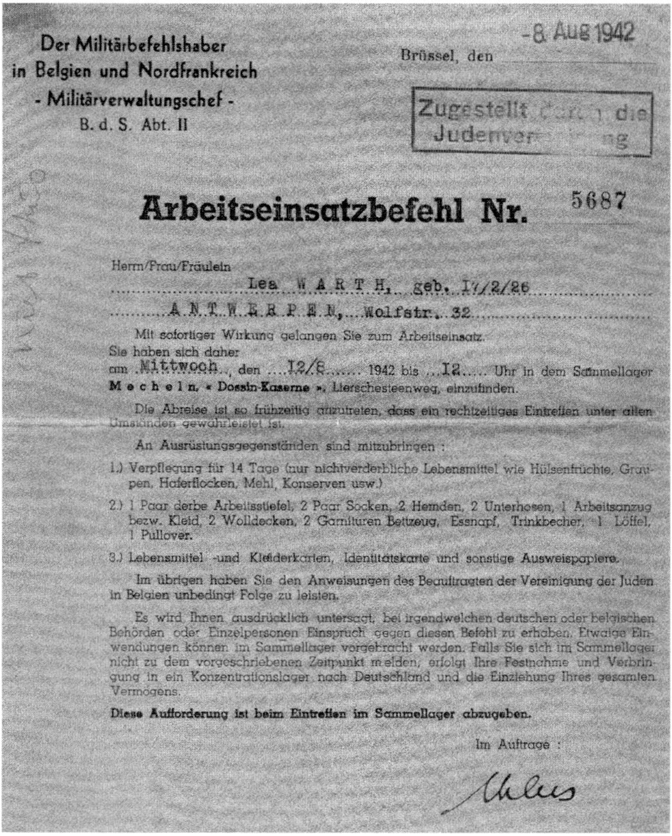
Der Militärbefehlshaber
in Belgien und Nordfrankreich
- Militärverwaltungschef -
B. d. S. Abt. II

Brüssel, den -8. Aug 1942

Zugestellt durch die Judenvereinigung

Arbeitseinsatzbefehl Nr. 5687

Herrn/Frau/Fräulein
Lea W A R T H, geb. 17/2/26
A N T W E R P E N, Wolfstr. 32

Mit sofortiger Wirkung gelangen Sie zum Arbeitseinsatz.
Sie haben sich daher
am Mittwoch, den 12/8 1942 bis 12 Uhr in dem Sammellager
M e c h e l n, « Dossin-Kaserne », Lierschesteenweg, einzufinden.

Die Abreise ist so frühzeitig anzutreten, dass ein rechtzeitiges Eintreffen unter allen Umständen gewährleistet ist.

An Ausrüstungsgegenständen sind mitzubringen :

1.) Verpflegung für 14 Tage (nur nichtverderbliche Lebensmittel wie Hülsenfrüchte, Graupen, Haferflocken, Mehl, Konserven usw.)

2.) 1 Paar derbe Arbeitsstiefel, 2 Paar Socken, 2 Hemden, 2 Unterhosen, 1 Arbeitsanzug bezw. Kleid, 2 Wolldecken, 2 Garnituren Bettzeug, Essnapf, Trinkbecher, 1 Löffel, 1 Pullover.

3.) Lebensmittel -und Kleiderkarten, Identitätskarte und sonstige Ausweispapiere.

Im übrigen haben Sie den Anweisungen des Beauftragten der Vereinigung der Juden in Belgien unbedingt Folge zu leisten.

Es wird Ihnen ausdrücklich untersagt, bei irgendwelchen deutschen oder belgischen Behörden oder Einzelpersonen Einspruch gegen diesen Befehl zu erhaben. Etwaige Einwendungen können im Sammellager vorgebracht werden. Falls Sie sich im Sammellager nicht zu dem vorgeschriebenen Zeitpunkt melden, erfolgt Ihre Festnahme und Verbringung in ein Konzentrationslager nach Deutschland und die Einziehung Ihres gesamten Vermögens.

Diese Aufforderung ist beim Eintreffen im Sammellager abzugeben.

Im Auftrage :

Arbeitseinsatzbefehl (Service des Victimes de la Guerre)

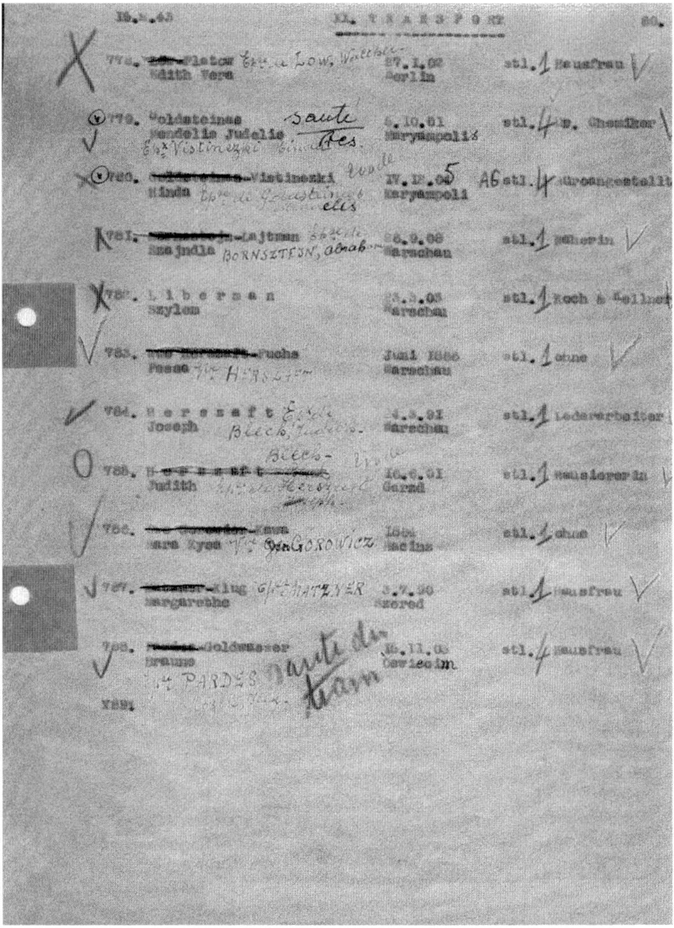

15.3.43 XI. TRANSPORT 80.

778.	[redacted]-Platow Edith Vera	27.1.02 Berlin	stl. 1	Hausfrau
779.	Goldsteinas Mendelis Judelis	6.10.81 Maryampolis	stl. 4	Chemiker
780.	[redacted]-Vistinezki Rinda	IV.12.0? Maryampoli	stl. 4	Angestellt
781.	[redacted]-Lajtman Szajndla	26.9.08 Warschau	stl. 1	Näherin
782.	L i b e r m a n Szylem	[illegible] Warschau	stl. 1	Koch & Kellner
783.	[redacted]-Fuchs Pessa	Juni 1886 Warschau	stl. 1	ohne
784.	H e r s z a f t Joseph	24.3.91 Warschau	stl. 1	Lederarbeiter
785.	H e r s z a f t Judith	16.6.91 Garwd	stl. 1	Hausiererin
786.	[redacted]-Kawa Sara Ryse	1884 [illegible]	stl. 1	ohne
787.	[redacted]-Klug Margarethe	3.7.90 Sered	stl. 1	Hausfrau
788.	[redacted]-Goldwasser Braune	16.11.08 Oswiecim	stl. 4	Hausfrau
789.				

Auszug aus der Liste der Deportierten (Service des Victimes de la Guerre)

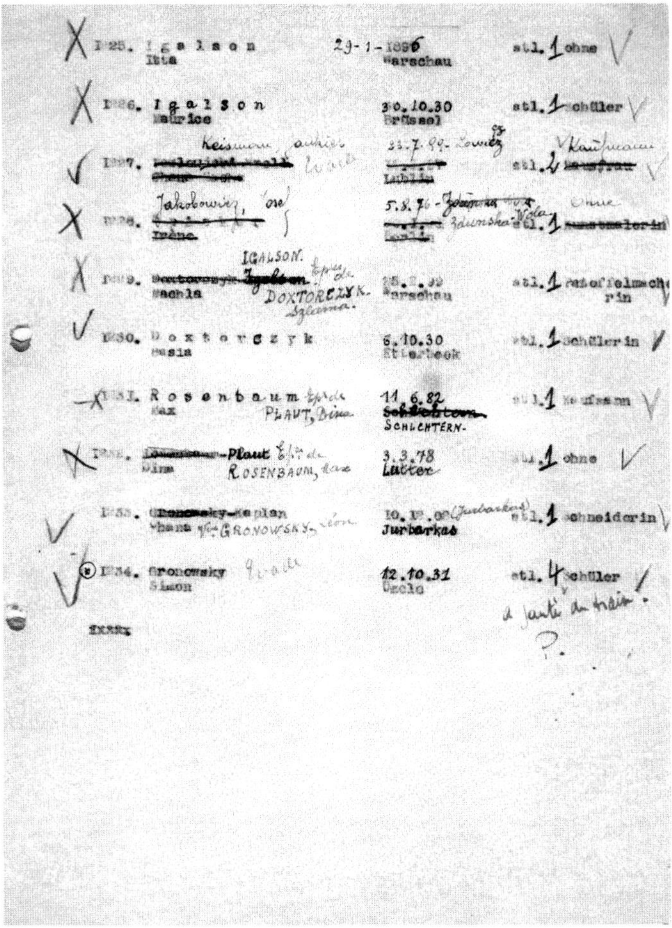

1325.	Igalson Itta	29-1-1896 Warschau	stl. 1 ohne
1326.	Igalson Maurice	30.10.30 Brüssel	stl. 1 Schüler
1327.	[illegible]	[illegible] Lublin	stl. 4 [illegible]
1328.	[illegible] Irène	5.8.76 [illegible]	stl. 1 [illegible]
1329.	[illegible] Igalson Rachla	[illegible] Warschau	stl. 1 Pantoffelmacherin
1330.	Doxtorczyk Hasia	6.10.30 [illegible]	stl. 1 Schülerin
1331.	Rosenbaum Max	11.6.82 Schlüchtern	stl. 1 Kaufmann
1332.	[illegible]-Plaut Dina	3.3.78 Lutter	stl. 1 ohne
1333.	[illegible]-Kaplan [illegible]	10.[illegible] Jurbarkas	stl. 1 Schneiderin
1334.	Gronowsky Simon	12.10.31 [illegible]	stl. 4 Schüler

xxxxx

Auszug aus der Liste der Deportierten (Service des Victimes de la Guerre)

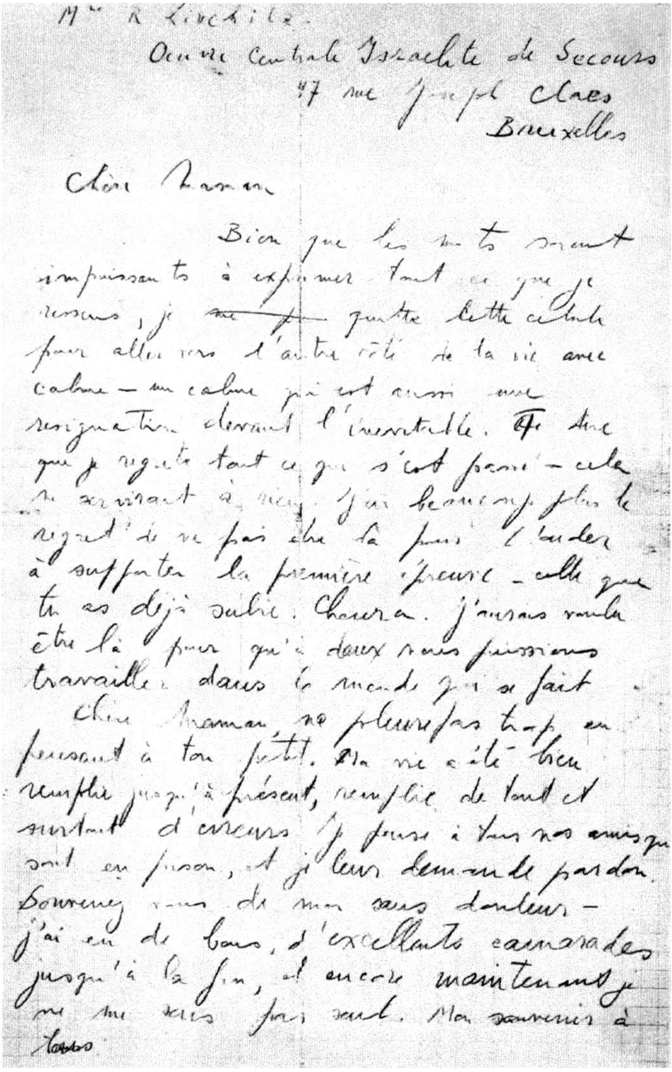
Mme R Livchitz.
Oeuvre Centrale Israélite de Secours
47 rue Joseph Claes
Bruxelles

Chère Maman

Bien que les mots soient impuissants à exprimer tout ce que je ressens, je ~~me~~ quitte cette cellule pour aller vers l'autre côté de la vie avec calme – un calme qui est aussi une résignation devant l'inévitable. Ce n'est pas que je regrette tout ce qui s'est passé – cela ne servirait à rien. J'ai beaucoup plus le regret de ne pas être là pour t'aider à supporter la première épreuve – celle que tu as déjà subie. Choura. J'aurais voulu être là pour qu'à deux nous puissions travailler dans le monde qui se fait.
Chère Maman ne pleure pas trop en pensant à ton petit. Ma vie a été bien remplie jusqu'à présent, remplie de tout et surtout d'erreurs. Je pense à tous nos amis qui sont en prison, et je leur demande pardon. Souvenez-vous de moi sans douleur – j'ai eu de bons, d'excellents camarades jusqu'à la fin, et encore maintenant je ne me sens pas seul. Mon souvenir à tous.

Abschiedsbrief von Youra Livchitz an seine Mutter Rachel (Archiv Fort Breendonk)

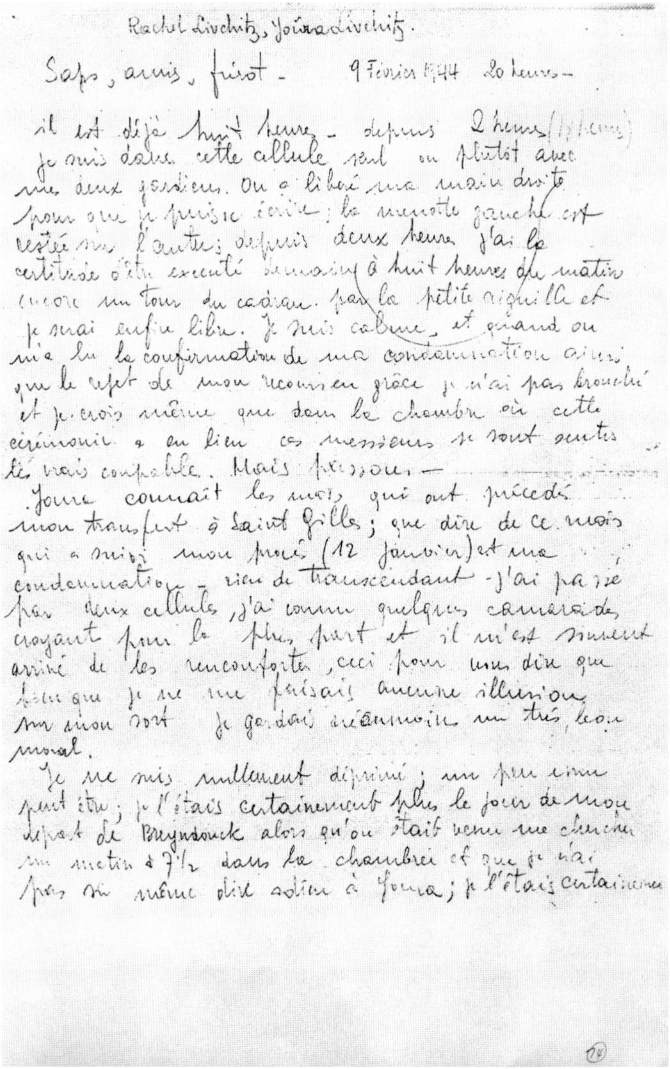

Rachel Livchitz, Youra Livchitz.

Saps, amis, frérot — 9 Février 1944 20 heures —

il est déjà huit heure — depuis 2 heures (14 heures) je suis dans cette cellule seul ou plutôt avec mes deux gardiens. On a libéré ma main droite pour que je puisse écrire; la menotte gauche est restée sur l'autre; depuis deux heure j'ai la certitude d'être exécuté demain à huit heures du matin encore un tour du cadran par la petite aiguille et je serai enfin libre. Je suis calme, et quand on m'a lu la confirmation de ma condamnation ainsi que le rejet de mon recours en grâce je n'ai pas bronché et je crois même que dans la chambre où cette cérémonie a eu lieu ces messieurs se sont sentis les vrais coupables. Mais passons —

Youra connaît les mois qui ont précédé mon transfert à Saint Gilles; que dire de ce mois qui a suivi mon procès (12 janvier) et ma condamnation — rien de transcendant — j'ai passé par deux cellules, j'ai connu quelques camarades, croyant pour la plus part et il m'est souvent arrivé de les réconforter, ceci pour vous dire que bien que je ne me faisais aucune illusion sur mon sort je gardais néanmoins un très bon moral.

Je ne suis nullement déprimé; un peu ému peut être; je l'étais certainement plus le jour de mon départ de Breendonck alors qu'on était venu me chercher un matin à 7½ dans la chambrée et que je n'ai pas pu même dire adieu à Youra; je l'étais certainemen

Abschiedsbrief von Alexandre Livchitz an seine Mutter Rachel (Archiv Fort Breendonk)

Hertz, Paul und Yvonne Jospa, 1945

Rachel Livchitz mit dem Sohn von Lily Allègre in der Nachkriegszeit

Régine Krochmal mit zwei Kameraden aus der Österreichischen Freiheitsfront, Brüssel, September 1944

Claire und Philippe Prowizur- Szyper, 1951

Jacques Grauwels und Simon Gronowski, 1998 (Wim Van Cappellen)

Sohn Philippe, Régine Krochmal, Marion Schreiber, Jacques Grauwels, Robert Maistriau, 1998 (Wim Van Cappellen)

Philippe Franklemon, Jacques Grauwels, Régine Krochmal, Marion Schreiber, Robert Maistriau, Simon Gronowski, 1998 (Wim Van Cappellen)

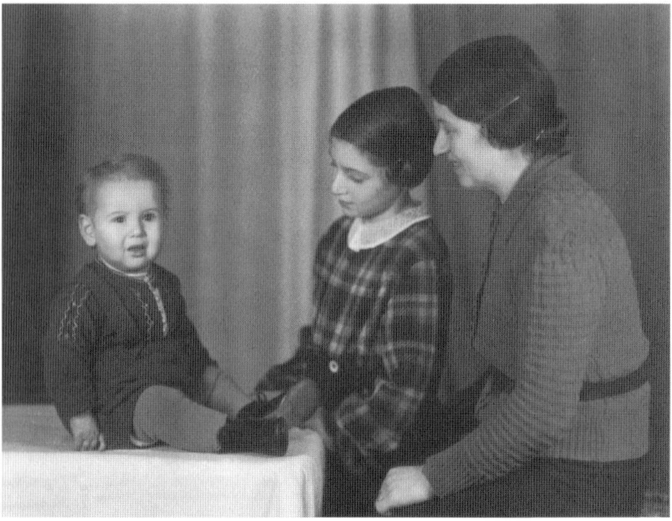

Paul Spiegel mit seiner Schwester Rosa und seiner Mutter in Warendorf, 1938

Ruth und Paul Spiegel in Brüssel, 1945

Ruth Spiegel mit der Bauersfrau und und deren Sohn, die Paul versteckten

tergegeben worden: Stalingrad widerstehe weiterhin der deutschen Wehrmacht, die riesige Verluste habe hinnehmen müssen. Hitlers Armee versinke in Schnee und Schlamm. Die deutschen Soldaten, mangelhaft gerüstet für den russischen Winter, litten unter Hunger und Kälte.

In der Dossin-Kaserne war die Atmosphäre zum Reißen gespannt. Auch den Bewachern von der SS hatte sich die gehobene Stimmung unter den Häftlingen mitgeteilt. Die Männer in den Uniformen waren wütend. Denn sie kannten den Grund für die stille Euphorie der Gefangenen: die immer wahrscheinlicher werdende Niederlage von Hitlers Armee und die Hoffnung auf ein Ende der deutschen Besatzung in Belgien.

Mit der Zuversicht, daß bald die kriegsentscheidende Wende eintreten und ihre Gefangenschaft in diesem Lager nicht mehr lange dauern würde, war Claire neben ihrem Mann Philippe auf der grob gezimmerten Pritsche im Schlafsaal eingeschlafen. Plötzlich rissen Sirenen die beiden aus tiefem Schlaf. Es war Mitternacht. Im Innenhof der Kaserne flammten Scheinwerfer auf, aus den Lautsprechern bellte ein Stimme: »Alle Gefangenen antreten zum Appell.«

In Windeseile kleideten sich alle an, denn draußen würde es bitter kalt sein. Mütter halfen ihren schlaftrunkenen Kindern in die Jacken, mit zittrigen Händen knöpften sich die Alten ihre Mäntel zu. Dann schoben sie sich die Treppe vom Schlafsaal hinunter in den Innenhof der Kaserne.

An einem erleuchteten Fenster im ersten Stockwerk, rechts neben dem Eingangsportal, zeichnete sich die hohe Gestalt des Obersturmführers Schmitt ab. Der 41jährige Oberleutnant war Chef des Sammellagers und des KZ Breendonk. An seiner Seite stand eine schöne, junge rothaarige Frau, eine Jüdin, die Claire nie zuvor gesehen hatte. Hinter dem Paar drängten sich grölende SS-Männer. Sie amüsierten sich über das Schauspiel auf dem fußballfeldgroßen Kasernenhof, wo die aus dem Schlaf geschreckten Menschen aufgeregt durcheinanderliefen. Und sie feuerten ihre ebenfalls angetrunkenen

Kollegen dort unten im Gewimmel an, mit ihren Hunden und Pistolen für Ordnung zu sorgen.

Über den Lautsprecher wurde den Häftlingen befohlen, sich in geordneten Reihen aufzustellen und still zu sein. Doch das Schluchzen der Verängstigten und das Weinen der Kinder wollte nicht enden. Claire Prowizur, die wie angewurzelt stehen geblieben war, starrte hinauf zu dem Lagerkommandanten. Sie beobachtete, wie er seinen Revolver zog und in die Menschenmenge zielte. Claire glaubte in diesem Augenblick die Gedanken des SS-Offiziers dort oben am Fenster lesen zu können: »Wir waren mehr als nur seine Feinde in dieser Nacht, wir verkörperten für ihn bereits den Anfang von ihrem Ende.«

Der Lagerkommandant schoß. Doch in diesem Augenblick legte seine jüdische Geliebte ihre Hand auf seine Pistole und lenkte den Lauf in eine andere Richtung. Die Kugeln flogen in den klaren Februarhimmel. Niemand wurde getroffen.

Gegen zwei Uhr morgens war der nächtliche Spuk beendet. Claire und Philippe durften mit allen anderen Gefangenen in den Schlafsaal zurückkehren. Diesmal erschien ihnen die Holzpritsche mit dem Strohsack wie ein sicherer Hort.

Nicht immer liefen die Ausschreitungen des Lagerkommandanten so glimpflich ab. Philipp Schmitt war ein gutaussehender hochgewachsener Mann in den Vierzigern, dessen eiskalten hellen Augen nichts zu entgehen schien. Jeden kleinen Fehler, jede Unachtsamkeit ließ er mit Peitschenhieben oder Arrest ahnden. Seine schlimmste Waffe war sein Schäferhund »Lump«, der ihn überallhin begleitete.

Wenn Schmitt in seiner SS-Montur und in den hohen Schaftstiefeln, den Hund an seiner Seite, im Kasernenhof von Mechelen oder im KZ Breendonk auftauchte, dann versuchten sich die Gefangenen schleunigst zu verdrücken. Mehrmals schon hatte er seine Bestie auf Männer gehetzt, die ihm nicht mit ausreichender Servilität begegnet waren. Dem aus Frankfurt stammenden Häftling Hermann Hirsch mußte nach einer solchen Attacke ein Bein amputiert werden. Als er, die

Nummer 800 auf der Transportliste, mit dem 20. Konvoi in Auschwitz ankam, hatte er als Invalide keine Chance, der Selektion für die Gaskammer zu entgehen.

Der Journalist Ernst Landau kann noch heute auf die Wunde an seinem Oberschenkel verweisen, die ihm der Hund des Obersturmführers im Fort Breendonk gerissen hat. Der vor den Nazis geflüchtete junge Wiener war 28 Monate lang in dem belgischen Konzentrationslager eingekerkert, nachdem er als Mitarbeiter einer belgischen Untergrundzeitung verhaftet worden war. Den SS-Schergen Schmitt hat er in schrecklicher Erinnerung: »Er war ein grausamer Sadist.«

Und es war bekannt, daß der Obersturmführer sich an seinen Gefangenen bereicherte. Im Sammellager Mechelen verfügte Schmitt über zwei Vorratsräume, zu denen nur er den Schlüssel besaß.

In den Nachkriegsjahren beschrieben ehemalige jüdische Arbeitskräfte des Sammellagers die Machenschaften der SS-Oberen in Mechelen. In ihren Zeugenaussagen vor dem belgischen Kriegsgericht werden stets dieselben besonders bösartigen oder raffgierigen Nazifunktionäre genannt: neben dem Lagerleiter Schmitt dessen Stellvertreter Max Boden, der für die Gepäckkontrolle zuständige Karl Mainzhausen sowie Erich Krull von der Brüsseler Treuhandstelle. Außerdem taucht in den Berichten immer wieder ein kleinwüchsiger Mann mit dicken Brillengläsern auf, der in regelmäßigen Abständen in der Dossin-Kaserne und in Breendonk erschien, der Judenreferent Kurt Asche.

Der Diplomvolkswirt Erich Krull hatte gleich bei der »Aufnahme« sein Geschäftszimmer. Er war der Vertreter der Treuhandstelle in Mechelen, also der Repräsentant der Organisation, die im Namen des Reiches das gesamte Vermögen der Juden beschlagnahmte. Dieselbe Stelle hatte bereits Léon Gronowskis Lederwarengeschäft enteignet und die Möbelfabrik des Notabeln Salomon Vanden Berg vom Judenrat unter Zwangsverwaltung gestellt.

Im Sammellager Mechelen war es Krulls Aufgabe, den

Internierten ihre letzten Besitztümer abzunehmen: Schmuck, Geld, Armbanduhren, Rasierapparate, Pelzmäntel und Füllfederhalter. Die Wertsachen wechselten unter seiner Aufsicht in den Besitz der Brüsseler Treuhandstelle. Diese war wiederum eine Außenstelle des Berliner Ostministeriums für die besetzten Gebiete, Abteilung Westen, die letztlich über das Vermögen der »Evakuierten« verfügte.

Von dem Bargeld, das die Treuhand den Verhafteten bei der »Aufnahme« abnahm, durfte die Lagerverwaltung für jeden Internierten 30 Franken als Verwaltungsgebühr und 1500 Franken für Kost und Logis einbehalten.

Ein ausgeklügeltes bürokratisches Verfahren sollte bei den Neuankömmlingen im Sammellager den Eindruck erwecken, sie würden irgendwann ihr Hab und Gut zurückerhalten. Wie sonst war es zu verstehen, daß Schmuck, Bargeld, Diamanten und die Hausschlüssel der Verhafteten im »Aufnahme«-Büro eingetütet wurden und der Umschlag dann mit dem jeweiligen Namen, der Adresse, der Transportnummer sowie einem Verzeichnis des Inhalts beschriftet wurde. Mit dem Umschlag in der Hand betrat der Häftling dann das Geschäftszimmer der Treuhandstelle, wo der Buchhalter Erich Krull aus Sachsen auf neue Beute lauerte.

Es war derselbe Mann in Zivil, der feixend zugesehen hatte, wie Claire Prowizur sich am Tag ihrer Ankunft in Mechelen bis auf die Haut entblößen mußte. Die erniedrigende Prozedur war angeblich notwendig, damit zwei SS-Männer in ihrer Kleidung und an ihrem Körper nach versteckten Wertgegenständen fahnden konnten. Der aus Halle an der Saale stammende Diplomvolkswirt war nicht nur »wegen seiner Brutalität und seiner Diebstähle bekannt«, so erklärte später die Zeugin Eva Fastag, die als jüdische Schreibkraft im Büro der »Aufnahme« gearbeitet hatte. Krull zeichnete sich außerdem durch sein »skandalöses Verhalten« gegenüber Frauen und jungen Mädchen aus. »Es machte ihm Vergnügen«, so die Zeugin Fastag, »bei der Untersuchung von Frauen dabei zu sein.«

An seinem Schreibtisch nahm Krull den Umschlag mit den enteigneten Wertgegenständen in Empfang. Von dem Besitzer ließ er sich den Inhalt der Tüte per Unterschrift bestätigen. Dann wurde eine sogenannte Vermögensliste aufgestellt, die alle Einzelheiten über den Besitz des Internierten auflistete. Manchem der Neuankömmlinge wußte Krull, der sich dann betont fürsorglich gab, tatsächlich Details über deren Aktien, Immobilien oder Geschäftsbeteiligungen zu entlocken. Damit waren sie ihres Eigentums beraubt. Ihr Vermögen ging umgehend in den Besitz der Brüsseler Treuhandstelle über.

Nicht alle Angaben notierte Krull in der offiziellen Vermögensliste. Der Buchhalter des NS-Beuteguts führte auch seine private Kartei. Wenn ein Inhaftierter gutgläubig war und ihm erzählte, daß er teure Gemälde oder kostbares Silber in seiner Wohnung zurückgelassen hatte, dann behielt der Treuhand-Angestellte diese Informationen zunächst für sich. Schließlich verfügte er über die Adresse und den Wohnungsschlüssel des Eigentümers. Und gemeinsam mit den anderen Komplizen des Sammellagers war es ein leichtes, die Wohnungen nach Wertgegenständen zu filzen, ehe sie von den Mitarbeitern der in Antwerpen residierenden Außenstelle des Ostministeriums leergeräumt wurden.

Die nächste Phase der Enteignung im Sammellager überwachte Karl Mainzhausen, ein Kumpan von Kurt Asche aus dem Brüsseler Sicherheitsdienst. Der große, ungeschlacht wirkende SS-Mann war für die Gepäckkontrolle der Angekommenen zuständig. Kriminaloberassistent Mainzhausen versuchte noch nicht einmal, seine Diebstähle zu vertuschen. Ganz offen griff er zu, wenn ihm beim Durchwühlen der Koffer und Taschen etwas in die Hände fiel, das er für wertvoll hielt.

In jenem Februar 1943, als unter den Gefangenen in Mechelen die trügerische Hoffnung aufkam, die Tage der deutschen Gewaltherrschaft seien gezählt, war offensichtlich auch SS-Untersturmführer Mainzhausen davon überzeugt, daß der Krieg zu Ende ging. Er brachte anläßlich seines zweiwöchigen Heimaturlaubs vorsorglich sein Diebesgut in Sicherheit.

Mainzhausen, so beobachtete Eva Fastag damals, hatte einen Lastwagen organisiert, in dem er die von den Juden gestohlenen Lebensmittel, Kleidungsstücke und Wertsachen nach Deutschland mitnahm.

Der Vierte im Reigen der korrupten Nazis von Mechelen war Max Boden, der Personalchef des Lagers. Für die junge Trotzkistin Claire Prowizur ähnelte dieser krummbeinige Mittfünfziger eher als die Mehrzahl der jüdischen Häftlinge der Nazikarikatur eines Semiten, hätte man ihn nur seiner Uniform und seiner Insignien der Macht – Peitsche und Pistole – entkleidet.

Einige Häftlinge machten gleich am ersten Tag ihrer Ankunft Bekanntschaft mit der bösartigen Brutalität des stellvertretenden Lagerleiters. Nachdem alle Neuankömmlinge die »Aufnahme« und die Gepäckkontrolle durchlaufen und ihren Platz im Schlafsaal zugewiesen bekommen hatten, mußten sie im Innenhof zum Appell antreten. Boden schritt die Reihen ab und wählte die Gutgekleideten, die Vornehmeren unter den Neulingen aus. Sie wurden dem Latrinendienst zugeteilt. Mit bloßen Händen und mit Küchensieben sollten sie in der Kloake nach Geldscheinen und Schmuck fischen. Denn lieber warfen einige Gefangene ihr Geld und ihre Juwelen in den Abtritt, als die Wertsachen bei den Nazis abzuliefern.

Nach dieser schrecklichen Arbeit in den Latrinen verbot der SS-Aufseher den Männern, sich und ihre Kleidung zu waschen. Erst am nächsten Morgen durften sie in den Waschraum. Geldscheine, Edelsteine und Schmuckstücke, die sie in der Kloake gefunden hatten, wurden sorgfältig gereinigt und von Boden in das Geschäftszimmer des Treuhand-Vertreters Krull gebracht. Dort fanden sich auch Lagerkommandant Schmitt und Gepäckkontrolleur Mainzhausen ein. »Sie teilten dann die Tagesbeute untereinander auf«, sagte später die jüdische Schreibkraft Benita Hirschfeld vor dem belgischen Kriegsgericht aus.

Etwa einmal im Monat kreuzte der Brüsseler Judenreferent Kurt Asche mit seinem Kollegen Fritz Erdmann in Mechelen auf. Die beiden SS-Männer inspizierten die Büros und Werkstätten und beobachteten die Arbeit der Schreibkräfte. Ihre Ankunft versetzte das jüdische Hilfspersonal stets in Angst und Schrecken. Immer wieder pickte sich der kleine Obersturmführer ein oder zwei der privilegierten jüdischen Arbeitskräfte heraus und regte bei Verwaltungschef Boden an, diese auf die Liste für den nächsten Transport zu setzen. Asche hielt nichts von einer Sonderbehandlung des jüdischen Personals. Es sollte keine Ausnahmen von der Deportation geben.

Häufig steckten der kleinwüchsige Asche und der grobschlächtige Mainzhausen die Köpfe zusammen. Die beiden alten Kollegen aus der Judenabteilung in der Avenue Louise sahen sich weiterhin regelmäßig bei ihren Streifzügen durch das nächtliche Brüssel. Ihr gemeinsames Interesse galt dem Alkohol, den Huren und der Beschaffung von »Pinke-Pinke«, so Asches Bezeichnung für Geld.

Unter dem Kommandanten Schmitt hatte sich im Sammellager eine Schattenwirtschaft entwickelt. Die Schneider und Kürschner unter den Häftlingen arbeiteten an sieben Tagen der Woche dreizehn Stunden lang in den beiden Schneidereien und in einer Lederwerkstatt. Sie fertigten Kleidung, Wäsche, Gürtel und Taschen. Außerdem gab es eine Werkstatt für Papierverarbeitung, wo die Tüten für die von der Treuhand einbehaltenen Wertgegenstände hergestellt wurden.

Der Vizechef des Lagers, Hauptscharführer Boden, pflegte eine seltsame Marotte. Der langnasige und leicht vornübergebeugt gehende SS-Mann ließ sich von einem etwa fünfjährigen Buben begleiten, einem verwaisten jüdischen Jungen, dessen Eltern deportiert worden waren. »Bubi«, wie er ihn nannte, war eine niedliche Miniaturausgabe des NS-Schergen. Das Kind trug wie der Sturmführer eine eigens für ihn angefertigte Uniform sowie kleine glänzende Stiefel, in seinem Gürtel steckte, wie bei dem großen Original, eine Peitsche.

Bubi war Bodens ständiges Echo. Wenn Gefangene an einem Freitagabend oder Samstag den stellvertretenden Lagerleiter wegen eines Problems ansprachen, dann wandte der sich scheinbar entsetzt an seinen kleinen Begleiter, hob die Arme hoch und rief: »Es ist doch Sabbat. Nicht wahr, Bubi, es ist doch Sabbat.« Und das Kind in SS-Uniform echote brav: »Ja, es ist Sabbat.«

Mit Vorliebe an kalten Wintertagen inszenierte der Sturmführer im Hof der Kaserne ein Schauspiel, das ihn und sein Maskottchen stets aufs neue ergötzte. Dann zeigte sich Boden, Bubi an seiner Seite, in scheinbar großmütiger Laune am geöffneten Fenster im ersten Stock des den Offizieren vorbehaltenen Gebäudeteils. Jovial winkte er die unten im Innenhof Herumstehenden näher heran und fragte sie in seinem schlechten Jiddisch: »Wollt ihr Zigaretten? Ich werfe euch welche aus dem Fenster.« Aus allen Winkeln stürzten sie heran, um einen der Glimmstengel zu ergattern, die Boden in das Gedränge warf. Zu spät merkten die Frauen und Männer, daß der gedrungene SS-Funktionär oben am Fenster Eimer mit Wasser über sie ausgoß. Wenn sie dann, völlig durchnäßt, vor den eiskalten Güssen flüchteten, hallten das hämische Wiehern des Scharführers und das helle fröhliche Lachen des Kindes über den Hof.

Es gab immer wieder neue Häftlinge, die auf das boshafte Spiel des stellvertretenden Lagerleiters hereinfielen. Mendelis Goldsteinas gehörte nicht zu ihnen. Der Chemieingenieur hatte das entwürdigende Spiel schnell durchschaut. Er hielt sich zurück.

Er und seine Frau waren wie so viele, die in Mechelen landeten, ein Opfer von Jacques Glogowski geworden. Der jüdische Greifer im Dienste der Gestapo hatte auf der Straße einen Bekannten der Goldsteinas aufgespürt und verfolgt, einen Juden, der wie sie aus Litauen stammte. Dieser Mann flüchtete sich in seiner Not in die nahegelegene Wohnung der Goldsteinas und verriet damit deren Versteck.

Es war das Ende ihrer Identität als die belgischen Eheleute Yvonne und Marcel Poncelet. Sie hatten gerade noch Zeit, ihre gefälschten Ausweise, die ihnen nun nichts mehr nutzten, zu zerreißen und in der Toilette hinunterzuspülen. Unter den wachsamen Augen des »dicken Jakob« und seines Begleiters packten sie ihre Tasche mit dem Notwendigsten. Den weißen, wunderbar wärmenden Wollschal, ein Geburtstagsgeschenk ihres Mannes, legte Henda Goldsteinas um. Sie würde ihn dort im kalten Osten, wohin die Nazis ihresgleichen verschleppten, gut gebrauchen können. Nur einen Trost empfanden die Eheleute Goldsteinas, als sie in dem schwarzen Polizeiwagen zur Avenue Louise fuhren: Sie wußten ihre Tochter in Sicherheit. Abela lebte als Janine Liégeois bei einer belgischen Familie auf dem Land.

Am 19. Februar wurde das Ehepaar Goldsteinas in der Dossin-Kaserne als Neuzugänge Nummer 779 und 780 registriert. Einen Tag zuvor hatte Hena Zwerm, geborene Wasyng, die Aufnahmeprozedur im Sammellager absolviert. Auf ihrem Pappschild stand die Nummer 736. Die Dreißigjährige war kurz zuvor Witwe geworden. Ihr Mann war bei dem Versuch, sich in Brüssel auf der Straße vor der Verhaftung durch den Schnüffler Jacques und seinen Gestapo-Helfern zu retten, angeschossen und schwer verletzt worden. Er starb an seinen Verwundungen im Krankenhaus von St. Pierre. Sie selbst wurde von einer Genter Ladenbesitzerin verraten, einer Kundin ihres verstorbenen Mannes, die ihr Hilfe angeboten hatte. Ihre beiden Kinder hatten die Eheleute Zwerm, ehe sie selbst untertauchten, in einer belgischen Familie versteckt.

Langsam füllten sich die Schlafsäle der Kaserne von Mechelen. Für die zur Untätigkeit verdammte Krankenschwester Régine Krochmal zogen die Wochen seit ihrer Ankunft »wie ein schlechter Traum« an ihr vorbei. Sie konnte sich ausrechnen, daß es nicht mehr lange dauern würde, bis der nächste Transport startete. Es hieß, mit 1000 Internierten sei das Soll für einen Konvoi erfüllt. Mit jedem Lastwagen, der in den frühen Morgenstunden seine Menschenfracht im Innenhof der Kaserne entlud, schwand wieder ein Stück Hoffnung, daß sich der Termin für die nächste Abfahrt gen Osten so lange hinauszögerte, bis die Deutschen endlich kapituliert haben würden.

Achtzehntes Kapitel

Die Nazis haben Probleme

Anfang März 1943

In der Avenue Louise 453 war sechs Wochen nach dem Fliegerangriff auf die Nazizentrale wieder der Alltag eingekehrt. Die Aufräumarbeiten waren beendet, die Schäden weitgehend repariert und die Toten begraben.

Für die SS-Dienststelle hatte man ein weiteres Gebäude schräg gegenüber in der mit Kastanien gesäumten Avenue Louise beschlagnahmt. Die Bewohner des eleganten Appartementhauses mußten sich eine neue Bleibe suchen, weil für die inzwischen dreihundert Mitarbeiter der nationalsozialistischen Polizeiorganisation der Büroraum in der Kanzlei und den Nebenstellen zu eng geworden war.

Das neue Gebäude verfügte über eine wichtige Voraussetzung: Für die Deportation der Juden gab es einen abgeschlossenen Innenhof. Hier konnte die schwarze Gestapo-Limousine vorfahren und die Opfer der Verfolgungsjagd unbeobachtet aussteigen lassen. Und am frühen Morgen konnten die verhafteten Juden, geschützt vor neugierigen Blicken, aus den Kellern in die Lastwagen getrieben werden, die sie nach Mechelen brachten.

Kurt Asche hatte im Rahmen der Umzugsaktion in der Nummer 374 in der dritten Etage ein neues Büro bekommen. Es war geräumiger als sein altes. Aber seine Chancen auf eine Beförderung sah er inzwischen schwinden. Zwar war sechs Wochen nach dem Bombardement der Posten seines Vorgesetzten Thomas, der beim Fliegerangriff auf das Gestapo-Hauptquartier getötetet worden war, noch immer vakant. Doch der Chef der Dienststelle machte keine Anstalten, die Stelle neu zu besetzen. SS-Sturmbannführer Ernst Ehlers schien erst einmal abzuwarten. Dem Juristen waren Gerüchte über korrupte Mitarbeiter zu Ohren gekommen.

Kurt Asche mußte vorsichtig sein. Noch betraf das Gerede

um Betrügereien und Geldschneidereien vor allem das Sammellager Mechelen und den dortigen Kommandanten Philipp Schmitt. Schnell könnte auch er ins Visier von Ehlers geraten, der angekündigt hatte, den »Augiasstall auszuräumen«.

Für den Judenreferenten galt es, keine Aufmerksamkeit auf sich zu lenken. Darin besaß er ein gewisses Geschick. Mit dem Grundsatz, sich stets unauffällig und im Hintergrund zu halten, war er bisher gut gefahren, es sei denn, der Alkohol machte ihm einen Strich durch die Rechnung. Dann freilich war der sonst eher unscheinbare SS-Obersturmführer mit seinem hochroten Kopf und seiner sich überschlagenden Stimme weder zu übersehen noch zu überhören.

Bei seinen nächtlichen Streifzügen durch die Brüsseler Bars trug Asche niemals die SS-Montur. In Zivil erregte er in dem zwielichtigen Milieu, in dem er sich besonders wohl fühlte, keine Aufmerksamkeit und nicht allzuviel Neugierde. Der Mittdreißiger, der wie ein übellauniger Buchhalter aussah, bekam auch ohne die Respekt und Angst einflößende Uniform alles, wonach es ihm verlangte, Alkohol und Huren.

Sein altes Stammlokal in der Rue du Berger mied er, seit es sich in der Polizeizentrale herumgesprochen hatte, daß sich dort eine jüdische Kellnerin mit ihrer Freundschaft zu einem »Herrn Kurt« gebrüstet hatte. Rassenschande nannte man ein solches Verhältnis bei den Nationalsozialisten. Und das war strafbar. Die junge Frau, die ihm zunächst so angenehme Stunden und dann so viel Ärger bereitet hatte, bediente in der Sexbar nicht mehr. Sie war mit einem der Transporte nach Auschwitz verschwunden.

Mit Karl Mainzhausen frequentierte er nun vorzugsweise eine Kneipe im Zentrum der Stadt, ganz in der Nähe seiner Wohnung in der Rue du Pont Neuf. Der Wirt, ein aus Deutschland stammender Jude, hatte für Asche, Mainzhausen und deren Freunde nicht nur Alkohol im Angebot. Im Hinterzimmer seiner Bar warteten sehr junge Mädchen auf Kundschaft.

Zu Asches Ärger sollte ein Untergebener von ihm in Mechelen den Kommandanten Philipp Schmitt ablösen. Das korrupte Netzwerk der SS-Kumpanen war in Gefahr, denn der Auserwählte des Leiters der Brüsseler Polizei-Zentrale galt als äußerst korrekt. Offiziell hieß es, der junge Sturmscharführer Hans Frank solle den Lagerkommandanten nur während dessen Heimaturlaub vertreten. Tatsächlich aber wußten alle Eingeweihten: Frank wurde nach Mechelen entsandt, um dort nach dem Rechten zu sehen. Dem Polizeichef Ernst Ehlers waren »unangenehme Gerüchte« zu Ohren gekommen: Angeblich würde die Arbeit der Häftlinge in den Werkstätten ausgebeutet und der Gewinn in »unbekannte Hände« fließen.

Mit dem Ansehen der Brüsseler Außenstelle des Reichssicherheitshauptamtes stand es in Berlin sowieso nicht zum besten. Die belgische SS-Kanzlei galt als nicht sonderlich effektiv. Immer wieder war es zum Ärger von Asches Berliner Vorgesetzten Adolf Eichmann bei der Umsetzung der nationalsozialistischen Rassenpolitik zu Verzögerungen gekommen. Und in keinem anderen besetzten Land war bisher die Deportation der Juden so langsam und stockend verlaufen. Wenn in Berlin ruchbar würde, daß die SS-Offiziere in den eigenen Reihen Korruptionsfälle duldeten, dann war zu befürchten, daß an der Spitze des Brüsseler Sicherheitsdienstes demnächst die Köpfe rollen würden. Dem wollte SS-Sturmbannführer Ehlers mit eigenen Maßnahmen vorbeugen.

In den oberen Etagen in der Avenue Louise hatte man seit dem 15. Januar ein weiteres schwerwiegendes Problem. Aus dem letzten Deportationszug waren vor der deutschen Grenze 64 Insassen geflohen. Das war für die Organisatoren der Vernichtungspolitik in Belgien eine peinliche Angelegenheit. Ihre Kollegen in Auschwitz konnten anhand der mitgeführten Transportliste die Zahl der Ankömmlinge genau überprüfen.

Der Kölner Jude Rudolf Schmitz war einer von jenen, die sich noch auf belgischem Boden aus dem 19. Transport nach Auschwitz retten konnten.

Nach der Befreiung Belgiens verfaßte Schmitz einen Bericht über seine Erlebnisse, der sich bei den Kieler Prozeßakten von Kurt Asche befindet. Ausführlich beschreibt er darin seine Flucht aus dem Zug. »Am 14. Januar kommt abends Schutzpolizei aus Köln an, die den Transport übernehmen soll. Am 15. tauchen fremde SS-Leute auf, die die Verladung regulieren. Wir werden, nachdem wir hastig unsere Suppe hinuntergeschlungen haben, aus unserem Schlafsaal hinausgeprügelt. Und dann geht es nach laufenden Nummern, entsprechend der Schilder, die wir um den Hals tragen, in den Zug. Es wird gerufen: ›Fenster schließen! Es wird scharf geschossen!‹ Die Türen werden mit Schlüsseln verriegelt. Die Fahrt beginnt. Hinter unserem Waggon befindet sich der Wagen mit der Polizei. Wir, das sind einige Häftlinge, haben uns vorher verabredet, während der Fahrt an einer Steigung hinter Leuven abzuspringen. Denn wir ahnen schon, daß uns nichts Gutes bevorsteht. Ich öffne in unserem Abteil als erster ein Fenster und sehe hinaus. Die Polizisten, etwa 17 Mann, scheinen wohl zu schlafen. Ich versuche, meine Frau zu überreden, durch das Fenster zu klettern und abzuspringen. Sie will aber nicht, sie hat Angst. Währenddessen verlassen elf Personen unser Abteil, darunter ein Mann mit einem Kind auf dem Arm. Ich hole meine Frau und zeige ihr, wie leicht das geht. Denn der Zug fährt langsam, hält von Zeit zu Zeit. Wahrscheinlich täuscht der belgische Lokführer einen Defekt vor. Ich will nicht eher abspringen, bevor nicht meine Frau es geschafft hat. So zieht sich die Nacht in langsamer Fahrt dahin. Ich überlege, denke an unsere achtjährige Ehe, denke daran, daß die vom Teufel besessene SS mich von meiner Frau trennen wird und denke an meine drei Kinder, die ich in Belgien in einem Kloster versteckt habe. Ich möchte sie wiedersehen. So komme ich zu dem Entschluß, alleine abzuspringen. Ich entnehme noch die Lebensmittel aus dem zurückgelassenen Gepäck der Abgesprungenen und lege sie in den Rucksack meiner Frau, damit sie bis zu ihrer Ankunft zu essen hat. Dann werfe ich meinen Rucksack zum Fenster hinaus, knie mich zum Absprung auf den Fensterrahmen. Als meine Frau merkt, daß es mir Ernst ist, faßt sie mich am Bein und bittet: ›Laß mich nicht allein.‹ Ich antworte ihr, daß sie mir folgen soll. Sie kommt aber nicht. Ich springe ab.«

Die Flucht aus dem Zug war bis zu diesem Zeitpunkt noch ein vergleichsweise leichtes Unterfangen. Denn für den Transport der Juden wurden Personenzüge dritter Klasse von Mechelen aus eingesetzt. Zwar wurden die Türen verschlossen, aber die Fenster ließen sich öffnen.

Der Flüchtling Schmitz war unglücklicherweise auf einer bewachten Brücke abgesprungen, auf der Pont de Visé in der Nähe von Lüttich. Minuten später wurde er von zwei deutschen Militärposten festgenommen. Bis zum 9. Februar blieb er im Lütticher Militärgefängnis, dann wurde er wieder nach Mechelen überführt. Gleich bei der »Aufnahme« traf Joseph Schmitz auf einen alten unangenehmen Bekannten, den obersten Gepäckkontrolleur Karl Mainzhausen. Der SS-Untersturmführer empfing den Flüchtling mit so brutalen Schlägen, daß dessen rechtes Trommelfell platzte.

Auch der Antwerpener Diamantenschleifer Samuel Perl war vom 19. Transport »geflitzt«, wie er es nennt, und wieder gefaßt worden. Der junge Mann, dessen ganze Familie bei der großen Razzia vom 15. August in Antwerpen deportiert worden war, hatte sich zunächst in das von den Deutschen noch nicht okkupierte Südfrankreich abgesetzt, war dann aber, als die französische Polizei mit der Judenverfolgung begann, in seine flämische Heimatstadt zurückgekehrt und dort untergetaucht. Von einem belgischen Diamantenhändler denunziert, wurde er im Dezember 1942 das erste Mal in Mechelen interniert. Bereits acht Tage nach seinem Sprung vom 19. Transport ging der 22jährige Perl dann im Januar 1943 der Gestapo wieder ins Netz. In Mechelen unterzog ihn der Treuhand-Angestellte Erich Krull einer Sonderbehandlung, weil bei ihm ein falscher Ausweis und Diamanten gefunden worden waren. Perl mußte im Büro des Buchhalters die Hose herunterziehen und sich über den Schreibtisch beugen. Dr. Krull schlug mit der Peitsche zu, bis das Blut strömte. Dann drückte der Bürokrat seine brennende Zigarre auf die nackte Haut des jungen Mannes. Der biß sich auf die Lippen, um die Schmerzensschreie zu unterdrücken. »Damals habe ich den wahren Unterschied zwischen Zigarren und Zigarretten kennengelernt«, faßt der Diamantenhändler Samuel Perl viele Jahre später seine Erfahrungen mit dem sadistischen Treuhand-Verwalter zusammen: »Die brennende Zigarre war lange nicht so schmerzhaft wie die Zigarette, mit der mich Krull anschließend traktierte.«

Die beiden Flüchtlinge des 19. Konvois, Perl und Schmitz, erhielten Nummernschilder mit einem roten Querbalken. Samuel Perl war die Nummer 3, Joseph Schmitz die Nummer 4 auf der Sonderliste. Und um die beiden für alle sichtbar als besonders gefährliche Subjekte zu markieren, wurden ihnen vom Lagerfriseur die Haare geschoren. Ein Brauch, den auch der neue Leiter des Lagers Hans Frank beibehalten sollte. Perl hat noch heute im Ohr, wie dieser ihm angedroht hatte: »Ich werde dafür sorgen, daß ihr das nächste Mal alle bis nach Auschwitz kommt.«

Rudolf Schmitz und Samuel Perl, die inzwischen zu den Alteingesessenen der Kaserne gehörten, registrierten sehr wohl den Unterschied zwischen dem geschaßten und dem neuen Kommandeur. Unter Frank ging es »besser und geordneter« zu, die Behandlung sei »anständiger« gewesen, heißt es in Schmitz' Bericht vom September 1945. Für Perl bestand der große Unterschied zwischen den beiden SS-Funktionären darin, daß »Frank nicht selber schlug, er versuchte, korrekt zu sein«.

Die tägliche Arbeitszeit in den Werkstätten wurde von dreizehn auf acht Stunden reduziert. Die Fertigung beschränkte sich nun auf Dienstkleidung für die SS und auf Pistolentaschen. Ansonsten durften die Arbeiter Reparaturen für die Häftlinge ausführen. Eine Begünstigung, die einigen von ihnen später die Flucht aus dem Transport nach Auschwitz ermöglichen sollte. Abgeschafft wurden auch die schikanösen »Bewegungsspiele«, die unter der Oberaufsicht von Mainzhausen und dem strengen Kommando eines ehemaligen österreichischen Armeeoffiziers im Kasernenhof stattfanden: Frauen und Kinder mußten auf der rechten Seite des Hofes, Männer auf der linken Seite nach den schrillen Pfiffen und Anweisungen des österreichischen Juden Ernst Meier bis zur Erschöpfung Turnübungen wie Kniebeugen und Liegestütze absolvieren.

Stattdessen gab es nun unter Frank allmorgendlich um 8 Uhr zwanzig Minuten lang Freiübungen, die ein jüdischer Turnlehrer leitete. Kranke, Kinder und Mütter von Kleinkindern waren davon freigestellt.

Die für die Häftlinge folgenreichste Veränderung war, daß sie nun drei Mal in der Woche Päckchen empfangen durften. Die Sendungen wurden über den Judenrat nach Mechelen ausgeliefert. Mit dieser neuen Regelung war auch die Gefahr geringer, daß die Absender der Päckchen von der SS als jüdische Verwandte oder als »Judenfreunde« identifiziert und verfolgt wurden. Bei Schmitt war es Brauch gewesen, daß die Wachen in Mechelen an einem bestimmten Tag in der Woche die Päckchen in Empfang nahmen und sich den Namen und die Adresse der Absender geben ließen.

Auch Louis Micheels, der junge Arzt aus Holland, war mit seiner Verlobten Nora endlich in den Genuß von Lebensmittelpäckchen gekommen. Irgendwie hatten seine Eltern erfahren, daß ihre Fluchtroute in die Schweiz schon in Belgien verraten worden war. Mit einem gefüllten Magen war für das junge Pärchen das Leben in Mechelen viel erträglicher.

Der 19. Konvoi war Mitte Januar ohne Louis und Nora abgefahren. Micheels durfte vorübergehend als Assistenzarzt in der Krankenstation arbeiten. Immer wieder war er bei dem jüdischen Lagerarzt Dr. Bach vorstellig geworden, um sich als Sanitätshelfer anzudienen. Er wußte, die Überlebenschancen waren in dieser Position größer. Das jüdische Personal und ihre Familienangehörigen erhielten beim Essen Sonderzuteilungen. Und sie wurden nicht deportiert. Doch der niederländische Arzt erkannte, daß Dr. Bach und sein Sanitäter, ein medizinischer Amateur, »keine Einmischung in ihr eifersüchtig gehütetes Revier duldeten«. Man wimmelte ihn ab. Im Januar aber wurde er wider Erwarten aufgefordert, für drei Wochen als Vertretung einzuspringen. »Wenn wir für den nächsten Transport vorgesehen sein sollten«, kalkulierte der junge Mediziner, »würden wir weniger unter der Kälte zu leiden haben und unsere Aussicht, zu überleben, würde sich verbessern.« Louis Micheels war mit der Listennummer 33 wieder auf den Status eines einfachen Häftlings gesunken. Aber dank der Paketsendungen litt er wenigstens nicht mehr unter dem nagenden Hungergefühl.

Régine hatte ebenfalls in der Krankenstation bei Dr. Bach vorgesprochen und sich beworben. Es tue ihm leid, beschied ihr der aus Deutschland stammende Arzt, aber er habe für sie keine Verwendung. Dennoch ging sie ab und zu in ihrer Schwesterntracht mit der blauen Haube bei dem freundlichen Mediziner vorbei. So ganz wollte sie die Hoffnung auf eine Anstellung als jüdische Hilfskraft nicht aufgeben.

Régine war über einen Monat im Lager, als sie eines Tages ein unversehrtes Päckchen erhielt. Dank der neuen Regelung hatten die SS-Kontrolleure nun nicht mehr die Möglichkeit, die Sendungen einfach zu plündern. In einer Tube Zahnpasta fand sie eine Nachricht versteckt. Ihre Freunde von der »Österreichischen Freiheitsfront« kündigten ihr an, demnächst würde ein bedeutendes Mitglied der Résistance im Sammellager ankommen. Eifrig sparte die junge Frau Seife und Brot, wertvolle Überlebensmittel in der Gefangenschaft, um sie dem prominenten Widerständler zu schenken.

Das Klima im Lager hatte sich nach dem plötzlichen Verschwinden des Kommandanten Schmitt sichtlich gebessert. Hans Frank versuchte inzwischen, den Machenschaften seines Vorgängers auf die Schliche zu kommen. Er ließ die beiden Räume versiegeln, in denen Schmitt seine Beute gehortet hatte. Bei seinen Ermittlungen stieß Frank auf einen jüdischen Geschäftsmann, der im Sammellager ein und aus ging. Der 54jährige Léon Krynek war allem Anschein nach sehr wohlhabend, denn er hatte dem Kommandanten Schmitt einen Ford V 8 zur privaten Nutzung zur Verfügung gestellt. Krynek, so stellte Frank fest, war »der Mittelsmann zwischen Schmitt und gewissen belgischen Firmen«. Über ihn wurden die in den Werkstätten des Lagers hergestellten Waren veräußert.

Der Jude lebte in seinem Brüsseler Haus in der Rue du Luxembourg auf großem Fuß. Dort empfing und beköstigte der Geschäftsmann auch SS-Offiziere aus der Avenue Louise. Großzügig verschenkte er Kisten mit teuren Zigarren und französischen Cognac an die Nazis, um sich mit ihnen gut zu stellen. Und diese ließen sich nur allzu gern von dem generösen Juden verwöhnen. Krynek habe »unheimliche Beziehungen in belgische Kaufmannskreise« gehabt, erklärte Frank bei seiner Vernehmung nach dem Krieg. Einmal habe der jüdische Kaufmann eine ganze Ladung von Spirituosen, die das belgische Preisüberwachungsamt beschlagnahmt hatte, an Schmitt weitergeleitet. Der lagerte sie dann in seinen Vorratsräumen im Lager Mechelen.

Doch die Überlebensstrategie des Juden Léon Krynek, sich mit dem Feind gut zu stellen, sollte nicht aufgehen. Mit Schmitt hatte er auf den falschen Mann gesetzt. Als der Lagerkommandant von seinem jüngeren Parteigenossen Frank als Betrüger überführt wurde, war auch das Schicksal des Kaufmanns Krynek besiegelt. Er wurde die Nummer 1526 auf der Liste des 20. Transports nach Auschwitz.

Wer würde nach Schmitt der nächste sein, dessen Betrügereien ans Licht kamen? Kurt Asche fühlte sich beobachtet. Die Angst vor Entdeckung machte ihn vorsichtig. Für Bestechungsversuche zugunsten Inhaftierter zeigte er sich nun nicht mehr zugänglich. Eines Tages im Monat Februar erschien der Präsident der Brüsseler Anwaltskammer in seinem Büro. Ein jüdischer Kollege war verhaftet und nach Mechelen gebracht worden. Diesen Joseph Silber wollte der Vorsitzende der Standesvertretung gegen 200000 belgische Franken freikaufen.

Der SS-Obersturmführer, Herr der Deportationsliste, ließ sich nicht erweichen. So blieb Joseph Silber, der von dieser Intervention zu seinen Gunsten damals nichts ahnte, auf der Liste die Nummer 848 für den nächsten Zug nach Auschwitz.

Nur wenn er absolut sicher sein konnte, daß der Schwindel nicht aufflog, kassierte Asche und blieb seine Gegenleistung einfach schuldig. Ein verhafteter Jude würde sich nicht über ihn beschweren, solange auch nur eine entfernte Aussicht bestand, doch noch freigelassen zu werden. Genau so war Asche mit einem wohlhabenden Häftling, dem Besitzer einer Privatbank aus Berlin, verfahren. Er hatte von dem 68jährigen Juden das Bestechungsgeld kassiert, ihm versprochen, dafür zu sorgen, daß er von der Deportationsliste gestrichen würde, und seitdem nichts mehr von sich hören lassen. Dennoch hoffte der Bankier Fritz Wallach mit der Transportnummer 522 bis zum letzten Augenblick, aufgerufen und aus dem Lager entlassen zu werden. 25000 Mark hatte Wallach dem Judenreferenten für seine Freilassung gezahlt.

Der Abfahrtstermin für den nächsten Zug nach Auschwitz verzögerte sich. Es fehlten die Transportmittel. Der Krieg forderte seinen Tribut. »Die Abbeförderung der Juden hat infolge Mangels an Eisenbahnwagen vorläufig eingestellt werden müssen. Sie wird wieder aufgenommen werden, sobald dieser Mangel behoben wird, was nach Meinung der Militärverwaltung nicht vor dem Frühjahr des Jahres der Fall sein wird«, teilte der Diplomat Werner von Bargen unter dem Siegel »Geheim!« dem Auswärtigen Amt in Berlin mit.

Zudem sah sich das Berliner Reichssicherheitshauptamt nach den Erfahrungen mit dem 19. Konvoi zu verschärften Sicherheitsvorkehrungen veranlaßt. Sämtliche Schlupflöcher sollten gestopft werden. Nach einem neuen Erlaß sollten von nun ab auch in Belgien nur noch fensterlose Viehwaggons für den Transport der Juden eingesetzt werden. Daß die Umstellung von Personen- auf Viehwaggons erfolgte, um die Fluchtversuche der Deportierten zu verhindern, wird Kurt Asche später abstreiten. Der SS-Mann behauptete bei seiner Vernehmung im Jahr 1967, diese Maßnahme sei angeordnet worden, weil »die deutsche Bevölkerung gegen die Beförderung von Juden in Personenwagen protestiert« hätte.

Neunzehntes Kapitel
Der Plan nimmt Gestalt an

»Die Zeit vergeht so schnell, daß ich gar nicht glauben kann, daß schon wieder 15 Tage vergangen sind«, notierte Samuel Vanden Berg Anfang März 1943 in sein Tagebuch. Seinen Eintragungen zufolge führte das Vorstandsmitglied des Judenrates ein geradezu beschauliches Leben im Kreise seiner Familie, weitgehend unberührt von all der Misere um ihn herum. Der Möbelfabrikant leitete unter der Oberaufsicht der deutschen Treuhand weiterhin seine Firma, nahm an den Sitzungen der Judenvereinigung und des Verwaltungsrats der Synagoge teil und spielte mit Freunden und Verwandten Karten.

»Tatsächlich hat sich in den letzten zwei Wochen auch nichts besonders Wichtiges ereignet«, heißt es in seinem Kriegstagebuch. »Wir haben wie gewohnt sonnabends und sonntags Bridge gespielt, ebenso mehrere Abende unter der Woche zu Hause, so daß die Woche, kaum daß sie begonnen hat, auch schon wieder zu Ende ist. Wir essen weiterhin gut, unsere Gesundheit hält sich, nur meine Sicht scheint sich etwas zu verschlechtern. Nicole nimmt Zeichenstunden, sie hat, glaube ich, ein gewisses Talent. André spielt weiterhin Klavier. Das ist nicht besonders interessant für seine Zukunft, aber eine sehr gute Ablenkung für ihn angesichts der Abende, die er zu Hause verbringen muß. Die Geschäfte gehen weiterhin ganz gut, aber wir befürchten die Zwangsschließung vieler Handelshäuser, so wie es bereits in Deutschland geschehen ist. Der Krieg schreitet unserer Kenntnis nach nicht schnell genug voran. In Rußland scheint sich die Offensive verlangsamt zu haben, die Bombardements auf Frankreich und Deutschland hingegen scheinen häufiger zu werden, und ich wäre nicht erstaunt, wenn das die englische Offensive auf dem Kontinent wäre, wenn es überhaupt je eine solche Offensive geben sollte, aber man beginnt zu verzagen. Ein Brief ist von Hellendael angekommen, der in Schlesien in einem Kohlenbergwerk arbeitet, armer Bursche ...«

Das Lebenszeichen seines Kollegen Hellendael aus dem Judenrat, der bei Asche in Ungnade gefallen und deportiert worden war, bestärkte den Möbelfabrikanten in seiner Annahme, daß die Nazis die Juden tatsächlich in Arbeitslager brachten. Für Vanden Berg, der noch immer meinte, die SS-Polizei in der Avenue Louise durch Willfährigkeit milder stimmen zu können, waren Widerständler wie Jospa ein Dorn im Auge. Sie sorgten für unnötige Unruhe, stifteten womöglich zum Ungehorsam an. Abgründe schienen zwischen diesem jüdischen Notabeln mit belgischer Staatsangehörigkeit und dem kommunistischen staatenlosen Ingenieur Hertz Jospa zu liegen. Für letzteren bestand der Lebensinhalt nur noch darin, möglichst viele Juden vor ihrem fatalen Schicksal zu bewahren.

In kleiner Auflage war Anfang März eine neue Ausgabe von »Le Flambeau« – auf Deutsch »Die Fackel« – erschienen. Die auf einer Matrize abgezogenen Seiten der Untergrundzeitung des jüdischen Verteidigungskomitees wurden von Hand zu Hand weitergereicht. Diese Nachrichten und Kommentare vermittelten ein ganz anderes Bild von den Zuständen im Lande und von der Situation an der Front als die von den Nazis gleichgeschaltete Presse.

Noch immer wollte man nicht glauben, daß die Deutschen in Polen längst zum Völkermord an den Juden übergegangen waren. Solche Meldungen wurden als kommunistische Schauergeschichten abgetan. »Ein Kulturvolk wie die Deutschen tut so etwas nicht«, lautete die stehende Redewendung, die womöglich die Redaktion von »Le Flambeau« dazu inspiriert hatte, unter der Überschrift »Kultur« die alltäglichen Jagdszenen der deutschen Nazis auf die Juden zu beschreiben.

»Die kleine Rue de Vleurgat, die im volkstümlichen Viertel

des Alten Markts endet, ist von Polizeiwagen abgeriegelt. Die Gestapo macht Jagd auf die Juden. Ein kleiner Citroën mit dem Kennzeichen ›Pol‹ wartet auf die Opfer. Aus dem Hinterhaus eines heruntergekommenen Gebäudes holt ein Gestapo-Mann die Geächteten heraus: einen weinenden kleinen Jungen von sechs Jahren und dessen zweijährigen Bruder. Das Bübchen auf dem Arm des Agenten blickt naiv lächelnd in die Augen des Onkels. Der Nazi ist verlegen, beschämt von dem arglosen Blick des Kindes. Er geht auf den Wagen zu, zögert einen Augenblick. Soll er das Kind tatsächlich in den Leichenwagen Pol setzen. Unter der grauen Uniform beginnt das Herz zu schlagen. Aber das Hitlersche Gift ist stärker. Das Kind wird doch seinem Henker übergeben …«

Auf diese anrührenden Episode folgt der Bericht eines Mitglieds der Résistance unter der Überschrift »Ich bin ein Ausbrecher«: ›Ich bin ein Ausbrecher‹, das ist nicht der Titel eines Kriminalfilms. Nein, es handelt sich um eine tatsächliche Begebenheit. Der 19. Transportzug, der mich nach Polen bringen soll, rollt mit 60 Stundenkilometer pro Stunde. Die Türen sind geschlossen, und alle fünf Minuten wird die Strecke und der Zug von einem Scheinwerfer erleuchtet. Die nazistische Deportation ist Wirklichkeit geworden, sie ist gleichbedeutend mit dem Tod. Ich beschließe zu fliehen. Da ist die heruntergelassene Fensterscheibe der unteren Waggontür. Und mit einem Sprung lande ich auf der kalten Erde. Ich bleibe dort ausgestreckt bis zum Morgengrauen liegen. Einen grausamen Schmerz spüre ich in meinem linken Arm. Mit gebrochenen Arm kehre ich nach der Flucht heim. Ein Einzelfall? Nein, bei jeder Abfahrt widersetzen sich Dutzende von Deportierten dem Tod.«

Der Partisan Meyer Tabakman, war vor seiner Verhaftung Mitglied in Alexandre Livchitz' Kompanie gewesen. Die Herausgeber des Blättchens hofften, seine Flucht würde Nachahmer finden. Wie lange noch, fragte sich Hertz Jospa, würden seine Glaubensgenossen gleich Lämmern ihren Schlächtern zur Schlachtbank folgen?

Nicht Dutzende, die sich aus eigener Kraft aus dem Deportationszug befreien, nein, Hunderte sollten den Händen ihrer Schergen entrissen werden. Der Gedanke, den Zug nach Auschwitz zu stoppen und die Todgeweihten zu retten, ließ Hertz Jospa nicht mehr los. Die Idee schien ihm so naheliegend, der Plan so folgerichtig, daß der Widerständler noch Jahrzehnte später in einem Interview für die Wiener »Library« die einzelnen Schritte dieser »Aktion von großer Reichweite« wie eine knappe Handlungsanweisung abspult: »Den Zug überfallen und angreifen, den Kampf mit der deutschen Wachmannschaft aufnehmen, die allgemeine Verwirrung nutzen, um die Türen der Waggons zu öffnen, die Gefangenen auffordern zu fliehen und an jeden einen Geldschein von 50 Franken verteilen, damit sie sich auf eigene Faust weiter durchschlagen konnten …«

An manchen Tagen des Monats März im Jahr 43 war es schon so vorfrühlingshaft warm, daß Jospa sich mit seinen Mitstreitern Benjamin Nijkerk und Maurits Bolle im Bois de la Cambre treffen konnte. Auf der Parkbank an einem verwunschenen Spazierweg fühlten sie sich vor dem »dicken Jakob« sicher. Ihre Gespräche kreisten um den Plan zur Rettung der Deportierten. Die Voraussetzungen für die Aktion schienen günstig.

Erstmals befand sich eine größere Gruppe von Partisanen in Mechelen in Gewahrsam. Männer, die nicht wie die Mehrheit der Internierten fatalistisch auf ihre Deportation warteten, sondern sich ihrem Los widersetzen wollten. Gefangene, die zu allem entschlossen waren und Mittel und Wege finden würden, mit der Außenwelt in Verbindung zu treten. Die Kommunisten Szymon Baruch Birnberg mit der Listennummer 245 und David Gorski mit der Nummer 230 saßen seit Ende Januar im Sammellager fest. Kurz nach ihnen war Sandor Weisz verhaftet und unter der Nummer 362 registriert worden. Der ehemalige Spanienkämpfer aus Ungarn besaß unter den bewaffneten Widerständlern einen legendären Ruf. Unter seinem Kommando war ein Anschlag auf das Kino

»Marivaux« verübt worden, als sich dort belgische SS-Sympathisanten von der deutsch-flämischen Arbeitsgemeinschaft »Devlag« versammelten.

Auch die jüdischen Partisanen Léon Kutnowski – Nummer 383 – und Henri Silberstejn – Nummer 335 – waren in der Brüsseler Innenstadt von zwei Gestapoagenten in langen Regenmänteln verhaftet worden. Für all diese jungen Männer mochte jene Stimmungslage zutreffen, die Kutnowski Wochen später in dem Untergrundblättchen »Notre Voix« beschreiben sollte: »Sich nach außen hin still verhalten, alles erdulden und die Gelegenheit abwarten, um zu handeln, sich zu befreien und Rache zu nehmen.«

Die Eisenbahner, davon konnten Jospa und seine Freunde ausgehen, würden bei einer Attacke auf den Zug den Befreiern nicht in den Rücken fallen. Unter den Lokführern, Schaffnern und Streckenarbeitern hatte sich der Widerstand gegen die deutschen Besatzer verstärkt. Ein großer Teil der Belegschaft des Staatsbetriebes SNCB sympathisierte mit der Kommunistischen Partei. Die forcierte Einberufung des Bahnpersonals zum Arbeitsdienst nach Deutschland beantworteten die gut organisierten Eisenbahner mit Verweigerung und Protest. Das Parteiorgan der Kommunistischen Partei Belgiens »Le Drapeau Rouge« hatte in der Februarausgabe berichtet, daß in Aalst nur einer von 45 Eisenbahnern der Einberufung Folge geleistet habe, in Gent kein einziger und in Essen die Kollegen sogar die Werbestelle demoliert hätten.

Der Lokführer des Deportationszuges würde kein willfähriger Helfer der Besatzungsmacht sein. Aber wer sollte den Überfall ausführen? Das Komitee selbst verfügte weder über Männer noch über Möglichkeiten für eine solche Attacke. »Nun kam es darauf an«, umschrieb Hertz Jospa Jahre später die schwierige Suche nach Bereitwilligen, »daß sich eine Gruppe für diesen Plan entschied und ihn realisierte.«

Für ihn kam zunächst nur die belgische Partisanenarmee für die Befreiungsaktion in Frage. Sie war für den bewaffneten Kampf ausgerüstet, militärisch geschult und verfügte im ganzen Land über ein Netz von verschworenen Genossen. Außerdem gab es in den Reihen dieser Untergrundbewegung viele jüdische Kämpfer, die ein persönliches Interesse daran haben mußten, ihre Schicksalsgenossen vor dem sicheren Tod zu bewahren.

Jean Terfve, ein Kommunist aus der Führungsriege der Partisanen, hörte sich die Ausführungen seines Parteifreundes Jospa aufmerksam an. Doch je länger und glühender Jospa den Plan verteidigte, desto unüberwindlicher schienen für sein Gegenüber die Hindernisse zu werden. Um den Zug zu überfallen, gab Tervfe zu bedenken, bedürfe es mindestens zwanzig mit Gewehren und Granaten ausgerüsteter Partisanen. Diese müßten am Anfang und am Ende des langen Konvois die deutschen Wachen attackieren. Außerdem sei mit einem Blutbad zu rechnen, wenn die deutsche Begleitmannschaft sofort zu schießen beginne. Ein unkalkulierbares Risiko für die Untergrundarmee, die bereits in den vergangenen Wochen stark dezimiert worden war. Und wie sollten die Flüchtlinge heimkehren? Es fehlte an Transportmitteln für die Befreiten. Sobald sie bei den Einheimischen Unterschlupf suchten, würden sie die zahlreichen belgischen Arbeitsdienstverweigerer, die »réfractaires«, gefährden, die sich in der Provinz versteckt hielten. Mit Sicherheit würden die SS und die deutsche Militärpolizei nach dem Überfall jedes Haus in der Nähe durchsuchen..

Außerdem entsprach die ganze Aktion nicht der üblichen Handlungsweise der Partisanen. Sie schlugen zu und verschwanden. Diesmal aber sollten auch noch viele Menschen vom Schauplatz des Kampfes evakuiert werden. Für eine exakte Planung blieb zuwenig Zeit, da die Abfahrtstermine für die Deportationszüge immer erst wenige Tage zuvor bekannt wurden. Tervfe schüttelte den Kopf. »Zu gewagt und zu gefährlich«, beurteilte der Vertreter der Partisanen den Plan nach Jospas Erinnerungen.

Enttäuscht berichtete Jospa seinen Freunden im jüdischen Verteidigungskomitee von dem Gespräch mit Terfve. Die Ablehnung traf sie hart. Doch noch wollten sie nicht aufgeben. Sie glaubten weiterhin an ihren Plan, der den Geist der Revolte in sich trug. Der Überfall auf einen Deportationszug, so hofften sie, würde die Menschen endlich aus ihrer dumpfen Resignation aufschrecken. Zudem hatte Tervfe nicht grundsätzlich von der Aktion abgeraten und Jospa ermächtigt, mit anderen Widerstandsgruppen Kontakt aufzunehmen.

Vor allem »Papa« Bolle, der in den vergangenen Jahren auf eigene Initiative vielen von den Nazis Verfolgten bei der Flucht geholfen hatte, mochte die Einwände der Partisanen nicht akzeptieren. Sicherlich war das Risiko eines solchen Überfalls groß. Aber gab es überhaupt Widerstand ohne Risiko? Schließlich fuhren die Deportationszüge nachts, so daß die Attacke im Schutz der Dunkelheit erfolgen würde. Hinzu kam der Überraschungsmoment, denn bei den Deutschen rechnete wahrscheinlich niemand mit einem solchen Angriff. »Wer ein Menschenleben rettet, der rettet ein ganzes Volk«, heißt es im Talmud. Ein Leitspruch, den sich der bürgerliche Geschäftsmann Bolle wie der Kommunist Jospa zu eigen gemacht hatten.

Stand nicht Youra Livchitz in enger Verbindung zu einer Gruppe von Widerständlern, die sich alle von der Freien Universität her kannten? Diese Gruppe junger Intellektueller, die sich auf Sabotageanschläge gegen das Verkehrssystem des Feindes spezialisiert hatte, war womöglich flexibler als die streng hierarchisch organisierte Partisanenarmee. So wie Bolle den Studienfreund seiner Tochter Hélène kannte, würde Youra alles Erdenkliche tun, um diese Rettungsaktion für die Deportierten zu realisieren. Jospa schätzte den jungen Mediziner genauso ein.

Und war nicht Youras Bruder Alexandre ein erfahrener Kämpfer? Die beiden könnten den Kern einer Truppe bilden, die diese einzigartige Aktion durchführen würde. Jospa war hin und wieder Zeuge des wortlosen Einverständnisses gewesen, das zwischen den beiden Brüdern herrschte. Manchmal genügte ein Blick des Älteren, um Youra aus seinen luftigen

Gedankengebilden auf den Boden zurückzuholen. Der Jüngere wiederum achtete darauf, daß Alexandre nicht abseits stand; mit einer kleinen Geste zog er den zurückhaltenden Bruder in seinen Diskussionskreis. Sie mochten sich sehr und waren in den wesentlichen Fragen immer einer Meinung.

Treffpunkt war die Apotheke eines Freundes von Maurits Bolle an der Place Brugmann. Kurz vor Geschäftsschluß verschwanden hinter der lindgrünen, mit üppigem Blumendekor verzierten Tür der »Pharmacie« nacheinander der korpulente Niederländer Bolle, der Ingenieur Jospa und Youra Livchitz. Im dunklen Hinterzimmer warteten die drei Männer stumm, bis der letzte Kunde gegangen und die Ladentür verriegelt worden war. Als der Apotheker sich in die darüberliegende Wohnung zurückgezogen hatte, begann Jospa von dem Plan zu sprechen. Diesmal mußte er nicht nach Argumenten suchen, um seinen Gesprächspartner zu überzeugen. Youra Livchitz war wie elektrisiert. Es war eine Aktion, die ganz und gar seiner Überzeugung entsprach. Eine Überzeugung, die stark von dem indischen Philosophen Krishnamurti beeinflußt war, der Youra und seine Freunde aus der Theosophischen Gesellschaft im niederländischen Ommen in seinen Bann gezogen hatte. Diese Tat war eine Kampfansage an den Egoismus, die Gleichgültigkeit und die Brutalität, und sie würde dieser zerrütteten Welt ein Stück Humanität zurückgeben.

Youra war sicher, daß seine Studienfreunde von der »Groupe G« den Plan ähnlich beurteilen würden wie er. Schade, daß er Robert Leclercq nicht sofort sprechen konnte. Frühestens am Sonnabendnachmittag würde sein Freund aus dem Hennegau nach Brüssel kommen. Aber da der Philologe inzwischen zum Informationschef der Widerstandsorganisation avanciert war, war es ungewiß, ob er Zeit finden würde, bei ihm und Saps in der Avenue Brugmann vorbeizuschauen.

Und er mußte Alexandre sprechen. Sein älterer Bruder war ein erfahrener Kämpfer der Partisanenarmee, er würde die Risiken eines solchen Unternehmens abschätzen können. Sicherlich würde auch er sich für die Idee begeistern, diese armen Menschen aus den Klauen der Deutschen zu befreien. Doch Kommandant »Jean« war untergetaucht. Youra mußte warten, bis sein Bruder sich bei ihm meldete.

Die Zeit drängte. Im Sammellager Mechelen sollten sich, so hörte man aus dem Judenrat, schon mehr als achthundert Gefangene aufhalten. Die Rettungsaktion mußte so schnell wie möglich vorbereitet werden.

Am leichtesten erreichbar von der »Groupe G« war Richard Altenhoff. Als Ingenieur des Bauunternehmens SOCOL besaß er das Privileg, über einen eigenen Telefonanschluß und ein eigenes Büro zu verfügen. So brauchte Youra seinen ehemaligen Studienfreund nur anzurufen, um einen Termin in der Rue de Louvain, der Zentrale des Unternehmens, auszumachen. Youra hatte den rotblonden Richard in dem Debattierzirkel »Libre Examen« als jemanden kennengelernt, der sich mit seinen Beiträgen zurückhielt, aber stets Gewichtiges zu sagen wußte, wenn er sich doch einmal zu Wort meldete. In seiner Firma nahm der knapp Dreißigjährige bereits eine Vertrauensstellung ein. Für seine Kollegen ging Altenhoff, der als Junggeselle noch mit seinen jüngeren Geschwistern bei seiner verwitweten Mutter lebte, ganz und gar in seinem Beruf auf. Doch sein eigentliches Engagement galt der »Groupe G«. Fast automatisch führten seine technischen Kenntnisse und seine vielfältigen Beziehungen zu den staatlichen und kommunalen Stellen dazu, daß er in der Organisation für die Logistik und die Beschaffung des Sabotagematerials zuständig war.

Aufmerksam hörte Richard Altenhoff zu, als Youra ihm mit leuchtenden Augen von der geplanten Befreiungsaktion erzählte. Den Zug zu stoppen schien ihm noch das geringste Problem. Die »Groupe G« war gerade dabei, Kontakte zu Eisenbahnern zu knüpfen, um mit Sprengstoffanschlägen den Schienenverkehr lahmzulegen. Aber was sollte anschließend geschehen? Es würde zwangsläufig zu einer Schießerei zwischen den Befreiern und den Wachmannschaften kommen.

Die Mitglieder seiner Organisation waren Saboteure und keine Untergrundkämpfer. Der Umgang mit der Waffe war ihnen fremd. Dennoch war Altenhoff von dem Plan fasziniert. Er wollte ihn seinen Freunden vortragen.

»Trotz des großen humanitären Interesses einer solchen Operation entschieden wir nach einer Rundfrage und einer gründlichen Beratung, nicht daran teilzunehmen«, resümiert Henri Neuman die Diskussion in der »Groupe G«. »Angesichts unserer sehr beschränkten Mittel, die wir für unsere eigenen Aktionen brauchten, und mangels erfahrener Männer, die mit Waffen umzugehen wußten, hielten wir es für zu schwierig, ja geradezu unmöglich, die Tat auszuführen.«

Richard Altenhoff teilte die Skepsis seiner Freunde. Aber ganz aufgeben mochte er den Plan nicht. Er würde mit Youra in Kontakt bleiben. Ähnlich dachte Robert Leclercq, der sich von nun an den Kopf zermarterte, wer Youra bei dem Überfall auf den Zug der Deportierten beistehen könnte.

Am 12. März wurde ein Anruf zu Youra in der Firma Pharmacobel durchgestellt. Die Stimme der Anruferin, die ihren Namen nicht nannte, war ihm wohlbekannt. Es war die kokette Willy, eine enge Freundin von Minnie Minet, die zu den Stammgästen der ausgelassenen Samstagabende in der Rue Van Goidtsnoven gehört hatte. Mit vor Aufregung zitternder Stimme bat sie Youra, so bald wie möglich bei ihr vorbeizukommen. Es sei dringend.

Youra wußte sofort: es war etwas mit Alexandre passiert. Die hübsche Willy Baudoux und sein Bruder hatten sich heftig ineinander verliebt. Wilhelmine war verheiratet. Diese Ehe mit einem Belgier schützte die Jüdin, die mit Mädchennamen Cohen hieß, vor der Deportation. In der Kartei des Judenreferenten Asche wurde sie als »Mischehe« geführt.

Als Youra noch am selben späten Nachmittag in der Chaussée d'Alsemberg Nummer 386 bei Baudoux klingelte, riß Willy die Tür auf, als hätte sie bereits auf ihn gelauert. Auf dem Sofa im Wohnzimmer lag Choura – erbärmlich anzusehen. Mühsam versuchte er, ein Lächeln in sein kreideweißes

Gesicht zu zwingen, als er seinen Bruder sah. Zwei Kugeln steckten in seinem Bein. Notdürftig hatte man die blutenden Wunden versorgt.

Alexandre Livchitz war bei einem Attentat auf einen hochrangigen Kollaborateur verletzt worden. Mit seinem Kameraden Raymond Baudoux, Willys Schwager, hatte er den Leiter der belgischen Zentralpolizei ausschalten wollen. Sie paßten den hohen Polizeibeamten in der Nähe des Innenministeriums ab. Doch ausgerechnet an diesem Tag befand sich Polizeikommissar Cortin in Begleitung zweier bewaffneter Beschützer in Zivil. Kommandant »Jean« ließ sich davon nicht abschrecken. Ein Fehler, wie sich herausstellte. Denn seine Kugeln verfehlten ihr Ziel, und Cortins Begleiter feuerten zurück. Zwei Schüsse trafen Chouras linke Wade und seinen rechten Fuß. Trotz seiner Verletzung gelang es Choura, den Verfolgern zu entkommen. Mit Raymonds Hilfe erreichte er Willys Wohnung. Hier war er zunächst einmal sicher.

Als Youra die schmerzhaften Einschußwunden untersuchte, erkannte er, daß seinem Bruder nur mit einer Operation zu helfen war. Wer würde dieses Risiko auf sich nehmen? Es war allen Ärzten verboten, Schußwunden zu behandeln. Sollte ein Klinikarzt sich dennoch dazu bereitfinden, bestünde die Gefahr, daß der Verletzte von einem Denunzianten an die Gestapo verraten würde. Youra mußte sich zunächst damit begnügen, die Wunden zu säubern und so dafür zu versorgen, daß sie sich nicht entzündeten.

Zwanzigstes Kapitel
Kurt Asche organisiert

An sonnigen Tagen kürzte Kurt Asche sein Mittagessen in der Offiziers-Kantine in der Avenue Louise ab, um noch »ein wenig Luft zu schnappen«, wie er es nannte. Sein Spazierweg führte in den nahegelegenen Bois de la Cambre, wo bei schönem Wetter auf der Rollschuhbahn Hochbetrieb herrschte. Dort stand der unauffällige kleine Mann mit den dicken Brillengläsern und beobachtete die jungen Frauen und Mädchen in ihren kurzen Röckchen, die unter den Klängen aus den Lautsprecherboxen ihre Kreise drehten. Er trug meist einen blauen Anzug. In SS-Uniform hätte er sich nicht in diese Ansammlung heiterer Menschen getraut. Und er vermied es zu sprechen. Denn häufig, wenn er sich in seiner Muttersprache zu verständigen versuchte, reagierten die Leute unfreundlich und unwirsch.

Im März 1943 hatte sich in der Bevölkerung die Stimmung gegenüber den deutschen Besatzern weiter verschlechtert. Die Militärverwaltung hatte einen der populärsten Männer des Landes erschießen lassen. Der Kaufhausbesitzer Martial Van Schelle war ein prominenter Sportler und Sponsor, dem die belgische Hauptstadt ein Schwimmbad und eine Schlittschuhbahn verdankte. Er veranstaltete spektakuläre Sportwettbewerbe und organisierte Kletter- und Skitouren. Schlimm genug, daß der umtriebige Mann monatelang in der Festung Breendonk eingekerkert war, weil er angeblich mit neun weiteren Landsleuten einer terroristischen Organisation angehörte. Nun hatte der deutsche Militärbefehlshaber ihren Nationalhelden ohne ein Gerichtsverfahren als Geisel exekutieren lassen.

Böses Blut machte auch eine neue Verordnung der Besatzer: Die Militärregierung hatte den 30000 belgischen Scouts das Tragen ihrer Uniformen untersagt. An den Wochenenden lieferten sich deshalb Pfadfinder und Mitglieder der belgischen Hitler-Jugend im Bois de la Cambre und im Forêt de Soignes erbitterte Kämpfe; denn die Scouts wollten bei ihren sonntäglichen Zusammenkünften im Grünen nicht auf das Anlegen ihrer Gürtel verzichten. Dies veranlaßte wiederum die Kinder der Nazikollaborateure, sich als Hüter der neuen Verordnung aufzuspielen und den Scouts ihre geliebten Gürtel abzunehmen.

Sogar Kardinal Van Roey, der sich noch wenige Wochen

zuvor vom Widerstand distanziert hatte, rief jetzt zum Ungehorsam gegenüber den Besatzern auf. Die Deutschen hatten begonnen, in den Gemeinden die Kirchenglocken zu requirieren. Das fromme Geläut sollte in den Kriegsfabriken zu Geschützen und Munition für die Front umgeschmolzen werden. In der katholischen Provinz Flandern holten Pfarrer und Gemeindemitglieder die Glocken von den Türmen, um sie in der Erde vor den Deutschen zu verstecken.

Die noch in Belgien lebenden Juden wurden von ganz anderen Sorgen geplagt. Das Netz um sie zog sich immer enger. Diejenigen, die sich versteckt hielten, hausten in Kellern, Speichern und eigentlich unbewohnbaren Mansarden, trauten sich nicht mehr auf die Straße oder zum Arzt. Sie waren auf Gedeih und Verderb auf das Wohlwollen, die Geduld und die Großzügigkeit ihrer belgischen Bekannten oder Nachbarn angewiesen, die ihnen Obdach gewährten und sie in ihrem Versteck mit Lebensmitteln versorgten. Jeder von ihnen machte sich in den Augen der immer gnadenloser agierenden Besatzerjustiz strafbar. Die Hilfe für die verfemten Juden wurde mit der Einweisung in ein deutsches Konzentrationslager geahndet.

Nur wer zu den auserwählten Israeliten gehörte, die eine »carte blanche« des Judenrates besaßen, war wie die Angestellten der von den Nazis gegründeten Judenvereinigung von der Deportation freigestellt. Jeden Monat legte ein Vorstandsmitglied des Judenrates der Militärverwaltung eine Liste mit den Namen besonders verdienter Bürger, anerkannter Wissenschaftler und Künstler vor, die für diesen Sonderstatus in Frage kamen. Der für die Freistellungen zuständige Beamte Wilhelm von Hahn in der Oberfeld-Kommandantur wäre mit der Bewilligung gerne großzügig verfahren, doch jedes Mal scheiterte er mit seinem positiven Votum an dem fanatischen kleinen Judenhasser in der SS-Zentrale. Asche strich die Liste erbarmungslos zusammen.

Der deutsche Rechtsanwalt Emil Kochmann aus Gelsenkirchen-Buer war einer von jenen, die alle Anforderungen für eine Ausnahmegenehmigung erfüllten. Der 59jährige Kochmann, der 1939 vor den Nazischergen nach Brüssel flüchtete, war im Ersten Weltkrieg mit dem EK I und dem Ehrenkreuz für Frontkämpfer ausgezeichnet worden, er war mit einer Arierin verheiratet, und sein Sohn Wolfgang kämpfte als Gefreiter in Hitlers Armee. Mit anderen Juden, die in einem Schloß in der Wallonie Asyl gefunden hatten, wurde er nach Mechelen gebracht. Vergeblich setzten sich Sohn und Tochter bei der Oberfeld-Kommandantur für die Entlassung ihres Vaters aus dem Sammellager ein. Sie wurden an den Obersturmführer Asche beim Brüsseler Sicherheitsdienst weiterverwiesen, der auf ihr Gesuch nicht einmal antwortete. Aus dem KZ Birkenau erhielt die Familie »noch eine vorgedruckte Karte und dann nichts mehr«, schrieb Kochmanns Tochter anläßlich des Prozesses gegen den unerbittlichen Judenverfolger Kurt Asche an die Staatsanwaltschaft in Kiel. »Ich hoffe von ganzem Herzen, daß diese Menschen nicht ganz ungestraft davonkommen.«

Die Repräsentanten der Judenvereinigung hatten mit ihrem geradezu preußischen Verständnis von Gesetzestreue noch immer nicht begriffen, daß Rassenhaß und Willkür die einzigen verläßlichen Konstanten bei der »Endlösung der Judenfrage« waren. Am 11. März unternahm der Judenrat beim Referenten Kurt Asche in der Avenue Louise wieder einen Vorstoß zugunsten von Inhaftierten: »Eine Intervention zugunsten der Familie Hilsberg wird untersucht. Falls sich die von uns gegebenen Hinweise als richtig herausstellen, kann eine Freilassung in Betracht gezogen werden.« Doch das aus Warschau stammende Ehepaar durfte das Sammellager Mechelen nicht verlassen. Der Krawattenmacher und seine Frau waren dort unter den Nummern 1131 und 1132 eingeschrieben.

Der fanatische Antisemitismus und die Brutalität des Obersturmführers waren berüchtigt. Sogar bei Parteigenossen fiel er mit seiner unbeherrschten Aggressivität unangenehm auf. Der deutsche Kriminalsekretär Alfred Kirsch gab nach dem

Krieg zu Protokoll, wie er gemeinsam mit Asche vor der Dienststelle des Sicherheitsdienstes gestanden hatte, als ein Lastwagen mit verhafteten Juden im Innenhof eintraf. Die Männer, Frauen und Kinder sollten in den engen Zellen im Keller untergebracht werden. Unter den Ausgestiegenen befand sich eine Frau, die sich nur schleppend fortbewegte. Asche brüllte sie an, sie solle gefälligst schneller gehen. Als die völlig apathisch wirkende Frau nicht reagierte, stürzte er auf sie zu und schlug ihr ins Gesicht. Kriminalsekretär Kirsch will seinen Parteigenossen zur Mäßigung angehalten haben: »Kamerad Kurt, so was sollten Sie nicht in aller Öffentlichkeit tun.« Doch der habe sich umgedreht und ihn stehengelassen.

So war denn auch Salomon Vanden Berg aufs höchste alarmiert, als sich Asches Kollege Fritz Erdmann Mitte März für einen längeren Heimaturlaub von ihm verabschiedete. Aus Gesundheitsgründen durfte der SS-Mann mehrere Wochen pausieren. »Das wäre äußerst unangenehm«, vertraute Vanden Berg seinem Tagebuch an, »da er den weißen Ausweisen, die er auszustellen gestattet, einen gewissen Wert beizumessen scheint. Man weiß nicht, ob ein anderer dieselbe Haltung einnimmt. Dieser Erdmann ist höflicher als die anderen und scheint etwas menschlicher zu sein. Er hat bisher die Leiter und die Angestellten der Judenvereinigung mehr oder weniger beschützt ...«

Für die Organisation des nächsten Konvois würde also Kurt Asche allein zuständig sein. Es war für ihn die Stunde der Bewährung. Jetzt konnte sich der Obersturmführer endlich beweisen. Und das Gerede über sein ausschweifendes Nachtleben und seine Bestechlichkeit würde endlich verstummen. Adolf Eichmann, sein Vorgesetzter in Berlin, sollte Asche als seinen besten Mann in Brüssel kennenlernen. Denn in der Reichshauptstadt und nicht in der Avenue Louise fielen die Entscheidungen über seinen Aufstieg in der SS-Hierarchie.

In seinem Prozeß in Kiel wird der Judenreferent später erklären, er sei ab Herbst 1942, weil er Ärger mit dem Dienststellenleiter Ehlers hatte, »als Referatsleiter praktisch kaltgestellt« gewesen. Er habe »mit Judenangelegenheiten so gut wie nichts zu tun gehabt, sondern nur noch liegengebliebene Akten bearbeitet«. Asche wird sogar bestreiten, je mit Juden »direkten Kontakt« gehabt zu haben. »Alle wichtigen Angelegenheiten wurden von Thomas persönlich bearbeitet«, eben jenem Alfred Thomas, der bei dem Luftangriff durch den belgischen Piloten am 20. Januar 1943 ums Leben gekommen war.

Im März waren Asches Greifkommandos Tag und Nacht unterwegs. Es wurde immer schwieriger, die Untergetauchten aufzuspüren. Doch auf den »dicken Jakob«, Asches Wunderwaffe bei der erbarmungslosen Jagd auf die verhaßten Semiten, war noch immer Verlaß. Bisher hatte sich sein Revier auf die Brüsseler Innenstadt und die traditionellen Emigrantenviertel Anderlecht, Schaerbeek und St. Gilles beschränkt. Jetzt dehnte er seine Spitzeltätigkeit zunehmend in die bürgerlichen Wohngebiete aus. Hier in den grünen Villenvierteln hatten die gewiefteren, vorsichtigeren Juden Unterschlupf gesucht.

Zu ihnen gehörte der Kürschner Samuel Heuberg. Seine Wohnung in Anderlecht hatte er mit Frau und Tochter verlassen und wohnte nun unter falschem Namen in der idyllisch ruhigen Avenue Jacques Pastur in Uccle. Mit seinem auf den Namen Simon Huberty lautenden belgischen Ausweis fühlte er sich vor den Nazihäschern ziemlich sicher. An einem Märznachmittag sah er sich auf der Straße in der Nähe seiner Wohnung auf einmal drei Gestapo-Agenten gegenüber. Er versuchte zu fliehen, aber sie holten ihn ein und schleppten den sich heftig Wehrenden in ihr Polizeiauto. Dort fielen sie über ihn her.

Vor dem Kriegsgericht in Brüssel im Jahr 1948 erinnerte sich der Kürschner noch recht genau an seine Peiniger. Als erster habe ihn der berüchtigte jüdische Spitzel Jacques Glogowski angehalten und ihm dann mit dem Revolvergriff ins Gesicht geschlagen, der Zweite sei ein 28jähriger Schlachtersohn aus Düsseldorf und der Dritte der Chauffeur gewesen. Im Keller der Avenue Louise 347 wurde die Prügelei unter den Anweisungen eines Mannes fortgesetzt, dessen unangenehme Stimme sich besonders tief in Heubergs Gedächtnis eingebrannt hat. Er schien der Chef des brutalen Trios zu sein. Heuberg schildert ihn in dem Vernehmungsprotokoll als »kleinwüchsig, etwa 1,68 Meter groß, leicht korpulent, randlose Brille, braune Haare und leicht nach oben gebogene Nase, Alter etwa 35 Jahre«. Auf einem Foto identifiziert er ihn als Kurt Asche.

Wütend über die ausweichenden Antworten Heubergs schlugen die Männer seinen Kopf gegen einen Elektrokasten und malträtierten ihn mit dem Pistolenkolben. Auf Anweisung Asches nahmen sie dem Blutenden seinen Ring, die Uhr, sein Zigarettenetui und das Portemonnaie ab und stießen ihn in eine Zelle. Samuel Heuberg war klar, daß der Greiftrupp sich sofort auf den Weg zu seiner Wohnung in der Rue Jacques Pastur machen würde, um seine Frau und seine Tochter abzuholen. Wenig später trafen die beiden ein. Am folgenden Morgen wurden Samuel, dessen Frau Laura und die elfjährige Sylvia in das Sammellager Mechelen gebracht. Sie erhielten die fortlaufenden Transportnummern 1194, 1195 und 1196.

Neid und Habgier waren weiterhin die ergiebigsten Helfer der SS-Polizei. Aus Mißgunst oder weil sie mit einem Kopfgeld rechneten, lieferten Nachbarn und Mitwisser die versteckten Juden ans Messer. So verriet eine Frau die Adresse eines jüdischen Händlers an die Gestapo, weil sie meinte, er habe ihr für drei Ringe und eine Platinkette zu wenig gezahlt. Der 73jährige Simon Visschraper wurde umgehend verhaftet. Für die belgische Denunziantin hatte sich der Verrat nicht gelohnt. Nicht ein Stück ihres angeblich unter Wert gehandelten Schmucks erhielt sie vom Judenreferat zurück. Aber der alte Visschraper – Transportnummer 1463 – konnte mit dem sicheren Tod in der Gaskammer rechnen.

Auch die Familie des Lederwarenhändlers Léon Gronowski wurde verraten. »Ich habe niemals erfahren, von wem«, sagt Simon Gronowski viele Jahre später voller Bitterkeit. Vielleicht wurden sie dabei beobachtet, wie sie regelmäßig ihren kleinen Hund Bobby ausgeführt hatten.

Es war Mittwochmorgen. Simon saß mit seiner Mutter und seiner Schwester Ita beim Frühstück. Sein Vater lag mit einer akuten Infektion in der Klinik. Er sollte erst in ein paar Tagen entlassen werden. Plötzlich klingelte es laut und anhaltend an der Tür. »Wir waren beunruhigt und wie gelähmt. Und all unsere Pläne, durch die Gärten zu fliehen, erwiesen sich als hinfällig. Ich weiß nicht, wer ihnen die Tür geöffnet hatte, aber da standen schon zwei Deutsche in Zivil im Zimmer«, erzählt Simon Gronowski ein halbes Jahrhundert danach, als wäre es gestern gewesen.

Einer der Eindringlinge schrie: »Gestapo! Ausweise!« Simons Mutter verharrte wie erstarrt vor dem gedeckten Frühstückstisch. Schließlich reichte sie ihm ihren Ausweis. Der SS-Mann verglich die Angaben mit seinen Informationen und schien zufrieden. Es handelte sich tatsächlich um die Familie Gronowski. Dann stutzte er. »Wo ist Herr Gronowski«, fragte er. »Mein Mann ist gestorben«, erwiderte Simons Mutter geistesgegenwärtig.

Sie sollten schnell ihr Gepäck packen, denn sie würden zum Sammellager nach Mechelen gebracht. Ein Name, der bei ihnen die schlimmsten Befürchtungen weckte. Man hatte schon so viel von diesem unheilvollen Ort gehört. »Nehmen Sie Ihre schönen Kleider mit«, empfahl einer der beiden Greifer, der sah, wie Ita zögernd vor dem geöffneten Kleiderschrank stand. Simon packte seine kostbaren selbstgestrickten Pfadfinderstrümpfe mit den Fransen ein. Den Hund banden die Männer am Treppengeländer fest. Vor der Haustür stiegen sie in einen kleinen grauen Wagen, der sie an den machtvoll wirkenden Kasernen von Etterbeek vorbei in die Avenue Louise brachte.

Später am Nachmittag wurden sie dann mit anderen Verhafteten auf einen mit einer Plane abgedeckten Lastwagen geladen. Durch einen offenen Spalt in der Plane konnte Simon Blicke auf die Passanten, Radfahrer und belebten Plätze erhaschen. Noch heute weiß der 67jährige, was ihm damals durch den Kopf ging: »Da draußen geht alles ganz normal weiter, als sei nichts passiert. Keiner von ihnen weiß, daß wir in diesem Lastwagen sitzen.«

In der »Aufnahme« erhielten Simon und seine Mutter die Nummern 1234 und 1235. Ihre Schlafplätze waren im Schlafsaal 18 in der zweiten Etage. Hier würden sie in den kommenden Wochen den größten Teil ihrer Zeit verbringen. Seine Schwester bekam als belgische Staatsbürgerin die Nummer B 274 und wurde in den Schlafsaal für belgische Juden eingewiesen. Noch glaubten die belgischen Juden, unter dem besonderen Schutz von Königin Elisabeth zu stehen.

Jeden Tag wurden Asche die Neuzugänge im Sammellager Mechelen mitgeteilt. Und einmal in der Woche schickte dieser einen Bericht über die Zahl der Internierten an das Reichssicherheitshauptamt in Berlin. Am 20. März konnte er eine Belegstärke von fast 1300 Lagerinsassen an seinen Vorgesetzten Eichmann melden. Beim Brüsseler Sicherheitsdienst hoffte man auf einen baldigen Abfahrtstermin. Denn die hygienischen Bedingungen in der Kaserne wurden immer unerträglicher, ein Nährboden für die schlimmsten Epidemien. Es gab bereits Läuse. Und die Wachmannschaften fürchteten nichts so sehr wie ansteckende Krankheiten.

Einundzwanzigstes Kapitel

Die stillen Rebellen von Mechelen

Morgens um 6 Uhr hallte der Ruf »Juden aufstehen!« durch die Schlafsäle der alten Habsburger-Kaserne. Simon und seine Mutter hasteten in den Waschraum, um nicht zu lange vor den primitiven Becken und den Aborten Schlange stehen zu müssen. Ab 7 Uhr verteilten die Stubenältesten den heißen

Muckefuck und die Brotrationen an die hundert Insassen im Schlafsaal. Um 8 Uhr hieß es »Antreten zum Sport« im Innenhof. Erst nach der dünnen Suppe zum Mittagessen durfte »Simkele« zum Spielen in den Kasernenhof. Dort tummelten sich dann die Kinder zwischen den Erwachsenen, für die dieser tägliche Hofgang ebenfalls die einzige Abwechslung in dem grauen Einerlei des Sammellagers war.

Bei diesen »Spaziergängen« kam es beinahe täglich zu bewegenden Begrüßungsszenen. Die Internierten trafen Nachbarn, Freunde und Bekannte wieder, die wie sie in die Hände der Gestapo gefallen waren. Eines Nachmittags entdeckte Ita, Simons Schwester, ihren ehemaligen Klassenkameraden Jacques Angielzyk unter den Männern, die im Hof ihre Runde drehten. Sie fielen sich in die Arme. Sie hatten gemeinsam die Ecole Cymring besucht, nachdem sie als Juden von den staatlichen Gymnasien ausgeschlossen worden waren. War es erst knapp ein Jahr her, daß sie im schönen Monat Mai bei einem Klassenausflug die Ardennen durchwandert hatten? Für die jüdischen Gymnasiasten, erinnert sich Itas Schulfreund mehr als ein halbes Jahrhundert danach, »waren es die letzten Wochen, wo wir noch lachen konnten«. Jacques Eltern hatten ihren einzigen Sohn, um ihn vor der antisemitischen Verfolgung zu schützen, von einem belgischen Ehepaar adoptieren lassen. Deshalb war er unter dem neuen Familiennamen Grauwels nach dem kurzen Intermezzo an der jüdischen Schule wieder in seine alte Klasse im Athénée de Bruxelles zurückgekehrt. Aber dennoch landete er, weil er als Jude denunziert worden war, als Nummer 1314 im Sammellager Mechelen.

Der tägliche Hofgang war eine Nachrichten- und Kontaktbörse. Hier wurden von den Neuankömmlingen Informationen über den neuesten Stand an der Ostfront weitergegeben, es wurden Hoffnungen geweckt und Ängste geschürt, alte Feindschaften wurden gepflegt und neue Freundschaften geschlossen.

Eines Tages sprach ein neu angekommener Häftling die

junge Krankenschwester Régine Krochmal an. Der ältere Mann, noch kleiner als die zierliche Régine, trug Folterspuren im Gesicht. Eine gebrochene Nase, ein blaues Auge, zwei Zähne fehlten, geronnenes Blut auf der Wange: Das deutete auf ein Gestapo-Verhör. Sie wußte sofort, dieser Mann war jener Widerständler, der ihr in einem Kassiber von ihren Genossen als besonders einflußreich angekündigt worden war. Der 56jährige Simon Brauner, Listen-Nummer 1004, stammte aus Polen, wo er bis zu seiner Flucht nach Belgien in der kommunistischen Partei eine Führungsposition innehatte. Als Régine ihn nach seiner Stellung im belgischen Widerstand fragte, antwortete der bescheidene Mann: »Régine, die Stellung, die Zugehörigkeit zu einer Gruppe, die Religion oder die Nationalität bedeuten wenig, das Wesentliche kommt vom Herzen.« Brauners Antwort wurde für Régine Krochmal zu einem Leitsatz, der sie bis ins hohe Alter begleitet hat.

Sie schenkte ihm all das, was sie für ihn, den bedeutenden Widerständler, aufgespart hatte: Seife, Brot und ein paar wertvolle Lebensmittel. Doch die verkrusteten Blutspuren verschwanden nicht aus Brauners Gesicht. Offensichtlich benutzte er Régines Seife nicht. Die junge Krankenschwester entdeckte, daß er alle Gaben an die Kinder im Lager verteilt hatte.

Im Unterschied zu Régine, die unter dem »Klima der Entmenschlichung und Entsolidarisierung« im Lager litt, spürte der kleine Simon Gronowski wenig von dieser belastenden Atmosphäre. Er sei in Mechelen nicht besonders unglücklich gewesen, erzählt Simon Gronowski 55 Jahre später. »Ich war schließlich mit meiner Mutter und mit meiner Schwester zusammen und fühlte mich von ihnen beschützt.« Von den Rouffaerts, den Eltern seines Pfadfinderfreundes, denen Simons Vater sein Haus übereignet hatte, bekamen sie Lebensmittel geschickt, so daß sie nicht nur auf die Hungerrationen im Sammellager angewiesen waren.

Dort bestimmte der Alkoholpegel der Kerkermeister das Ausmaß an Brutalität und Boshaftigkeit, dem die Gefangenen ausgesetzt waren. Auch unter dem Kommandanten Frank, der im Vergleich zu seinem Vorgänger Schmitt als »korrekt« galt, waren die Häftlinge den Launen ihrer Bewacher ausgeliefert. Ein beliebtes Spiel der angetrunkenen Nazis hieß »Fußkontrolle«.

Irgendwann in der Nacht flammte das Licht in einem Schlafsaal auf und jemand rief »Fußkontrolle«. Uniformierte SS-Männer gingen von Holzpritsche zu Holzpritsche und leuchteten mit ihren Taschenlampen die Füße der Inhaftierten ab. Die Angst der aus dem Schlaf geschreckten Häftlinge schien ihnen ein besonderes Vergnügen zu bereiten. Mit der Peitsche lüfteten sie bei den Frauen die Decken. Fanden sie, daß ein Häftling seine Füße nicht ausreichend gewaschen hatte, wurde »die jüdische Drecksau« in den Innenhof geschickt. Dort mußten dann die Gefangenen im Schlafanzug oder im Unterzeug in der Kälte ausharren, bis sämtliche Füße kontrolliert waren. In besonders eisigen Nächten übergoß der stellvertretende Lagerchef Max Boden die »dreckigen Juden« mit Wasser und ließ die Durchnäßten bis zum Morgengrauen im Hof stehen. Der Häftling Bernard Van Ham mußte nach einer solchen kalten Märznacht mit einer Lungenentzündung ins Krankenhaus eingeliefert werden, wo er wenig später starb. »Herzversagen« steht in seinen Papieren als Todesursache.

Eine Episode aus dieser Zeit hat sich bei allen Überlebenden tief eingeprägt: die Nacht, als Jonas Polak bestraft wurde. Der junge Mann aus Amsterdam hatte es geschafft, über das Dach aus dem Sammellager zu fliehen, war aber wenig später wieder in die Hände der SS gefallen. Mitten in der Nacht wurden alle Häftlinge in den Innenhof der Kaserne beordert, um der Bestrafung des Ausreißers beizuwohnen. Auch der elfjährige Simon Gronowski wurde Zeuge des schrecklichen Schauspiels. Ein für allemal sollten die Juden begreifen, daß jeder Fluchtversuch zum Scheitern verurteilt sei.

In Handschellen wurde Polak von zwei SS-Männern in die Mitte des Hofes geführt, schwankenden Schritts, das Gesicht verquollen, die Augen Blut unterlaufen. Hauptscharführer Boden wandte sich an die vor Kälte und Entsetzen zitternden Gefangenen: Sie sollten froh sein, daß man den Ausreißer ergriffen habe. Wenn ihm die Flucht gelungen wäre, hätten sie alle die Konsequenzen tragen müssen. »Spuckt auf den räudigen Hund, zeigt dem Verräter eure Verachtung«, forderte Boden die Umstehenden auf. »Doch wir schluckten unseren Speichel hinunter«, schreibt Claire Prowizur in ihren Memoiren, »und warteten stumm.«

Freiwillige sollten heraustreten, forderte Boden, und Polak auspeitschen. Niemand rührte sich. Als auch nach der zweiten Aufforderung sich kein Häftling meldete, schlug der SS-Offizier selbst zu. Zehn Mal zischte die Gerte auf den entblößten Oberkörper nieder, und jeder Schlag hinterließ einen blutigen Striemen. Dann wurde ein Gefangener bestimmt, der mit der Tortur fortfahren sollte. Zögernd griff der Mann zur Peitsche. Drei Schläge nur und viel zu sanft, fand der Nazi. Boden nahm die Peitsche und schlug zu, bis sich sein Opfer am Boden krümmte. Dann wurde der Häftling mit der Nummer 1235 in die dunkle und feuchte Kerkerzelle der Kaserne gebracht, die er erst bei der Abfahrt des 20. Transports verlassen sollte.

Viele Jahre danach wird Rechtsanwalt Simon Gronowski auf dem Speicher des Brüsseler Justizministeriums nach den Prozeßakten des Nazischinders forschen, dessen Bestrafungsaktion er als kleiner Junge miterlebt hatte. In den Aussagen Bodens, der sich 1948 vor dem Kriegsgericht in Brüssel verantworten mußte, erkannte Gronowski den rabiaten und mitleidlosen SS-Offizier wieder, der sich noch immer als Hüter von Recht und Ordnung sah: »Ja ich habe geschlagen, ja ich habe die Leute ausgepeitscht, aber nur, um die Ordnung im Lager aufrechtzuerhalten.«

Blutige Demonstrationen wie diese übten auf die Gefangenen sehr unterschiedliche Wirkungen aus. Für die Mehrheit, die abgestumpft und resigniert in diesem riesigen Wartesaal auf den Abfahrtstermin harrte, war es die Bestätigung, daß jeder Widerstand, jeder Fluchtversuch zwecklos war. Sie fügten sich, zumal sie nicht wußten, daß in Auschwitz auf sie die Gaskammern warteten. »Wir waren unwissend und unschuldig«, sagt Simon Gronowski, »wir ignorierten, daß wir längst zum Tode verurteilt waren.« Irgendwie gab ihnen die große Zahl der Internierten auch ein Gefühl der Sicherheit: »Eine Massenvernichtung, wie sie die Nazis betrieben haben, war einfach unvorstellbar.«

Sogar die jüdische Krankenschwester Gerti Scharf, die während der ganzen Zeit im Sammellager Mechelen gearbeitet hatte, erfuhr erst nach der Befreiung von den Verbrennungsöfen in Auschwitz. Man habe sich Schlimmes vorgestellt, von dem, was die Deportierten am Ziel erwarten würde, so erzählt sie Jahrzehnte später in einem Fernsehinterview, man habe von Hunger und Seuchen gehört und sei dankbar gewesen, in Mechelen bleiben zu dürfen. Die Optimisten unter den Internierten hätten sogar geglaubt, in Auschwitz ein großes grünes Ghetto vorzufinden, wo sie mit ihren Familien zusammen leben und arbeiten würden. SS-Kommandeur Frank habe vor dem jüdischen Personal diese Version mit immer neuen Einzelheiten ausgeschmückt: Ein idyllischer Ort erwarte die Häftlinge, von Wald umgeben, wo sich Fuchs und Hase gute Nacht sagten. Das Essen dort sei ausreichend und gut. Und abends, nach getaner Arbeit, würde sogar für Unterhaltung gesorgt. Das Märchen vom schönen KZ sollten Gerti Scharf und ihre Kollegen weiter verbreiten, um den Gefangenen die Angst vor der Reise zu nehmen.

Die Mitglieder der Résistance im Lager wußten mehr, auch wenn sie das Ausmaß des organisierten Genozids nicht ahnten. Die Deutschen, so glaubten sie, würden ihre Arbeitskraft unter unmenschlichen Bedingungen ausbeuten. Vernichtung durch Arbeit, das war vorstellbar, und diesem Schicksal wollten sie entkommen. Ein Geist der stillen Revolte breitete sich vor allem unter den jungen Leuten aus. Diese heimlichen Rebellen, Mitglieder der bewaffneten und unbewaffneten Résistance, Linke, Unpolitische und Bürgerliche, ließen sich auch durch die Bestrafungsaktion an Jonas Polak nicht von ihrem

Vorhaben abbringen. Sie waren eher noch entschiedener, alles zu wagen, um den Nazischergen zu entkommen. Der Diamantenschleifer Samuel Perl aus Antwerpen, der schon einmal vom Deportationszug »geflitzt« war: »Ich mußte es einfach wieder tun.«

Im Schlafsaal übte der kleine Simon mit anderen Kindern, von der oberen Holzpritsche hinunterzuspringen. Irgendwie hatte sich bei dem Elfjährigen der Gedanke festgesetzt, aus dem Zug zu fliehen. Er könnte es schaffen, denn bei den Straßenbahnfahrten in Brüssel hatte er es schon zu einer gewissen Geschicklichkeit beim Abspringen während der Fahrt gebracht.

Inzwischen war es auch im Lager durchgesickert: Die Deutschen würden für die nächsten Transporte nur noch Güterwaggons einsetzen. Keiner der Juden sollte seiner Bestimmung, sollte der Endlösung entkommen. Die SS hatte überall im besetzten Europa die Erfahrung gemacht, daß die Zahl der »Entweichungen« beim Einsatz von fensterlosen Eisenbahnwagen gegen Null tendierte. Wie sollten denn auch die geschwächten Häftlinge aus dieser rollenden Gefängniszelle fliehen?

Diese Frage beschäftigte von nun an jene Häftlinge, die sich geschworen hatten, noch vor der deutschen Grenze aus dem Deportationszug zu fliehen. Denn nur in Belgien, wo die deutschen Besatzer in allen Bevölkerungskreisen so verhaßt waren, würden die Juden eine Chance zum Überleben haben. Diese Häftlinge waren wie der Kaufmann Joseph Silber, der seit Mitte Februar in Mechelen festsaß, überzeugt: »Nirgendwo sonst konnten wir auf eine so großzügige Hilfe bauen wie bei der belgischen Bevölkerung.«

Silber glaubte sich lange allein mit seinen Fluchtgedanken. Bis er Anfang April einen alten Bekannten aus Antwerpen wiedertraf. Dieser Nathan Mitelsbach war wie Joseph Silber Kaufmann und gehörte einer patriotischen Widerstandsorganisation an. Im Lager suchte er nach Gleichgesinnten, die sich gemeinsam auf den Ausbruch aus dem Deportationszug vorbereiten sollten. Silber war Feuer und Flamme. »Ich habe voller Begeisterung das Angebot angenommen«, gibt im März 1981 der inzwischen 72jährige anläßlich des Asche-Prozesses zu Protokoll. »Es war eine große Erleichterung für mich, daß ich nun nicht mehr mit der Idee allein war, mich der Deportation zu widersetzen.«

»Überall formierten sich kleine konspirative Gruppen, ein Netzwerk der Verschwörung entstand«, schreibt Claire Prowizur in ihrem Buch. Schnell hatten die stillen Rebellen herausgefunden, wer von dem jüdischen Personal sie bei ihren Plänen unterstützen würde. Ihre Helfer mußten Chuzpe besitzen, sollten gewitzt und durften nicht ängstlich sein. Und sie sollten ihnen bei der Beschaffung von Werkzeug helfen, mit dem die Rebellen sich aus dem verschlossenen Waggon befreien wollten.

All diese Bedingungen erfüllte Albert Clément. Der gebürtige Antwerpener, blond, stämmig und blauäugig, war seit Oktober privilegierter Häftling in Mechelen. Da er mit einer nichtjüdischen Belgierin verheiratet war, fiel er unter die Rubrik »Mischehe« und war dem jüdischen Personal im Sammellager zugeteilt worden. Clément gehörte zum »Service Entretien«, der Gebäudewartung. Und wenn es wieder einmal an Nägeln, Schrauben, Dübeln und Handwerkszeug fehlte, durfte der Dreißigjährige, der bis dahin sein Brot als ambulanter Händler für Haushaltswaren verdient hatte, in Begleitung eines Bewachers außerhalb der Kaserne Besorgungen machen. In einer Eisenwarenhandlung im nahegelegenen Borgerhout war der Kunde aus der Dossin-Kaserne mit seinem finster blickenden Begleitschutz bekannt. Wenn der Ladenbesitzer das Paket mit der verlangten Ware schnürte, dann legte er oft noch Werkzeug dazu, das nicht auf der Rechnung auftauchte. Wie so viele brave Belgier hatte er Mitleid mit den Juden, die von den Deutschen verfolgt und verschleppt wurden.

Auch der jüdische Schuster in der Dossin-Kaserne, Rubin Liberman, hortete für die zum Ausbruch Entschlossenen scharfe Klingen, Zangen und Sägen. All jene, die wie Fanna Joseph Rafalowicz – Nummer 517 – oder Fraim Szyper, genannt »Philippe« – Nummer 254 –, ihren Achtstundentag in einer der Werkstätten absolvierten, versuchten ebenfalls Handwerkszeug und Eisenstangen beiseite zu schaffen. Ein glücklicher Umstand kam hinzu. Der neue Lagerkommandant Frank hatte erlaubt, daß die Häftlinge in ihren Päckchen Eßbesteck, also auch Messer, empfangen durften. So kamen einige der Insassen auf diesem legalen Weg in den Besitz von Klingen.

»Wir wußten mehr oder weniger, welche Gefangenen aus dem Zug springen und ihr Leben riskieren würden«, erzählt Claire Prowizur in ihren Erinnerungen. Ihr Vater, ihr Mann Philippe, der Freund Simon Birnberg und dessen Kameraden, sie alle würden die Flucht wagen: »Die Hoffnung auf Freiheit wurde für uns zum Leitmotiv.« Auch die beiden Holländer aus ihrem Schlafsaal wollten springen, Vater und Sohn, 45 und zwanzig Jahre alt. Beide groß, blond, mit rötlichem Teint und kräftiger Stimme. Sie wollten sogar als erste springen, um den anderen Mut zu machen.

In der Gruppe der schon einmal Geflüchteten, die auf einer Sonderliste geführt und besonders scharf beobachtet wurden, setzten die Häftlinge ihre Hoffnungen auf einen Wiener Juden. Er besaß den Ruf eines raffinierten Ausbrecherkönigs. Samuel Perl kann sich an dessen Namen nicht mehr erinnern, aber er weiß noch, wie es damals hochachtungsvoll von dem Österreicher hieß: »Wenn einer den Ausbruch schafft, dann er. Er würde jede Festung überwinden.«

Zweiundzwanzigstes Kapitel

Mutige gesucht

Alles war in der Wohnung für die Operation vorbereitet. Youra hatte Alkohol, Verbandszeug und Gips besorgt. Nun wartete er mit seinem Bruder auf den Chirurgen. Dr. René Dumont wollte um 18 Uhr in die Chaussée d'Alssemberg 386 kommen. Die beiden Schußwunden, die Alexandre bei dem

Überfall auf den belgischen Polizeikommissar Cortin erlitten hatte, drohten sich zu entzünden. Es mußte gehandelt werden.

Wenn in jenen Tagen ein verletzter Widerständler medizinische Hilfe brauchte, dann fiel in der Résistance zunächst immer der Name Dumont. Der Chirurg aus der Universitätsklinik St. Pierre hatte schon als Kämpfer der Internationalen Brigaden im spanischen Bürgerkrieg so manche Notoperation durchführen müssen. Youra kannte den etwas älteren Kollegen noch aus der Zeit als Assistenzarzt in der Universitätsklinik. Anders als seine Studienfreundin Hélène Bolle gehörte Youra aber nicht zu dem Kreis von jungen Intellektuellen, die mit dem Kommunisten Dumont regelmäßige Diskussionsabende zum Marxismus-Leninismus abhielten.

Als »mager und groß, gezeichnet von den Jahren in Spanien«, beschreibt Claire Prowizur den Arzt in ihren Memoiren. Dankbar erinnert sich die heute in Tel Aviv lebende Großmutter, daß der hilfsbereite Chirurg sie Ende 1942 aus einer schier ausweglosen Situation befreit hatte. Dumont hatte bei ihr einen Schwangerschaftsabbruch vorgenommen – in ihrer kleinen Mansarde, assistiert von ihrem Ehemann Philippe. Für das junge Paar, das sich vor den Nazis versteckte, war es ein rettender Eingriff. Die Geburt eines Kindes hätte sie zur leichten Beute der Judenverfolger gemacht.

An diesem Abend nun sollte der Chirurg Alexandre Livchitz operieren. Punkt 6 Uhr schellte es. Bei konspirativen Treffen war man pünktlich. Als Dr. Dumont den Verband entfernt hatte, war ihm sofort klar, daß die beiden Kugeln möglichst schnell herausoperiert werden mußten. Der Patient würde sonst an einer Blutvergiftung sterben.

In der Akte von Alexandre Livchitz im Archiv des Brüsseler Sozialministeriums findet sich ein Bericht aus dem Jahr 1950, in dem sich René Dumont wie folgt an diesen Patientenbesuch erinnert: »Anfang April 1943 wurde ich zu Herrn Alexandre Livchitz in die Chaussée d'Alssemberg gerufen, an die Hausnummer kann ich mich nicht mehr erinnern. Ich habe dort Herrn Alexandre Livchitz vorgefunden, der an zwei durch Feuerwaffen verursachten Wunden litt. Eine Kugel war in den linken Schenkel eingedrungen, wo sie festsaß. Die Kugel im rechten Fuß konnte ich entfernen, und da es offene Brüche gab, habe ich mit Hilfe von Herrn Youra Livchitz, dem Bruder des Verletzten, einen Gipsgehverband angebracht. Der Kranke wurde dann von seinem Bruder versorgt und wenig später wurde in der Klinik Edith Cavell die zweite Kugel operativ entfernt.«

Alexandre war fast noch niedergeschlagener als sein jüngerer Bruder. Er, der kampferprobte Partisanenchef »Jean«, würde den Überfall auf den Deportationszug nicht kommandieren können. Er war außer Gefecht gesetzt. Sie mußten nun andere Mitstreiter finden, die mit Youra diesen Plan, der sie beide so begeisterte, ausführen würden. Die Weigerung des organisierten Widerstandes, sich an dieser Rettungsaktion zu beteiligen, hatte sie sehr enttäuscht. Aber die Absage zeigte auch, wie gefährlich das Unternehmen war. Wenn schon die Partisanenarmee und die »Gruppe G« vor der Aktion zurückschreckten, wie sollten Youra und Choura dann Mutige finden, die das Risiko nicht scheuten?

Gemeinsam riefen sich die beiden Brüder ehemalige Schul- und Studienkameraden ins Gedächtnis, erörterten die Zuverlässigkeit und Courage von Freunden und Bekannten. Alexandre, der Ältere und Bedächtigere, hielt viele, deren Namen in diesen Gesprächen fielen, für untauglich: zu ängstlich, zu geschwätzig, zu unsportlich, nicht vertrauenswürdig. Der Freund von Malka Cymring, der Weißrusse Pierre Romanovitch, von dem Youra seinem Bruder erzählt hatte, war ein unbeschriebenes Blatt, ein Risiko also für die heikle Mission. Man brauchte für diesen Coup absolut verläßliche Kameraden wie Robert Maistriau. Der Zwanzigjährige war sicherlich noch unerfahren, aber Youra kannte ihn als stabilen und zuverlässigen Kerl, er war intelligent und umsichtig. Youra war noch im Gedächtnis, wie Robert davon gesprochen hatte, in den Widerstand zu gehen, »um etwas gegen die deutschen Besatzer zu tun«.

Auch von Robert Leclercq war ihm Maistriau empfohlen

worden. Ihr ehemaliger Mitschüler vom Athénée d'Uccle hatte bereits Kontakt zur »Groupe G« aufgenommen. Die Hoffnung, daß Richard Altenhoff mitmachen würde, hatte Youra noch nicht ganz aufgegeben. Der Ingenieur teilte zwar die Bedenken seiner Freunde in der »Groupe G« gegen die gewagte Aktion. Doch reizte Altenhoff, daß es bei dieser Operation nicht um Sabotage, um Zerstörung, sondern um die Rettung von Menschenleben gehen würde.

Youra und Alexandre sprachen über das Vorhaben nur, wenn Willy außer Haus war. Sie wollten Chouras Gastgeberin nicht zur Mitwisserin machen und so noch zusätzlich gefährden. Sie riskierte schon viel, weil sie den von der Gestapo gesuchten Partisanen aufnahm. Willy organisierte Nahrungsmittel für den Rekonvaleszenten und war fast täglich mit ihrer engsten Freundin Minnie Minet zusammen. Zu Rachel Livchitz war der Kontakt weniger herzlich. Saps war nicht glücklich darüber, daß ihr Sohn ausgerechnet bei Willy Unterschlupf gefunden hatte. Schließlich war Alexandre mit der liebenswerten Irène Gromberg so gut wie verlobt. Und Irène, Sozialarbeiterin beim Judenrat, litt nun Höllenqualen, daß ihr geliebter Choura auf der Couch bei der Rivalin Willy lag.

Hinter den ebenmäßigen weiblichen Zügen dieser Wilhelmina Cohen verbarg sich eine Person, die auf die Gefühle anderer wenig Rücksicht nahm. Alexandre hatte das Glück, ihre Zuneigung zu besitzen. Ihm galt jetzt ihre ganze Fürsorge. Ihrem Ehemann mutete sie zu, ihren verwundeten Geliebten unter dem gemeinsamen Dach zu beherbergen. »Typisch Willy« pflegten auch die weiblichen Gäste bei Minnie Minets samstäglichen Künstler-Soirees zu sagen, wenn die hochgewachsene vollbusige Schönheit mit jedem Mann flirtete, der ihr gefiel, ob er nun verheiratet war oder nicht. Nur die großzügige und lebenslustige Minnie fand das Verhalten ihrer besten Freundin nicht anstößig.

Auch im »Comité de Défense des Juifs« beschäftigten sich Jospa, Bolle und Nijkerk in jenen Tagen mit der geplanten Rettungsaktion. Am schwierigsten schien ihnen die Evakuierung der Befreiten aus dem Deportationszug. Welche Mittel und Wege gab es, die Flüchtlinge vom Ort des Geschehens wegzuführen? Sie sahen nur eine Lösung: Die Leute mußten sich individuell durchschlagen. Und dafür brauchten sie Geld. Es galt also, Geld an die Insassen zu verteilen. Mit einem 50-Franken-Schein hätten sie genug, um sich einen Fahrschein kaufen zu können. Schatzmeister Benjamin Nijkerk hatte 20000 Franken für die Operation vorgesehen. Schon zwei Mal war der Niederländer unter falschem Namen und auf Umwegen in die Schweiz gereist, um dort Geld abzuholen, das vom »American Jewish Joint Distribution Comitee« überwiesen wurde. Ein Teil der Spenden sollte für die Rettungsaktion der Deportierten ausgegeben werden.

Die Nachrichten, die zu Jospa aus dem Sammellager Mechelen drangen, machten ihn zuversichtlich. Es gelangten nicht nur in Briefen und auf Karten verschlüsselte Nachrichten aus der Kaserne an die Außenwelt. Einige Häftlinge nutzten die Möglichkeit der »Sprechzeiten«, um mit ihren Kameraden draußen Informationen auszutauschen. Denn die Internierten durften hin und wieder Besuch empfangen. In einem streng überwachten Raum fanden diese auf eine Viertelstunde beschränkten Gespräche statt, für die sich der Besucher Tage vorher schriftlich anmelden mußte. Seine Personalien wurden überprüft, der von ihm angegebene Grund für den Besuch wurde abgewogen. War alles in Ordnung, durfte im Beisein zweier SS-Wachen die Begegnung stattfinden. Die Widerständler im Lager, denen das konspirative Verhalten in Fleisch und Blut übergegangen war, und ihre nicht minder durchtriebenen Besucher tricksten dabei häufig ihre Bewacher aus. Zumal diese oft nur ihre Muttersprache, Deutsch oder Flämisch, beherrschten.

So erfuhr das Jüdische Verteidigungskomitee, daß es unter dem jüdischen Personal vertrauenswürdige Personen gab, die zur Erledigung bestimmter Aufgaben ab und zu das Lager verlassen durften. Der Name von Albert Clément wurde genannt, der als Mitglied der Reparaturkolonne regelmäßig in einem bestimmten Eisenwarengeschäft in Borgerhout Besorgungen machte. Er würde zwar von zwei flämischen SS-Männern bewacht, aber die seien mit Hilfe des deutschfeindlichen Geschäftsinhabers leicht hinters Licht zu führen.

Niemand mochte an einen Zufall glauben, als eines Morgens im Lager – vor den Waschräumen bildete sich die übliche Schlange – zwei Wasserhähne über den Waschkauen fast gleichzeitig dem Druck nicht mehr standhielten und herunterfielen. Das kalte Wasser schoß in breitem Strahl aus der Wand. Sabotage, vermuteten die SS-Offiziere im stillen und schimpften laut: »Ihr wollt euch wohl nicht waschen, ihr jüdischen Drecksäue.« Die Männer vom Reparaturdienst wurden gerufen. Um den Schaden zu beheben, bedurfte es neuer Hähne und neuer Rohre. In der Werkstatt gab es keinen Ersatz. So wurde Albert Clément mit einem uniformierten Begleiter in einem Wagen losgeschickt, um das notwendige Material in Borgerhout zu kaufen.

Als er in die Kaserne zurückkehrte, trug er nicht nur die für die Reparatur erforderlichen Dinge bei sich. Er war auch im Besitz eines Bündels von 50-Franken-Scheinen, die der Besitzer der Eisenwarenhandlung in einem der Kartons versteckt hatte. Clément sollte das Geld im Auftrag des Jüdischen Verteidigungskomitees an die stillen Rebellen im Lager weitergeben.

Youra sollte vom Jüdischen Verteidigungskomitee ebenfalls Geld erhalten, damit er und seine Gefährten die Scheine an die Flüchtenden verteilen konnten. Noch immer wußte der junge Mediziner nicht, wieviel Freunde er für den Überfall mobilisieren konnte. Ein Wunschkandidat, der für dieses gewagte Unternehmen die geeignete Mischung aus Abenteuersinn und Zuverlässigkeit besaß, stand nicht mehr zur Verfügung. Der gleichaltrige Szmul Rzepkowicz, der geniale Dokumentenfälscher und leidenschaftliche Kartenspieler, der zu seinem engsten Freundeskreis gehörte, saß nun selbst in Mechelen als Häftling fest. Seine Nummer auf der Transportliste nach Auschwitz: 1405.

Vielleicht würde Jean Franklemon mitmachen. Sein alter Schulkamerad, der seine Leidenschaft für Theater und Musik teilte, war nicht nur vielseitig künstlerisch begabt, er besaß auch ein großes Organisationstalent, das der Truppe der »Comédiens Routiers« zugute kam. Das Straßentheater war längst zu einem festen Begriff in der Brüsseler Kunstszene geworden. Außerdem war »Pamplemousse« einer, der seine Ideale in die Tat umzusetzen suchte. Er war Mitglied der kommunistischen Partei geworden, weil seiner Überzeugung nach die KP als einzige auf der Seite der Schwachen und Unterdrückten stand. Da er die theoretischen Antifaschismus-Debatten an der Universität satt hatte, war er in den spanischen Bürgerkrieg gezogen.

Youra wußte, daß er Jean am späten Nachmittag, wenn die Kurse an der Kunsthochschule Cambre zu Ende waren, im Eckcafé an der Place Flagey antreffen würde. Es war das Stammlokal der Kunststudenten. »Pamplemousse« hatte eine besondere Vorliebe für dieses Lokal, weil dort ein altes Klavier stand. Zu fortgeschrittener Stunde setzte er sich an das Instrument, und wenig später fielen alle Gäste in die von ihm angestimmten Chansons ein. Aus dem spanischen Bürgerkrieg hatte er ein Lied mitgebracht, das er mit besonderer Inbrunst sang: »Venceremos, wir werden siegen«.

Als Youra das Café betrat, sah er Jean in seiner üblichen Doppelrolle – als Beteiligter und Beobachter – im Kreis der jugendlichen Bohemiens sitzen. »Pamplemousse« verstand es, zwei Sachen auf einmal zu tun: zu diskutieren und seine Tischgenossen zu porträtieren. Heute hatte er offensichtlich seinen Skizzenblock nicht dabei, denn er zeichnete das Konterfei eines seiner Kumpane auf einer Serviette.

Youra machte ihm ein Zeichen, daß er ihn gerne allein sprechen würde. Und Jean schob, ehe er sich erhob, dem von ihm Porträtierten die Serviette mit der Bleistiftzeichnung zu. Um ungestört zu sein, gingen die beiden nach draußen. Sie schlugen den Spazierweg um die Etangs d'Ixelles ein, hatten aber keinen Blick für das knospende Grün und die gelb blühenden

Haselsträucher, die vom Frühling kündeten. Youra schilderte das Vorhaben und erzählte ihm von der Weigerung der bewaffneten Widerständler, den Überfall auszuführen. Die Not der Juden brauchte der junge Mediziner seinem Freund nicht zu schildern. Jeans Eltern hatten ein jüdisches Kind bei sich aufgenommen, dessen Eltern deportiert worden waren.

Menschen aus den Klauen der Nazis zu befreien – diese Idee faszinierte Jean. Doch war das Unternehmen nicht zu riskant, wenn sogar die Partisanenarmee vor der Aktion zurückschreckte? Er bat sich Bedenkzeit aus.

Dreiundzwanzigstes Kapitel
Einsprüchen wird nicht stattgegeben

Das Ehepaar Grauwels setzte alle Hebel in Bewegung, um ihren Adoptivsohn Jacques aus dem Sammellager Mechelen herauszubekommen. Sie schrieben an General von Falkenhausen und an Königin Elisabeth und sprachen bei einem Beamten in der Brüsseler Oberfeld-Kommandantur vor. Wie alle ihre belgischen Mitbürger gingen die Eheleute davon aus, daß die Militärverwaltung für die Verhaftung und Verschleppung der Juden zuständig war. Schließlich waren von ihr sämtliche Verordnungen zur Stigmatisierung und Diskriminierung der Juden erlassen und die »Arbeitseinsatzbefehle« unterzeichnet worden.

Wilhelm Freiherr von Hahn war in der Militärverwaltung für derlei Gesuche zuständig; in den Aufgabenbereich des Juristen fielen die Anträge auf Freistellung von der Deportation. Doch von Hahn, der viel Verständnis für das Anliegen der Eheleute Grauwels zeigte, machte ihnen nur wenig Hoffnung. Ihm waren die Hände gebunden. Das Sammellager war sozusagen Hoheitsgebiet der SS. Und für die war allein ausschlaggebend, ob es sich bei einem Internierten nach den nationalsozialistischen Rassengesetzen um einen Volljuden handelte.

Der Jurist wußte nur zu gut, wie der Referent in der Avenue Louise auf die Anfrage des Ehepaares Grauwels reagieren würde. Denn täglich wurde von Hahn mit Bittbriefen und Beschwerden überhäuft, die den bevorstehenden Transport aus Mechelen betrafen, und die er – mit zusätzlichen Dringlichkeitsvermerken und Argumenten – an den SS-Offizier Kurt Asche weiterleitete. Die Antwort war stets dieselbe: Den Einsprüchen wurde nicht stattgegeben. Auch dem Gesuch zugunsten des 18jährigen Jacques Grauwels gab von Hahn keinerlei Chancen, denn für Asche und seinesgleichen war ein Jude ein für allemal ein Jude, ob er nun getauft, assimiliert oder adoptiert war.

Beim Sicherheitsdienst in der Avenue Louise kannte man in diesen Apriltagen nur ein Problem: die schnellstmögliche Abbeförderung – wie es bei den NS-Bürokraten hieß – der im Sammellager Mechelen Internierten. Zwischen der Brüsseler SS-Zentrale und dem Reichssicherheitshauptamt gingen die Telegramme hin und her. Fast 1500 Menschen lebten inzwischen auf engstem Raum in der Kaserne. Die Seuchengefahr stieg. Um den Ausbruch ansteckender Krankheiten unter den geschwächten und schlecht ernährten Insassen zu verhindern, wurden die Häftlinge gruppenweise nach Antwerpen zur Desinfektion gebracht.

Mit Taschen und Rucksäcken, in denen sie ihre Kleidung verstaut hatten, stieg jeweils die Belegschaft eines Schlafsaals vor dem Portal der Kaserne in die wartende Straßenbahn. »Es war fast wie ein Schulausflug«, beschreibt Louis Micheels in seinem Buch » A Holocaust Memoir« die Sonderfahrt der Lagerinsassen in die Hafenstadt. Er hatte gehofft, sich mit seiner Verlobten Nora bei dieser Gelegenheit absetzen zu können. Die Straßenbahn war jedoch streng bewacht. An den Vorder- und Hintereingängen der beiden Wagen waren SS-Männer mit Gewehren postiert.

Eskortiert von ihren Bewachern, betraten die Häftlinge nicht weit vom Antwerpener Zentrum ein großes Gebäude, ein öffentliches Bad mit Quarantäneeinrichtungen, wie sich herausstellte. Die Männer und Frauen ließen in getrennten Umkleideräumen all ihre Kleidungsstücke zum Desinfizieren zurück und wurden angewiesen, sich mit einer durchdringend riechenden grünen Seife gründlich zu säubern. Im Waschraum prasselte aus den Duschköpfen warmes Wasser, ein lang entbehrter Luxus, den sie eine halbe Stunde lang auskosten durften. Danach ging es wieder geschlossen in das Sammellager zurück. Für die meisten von ihnen sollte sich der Ausflug als der harmlose Probelauf für den Gang in die Gaskammern von Auschwitz erweisen. »Wir haben die Desinfektionsdusche passiert, die echte«, heißt es bei Claire Prowizur, »die von Auschwitz und den anderen Konzentrationslagern trugen denselben Namen, nur die Ergebnisse waren anders.«

Im Reichssicherheitshauptamt in Berlin lagen inzwischen die neuesten Ergebnisse zur »Endlösung der europäischen Judenfrage« vor. Der Inspekteur für Statistik hatte berichtet, daß im Altreich, im Sudetenland, in der Ostmark, in Böhmen und Mähren, den Ostgebieten und dem Generalgouvernement Polen, also innerhalb des »erweiterten Reichsgebietes«, sich von 1933 bis 1943 »das Judentum« um »3,1 Millionen Köpfe« vermindert hatte. »Dieser Rückgang ist das Ergebnis des Zusammenwirkens von Auswanderung, Sterbeüberschuß und Evakuierung.« Hinzu kämen 842 066 »Evakuierungen« – gemeint waren Deportationen in die Vernichtungslager – im »deutschen Macht- und Einflußbereich außerhalb der Reichsgrenzen«, also in den besetzten europäischen Ländern wie Frankreich, Holland, Bulgarien oder der Slowakei. In Belgien waren nach dieser Buchführung bis April 1943 insgesamt 18492 Juden in die Todeslager »evakuiert« worden.

Was war mit den Menschen geschehen, die von den deutschen Besatzern verfolgt und verschleppt worden waren? In belgischen Regierungskreisen wurden unbequeme Fragen nach dem Ziel und dem Zweck der Deportationen laut. Generalsekretär Gaston Schuind, der unter der Oberaufsicht der Militärverwaltung das Amt des Justizministers ausübte, war von Mitgliedern des Judenrats alarmiert worden. Unter den

Israeliten, die in Mechelen auf ihre Deportation warteten, befänden sich Kleinkinder und Greise, die man wohl kaum als Arbeitskräfte nutzen könnte. Auch die von den Nazis immer wieder angeführte Begründung, man wolle die Familien bei der Evakuierung nicht trennen, überzeugte nicht. Denn viele der Alten waren alleinstehend und einige der Kinder ohne Eltern.

Am 14. April 1943 schrieb Generalsekretär Schuind an »Monsieur le Conseiller Général«, den Oberkriegsverwaltungsrat Thedick bei der Militärverwaltung, einen Brief, in dem er sich für den Verbleib zumindest der elternlosen Kinder in Belgien einsetzte.

»Es ist mir mitgeteilt worden, daß ein Transport mit allen erwachsenen Juden, die sich in Mechelen befinden, nach Deutschland abgehen wird. Außerdem werden dreihundert Kinder diesen Transport begleiten: 60 sind jünger als drei Jahre, 60 sind zwischen drei und sechs Jahre alt, 180 sind zwischen sechs und fünfzehn Jahre alt. Unter diesen befinden sich viele, die nicht von den Eltern begleitet werden. Sie sind gezwungen, die Reise in Waggons ohne jegliche Bequemlichkeit zu machen.

Die Staatsangehörigkeit der Kinder ist mir nicht bekannt, aber ich habe die Ehre, Ihre Aufmerksamkeit auf die Lage dieser Kinder zu lenken, die zweifellos keinerlei Verantwortung für die gegenwärtigen Ereignisse tragen und die zu schützen, der Grundsatz der Menschlichkeit gebietet.«

Zwei Tage später diktierte Schuind ein weiteres Schreiben an den Oberkriegsverwaltungsrat Thedick. Diesmal verwandte er sich für die Alten, die in der Dossin-Kaserne auf die Deportation warteten: »Mich veranlassen übergeordnete humanitäre Gründe, Sie auf die Probleme eines Transports dieser Personen hinzuweisen. Es wurde mir mitgeteilt, daß sich unter ihnen Personen befinden, die über 80 und sogar 90 Jahre alt sind …

Diese alten Menschen können aller Wahrscheinlichkeit nach nicht für die Arbeit in Deutschland gebraucht werden.

Unter diesen Bedingungen erkennt man keinen Sinn darin, sie nach Osten zu verschicken.«

Diesen beiden offiziellen Einsprüchen gegen die Deportation nichtbelgischer Juden erging es wie allen anderen Gesuchen. Wie jeder Bittsteller vermochte der Generalsekretär in der Militärverwaltung die Mauer der Nichtzuständigkeit nicht zu überwinden. Und der für die Deportation verantwortliche Sicherheitsdienst, an den der Einspruch weitergeleitet wurde, sah sich noch nicht einmal genötigt, auf das Schreiben des belgischen Regierungsmitglieds zu antworten.

Die Vorstandsmitglieder der belgischen Judenvereinigung versammelten sich an diesem 15. April wie jeden Donnerstagvormittag im Büro des Judenreferenten Asche in der Avenue Louise 510. Sie standen vor dem ausladenden Schreibtisch des SS-Offiziers, um die Anweisungen und Abmahnungen des Obersturmführers entgegenzunehmen. An diesem Tag hatte Asche ihnen eine besondere Ankündigung zu machen: Nach mehr als drei Monaten sollte am kommenden Montag wieder ein Transportzug zur Evakuierung der Juden aus Mechelen abgehen. Der Termin war ihm vom Reichssicherheitshauptamt in Berlin übermittelt worden. Für die Beförderung der Häftlinge waren Fracht- und Viehwaggons aus dem beschlagnahmten Bestand der belgischen Bahn vorgesehen.

Einen Tag später, am 16. April, notierte Samuel Vanden Berg: »Wir erleben wieder einmal traurige Tage. Gestern hat man uns angekündigt, daß ein neuer Transport mit Juden Sonntag oder Montag das Lager verlassen wird. Sie haben ausgerechnet den Montagabend des Ceder ausgesucht. Diesmal wird der Transportzug aus Güterwagen bestehen, in den man Bänke, ein paar Matratzen für die Greise und Stroh für die anderen tun wird. Ein Eimer zum Trinken und ein Eimer für das Gegenteil. Die Türen werden mit Stacheldraht verschlossen sein, um Fluchtbewegungen wie beim letzten Transport zu verhindern. Wir haben interveniert, damit man wenigstens die Kinder ohne Eltern und die Alten hier läßt. Das Ministerium interveniert ebenfalls, aber man erwartet die Entscheidung von Herrn Asche, der sich anstelle des beurlaubten Herrn Erdmann mit dem Transport befaßt. Von ihm, der die Juden am liebsten roh verspeisen würde, ist nichts Gutes zu erwarten. Hoffen wir, daß er und all die anderen das Schicksal erleiden, das sie verdienen.«

Das Schicksal der Menschen in der Dossin-Kaserne war so gut wie besiegelt. Für jene, die es noch zu wenden versuchten, wurde die Zeit knapp. Hertz Jospa und Maurits Bolle erfuhren am Tag der Verkündigung durch Kurt Asche von dem bevorstehenden Termin und setzten sich sofort mit Youra in Verbindung. Am kommenden Montag sollte die Aktion also steigen.

Vierundzwanzigstes Kapitel
Am Vortag der Abfahrt

Als Simon an dem frühlingshaften Sonntagnachmittag des 18. April mit seinen Kameraden im Innenhof der Kaserne spielte, fiel ihm eine Gruppe junger Männer auf, die in einer Ecke in der Sonne beieinander saßen. Sie trugen, wie er fand, wunderschöne grüne Uniformen. Sie redeten und lachten miteinander und machten einen so gutmütigen Eindruck, daß er und seine Spielkameraden sich ihnen zu nähern wagten. Und als die Kleinen, immer mutiger werdend, um sie herumtobten, strichen ihnen die Polizisten sogar freundlich über die Köpfe. Die Kinder trugen schon das viereckige Pappschild mit der Deportationsnummer um den Hals. Morgen war Abreisetag.

Die Männer kamen aus dem Rheinischen, sie waren Schupos, die als Verstärkung der SS-Wachen den Deportationszug über die Grenze nach Deutschland begleiten sollten. Einige der Grünberockten hatten sich auf dem Kasernenhof und in den Schlafsälen auf der Suche nach bekannten Gesichtern neugierig umgeschaut. Etliche der Internierten stammten aus dem nahen Rheinland und waren vor der Besetzung Belgiens in das Nachbarland emigriert. Einer der Schupos traf tatsächlich an diesem Sonntagnachmittag einen jungen Mann aus seiner Heimatstadt Mönchengladbach wieder. Es war der Sohn des Kaufmannes, bei dem er als Halbwüchsiger in die Lehre gegangen war.

Unter den Internierten herrschte Aufregung, seit ihnen am Abend zuvor der jüdische Lagerälteste Dagobert Meier mit seiner volltönenden Stimme die Abfahrt des Zuges für Montag angekündigt hatte. Ausgerechnet am Tag des jüdischen Osterfestes, an dem die Hebräer die Erinnerung an die Befreiung ihres Volkes aus der ägyptischen Knechtschaft feierten, würden sie diese schicksalsschwere Reise antreten, von der sie das Schlimmste befürchteten. Meier wurde mit Fragen nach dem Bestimmungsort bestürmt. Aber er entzog sich jeder Diskussion und wiederholte nur immer wieder, es gäbe keinen Grund zur Beunruhigung: »Ihr fahrt in ein Arbeitslager im Osten.« Zwei Tage würde die Reise dauern, Reiseproviant würde ihnen ausreichend mitgegeben.

Bei den stillen Rebellen liefen die konspirativen Vorbereitungen auf Hochtouren. Sie hatten in den vergangenen Tagen Verstärkung bekommen. Die kommunistischen Partisanen Jacques Cyngiser (1366) und Abraham Fischel (1360) waren in Brüssel gefaßt und nach Mechelen überstellt worden. Auch Majer Tabakman (1381), Mitglied der zionistischen Arbeiterbewegung, der in der Zeitung »Le Flambeau« seine Flucht aus dem 19. Konvoi beschrieben hatte, war wieder in die Fänge der Gestapo geraten. Er profitierte von dem Durcheinander, das an seinem Ankunftstag im Büro der Aufnahme herrschte. Mit siebzig Neuankömmlingen war der Andrang so groß wie seit Wochen nicht und das Personal heillos überfordert. So fiel niemanden auf, daß es sich bei dem 31jährigen Schuhzuschneider Tabakman eigentlich um einen Kandidaten für die Sonderliste der bereits einmal Geflüchteten handelte.

Zum Schluß leerte die Gestapo sämtliche belgischen Gefängnisse. Alle jüdischen Insassen wurden nach Mechelen gebracht. Und so stiegen am Sonnabend, zwei Tage vor der Abfahrt des 20. Konvoi, die Häftlinge der Lütticher Zitadelle im Innenhof der Kaserne aus einem Lastwagen. Unter den Neuankömmlingen befanden sich mehrere Juden aus Arlon mit ihrem 78jährigen Rabbiner, einem angesehenen Großbürger aus Lüttich, den die Mitgliedschaft im Judenrat nicht vor der Verhaftung geschützt hatte, sowie ein junger Mann, der Opfer eines Verräters geworden war. Der 25jährige Willy Berler, der aus seiner rumänischen Heimat, der Region Bukowina, nach einer langen Odyssee in Lüttich angelangt war und sich dort als Sprachlehrer durchgeschlagen hatte, war nur von einem Gedanken besessen: wie er es schaffen könnte, dieser nationalsozialistischen Vernichtungsmaschinerie zu entrinnen.

Der Anblick der niedergedrückten Häftlinge und der mit Peitschen und Knüppeln bewehrten Aufseher schockierte den jungen Mann. »In Mechelen überkam mich das erste Mal dieses Gefühl des Grauens, das mich zwei Jahre begleiten sollte«, berichtet Willy Berler, der mit dem 20. Transport seinen Weg in die Hölle von Auschwitz antrat und als einer der wenigen überlebte.

Für die Widerständler und Widerspenstigen, die sich für die Flucht aus dem Transportzug präparierten, entpuppte sich die Schreibkraft Eva Fastag als eine Hilfe von unschätzbarem Wert. Die junge Frau war eine gute Bekannte von Jacques Cyngiser aus der Vorkriegszeit. Der gelernte Schuhmacher beteiligte sich, kaum war er Anfang April in Mechelen eingetroffen, an den Vorbereitungen für den geplanten Ausbruch. Er konnte Eva Fastag, die als Bürohilfe in der »Aufnahme« für die Erstellung der Deportationsliste zuständig war, dazu überreden, die Deportationsliste zu ändern. Sie sorgte dafür, daß die Männer und Frauen aus der Résistance möglichst fortlaufende Nummern erhielten, auch wenn sie an unterschiedlichen Tagen nach Mechelen gekommen waren. Dank ihrer Manipulation würden bei der Abfahrt zwei Gruppen von Ausbruchwilligen in zwei Waggons konzentriert sein.

Cyngiser, so hatte Eva Fastag es außerdem eingefädelt, würde »chef de wagon« sein. Für jeden Wagen, der rund fünfzig Personen faßte, wurde ein solcher Aufpasser ernannt, der eine gelbe Armbinde erhielt und vor allem über eine Qualifikation verfügen sollte: deutsche Sprachkenntnisse. Man erwartete von ihm, daß er unter den Deportierten für Ruhe sorgte. Am Ziel würde man ihn für die geordnete Ankunft aller Insassen verantwortlich machen. Während der Reise sollte er mit einer gelben Fahne aus der vergitterten Luke den Wachmannschaften signalisieren, wenn es Tote im Waggon geben sollte.

In der Gruppe von Claire Prowizur war die Wahl auf den großen rotblonden Holländer gefallen. Er und sein ebenso kräftig gebauter Sohn waren entschlossen, aus dem Zug zu fliehen.

Wenige Tage zuvor hatte die heimlichen Rebellen eine verheißungsvolle Nachricht erreicht. Einer von ihnen hatte in einem Päckchen zwischen Makkaronis – ein beliebtes Nahrungsmittel, das roh zerkaut wurde – mehrere beschriebene Schnipsel Zigarettenpapier gefunden. Das Puzzle, das Abraham Bloder (1380), der Empfänger des Päckchens zusammenfügte, ergab die Ankündigung, daß Mitglieder der Résistance den Transportzug stoppen oder sogar überfallen wollten. Die Botschaft sprach sich schnell herum. Sie gab den Widerständlern Auftrieb und feuerte sie noch mehr an, sich mit allen erdenklichen Mitteln auf die immer näherrückende Schicksalsstunde vorzubereiten.

Allen war bewußt, daß sie nicht auf ein Wunder hoffen konnten, erklärte der Kaufmann Joseph Silber Jahre später: »Die große Kraftanstrengung mußte von uns selbst kommen.« Der Kaufmann hatte seinen Koffer von allen persönlichen Habseligkeiten entleert und stattdessen mit Messern, Klingen, kleinen Eisenstäben, Steinen und einer Metallsäge aufgefüllt. »So gerüstet warteten meine Kameraden und ich auf die Stunde X.«

Einige Häftlinge waren über die Lebensmittelpäckchen, die Freunde und Verwandte schickten, in den Besitz von Messern und scharfen Klingen gelangt. Aber das meiste Werkzeug, das die Widerständler bei sich horteten, stammte aus den Werkstätten des Lagers oder war von den Mitverschwörern beim jüdischen Personal beschafft worden.

Albert Clément erschien mit seinem Handwerkskasten in den Schlafsälen. Kleinere Reparaturarbeiten hatten den Mann vom Wartungsdienst auf den Plan gerufen. Während er die Schäden behob, gab es ausreichend Gelegenheit, dem einen oder anderen Saalinsassen Werkzeug zuzustecken. So erhielt jede Gruppe eine kostbare Metallsäge. Jedem, der ihm jemals Fluchtpläne anvertraut hatte oder bei dem er genügend Widerspruchsgeist vermutete, drückte Albert Clément einen 50-Franken-Schein in die Hand.

Claire Prowizur beschäftigte an diesem Sonntag nur eine Frage: Wie konnte sie am nächsten Morgen ihren Vater mit der Transportnummer 74 in »ihren« Waggon mogeln? Chaskel Prowizur lag schwerkrank auf seiner Strohmatratze. Aspirin und Wadenwickel hatten das Fieber nicht gesenkt, seit drei Tagen blieb die Temperatur konstant bei 40 Grad, hinzu kam eine schwere Diarrhoe. Unter keinen Umständen wollte Claire ihren Vater in einem anderen Waggon fahren lassen. Nur mit ihnen gemeinsam bestünde die Chance, daß er doch noch die Flucht aus dem Zug schaffen würde. Sie mußte jemanden mit einer Transportnummer in der Nähe der ihren – 255 – finden, der zum Tausch bereit war. »Das war leichter gesagt als getan«, schreibt Claire Prowizur in ihren Erinnerungen. Der andere hatte nichts zu gewinnen, aber viel zu verlieren, wenn einem der Wärter zufällig die falsche Numerierung auffallen sollte. Doch: »Der Himmel half.« Ein junger Häftling, der für denselben Waggon wie sie vorgesehen war, erklärte sich mit dem Tausch einverstanden. Claires Ehering, den einzigen Wertgegenstand, den sie noch besaß, wechselte von ihrem Ringfinger in den Mund des neuen Besitzers.

So elend das Leben in Mechelen auch war, in den Stunden des Abschieds entdeckten viele die guten Seiten dieses Lagerdaseins auf belgischem Boden. Ihre Situation konnte sich im Osten, zumal in Polen, wo die Juden verhaßt waren, nur verschlechtern. Hier hatten sie Briefe, Lebensmittelpäckchen und manchmal sogar Besuch empfangen dürfen. Das Ehepaar Mendelis und Henda Goldsteinas – Listennummer 779 und 780 – verzweifelte schier, weil sie ihre kleine Tochter Abela zurücklassen mußten. Sie wußten ihr Kind zwar bei einer belgischen Familie in Sicherheit, aber würden sie sich jemals wiedersehen? Ebenso erging es Hena Wasyng, die mit der Nummer 736 denselben Waggon wie die Goldsteinas besteigen würde. Frau Wasyngs Söhne, drei und neun Jahre alt, waren bei Belgiern versteckt. Was würde aus ihnen werden, wenn sie sich nicht mehr um sie kümmern konnte. Ihren Vater hatten die beiden Kinder schon verloren.

Der Mediziner Louis Micheels und seine Verlobte Nora hatten vergeblich gehofft, im letzten Moment wieder von der Transportliste gestrichen zu werden. Diesmal forderte Dr. Bach den Holländer nicht noch einmal für die Sanitätsabteilung des Lagers als Assistenzarzt an. Stattdessen wurde Micheels als begleitender Transportarzt eingeteilt. Wie man ihm erklärte, würde dies seine Chancen auf eine bevorzugte Behandlung erhöhen. Doch Micheels war skeptisch: »Ich glaubte es nicht.«

Auch Régine sollte bei dem Transport eine Aufgabe übernehmen. Die Krankenschwester sollte in einem Waggon Kranke und Alte betreuen, die eigentlich nicht mehr reisefähig waren.

Der neue Lagerkommandant Hans Frank war das erste Mal für die Abfertigung eines Deportationszuges veantwortlich. Er wollte das Chaos vermeiden, das unter seinem Vorgänger Schmitt bei diesen Anlässen geherrscht hatte. Gegen Schmitt lief inzwischen ein Disziplinarverfahren wegen Betrugs und Bestechlichkeit. Er würde wahrscheinlich wie alle degradierten SS-Offiziere als einfacher Soldat an die Front geschickt.

Frank war ehrgeizig. Eine reibungslose Organisation der Deportation würde seine Autorität im Lager stärken und bei seinen Vorgesetzten in der Avenue Louise Eindruck machen.

Um den Lagerinsassen beizubringen, in welcher Reihenfolge sie sich am nächsten Tag im Innenhof aufstellen sollten, setzte er für den späten Nachmittag eine Art Generalprobe für das Defilee in den Todeszug an. Fortlaufende Häftlingsnummern wurden aufgerufen, bis schließlich im Innenhof mehrere Schlangen von fünfzig Personen aufgereiht waren – jeweils die menschliche Fracht für einen Güterwaggon. Ita Gronowskis ehemaliger Klassenkamerad Jacques Grauwels nahm auch an der Probe teil.

Als sich der 18jährige mit der Listennummer 1314 in seiner Gruppe umschaute, sah er »viele ältere Leute und nur einen etwa gleichaltrigen Jungen«. Damals zählte für Jacques schon ein Vierzigjähriger zum alten Eisen. Die beiden Burschen begannen miteinander zu reden und entdeckten, daß der jeweils andere ebenfalls die nächstbeste Gelegenheit beim Schopf ergreifen und das Weite suchen wollte. An den Namen des jungen Mannes kann sich der Arzt Dr. Grauwels beim besten Willen nicht mehr erinnern. Aber der Gleichaltrige besaß einen 50 Franken-Schein und versprach Jacques, das Geld mit ihm zu teilen. Jacques sollte noch versuchen, ein Werkzeug für den Ausbruch aus dem Eisenbahnwagen zu besorgen. Am selben Abend stahl Jacques in einer der Werkstätten eine kleine Metallsäge.

In den Schlafsälen war das Reisefieber ausgebrochen. Die Siebensachen wurden zusammengesucht, Koffer und Taschen gepackt und die letzten Grüße vor der Abreise verfaßt. Simons Mutter nutzte die verbleibenden Stunden und schrieb ihrem Mann einen Abschiedsbrief. Um die Zensoren zu täuschen, nannte sie ihren Mann Léontine. Er war wegen eines Krankenhausaufenthalts der Verhaftung entgangen und lebte nun versteckt in Brüssel. »Für Léontine. Vier Wochen sind vergangen; jetzt fahre ich mit unserem Simkele fort und ich weiß nicht, wohin uns das Schicksal treiben wird. Aber mein Herz ist stark, voller Hoffnung und Mut; glaube mir, Liebling, ich übertreibe nicht, in dem Augenblick, in dem ich Dir meinen Brief schreibe, läuft mein Herz über vor Hoffnung, ja, vor Hoffnung, Dich wiederzusehen, Dich, meine Liebe, das gibt mir die Kraft alles zu ertragen. Ich stelle mir eine glückliche Zukunft vor. Ich klammere mich an Dich wie ein Ertrinkender an einen Strohhalm. Levynke, sei stark und mutig; damit Du Deine Familie wiedersehen kannst, iß gut, lege Dir keine Entbehrungen auf, Du verdienst es. Ich möchte freudestrahlend zu Dir zurückkehren, und wir werden uns wiedersehen, das glaube ich und das gibt mir Mut. Meine Liebe, ich umarme Dich. Ich werde Dich bis in den Tod lieben. Ania, die Deine.

Und Simkele werde ich wie meinen Augapfel hüten; da kannst Du ganz sicher sein; sei vor allem vorsichtig. Lauf nicht herum, wenn es nicht nötig ist. Noch einmal auf Wiedersehen, Lova, mein Liebling, bis zu dem schönen und lichten Tag, wenn die Sonne für uns Juden aufgeht, und ich mit Dir und mit unseren Kindern wieder zusammen bin. Ich umarme Dich ganz fest. Auf Wiedersehen. Ania.« Dieser Brief sollte das letzte Lebenszeichen sein, das Léon Gronowski von seiner geliebten Frau erhielt.

Fünfundzwanzigstes Kapitel
Der 19. April 1943

Wenn Youra morgens auf dem Weg ins Labor der Firma Pharmacobel an dem Zeitungskiosk vorbeikam, streifte er gewöhnlich nur mit einem Blick die Überschriften auf den Titelseiten der ausliegenden Journale. Eine Zeitung zu kaufen lohnte sich nicht, denn Belgiens Presse war gleichgeschaltet. Sie verbreitete die Siegesmeldungen und Lügenmärchen, mit denen sie täglich aus Goebbels Propagandaministerium gefüttert wurde.

Doch an diesem Montagmorgen erstand der junge Mediziner ausnahmsweise einmal die Frühausgabe von »Le Soir«. Die Zeitung machte mit einer Meldung aus Belgien auf. Ein neues Kontingent freiwilliger Flamen hatte am Sonntag unter Fanfarenklängen und dem Jubel einer begeisterten Menge Brüssel verlassen. Die jungen Burschen, allesamt Nazianhänger, wollten an der Ostfront – »bis zum Endsieg« – gegen den »Bolschewismus und seine anglo-amerikanischen Alliierten« kämpfen: Kanonenfutter für Hitlers Armee. Trotz des schönen Wetters hatte man die Abschiedsfeier für die flämischen Freiwilligen von der Grand Place in den Sportpalast verlegt, hieß es kommentarlos in der Zeitung. Offensichtlich hatten die Organisatoren den Unmut der Brüsseler Bürger befürchtet, die solch eine öffentliche Zurschaustellung nationalsozialistischer Kriegsbegeisterung womöglich nicht einfach hingenommen hätten.

Django Reinhardt und Paul Meurisse hatten am Sonntagabend im Palais des Beaux Arts ein Konzert gegeben. Hin und wieder gab es solche musikalischen Raritäten, bei denen sich dann die Swingjugend von Brüssel, die »Zazous«, ihr Stelldichein gaben. In den Kinos, mit drei Franken pro Eintrittskarte ein billiges Freizeitvergnügen, wurden fast nur noch deutsche Filme gezeigt. Das Lichtspieltheater Acropole hatte »Sergeant Berry« mit Hans Albers, das Ambassador »Annelie« mit Luise Ullrich im Programm. Als großen Publikumserfolg pries »Le Soir« die antisowjetische Ausstellung »Voici les Soviets«, für die an allen Litfaßsäulen der Stadt die Karikatur eines Juden mit Hakennase und fliehender Stirn warb. Angeblich hatten schon 100000 Besucher die Ausstellung im Cinquantenaire gesehen.

Youra Livchitz interessierte sich an diesem Vormittag vor allem für eine Rubrik. Es war der Wetterbericht, dessen knappe Prognose – »Nach schönen Sonnentagen nun Regen« – weitreichende Folgen für ihn und viele andere haben würde. Inständig hoffte Youra, es würde zumindest in der kommenden Nacht noch trocken bleiben. An diesem Abend des 19. April 1943 wollte er gemeinsam mit Robert Maistriau und Jean Franklemon den 20. Transportzug nach Auschwitz überfallen.

Youras Suche nach Mitstreitern hatte sich als äußerst

schwierig erwiesen. Bei fast allen Freunden und Bekannten, die er gefragt hatte, waren die Bedenken am Ende größer als die anfängliche Begeisterung gewesen. Nur seine beiden Schulkameraden hatten sich zum Mitmachen bereit erklärt: Jean Franklemon und der vier Jahre jüngere Robert Maistriau, die bei aller Unterschiedlichkeit eines gemeinsam hatten: Sie waren von Kindsbeinen an bei den Pfadfindern gewesen. Als »Scouts« mit der Maxime aufgewachsen, jeden Tag eine gute Tat zu vollbringen, besaßen sie den nötigen Altruismus für diese Rettungsaktion. Und wie Youra waren sie unbekümmert genug, sich bei diesem lebensgefährlichen Unternehmen zu engagieren. »Wir waren vielleicht etwas blauäugig«, analysiert Robert Maistriau in der Rückschau seine Beteiligung an dem Überfall. »Schließlich war es für Jean und mich die erste Operation, an der wir teilnahmen. Es war unsere Feuerprobe.«

Insgeheim hoffte Youra darauf, daß sich Richard Altenhoff schließlich doch noch an der Aktion beteiligen würde. Er hatte zugesagt, zum Treffpunkt zu kommen und eine Pistole aus dem Waffenbestand der »Groupe G« mitzubringen. Vielleicht warf er im letzten Augenblick doch noch seine Bedenken über Bord.

Robert Maistriau hatte Youra beauftragt, vier Zangen und eine Sturmleuchte zu besorgen. In einem Laden im Brüsseler Zentrum, nicht weit von seinem Arbeitsplatz bei dem Unternehmen Fonofer, fand der Bursche in der Mittagspause die gewünschten Utensilien. In die Lampe, so glaubt er sich viele Jahre später zu erinnern, war das deutsche Markenzeichen »Feuerhand« eingraviert. In einem Schreibwarengeschäft kaufte Robert Kleister und rotes Seidenpapier. Er klebte das Seidenpapier über den Glasschirm. Aus der Entfernung würde die Sturmleuchte wie eine rote Signallampe aussehen.

Immer wieder rief sich Robert an diesem Montag ins Gedächtnis, was er mit Youra und Jean zwei Tage zuvor verabredet hatte. Sie hatten sich in einer Konditorei getroffen, wo die beiden älteren Freunde Jean und Youra, unbeeindruckt von dem ernsten Thema, ihrer Vorliebe für süße Schleckereien frönten. Robert hatte vor lauter Aufregung keinen Bissen herunterbekommen. Hatten sie auch tatsächlich nichts Wichtiges vergessen? Waren sie für alle Eventualitäten gerüstet? Sein Enthusiasmus für die Aktion war ungetrübt. Robert konnte die Zeit bis zum Abend kaum abwarten. Um 19 Uhr wollten sie sich mit ihren Fahrrädern an der Place Meiser treffen. Seiner Mutter hatte er erklärt, er werde bei einem Freund übernachten. Sie sollte sich keine Sorgen um ihn machen.

Für Belgiens Generalgouverneur Alexander von Falkenhausen war es ein weitgehend ereignisloser Tag. Nach einem beschaulichen Wochenende in der grünen und herrschaftlichen Idylle von Seneffe war der General nun wieder im Dienst. Offensichtlich litt er unter Zahnproblemen, denn vormittags und nachmittags nahm er je einen Termin beim Dentisten wahr. Und dreimal taucht an diesem 19. April der Name Elisa in seinem Kalender auf. Um 9.15 Uhr setzte er Gräfin Ruspoli auf der Rückfahrt von Seneffe an ihrer Wohnung ab, um 12 Uhr erschien Elisa in seinem Büro an der Place Royale, diesmal wohl in der Funktion als seine Beraterin für Öffentlichkeitsarbeit. Und um 19.30 Uhr begleitete die attraktive Aristokratin ihren General in sein Lieblingslokal »Au Filet de Bœuf« in der Rue des Harengs, einer Seitenstraße der Grand Place.

Es war der Tag, an dem Samuel Vanden Berg, Vorstandsmitglied des Judenrates, in sein Tagebuch notierte: »Jetzt bin ich also 53 Jahre alt.«

Und es war der Tag der jüdischen Revolte gegen die Vernichtung ihres Volkes. Am 19. April begann der Aufstand im Warschauer Ghetto. Die letzten Überlebenden im Ghetto nahmen die Waffen in die Hand, um im Kampf gegen Hitlers Mörder in Uniform zu sterben. Am selben Tag sollte, viele Kilometer westlicher, ein ebenfalls einzigartiger Akt der Rebellion gegen den Holocaust geschehen: der Überfall auf einen Deportationszug nach Auschwitz.

Sechsundzwanzigstes Kapitel
Der 20. Konvoi nach Auschwitz

Für Kurt Asche begann der Dienst an diesem 19. April früher als gewöhnlich. Um 7.30 Uhr ließ er sich nach Mechelen chauffieren. Dort würde er den ganzen Tag über, abgesehen von den kleinen Unterbrechungen in der Offiziersmesse für Kaffeepausen und Mittagessen, den geordneten Einstieg der Häftlinge in den Zug überwachen. Nach mehr als drei Monaten war es höchste Zeit, daß sich das Lager wieder leerte und desinfiziert werden konnte. Aus dem Reichssicherheitshauptamt hatte er schon die Weisungen für die nächste Etappe der »Endlösung der Judenfrage« erhalten. Die Schonfrist für die Juden belgischer Nationalität war abgelaufen. Auch sie sollten künftig »evakuiert« werden.

Der Obersturmführer Asche hielt sich zugute, mit all seinen Kräften zur »Entjudung« Belgiens beigetragen zu haben. So mancher Häftling trat dank seines unermüdlichen Wirkens die Reise in das Vernichtungslager Auschwitz an. Ein gutes Dutzend Spitzel und Zuträger, die er durch Geldgeschenke oder mit Pressionen zu immer neuen Höchstleistungen anzustacheln wußte, hatten die Israeliten in ihren Verstecken aufgespürt. Er selbst hatte unnachsichtig dafür gesorgt, daß niemand von der Deportationsliste gestrichen wurde. Alle Interventionen, auch von hohen belgischen Regierungsstellen, hatte der Judenreferent schlicht ignoriert. Im Reichssicherheitshauptamt in Berlin würde man seinen Einsatz sicherlich zu schätzen wissen. Kurt Asche machte sich noch immer Hoffnung auf eine Beförderung.

Das Ergebnis seines Einsatzes konnte sich sehen lassen. Nach der Buchführung der Lagerverwaltung warteten an diesem Montag 1631 Juden auf ihren Abtransport, darunter 262 Kinder. Der älteste Deportierte, Jacob Blom mit der Nummer 584, war neunzig Jahre alt. Die jüngste Insassin, Suzanne Kaminski mit der Nummer 215, war noch nicht einmal sechs

Wochen alt. Ihre Mutter Josephine Schütz war seit Ende Januar im Lager und hatte dort ihrer Tochter das Leben geschenkt, das in den Gasöfen von Auschwitz enden sollte.

Frühmorgens war der Güterzug auf den alten Bahngleisen vor der Kaserne vorgefahren. Die Waggons versperrten den Bewohnern auf der gegenüberliegenden Straßenseite die Sicht auf das traurige Schauspiel. Niemand konnte beobachten, daß die Menschen dort wie eine Viehherde in die Waggons getrieben wurden.

Um 8 Uhr waren im Innenhof die Internierten mit den Nummern 1 bis 100 zur Abfertigung angetreten. Dazu gehörten die Häftlinge der Sonderliste wie Samuel Perl, der junge Diamantenschleifer aus Antwerpen, und der aus Köln stammende Rudolf Schmitz. Weil sie schon einmal von einem Transportzug »geflitzt« waren, wurden sie gesondert abgefertigt. Ihre Köpfe waren glattgeschoren und ihre Transportnummern mit einem roten Querbalken versehen, so daß sie bei ihrer Ankunft in Auschwitz von der SS als besonders gefährliche Subjekte identifiziert werden konnten. Diesmal sollten sie keine Chance zum Entweichen haben. Ihr Waggon befand sich direkt hinter dem des Begleitschutzes.

Stockend bewegte sich die Schlange aus dem Kasernenhof hinaus. An einem Tisch, den man unter dem schützenden Torgewölbe der Einfahrt aufgestellt hatte, saß ein uniformierter SS-Mann, der die Transportnummer auf dem Pappschild der Internierten mit der Ziffer auf der vor ihm liegenden Liste verglich. Inzwischen wurden die folgenden Nummern der Deportationsliste aufgerufen. Bald waren auch Claire, ihr Vater und ihr Mann Philippe an der Reihe. Ihre Namen auf der Liste wurden von dem Mann am Schreibtisch mit einem Häkchen versehen. Keinem fiel auf, daß der heftig fiebernde 44jährige Chaskel Prowizur die Transportnummer eines anderen um den Hals trug.

Im dunkelblauen Anzug, die linke Hand in der Hosentasche, stand Obersturmführer Asche dort, wo die Schlange der Häftlinge aus dem Portal der Kaserne zu den Eisenbahnwagen einbog. SS-Wachen und Schupos bildeten ein dichtes Spalier um die traurig gebeugten Gestalten, die sich langsam auf die Eisenbahnwaggons zubewegten. Hin und wieder entdeckte Asche den einen oder anderen »alten Bekannten«. Die ausgemergelte Gestalt mit der Transportnummer 221 kam ihm bekannt vor. Es war der Österreicher Ernst Landau, der ihm bei einem seiner Besuche im KZ Breendonk von dem Kommandanten Philipp Schmitt als besonders aufrührerischer Charakter vorgestellt worden war. Landau habe gegen die SS gehetzt.

Asche ging auf den Journalisten zu, der nach vielen Monaten in der Hölle von Breendonk sich nun anschickte, die Hölle von Auschwitz kennenzulernen, und sprach ihn an. Hunger und Fronarbeit in der KZ-Festung hatten aus dem jungen Mann ein Wrack gemacht. Die Wochen im Wartesaal zum Holocaust hatte er wie in einem Dämmerzustand verbracht. Aber die höhnischen Worte, die der Obersturmführer ihm vor dem Besteigen des Deportationszuges mit auf den Weg gab, hat Ernst Landau sein Lebtag nicht vergessen. »Bisher seid ihr ja noch glimpflich behandelt worden«, sagte der Judenreferent, »da, wohin ihr jetzt kommt, werdet ihr euer blaues Wunder erleben.« Und nach einer kurzen Pause: »Wenn ihr dazu überhaupt noch Zeit habt.«

Den älteren Herrn mit der Nummer 522 auf dem Pappschild hingegen versuchte Asche geflissentlich zu übersehen. Doch der Bankdirektor Fritz Wallach aus Berlin entdeckte seinerseits den Judenreferenten, der sich schnell weggedreht hatte. Wallach scherte aus der Schlange aus, steuerte auf Asche zu und baute sich, vor Zorn bebend, vor dem Obersturmführer auf. Der Häftling hatte nun nichts mehr zu verlieren, die Würfel waren gefallen. 25000 Mark hatte er Asche im Februar bei seiner Verhaftung dafür gezahlt, daß er ihn von der Liste streiche. Der Judenreferent hatte das Geld genommen und keinen Finger gerührt. »Ehrloser Lump«, schimpfte der Bankier, »aber Sie werden noch Ihre gerechte Strafe bekommen.« Danach schien Fritz Wallach in sich zusammen zu sinken. Stumm reihte er sich wieder in die Schlange ein.

Der Konvoi war so lang, daß die Deportierten weder Anfang noch Ende des Zuges sahen. Mit Hilfe einer kleinen Trittleiter erklommen die Häftlinge die eineinhalb Meter hohen Waggons. Im Inneren war Stroh aufgeschichtet. Die fünfzig oder gar sechzig Insassen eines Eisenbahnwagens drängten sich auf kleinstem Raum. Sie blieben zunächst stehen. Nach dem letzten Passagier wurde die schwere Schiebetür quietschend zugeschoben, mit einem lauten metallischen Geräusch wurde von außen der Schlüssel im Vorhängeschloß umgedreht. Es war dunkel. Ein schwaches Licht fiel durch die vergitterte Luke. Die Luft wurde schnell stickig. In einer Ecke stand ein Eimer für die Notdurft aller Insassen. Doch wie sollte er geleert werden? Der Zug rückte ein paar Meter vor, hielt, damit der nächste Waggon gefüllt werden konnte.

»Die Angst der Menschen«, erinnert sich Régine Krochmal, »war an diesem 19. April fast körperlich zu spüren. Wir wußten nicht, was uns erwartete. Würde es sich zum Besseren wenden? Vielleicht ginge es ja tatsächlich zur Arbeit. Oder würde es noch schlimmer werden?« Die Krankenschwester wollte zu fliehen versuchen, und Simon Brauner, der Partisanenführer, hatte sie darin bestärkt. Von den anderen Widerständlern, die seit Tagen und Wochen ihren Ausbruch vorbereiteten, hatte sie allerdings niemand angesprochen. Als sie mit ihrer Nummer 263 den Tisch des Kontrolleurs passierte, schickte der SS-Mann sie zum Sanitätswaggon. Dort lagen schon die Bettlägrigen und Kranken dicht gedrängt auf dem Stroh. Ein junger Arzt sollte sich mit ihr gemeinsam um die Patienten kümmern. Doch wie hätten sie ihnen helfen sollen? Es gab kein Wasser, keine Lebensmittel, keine Medikamente, noch nicht einmal eine Lampe.

Dr. Bach, der Leiter des Krankenreviers, erschien vor der geöffneten Schiebetür des Eisenbahnwagens und rief Régine heraus. Er war sichtlich nervös. Aus der Entfernung mochte es aussehen, als gäbe der Arzt der Krankenschwester noch ein paar Anweisungen. Tatsächlich aber beschwor er die junge Frau, aus dem Waggon zu fliehen. »Wenn ihr in Auschwitz mit den Kranken ankommt, werdet ihr alle vergast und verbrannt.« Unauffällig steckte er Régine ein langes Messer zu, das sie schnell in einer Innentasche ihres Schwesternumhanges verbarg. Damit sollte sie die Holzgitter vor der Luke öffnen. Zum ersten Mal hörte Régine von dem Schicksal, das die Nazis für sie alle vorgesehen hatten. Obwohl sie als Mitglied der »Österreichischen Freiheitsfront« schon zu den besser Informierten gehörte, mochte sie dem Arzt nicht glauben. Ja, die Alten und Kranken würden die harten Bedingungen des Arbeitslagers kaum überleben, aber daß sie alle, die Jungen, die Gesunden, die Frauen und Kinder ermordet würden, das erschien ihr »undenkbar, unvorstellbar«. Vergast und verbrannt – das war für sie an diesem 19. April nicht die Warnung vor der Realität, sondern die metaphorische Umschreibung für die entsetzlichen Lebensbedingungen, die sie am Ziel der Reise erwarteten.

Simon und seine Mutter waren mit ihren Nummern 1233 und 1234 erst am Nachmittag an der Reihe. Vom Fenster ihres Schlafsaales aus beobachteten sie, wie die Menschenschlange langsam in der Einfahrt der Kaserne verschwand. Am gegenüberliegenden Fenster des Schlafsaales der belgischen Juden stand Ita Gronowski. Sie hatte sich am Abend zuvor unter Tränen von ihrem kleinen Bruder und ihrer Mutter verabschiedet. Das junge Mädchen blieb im Sammellager zurück, weil sie seit ihrem sechzehnten Lebensjahr die belgische Staatsangehörigkeit besaß.

Die Nummern 1200 bis 1250 wurden aufgerufen. Simon und seine Mutter stellten sich an, das Gepäck neben sich. Schritt für Schritt ging es vorwärts. Immer weiter entfernten sie sich von Ita, die ihnen unendlich traurig nachsah. »Wir machten ihr Zeichen der Ermutigung, winkten ihr zum Abschied«, beschreibt der Rechtsanwalt Simon Gronowski diese unvergeßliche Szene. »Ehe ich durch das Portal ging, drehte ich mich noch einmal um. Ich sah sie zum letzten Mal.«

Irgendwann gegen Abend, die Deportierten waren bereits in den Waggons verschwunden, wurde allen jungen Männern befohlen, wieder hinunterzusteigen und sich in einer Reihe vor dem Zug aufzustellen. Von der Einfahrt zur Kaserne näherte sich eine Gruppe von uniformierten SS-Leuten und Gestapo-Agenten in langen Mänteln, die in ihrer Mitte einen Burschen in Zivil mit sich führten. Dessen Gesicht war rot und blau geschwollen, ein Auge Blut unterlaufen. Es war der 19jährige Widerstandskämpfer Henri Dobrzynski, ein Mitglied der Partisanenarmee. Aufmerksam beobachteten die Begleiter aus der Brüsseler SS-Zentrale die Reaktion der angetretenen Häftlinge und die Gesichtszüge ihres Gefangenen, als sie an dem dichten Spalier vorbeigingen. Die Gestapo hoffte, durch die Konfrontation Hinweise auf weitere Kampfgefährten des Partisanen zu erhalten. Doch die Gesichter derjenigen, die Dobrzynski kannten – darunter Abraham Bloder mit der Nummer 1380, Jacques Cyngiser mit der Nummer 1366 und Léon Kutnowski mit der Nummer 383 –, blieben undurchdringlich. Nur Henri Silberszteijn, die Nummer 338, hatte nicht begriffen, was gespielt wurde. Als Dobrzynski dicht an ihm vorbeigeführt wurde, machte er Anstalten, ihn zu grüßen. Der Partisan hatte die spontane Bewegung seines Kameraden bemerkt. Er hob wie unabsichtlich einen Arm, um die Handschellen zu zeigen. Jetzt verstand Silbersztejn und erstarrte. Er hätte sich beinahe selbst verraten.

Erst nach dem Krieg erfuhr Silbersztejn, was geschehen war. Man hatte Dobrzynski am 14. April bei einem Attentat verhaftet. Die SS-Schergen in der Avenue Louise folterten ihn tage- und nächtelang, um die Namen seiner Kumpel erfahren. Doch der junge Bursche, der an dreizehn Sprengstoffanschlägen und mehreren Attentaten auf Kollaborateure beteiligt gewesen war, verriet niemanden. Er erklärte beharrlich: »Sie sind alle in Mechelen.« So hatte man ihn kurz vor der Abfahrt des Deportationszuges zum Sammellager gebracht, um ihn mit seinen Kameraden zu konfrontieren. Die Gegenüberstellung brachte für die SS keinerlei Hinweise. Drei Monate später wurde der Sohn polnischer Einwanderer im KZ Breendonk von den Deutschen erschossen.

Unter den Letzten, die den Konvoi bestiegen, befanden sich der holländische Arzt Louis Micheels und seine Verlobte Nora. Micheels – Listennummer 33 – war als medizinische Begleitung eines Krankenabteils mit etwa zwanzig schwerkranken Frauen und ihren Kindern eingeteilt. Eine Schwerkranke lag bewegungslos auf dem Stroh am Boden und stöhnte. Sie würde die Nacht nicht überleben. Einige Frauen kauerten mit ihren kleinen Kindern an der Bretterwand. Die großen ängstlichen Augen hefteten sich hoffnungsvoll auf das Paar. Hilflos mußten die beiden jungen Leute die Qualen der Insassen mit ansehen. Micheels: »Nichts konnte ich in meiner Rolle als Arzt tun. Ich hatte ein paar medizinische Lehrbücher und ein Stethoskop dabei, aber keine Medikamente. Es war unmöglich, ihnen medizinisch beizustehen.«

Siebenundzwanzigstes Kapitel
Der Überfall

Um halb acht wollten sie sich an der Place Meiser treffen. Youra war mit seinem Fahrrad eine Viertelstunde vorher dort. Er erwartete Richard Altenhoff. Bis zum letzten Augenblick wollte er die Hoffnung nicht aufgeben, daß dieser bedächtige und zugleich couragierte Aktivist der »Groupe G« mit von der Partie sein würde. Von seinem Bruder Alexandre, der so gerne an dieser Aktion teilgenommen hätte, hatte er sich noch nicht einmal verabschieden können. Das war zu riskant, denn Choura lag unter falschem Namen in der Klinik Edith Cavell, wo endlich die Kugel aus seinem Bein enfernt worden war.

Tatsächlich bog Richard kurz vor halb acht um die Ecke. Noch ehe der Ingenieur etwas gesagt hatte, wußte Youra, daß er nicht auf ihn zählen konnte. Er sah es seinen Augen an. Aber Altenhoff hatte ihm eine kleinkalibrige Pistole mitgebracht. Für den Notfall. Das war nicht viel, aber es war besser als gar nichts. Schnell ließ der junge Mediziner den geladenen Revolver und die Patronen in seiner Tasche verschwinden.

Jean Franklemon und Robert Maistriau kamen auf ihren Rädern gleichzeitig an. Roberts Fahrradtasche war prall gefüllt. Er hatte darin eine Sturmleuchte und Zangen verstaut. Youra und Richard grüßten nur kurz zu den beiden hinüber und setzten ihr leises, eindringliches Gespräch fort. Plötzlich verabschiedete sich Altenhoff. Robert beobachtete, wie er Youra lange die Hand drückte. Dann schwang sich Richard auf sein Fahrrad und rief ihnen »bonne chance« zu. So würden die Schulfreunde nur zu dritt sein, um die Aktion auszuführen, die der organisierte Widerstand als zu riskant eingeschätzt hatte: in der flämischen Provinz den Zug nach Auschwitz anzuhalten. Und sie waren, wie Maistriau im nachhinein feststellte, »schlecht ausgerüstet und vorbereitet«. Welche Gründe Richard Altenhoff bewogen haben, an dem Überfall nicht teilzunehmen, ist nicht bekannt. Und welchem Wechselbad von Skrupel und Tatendrang, Angst und Heldenmut Jean und Youra ausgesetzt waren ist nur zu erahnen. Robert Maistriau, der einzige noch lebende Zeuge dieser bewegenden Aktion, beschreibt seine Seelenlage mit den Worten: »Es war eine Mischung aus Abenteuergeist, dem Wunsch zu helfen und den Deutschen zu schaden. In diesem Augenblick hätte mich niemand davon abhalten können. Wir waren guten Glaubens.«

Youra war in der Woche zuvor die Stecke schon einmal abgefahren. Einen großen Teil der 25 Kilometer würden sie vor Einbruch der Dunkelheit geschafft haben. Auch die Stelle, an der sie den Konvoi anhalten wollten, hatte er auskundschaftet. Sein Bruder hatte den Ort auf der Landkarte ausgesucht: Er sollte möglichst nah an Brüssel liegen, damit sie ihn per Rad leicht erreichen konnten. Er sollte nicht weit von einem öffentlichen Verkehrsmittel entfernt sein, damit die Befreiten eine Möglichkeit hätten, von dort aus nach Brüssel, Antwerpen oder Charleroi zu fahren, wo sie bei Freunden oder Verwandten Unterschlupf finden konnten. Er sollte in einer Kurve der Eisenbahnstrecke liegen, damit der Zug mit verlangsamtem Tempo fuhr. Und er sollte in einer unbewohnten Gegend sein, damit die Geflüchteten in einen nahegelegenen Wald oder im Gebüsch verschwinden konnten.

All diese Bedingungen trafen auf die Gegend hinter Boortmeerbeek zu. Da gab es Wald, und von dem nur wenige Kilometer entfernten Bahnhof in Haacht fuhr frühmorgens in regelmäßigen Abständen die Straßenbahn nach Brüssel. Bei seiner Erkundung vor Ort entdeckte Youra dann den geeigneten Platz für den Überfall: gleich hinter einer Kurve des Schienenstrangs, knapp zwei Kilometer hinter dem Bahnhof von Boortmeerbeek.

Diese Stelle mußten die drei bis spätestens 22 Uhr erreicht haben. Das war der Abfahrtstermin des Zuges in Mechelen. Diese Information hatte Hertz Jospa von einem Gewährsmann aus dem Judenrat erhalten. Bisher waren alle Deportationszüge nach diesem festen Zeitplan gefahren. Die Deutschen legten Wert darauf, daß die Transporte nachts rollten, damit sie Belgien unbemerkt durchqueren konnten.

Tagsüber hatte es einige Regenschauer gegeben. Doch nun hellte es hin und wieder auf. Es war Vollmond. Der Wind trieb die Wolken am Himmel vor sich her. Den jungen Leuten auf den Rädern machten die Böen zu schaffen. Sie mußten kräftig in die Pedale treten. Von der breiten Avenue Léopold, die zum Flughafen Melsbrock führte, bogen sie links in die Chaussée de Haacht ein. Schnell verlor sich der städtische Charakter. Nach wenigen Kilometern schon hatten sie die Sprach- und Kulturgrenze nach Flandern passiert. Backsteinhäuser wechselten sich mit Feldern, Gärtnereien und kleinen Gehöften ab. Pappeln säumten die mit Kopfstein gepflasterte Landstraße, die wie mit einem Lineal gezeichnet geradeaus über Diegem, vorbei an Steenokkerzeel und Kampenhout nach Haacht führte. Jean Franklemon, als Sohn einer aus Flandern stammenden Lehrerin auch des Flämischen mächtig, erklärte seinen Freunden, daß die Provinz im Niederländischen nicht zufällig »het platte land« hieße. Die Gegend war in der Tat flach wie ein Pfannekuchen.

Es wurde dunkel. Die Dynamos ihrer Radbeleuchtung surrten, und der schwache Lichtstrahl ihrer Fahrradlampe tanzte vor ihnen auf dem Kopfsteinpflaster. Wegen des Krieges war Verdunkelung angeordnet. Erst wenige Tage zuvor war bei einem Angriff der Alliierten ein Stadtviertel in Antwerpen schwer getroffen worden. Die Straßenbeleuchtung war ausgestellt, aus den Häusern drang nur durch die schmalen Spalten der zugezogenen Vorhänge etwas Licht. Doch wenn die Wolken sich verzogen, wurde es hell.

Als sie den Waldweg zwischen Haacht und Boortmeerbeek parallel zur Eisenbahn entlangfuhren, hörten sie aus Richtung Mechelen einen Zug kommen. Entsetzt sprangen sie von ihren Rädern. Sollten sie zu spät sein? Schnaufend blieb die Dampflokomotive auf ihrer Höhe stehen, stieß ein paar Pfeifsignale aus und fuhr zurück. Sie hatte nur den Tender im Schlepptau. Falscher Alarm. Erleichtert fuhren sie bis zu dem Platz, den Youra ausgewählt hatte. Die Fahrräder versteckten sie in der Böschung. Hier wollten sie sich, wenn die Luft rein war, also etwa eine Stunde nach der Aktion, wiedertreffen.

Youra drückte ihnen die 50-Franken-Scheine in die Hand, die an die Flüchtlinge verteilt werden sollten. Es war ausgemacht, daß er sich am Anfang des Zuges postieren würde, um gegebenenfalls die deutschen Wachen mit seiner Pistole in Schach zu halten. Sie gingen davon aus, daß sich der deutsche Begleitschutz in einem Personenwagen gleich hinter dem Tender befand. Robert und Jean sollten indessen an zwei verschiedenen Stellen des Zuges versuchen, mit den Zangen die Waggontüren zu öffnen.

Als sie sich trennten, war es Viertel nach zehn Uhr. Youra entfernte sich in Fahrtrichtung des erwarteten Zuges, während Robert und Jean in die entgegengesetzte Richtung liefen. Dort, wo der Zug aus der Kurve in die Gerade einbiegen würde, stellte Maistriau in der Mitte des Gleises die Sturmlampe auf. Nachdem er sie angezündet hatte, sah sie tatsächlich wie eine rote Signalleuchte aus. Jean ging dem Zug noch etwas weiter entgegen. Ihrer Schätzung nach würde er mehr als zweihundert Meter lang sein. Sie hatten verabredet, daß »Pamplemousse« am Ende des Transports operieren sollte. Youra hatte gehört, daß es bei allen bisherigen Transporten aus Mechelen nur einen Begleitschutz am Kopf des Zuges gab. Am hinteren Teil des langen Konvois würde das Risiko, von den Deutschen bei der Aktion überrascht zu werden, also geringer sein. Im Gebüsch versteckt warteten die Drei, jeder an seinem Platz, auf den Zug. »Es war ein bißchen das Gefühl, wie ich es von den Abenteuerspielen bei den Pfadfindern her kannte«, erinnert sich der 78jährige Maistriau, »aber zugleich war mir bewußt, daß es kein Spiel war, sondern lebensgefährliche Realität.«

Pünktlich um 22 Uhr war der Zug 801 von der Dossin-Kaserne abgefahren. Eine Dampflokomotive des Typs 44 zog die dreißig Waggons. Die Geschwindigkeit betrug 40 Stundenkilometer, und an den Bahnübergängen verlangsamte sich das Tempo auf bis zu zehn Stundenkilometer.

Die lange Wartezeit in Mechelen hatten Jacques Grauwels und sein gleichaltriger Gefährte genutzt, um mit Hilfe einer kleinen Metallsäge die Gitterstäbe in einer der vier Luken ihres Waggons so weit anzusägen, daß sie nur noch herausgebrochen werden mußten. Sie hatten die hintere Luke auf der rechten Seite des Waggons gewählt, damit sie, wenn sie sprangen, nicht auf dem harten Schotter des parallelen Schienenstranges, sondern in der Böschung landen würden. Die anderen Insassen beobachteten das Treiben der beiden jungen Männer voller Angst und Mißfallen. Schließlich war ihnen eingeimpft worden, daß sie vollzählig am Zielort ankommen mußten. Sollten Deportierte fehlen, würden die Mitreisenden dafür bluten müssen und erschossen werden.

Aber die beiden Jungen ließen sich durch nichts von ihrem Vorhaben abbringen. Kaum war der Zug in Mechelen abgefahren, da zog sich auch schon der erste zur Luke hoch, drehte sich in der schmalen Öffnung, so daß er rückwärts hinausgleiten konnte. Sich an die Fensteröffnung klammernd, hangelte er mit den Füßen um die Ecke des Wagens, bis sie schließlich auf dem Puffer Halt fanden. Als der Zug im Schrittempo den kleinen Bahnhof von Muizen durchfahren hatte, sprangen die beiden kurz nacheinander ab. Jacques fiel auf einen mit Gras bewachsenen Abhang. Die düsteren Waggons zogen donnernd an ihm vorbei. In regelmäßigen Abständen flammte ein auf dem Dach eines Eisenbahnwagens montierter Scheinwerfer auf und tastete mit seinem Strahl den Zug ab. Am Ende des Konvois sah Jacques in einem beleuchteten Abteil Männer in Uniformen sitzen.

Sein Kumpel war nicht weit von ihm ebenfalls relativ weich und wohlbehalten gelandet. Sie lachten befreit. Doch die Freude währte nur einen Augenblick. Sie mußten sich in Sicherheit bringen. Jacques Grauwels: »Wir sind gelaufen, gelaufen, gelaufen ...«

Wenige Augenblicke später löste sich eine andere Gestalt aus dem Schatten des fahrenden Zuges. Régine Krochmal hatte sich die Warnung des jüdischen Arztes Dr. Bach, sie würden in Auschwitz alle zugrunde gehen, zu Herzen genommen. Sie versuchte, auch den jungen Mediziner zu überzeugen, der diesem sogenannten Sanitätswaggon als ärztlicher Begleiter zugeteilt worden war. Wie sollten sie den Kranken, die auf dem aufgeschichteten Stroh lagen, denn ohne Medikamente helfen? Sie verfügten über keinerlei Mittel, die Kranken zu versorgen und ihnen die Reise zu erleichtern. »Ich habe ihm erklärt, daß ich dem Widerstand angehöre und in meine Gruppe zurück wollte, um dort die Arbeit in der Résistance fortführen.« Doch der Mediziner zeigte sich taub für ihre Argumente. Als Arzt sei es seine Pflicht, den Kranken beizustehen. »Er argumentierte«, so wundert sich Jahrzehnte später die über Achtzigjährige, »als lebten wir im tiefsten Frieden.« Nur mühsam konnte Régine ihn davon abhalten, sie an den Fluchtvorbereitungen zu hindern.

Sie hatte Glück, die kleinen Fensteröffnungen des Sanitätswagens waren nur mit Latten aus Tannenholz zugenagelt. Wahrscheinlich war man davon ausgegangen, daß die Insassen dieses Waggons zu schwach seien, den Ausbruch zu wagen. Kurz nachdem der Zug losfuhr, stieg Régine, die knapp 1,60 Meter maß, auf eine Tasche und zerschnitt mit dem großen Messer die Streben vor der Luke. Dann hievte sich Régine zu der Öffnung hinauf. Für die kleine, biegsame Person war es ein Leichtes, sich aus der schmalen Luke mit den Beinen zuerst hinauszuhangeln. Einen Moment lang hockte sie wie ein halb aufgeklapptes Taschenmesser, den Kopf und Oberkörper nach vorne gebeugt, in der Fensteröffnung. Mit den Händen hielt sie sich an der oberen Kante der Luke fest. Als der Zug langsamer wurde, stemmte sie die Füße gegen die Außenwand des Wagens, löste den Griff und schnellte vornüber.

Sie fiel in die Böschung am Rand der Gleise. »Es war in diesem Augenblick taghell«, weiß sie noch heute. »Der Mond war hinter den Wolken hervorgekommen.« Sie hatte den Sturz unverletzt überstanden. Regungslos blieb sie liegen, preßte sich gegen den Boden, als wollte sie mit ihm eins werden. »Ich versuchte, mich unsichtbar zu machen.« Die Waggons ratterten vorbei. Nach einigen Augenblicken hörte sie, wie der Zug plötzlich stoppte. Wenig später fielen Schüsse. Erst Jahre später sollte sie erfahren, was es damit auf sich hatte: »Es war der Überfall auf unseren Transport.«

In der Ferne hatte Robert Maistriau das Pfeifen der Lokomotive gehört. Die Geräusche trugen weit in der stillen Nacht. Hinter einem Baum verborgen, stieß er ein paar Stoßgebete zum Himmel: Hoffentlich ging alles gut aus. Noch ehe der Zug um die Kurve bog, sah er die Dampfwolken und vernahm das schwere Stampfen der Maschine. Sekunden später donnerte der Zug auf die Sturmleuchte zu. Da die Lampe auf dem Gleis am Ende der Biegung stand, erblickte der Lokführer das rote Signal offenbar erst im letzten Augenblick. Obwohl er die Maschine sofort drosselte, überrollten die ersten Waggons die Lampe. Robert stockte der Atem. Endlich hielt der Zug. Die durch die Bremsung verursachte Dampfumkehr machte, so erinnert er sich noch viele Jahre später, »einen Höllenlärm. Ich war zunächst wie erstarrt. Aber dann gab ich mir einen Ruck nach dem Motto: Wer A sagt, muß auch B sagen.«

Robert stürzte auf den nächstbesten Eisenbahnwagen zu. »In der Linken hielt ich die Taschenlampe, und mit der rechten Hand mußte ich mit der Zange hantieren. Ich war sehr aufgeregt, und es dauerte mir viel zu lange, bis ich den Draht durchgeschnitten hatte, mit dem die Verriegelung der Schiebetür abgesichert war.«

Endlich konnte Robert die schwere Tür des Viehwaggons aufschieben. Mit seiner Taschenlampe leuchtete er in den Waggon. Bleiche und verängstigte Gesichter starrten ihm entgegen. »Sortez, sortez«, rief er, und dann forderte er die Zögernden mit unverkennbar französischem Akzent auf Deutsch auf: »Schnell, schnell, fliehen Sie!« Youra hatte ihm diesen Satz beigebracht, weil er vermutete, daß viele der Deportierten, die aus Ost- und Mitteleuropa stammten, eher Deutsch als Französisch verstanden. Im Inneren des Waggons kam es zum Gedränge. Einige der Insassen versuchten ihre Schicksalsgenossen davon abzuhalten, der Aufforderung nachzukommen: »Das ist verboten. Die Deutschen werden uns als Strafe alle erschießen.«

Die dreißigjährige Hena Wasyng verstand im ersten Moment nicht, was vor sich ging. Jahre später schilderte die Deportierte mit der Nummer 736 die dramatische Rettungsaktion und die Stunden zuvor, die sie und ihre Leidensgenossen eingepfercht in dem Viehwaggon verbracht hatten: »Es war Pessach, wir weinten und dachten an das jüdische Osterfest und vor allem an unsere versteckten Kinder, die wir in Belgien zurücklassen mußten. Ein Jüngling stand dicht an der Luke und blickte starr hinaus in die Ferne. Er träumte wohl davon zu fliehen. Plötzlich hielt der Zug. Wir wußten nicht, was passiert war und wo wir uns befanden. Im Waggon gab es Geschrei, Gedränge und Geschiebe. Der Bursche vor der Fensteröffnung ruft auf einmal laut: ›Hierher, hierher!‹ Ein junger Mann aus dem Widerstand öffnet die Tür und gibt denen, die vorne standen Geld und fordert uns auf: ›Steigt aus, rettet euch!‹ Ich hatte Angst und wagte nicht zu springen, doch da machte ich mir klar, daß meine beiden Söhne für immer allein bleiben würden, wenn ich jetzt nicht den Mut hatte. So sprang ich.«

Der Gedanke an ihre Tochter Abela ließ auch das Ehepaar Mendelis und Henda Goldsteinas ihre Angst vor dem Sprung überwinden. Die Kleine lebte unter falscher Identität bei einer belgischen Familie in St. Pieters Leeuw. Sie wollten sie wiedersehen. Und so zögerten die Eltern nicht lange, als der junge Mann, der die Tür geöffnet hatte, ihnen zurief: »Vite, sortez!« Anders als die vor Angst erstarrte Mehrheit der Insassen ließen die Goldsteinas sich nicht von dem Gebrüll des »chef de wagon« einschüchtern; der Mann, der während der Fahrt in ihrem Eisenbahnwagen für Ordnung sorgen sollte, fürchtete offensichtlich Repressalien am Ankunftsort und versuchte sie an der Flucht zu hindern.

»Wir sind gesprungen«, erzählt Henda Goldsteinas 33 Jahre später in einem Zeitschrifteninterview, »obwohl schon die ersten Schüsse fielen.« Doch ihr Waggon befand sich in der Mitte des Zuges und somit zumindest anfangs weitab von der SS und Schutzpolizei, die in den Eisenbahnabteilen am Kopf und am Ende des Transportes postiert waren. Die deutschen Polizisten waren von der Attacke völlig überrumpelt. Sie hielten sich zunächst zurück, weil sie glaubten, es mit einer gut organisierten und zu allem entschlossenen Gruppe von bewaffneten Partisanen zu tun zu haben. Genau diesen Eindruck hatte Youra bei den Deutschen zu erwecken gesucht, als er aus seinem Versteck heraus ein paar Kugeln aus seiner Pistole abfeuerte. Die deutschen Bewacher schossen zunächst ungezielt aus der Deckung des Zuges heraus, erst dann durchkämmten sie die nähere Umgebung.

Die Goldsteinas und Hena Wasyng rannten mit anderen Flüchtlingen die wenigen Schritte über den freien Grasstreifen zum schützenden Wäldchen, wo sie aufgeregt auf den jungen Mann warteten, der sie aus dem Konvoi herausgeholt hatte. Andere, die ebenfalls den Sprung in die Freiheit gewagt hatten, verschwanden sofort im Dickicht, um ihren Verfolgern keine Chance zu geben. Plötzlich bemerkte Wendelis Goldsteinas, daß seine Frau den weißen Schal nicht mehr trug. Sie hatte ihn auf dem kurzen Weg vom Waggon zu dem Gehölz verloren. Er war an den Zweigen eines Busches hängengeblieben und leuchtete nun hell im Mondschein. Ohne nachzudenken lief der Chemieingenieur noch einmal zurück, um das kostbare Stück zu bergen.

Robert versuchte, das Schloß des nächsten Waggons zu öffnen. Die Taschenlampe hatte er in die Hosentasche gesteckt, damit er beide Hände frei hatte. So konnte er besser mit der Zange hantieren. Doch ihm blieb keine Zeit mehr, die Schüsse kamen immer näher.

Inzwischen hatte die Deutschen wohl begriffen, daß sie nicht mit einer Übermacht von Angreifern konfrontiert waren. Auf ihre wilde Schießerei hatte die Gegenseite nicht geantwortet. Für Robert wurde die Situation brenzlig. Im hellen Mondlicht bot er eine gute Zielscheibe. Mit eingezogenem Kopf rannte er zu dem Gehölz, wo ihn das Häuflein der Geretteten erwartete. Er schrie ihnen zu, sie sollten sich auf den Boden werfen. Dort blieben sie liegen. »Ich weiß nicht mehr, wieviel Zeit verging. Waren es zehn oder zwanzig Minuten?«

Irgendwann wurde es ruhig. Dann fuhr der Zug weiter. Keine der Wachen war an dem Zug entlang patrouilliert, um die Waggons zu kontrollieren. Die Deutschen hatten wahrscheinlich Angst vor Heckenschützen. Als er die roten Schlußlichter des Konvois sah, richtete Robert sich auf. Seine Schützlinge, etwa sieben an der Zahl und allesamt älter als ihr einundzwanzigjähriger Retter, taten es ihm nach und scharten sich um ihn. Er gab jedem einen 50-Franken-Schein und riet ihnen, sich zu zerstreuen und zu verstecken. In Haacht könnten sie morgens früh die Straßenbahn nach Brüssel nehmen. »Eine Frau«, so erinnert er sich, »umarmte mich überschwenglich und sagte, sie wisse gar nicht, wie sie mir danken sollte. Eine andere fragte nach meinem Namen und meiner Adresse, damit sie mir nach dem Krieg ein Geschenk machen könnte. Das fand ich dann doch ziemlich naiv.« Namen und Adressen, das war die erste Lektion, die man als junger Widerständler lernte, waren in der Résistance tabu.

Kurz danach hatte der Wald die Flüchtlinge verschluckt. Robert ging zu den versteckten Fahrrädern zurück. Und wenig später tauchte Jean auf. »Pamplemousse« war froh, mit dem Leben davongekommen zu sein. Dort, am Ende des Zuges, wo er sich aufgestellt hatte, war es weitaus gefährlicher gewesen, als sie geglaubt hatten. Denn diesmal befand sich auch am Schluß des Konvois eine Gruppe von Polizisten.

Als der Zug hielt, pirschte sich Franklemon an einen der hinteren Waggons heran. Der Riegel der schweren Schiebetür, das sah er, war zusätzlich mit Draht gesichert. Er zückte die Zange und begann den Draht durchzuschneiden. Gerade wollte er die Verriegelung öffnen, da hörte er auf einmal »Hände hoch«. Etwa dreißig Meter entfernt, auf der Höhe der Lokomotive, stand ein Uniformierter. Er hatte sein Gewehr auf ihn angelegt. Jean lief seitwärts in die Büsche. Der Deutsche setzte ihm nach. Viele Jahre später sollte Franklemon seiner Tochter erzählen, wie ihm in dieser lebensgefährlichen Situation eine Episode aus einem Comic eingefallen war. Womöglich hat ihm dieser Einfall sogar das Leben gerettet. Denn wie der Held dieser Bildergeschichte rannte Jean im Zickzackkurs, so daß sein Verfolger nicht auf ihn zielen konnte. Doch sein Verfolger war schnell und schien über eine gute Kondition zu verfügen. Als Jean sich umblickte, sah er den Deutschen mit dem Gewehr in der Hand dicht hinter sich. Der Polizist hob die Waffe und wollte sie Jean auf den Kopf schlagen. Doch der wehrte den Schlag mit seiner linken Faust ab. Die Todesangst verlieh ihm ungeahnte Kräfte, sein Gegner strauchelte und fiel.

Franklemon stürmte weiter davon. Noch lange glaubte er, die Schritte seines Verfolgers zu hören. Doch als er schließlich innehielt, weil ihm die Luft ausging, war er allein. Er hatte das laute Pochen seines Herzens, das Dröhnen in den Ohren für die Schritte des Polizisten gehalten. Atemlos versteckte der Bursche sich irgendwann in einer Erdvertiefung und wartete ab. Jetzt erst spürte er den stechenden Schmerz in seiner Hand, mit der er sich gegen den Gewehrkolben verteidigt hatte. In der Ferne hörte er Schüsse und lautes Rufen der Wachen. Nach etwa einer Viertelstunde vernahm er mit Erleichterung, wie der Zug endlich weiterfuhr.

Wo blieb Youra nur? Robert und Jean hatten ihn aus den Augen verloren. Laut nach ihm zu rufen, wagten sie nicht. Sie würden sich dadurch nur verraten. Womöglich waren Polizisten ausgestiegen, um die Umgebung nach Flüchtlingen abzusuchen. Sie warteten noch eine halbe Stunde und machten sich dann auf den Rückweg. Youras Rad blieb in der Böschung liegen. Über Feldwege und Nebenstraßen kamen sie gegen zwei Uhr morgens in Brüssel an.

Irgendwo in der Nähe der Avenue de Tervuren klingelten sie an einer Haustür. Eine junge schlaftrunkene Frau öffnete ihnen und ließ, ohne viel Worte zu verlieren, die beiden erschöpften Helden ein. Sie gehörte zu Jeans theaterbegeistertem Freundeskreis. Während Jean und Robert von ihrem glücklich überstandenen Abenteuer erzählten, kochte ihre Gastgeberin Kaffee und bereitete ihnen auf dem Sofa im Wohnzimmer ein Nachtquartier. Unvergeßlich ist für Robert Maistriau bis heute der Geschmack dieses belebenden schwarzen Getränks, das sie aus dicken Tassen schlürften: »Nie wieder habe ich einen so guten Kaffee getrunken.«

Um Youra machten sie sich Sorgen. Ob er vielleicht verletzt worden war? Oder war er womöglich zu Fuß geflüchtet, weil die Deutschen ihn verfolgten? Es war fast vier Uhr morgens, als Jean und Robert in einen unruhigen Schlaf fielen.

Zur selben Stunde hatte Youra den größten Teil des Weges nach Brüssel zurückgelegt. Es war ein anstrengender Marsch. Wann immer er in der Ferne den Lichtkegel eines Fahrzeugs sah, flüchtete er in den Straßengraben, um nicht gesehen zu werden. Auf der Höhe von Steenokkerzeel brauste ein aus Brüssel kommender Militärlastwagen an ihm vorbei. Wahrscheinlich hatten die Deutschen Verstärkung angefordert, um nach Flüchtlingen aus dem Deportationszug zu fahnden. Youra hatte keine Vorstellung davon, wie viele sich aus dem Konvoi hatten retten können.

In einem Gebüsch verborgen, hatte er, als der Zug hielt, mehrere Schüsse aus seiner Pistole abgegeben. Da er sich auf der Höhe des erleuchteten Personenwaggons befand, in dem der Begleitschutz saß, konnte er beobachten, wie die Uniformierten vor Schreck erstarrten. Erst nach einigen Minuten fiel ihnen ein, das Licht im Wagen zu löschen. Und es vergingen weitere Minuten, ehe die ersten Wachtposten es wagten, ihren Waggon zu verlassen. Youra gab noch zwei Schüsse ab. Aber das war wahrscheinlich ein Fehler. Zwei Bewacher kamen, die Pistole im Anschlag, in seine Richtung. Es war inzwischen so mondhell, daß er die bleichen Gesichter der Deutschen erkennen konnte.

Rückwärts brach er aus dem dichten Gebüsch aus und stürzte in den Wald. Die beiden Polizisten setzten ihm nach. Der eine von ihnen war so schnell, daß er Youra dicht auf den Fersen blieb, während der andere weit zurückfiel. Youra rannte um sein Leben. Jetzt hatte er nur noch eine Möglichkeit: Er mußte auf seinen Verfolger schießen. Noch niemals hatte der junge Mediziner auf einen Menschen gezielt. Auch war er ein völlig ungeübter Schütze. Doch es gab keine andere Lösung: Er stoppte hinter einem dicken Baumstamm, legte an, zielte auf seinen Verfolger und feuerte zwei Kugeln ab. Der Mann hielt inne und zog sich, hinter Büschen und Bäumen Deckung suchend, vorsichtig zurück. Wahrscheinlich war diesem Schupo das nächtliche Duell genauso unheimlich wie seinem unerfahrenen Gegner.

Youra harrte noch eine Zeitlang aus. In einiger Entfernung hörte er lautes Rufen. Seine beiden Verfolger suchten sich offensichtlich. Dann entfernten sich die Stimmen. Aus der Richtung des Zuges vernahm er Schüsse. Zum Fahrrad zurückzugehen, schien ihm zu riskant. Er mußte sich zu Fuß nach Hause durchschlagen. Erst im Morgengrauen kam Youra übermüdet und entkräftet in Brüssel an. Es war gegen sechs

Uhr, als er bei einem Freund klingelte, der in der Nähe der Place Meiser wohnte. Youra wollte nur noch schlafen, schlafen …

Siebzehn Deportierte, so rekonstruierte der belgische Historiker Maxime Steinberg in seinem Buch »La Traque des Juifs«, entkamen in dieser Nacht aus dem von Maistriau geöffneten Waggon. Siebzehn Menschen, von denen kaum einer an eine Flucht aus dem Konvoi gedacht hatte, wurden von den drei Schulkameraden vor dem sicheren Tod in Auschwitz gerettet. Und womöglich waren es noch mehr, die dank der tollkühnen Amateure den Weg aus dem Konvoi fanden. Schließlich hatte sich Robert noch an einem weiteren Schloß zu schaffen gemacht. Auch Jean Franklemon hatte die Schiebetür seines Waggons nahezu entriegelt, ehe er vor dem bewaffneten Polizisten die Flucht ergriff. Vielleicht vermochten sich dank dieser Vorarbeit die Insassen dieser beiden Waggons anschließend mit ihren eigenen Werkzeugen zu befreien.

Man mußte jung, unerschrocken und voller Mitgefühl für das Los der Juden sein, um sich auf dieses lebensgefährliche Abenteuer einzulassen. Eine Heldentat wider alle Vernunft.

Achtundzwanzigstes Kapitel

Der Ausbruch der stillen Rebellen

Im Krankenwaggon ganz am Schluß des Zuges saßen der junge holländische Arzt Louis Micheels und Nora Van Esso in einer Ecke eng beieinander. Sie hörten das Stöhnen und Röcheln der kranken Frauen und das leise Wimmern der Kinder, denen sie nicht zu helfen vermochten. »Wir waren vom namenlosen Tod umgeben«, schildert der amerikanische Psychiatrieprofessor Micheels Jahrzehnte danach diese trostlose Szene in dem düsteren Eisenbahnwagen. Fluchtgedanken schossen ihm durch den Kopf. »Wir kannten keinen unserer Weggefährten, hatten sie niemals vorher gesehen. Vielleicht konnte man die Gitter am Fenster aufbrechen? Aber der Zug wurde sicherlich auch auf den Dächern der Waggons von bewaffneten SS-Leuten bewacht. Was wäre, wenn ich hinauskäme und Nora nicht? Das Beste, was wir tun konnten, war, unsere Kräfte zu schonen und soviel wie möglich zu schlafen.«

Plötzlich hielt der Zug. Louis fuhr erschreckt hoch. Er glaubte, Stunden geschlafen zu haben. Vermutlich hatten sie längst die Grenze passiert und befanden sich schon in Deutschland. War es vielleicht der Partisanenüberfall, von dem in Mechelen gemunkelt worden war? Licht drang durch die Luke, und er hörte, wie geschossen wurde. Als er durch die Öffnung hinausblickte, sah er in einiger Entfernung Menschen rennen. Es war nicht auszumachen, ob es sich um Verfolger oder Verfolgte handelte. Louis versuchte, die hölzernen Gitterstäbe vom Fenster herauszubrechen, aber er war zu schwach. Ihr Los war damit besiegelt. Nora und Louis würden erst in Auschwitz den Transport verlassen.

Der Wiener Ernst Landau mit der Transportnummer 221 döste vor sich hin. Er war in einem Waggon an der Spitze des Zuges untergebracht. Durch den langen Aufenthalt im Foltergefängnis Breendonk war der 26jährige so abgemagert und geschwächt, daß er von dem, was um ihn herum vorging, kaum etwas mitbekam. »Ich war ein Muselmann«, erzählt der Journalist, der wie durch ein Wunder Auschwitz überlebt hat, bei einem Interview. »Muselmann« war in den Konzentrationslagern der Ausdruck für die dürren, gebeugten Gestalten, die sich selbst aufgegeben hatten.

Aufs höchste angespannt, wartete in einem anderen Waggon Willy Berler auf seine Chance zur Flucht. Er kannte keinen der Insassen. Man hatte ihm, obwohl er mit dem Gefangenentransport aus Lüttich als einer der Letzten im Sammellager angekommen war, die Transportnummer 1058 gegeben. Unter den Schicksalsgefährten im Waggon fielen ihm zwei etwa Gleichaltrige auf. Der eine, so erinnert sich der Brüsseler Unternehmer im Ruhestand, hieß Friedel. »Die beiden waren die Einzigen, die eine vage Vorstellung von dem hatten, was uns in Auschwitz erwartete.« Schnell hatte sich die Gruppe der potentiellen Ausbrecher im Waggon verständigt. Gemeinsam schafften sie es, die Gitterstäbe der Lüftungsluke herauszubrechen. Nun mußten sie nur noch auf eine günstige Gelegenheit warten, um aus dem Waggon zu springen. Auf einmal hielt der Zug. Es fielen Schüsse. Berler: »Ich hatte damals keine Ahnung, was da draußen passierte. Est später erfuhr ich, daß dies der Überfall auf unseren Transport war.«

Als der Konvoi weiterfuhr, machten die Fluchtwilligen im Waggon untereinander aus, in welcher Reihenfolge gesprungen werden sollte. Sechs der rund fünfzig Insassen wollten ausbrechen. Willy Berler sollte als letzter springen. Immer wieder würde er in den folgenden, endlos langen Monaten diese Minuten Revue passieren lassen: »Auf dem Gipfel der Spannung beobachte ich, wie der Bursche, der vor mir an der Reihe ist, aus der Öffnung entschwindet. Ich ziehe mich schnell zur Luke hoch und lehne mich mit dem Oberkörper hinaus, um mich ins Leere fallen zu lassen, als mich ein schrecklicher Anblick trifft: der unglückliche Kerl vor mir hat seinen Sprung verfehlt und ist am Zug hängengeblieben. Sein Kopf ist wie eine Melone geplatzt. Zum ersten Mal sehe ich einen Toten … Mich erfaßt ein Schwindelgefühl, ich bin sicher, daß mich der Sprung ins Nichts stürzen läßt. Ich springe nicht. Ich ziehe mich zurück, rolle mich im Waggon zusammen und beschließe, die Reise fortzusetzen, die lange Reise. Alles in allem, sage ich mir, fahren wir in ein Arbeitslager; und ich bin jung und stark. Wenn ich gewußt hätte! Der hundertste, der tausendste Teil der Wahrheit von Auschwitz hätte gereicht, daß ich mich entschieden hätte zu springen.«

Der Kaufmann Joseph Silber, der die Transportnummer 848 trug, fertigte im Jahr 1964 als Augenzeuge »dieser jüdischen Revolte gegen die Deportation« einen persönlichen Bericht an, der sich bei den Prozeßakten Kurt Asches befindet. In seinem Koffer hatte Silber alle möglichen Utensilien in den Waggon geschmuggelt, die ihm für den Ausbruch nützlich schienen. Er besaß eine kleine Metallsäge, eine Eisenstange, einen großen Haken, einen Holzstiel und Steine, die einen Hammer ersetzen sollten. Kaum war in Mechelen die Schiebetür verschlossen worden, begann der Kaufmann, eine Öffnung in die Seitenwand zu sägen. Nicht alle Insassen waren damit einverstanden. Der »chef de wagon« versuchte ihn an der Arbeit zu hindern. Kurzentschlossen schlug ihn Silber, ein kräftiger Mittdreißiger, zu Boden. Danach traute der Mann mit der Armbinde sich nicht mehr an ihn heran. Silber mühte sich vergeblich, die Öffnung zu vergrößern. Deshalb versuchte er es mit der Luke. Er entfernte die Gitterstäbe und zog sich hoch. Mit dem Holzstiel, an den er den Eisenhaken montiert hatte, versuchte er von der Luke aus die Verriegelung an der Schiebetür zu öffnen. Keine Chance. Zusammengekauert blieb er in der niedrigen Luke hocken. Er hörte Gewehrfeuer. Und er sah, wie aus den anderen Waggons immer wieder Leute sprangen. Als der Zug langsamer wurde, sprang auch er hinaus. Er landete im Gebüsch. Wieder hörte er Gewehrsalven. Als der Zug entschwunden war, stand er auf.

»Diejenigen, die zur linken Seite gesprungen waren«, erzählt Silber einundzwanzig Jahre nach dem Ereignis, »haben ihren Fehler teuer bezahlt.« Er zog einen Verwundeten, der auf der Nachbarschiene lag, von dem Gleis. Einem Mann aus Antwerpen, der sich beim Sturz verletzt hatte, half Silber wieder auf die Beine. Gemeinsam machten sich die beiden auf den Weg ins nächste Dorf, wo ihnen geholfen werden würde.

Hinter Leuven, auf der Höhe von Boutersem, floh die Gruppe der Partisanen und Widerständler, die in einem Waggon konzentriert waren. Ihr »chef de wagon«, Jacques Cyngiser (1366), gehörte zu den Initiatoren des Ausbruchs, an dem sich unter anderen Symcha Weberman (1379), Icek Wolman (1369), Abraham Fischel (1360), Abraham Bloder (1380) und Nathan Mitelsbach (1362) beteiligten. Sie hatten ein Loch in die Seitenwand gebohrt. Mit dem Arm erreichte einer von ihnen das Schloß an der Schiebetür, um es zu öffnen. Während die Deutschen aus dem Fenster des Flakwagens, der sich am Schluß des Zuges befand, auf die Flüchtlinge feuerten, sprang einer nach dem anderen aus dem Waggon. Die militanten Widerständler ließen sich von den Schüssen nicht einschüchtern. Wie viele von ihnen verwundet oder gar getötet wurden, sollten sie erst nach Kriegsende erfahren.

Um 23 Uhr stand der Eisenbahner Albert Dumon pünktlich zum Dienstantritt auf dem Bahnsteig von Tienen. Er wartete auf den Zug Nummer 801 aus Mechelen. Dumon sollte den Lokführer ablösen und den Transport bis nach Tongeren fahren. Er wußte, welche Fracht in den Viehwaggons transportiert wurde. Und das Wissen ließ ihn nicht gleichgültig. Seine Familie hatte einen kleinen jüdischen Jungen aufgenommen. Albert Dumon war kein militanter Widerständler, er war einer von jenen braven Belgiern, die den Juden halfen, weil ihn die gnadenlose Menschenjagd der Besatzer empörte. Man erzählte sich schreckliche Dinge über das Schicksal der Deportierten. Der Lokführer würde alles tun, um ihnen die Flucht aus dem Zug zu erleichtern.

Der Konvoi hatte erhebliche Verspätung. Erst gegen 23.30 Uhr ertönte in der Ferne das bekannte Pfeifen der Lokomotive. Als der Zug näher kam, hörte Dumon Gewehrschüsse krachen. Irgend etwas Dramatisches war passiert. Es handelte sich offensichtlich nicht um eine normale Verzögerung.

Dumon, der einzige Eisenbahner, der später über den 20. Konvoi befragt wurde, übernahm von seinem Kollegen in Tienen die Lok, testete die Bremsen und fuhr dann den Zug weiter gen Osten. Er drosselte so häufig wie möglich das Tempo und passierte die beschränkten Bahnübergänge mit einer Schrittgeschwindigkeit von nur fünf Stundenkilometern. Dumon: »Es war klar, daß zahlreiche Israeliten aus den Waggons zu fliehen versuchten. Aber zu ihrem Pech war Vollmond, so daß die Deutschen auf die Fliehenden schießen konnten.«

In dem Waggon gleich an der Spitze des Konvois hatte die SS die besonders gefährlichen Subjekte zusammengefaßt – all diejenigen, die bereits einmal entwichen waren. Der Wagen war mit Stacheldraht vor der Schiebetür und Metallplatten vor den Fensterluken besonders gesichert. Achtzehn Männer und eine Frau, so erinnert sich der 79jährige Samuel Perl, waren sie, alle fest entschlossen, noch einmal den Sprung in die Freiheit zu wagen. Unter der Anleitung eines Wieners nahmen sie mit vereinten Kräften eine Seitenwand in Angriff. Kurz vor St. Truiden hatten sie es geschafft: Ein großes Rechteck war herausgesägt. Dann legten sie die Reihenfolge für die »Flitzer« fest. Der Kamerad, der vor Samuel Perl springen sollte, zauderte: »Spring du zuerst«, bat er. Der Antwerpener Diamantenschleifer zögerte nicht und stürzte sich hinaus. Er landete sicher auf dem Boden. Noch im Liegen hörte er Schüsse.

Erst nach der Befreiung wird Perl erfahren, daß dieser Benjamin Zweig, der ihm den Vortritt gelassen hatte, von Dorfbewohnern mit Schußverletzungen aufgefunden wurde und drei Tage später im Krankenhaus starb.

Rudolf Schmitz, Nummer 4 auf der Sonderliste, nahm die Schüsse als Warnung. Er verzichtete auf die Flucht aus dem Waggon. »Ich sagte mir, ich habe noch genug Zeit, mein Leben zu riskieren.« Er fuhr weiter nach Auschwitz und überlebte.

Der kleine Simon war, dicht an seine Mutter gekuschelt, eingeschlafen. Den Überfall auf den Zug, das plötzliche Halten, das Gebrüll und die Schüsse hatte er mitbekommen. Ehe ihm danach die Augen zufielen, sah er, wie sich ein paar Männer an der Tür des Waggons zu schaffen machten.

Wie lange mochte er geschlafen haben? Simon wachte in den Armen seiner Mutter auf. Eine kühle Brise drang durch die offene Waggontür herein und hatte ihn wahrscheinlich aufgeweckt. Eine Traube von Menschen stand vor der Öffnung. Simon, der im Sammellager den Absprung vom Etagenbett geübt hatte, sah, wie einer nach dem anderen sprang, und dachte bei sich: »Es ist die gute Seite zur Böschung hin, die rechte Seite, wo man nicht auf das Nachbargleis fällt.«

Da nahm Chana Gronowski ihren Sohn an die Hand und

stellte sich mit ihm neben die Tür. Dem 67jährigen Rechtsanwalt treten noch heute die Tränen in die Augen, wenn er sich an diesen schicksalsschweren Moment erinnert: »Sie hat mich zur Tür begleitet, als führe sie mich in die Freiheit und ins Leben. Sie erfüllte das Versprechen, das sie meinem Vater in ihrem Brief gegeben hat: ›Ich werde Simkele wie meinen Augapfel hüten, dessen kannst Du gewiß sein.‹ Ich mußte warten, bis ich dran war. Meine Mutter sagte mir, ich solle mich mit dem Bauch auf den Boden legen und mit meinen Füßen nach Halt suchen. Siebzig Zentimeter unterhalb der Schwelle war das Trittbrett. Doch meine Fuße baumeln im Leeren. Meine Beine sind zu kurz, um die Stufe zu erreichen. Mit meiner Linken klammere ich mich an einen Eisengriff, mit der Rechten an einer Bodenschwelle. Meine Mutter hält mich an der Schulter und an der Jacke und läßt mich langsam hinabgleiten. Endlich berühren meine Füße das Trittbrett, und ich finde auf der Stufe stehend mein Gleichgewicht. ›Geyt tsu shnel der tsug‹ sagt meine Mutter auf Jiddisch. Es sollten die letzten Worte sein, die ich von ihr hörte. Als der Zug langsamer wird, kündige ich ihr an: ›Ich springe jetzt!‹ Ohne hinzufallen lande ich geschmeidig auf dem Schotter. Ich bleibe zunächst stehen, ohne mich zu bewegen, sehe genau, wie der Zug rechts vorbeirollt, eine riesige schwarze Masse, die weißen Dampf in den Nachthimmel spuckt und durchdringend pfeift.«

Simon blieb stehen und wartete darauf, daß auch seine Mutter nachkam. Aber der Zug stoppte noch einmal. Simon sah, wie Männer in Uniform am Zug entlangliefen. Hätte Chana Gronowski in diesem Augenblick den Sprung gewagt, wäre sie den Deutschen in die Hände gefallen. Simon stand wie erstarrt. Instinktiv wollte der Elfjährige dorthin zurück, woher er hergekommen war, zurück in den Waggon zu seiner Mutter. Doch dann wäre er direkt den Polizisten in die Arme gelaufen. Einer plötzlichen Eingebung folgend, drehte er sich um und rannte vor ihnen weg. Er lief in das Wäldchen und ließ den Todeszug zurück. Simon, der kleine Pfadfinder, rannte gleichmäßig und sicher durch Gestrüpp und Wald, über Wiesen und Felder, so wie er es von den großen Abenteuerspielen der »Scouts« her kannte. Eine Melodie bestimmte den Rhythmus seiner Schritte und übertönte seine Angst: Glenn Millers »In the mood«, eines der Lieblingsstücke seiner Schwester Ita.

In dem Waggon, in dem sich Claire Prowizur, ihr Mann Philippe und ihr schwerkranker Vater befanden, mußten die Fluchtwilligen erst ihren »chef de wagon« außer Gefecht setzen. Die SS hatte einen kräftigen Mittvierziger aus Amsterdam als Verantwortlichen ernannt. Der große blonde Jude aus Holland und sein Sohn gehörten von Anfang an zu den Initiatoren der Flucht. Vor der Abreise hatte der Vater immer wieder betont, er werde sich als Erster absetzen, um den anderen Mut zu machen. Nun aber wollte er davon nichts mehr wissen. Er trug eine gelbe Armbinde und hatte dafür zu sorgen, daß alle Insassen heil am Bestimmungsort ankamen. Als einer damit begann, die Gitterstäbe vor der Luke anzusägen, riß ihm der Holländer das Werkzeug aus der Hand. Er lasse es nicht zu, daß jemand aus dem Zug fliehe. Er trage die Verantwortung, man habe ihm zu gehorchen. Der Mann, der sonst ruhig und gefestigt wie ein Fels in der Brandung gewirkt hatte, geriet in Rage. Er drehte offensichtlich durch. Er drosch auf jeden ein, der sich ihm näherte. Mehreren Insassen gelang es schließlich, den muskulösen Mann zu überwältigen. Sein Sohn fesselte ihn in einer Decke wie in einer Zwangsjacke, damit er die anderen nicht mehr am Ausbruch hindern konnte. Der junge Mann gab seine Fluchtpläne auf, um den Vater nach Auschwitz zu begleiten.

Das Handgemenge im Waggon, den Halt des Zuges kurz vor Haacht und die Schüsse draußen nahm Claire nur am Rande wahr. Ihre ganze Aufmerksamkeit galt ihrem fieberglühenden Vater. Würde er in diesem Zustand die Flucht schaffen? Kaum zu glauben. Er lag kraftlos auf dem Stroh, war nicht mehr ansprechbar. Er war zu keinem Schritt mehr fähig. Jahre später hat sie gemeinsam mit ihrem Mann Philippe diese entscheidenden Augenblicke vor der Flucht in ihrer Autobiografie geschildert.

»Ich werde nicht vom Zug springen«, kündigte sie Philippe an, »ich kann meinen Vater nicht im Stich lassen.« Ihr Mann war erschüttert. Sanft redete er auf sie ein: »Clairette, wem soll denn dein Opfer dienen? Komm zurück auf den Boden der Tatsachen, blicke den Dingen ins Gesicht. Dein Vater liegt im Koma. In Auschwitz angekommen, darüber bist du dir doch im klaren, wird man euch trennen. Man wird dich zur einen Seite und ihn zur anderen Seite schicken.«

Der Zug rollte durch die helle Nacht, und jeder Takt brachte sie der deutschen Grenze näher. Auf deutschem Boden hätten sie keine Chance mehr, den Nazis zu entkommen. An wen sollten sie sich in diesem feindlichen Land wenden? Wer würde ihnen dort helfen?

Immer eindringlicher beschwor Philippe seine junge Frau, mit ihm zu fliehen: »Du gehst offenen Auges in den Tod. Dein Vater reagiert schon nicht mehr. Unser gemeinsames Leben hat doch erst begonnen. Seit einem Jahr sind wir verheiratet.« »Ich werde aus Auschwitz wiederkommen, Philippe«, versprach Claire. »Vielleicht schaffst du es zurückzukehren, Clairette, aber bestimmt ohne deinen Vater. Nimm Vernunft an, Clairette. Ich bitte dich darum, weil ich dich liebe. Ich will dich lebendig.« Dies war der Schlüsselsatz. Sie würde nicht an der Seite des sterbenden Vaters ausharren, sondern fliehen. »Und ich liebe dich, Philippe. Ich werde vom Zug springen. Ich will mein ganzes Leben mit dir zusammenbleiben. Ich werde leben.« Sie beugte sich zu ihrem Vater hinunter und verabschiedete sich von ihm. Er schien sie nicht mehr wahrzunehmen.

Erst zwanzig Jahre später sollte Claire erfahren, daß ihr Vater die Flucht seiner Tochter gutgeheißen hatte. In Tel Aviv traf sie auf der Hauptgeschäftsstraße Dizengoff eine Frau aus ihrem Waggon, die Auschwitz überlebt hatte. Sie war, ehe Chaskel Prowizur starb, an dessen Seite gewesen. Kurz vor Auschwitz sei ihr Vater noch einmal aus seinem Dämmerzustand erwacht und habe nach »Klärchen« verlangt. Als der Sterbende hörte, daß seine Tochter und ihr Mann noch auf belgischem Boden aus dem Zug gesprungen waren, schien er getröstet und habe sie gebeten, später überall nach seiner Tochter zu suchen, um ihr zu übermitteln, daß er über ihre Flucht glücklich sei. Claire sollte in Frieden leben.

Ihre Tasche ließen Claire und Philippe zurück. Die würde sie nur bei der Flucht behindern. Auch die beiden 50-Franken-Scheine, die sie im Lager von Albert Clément erhalten hatten, steckten in dem Bündel. Doch es blieb keine Zeit mehr, das Geld zu suchen. Jetzt mußte es schnell gehen. Die Grenze rückte immer näher. Philippe fürchtete, Claire könnte es sich noch einmal anders überlegen.

Er hob seine Frau zur Luke hoch, so daß sie auf dem schmalen Sims mit den Beinen nach draußen, den Oberkörper im Wageninnern sitzen konnte. Dann drehte Claire sich in der Öffnung, hielt sich mit den Händen an der Kante fest und ließ sich langsam an der Außenwand entlanggleiten. Etwa einen halben Meter rechts von der Luke war das Waggonende. Sie hangelte sich mit den Füßen um die Ecke, bis sie einen Halt auf dem Puffer zwischen den Eisenbahnwagen fanden. Dorthin ließ sie sich hinunter, klammerte sich mit den Händen an die senkrechte Planke und wartete ab.

»War ich mit einem besonderen Schutzfaktor ausgestattet, der mich vor den Gefahren bewahrte? War mein Stern so strahlend, daß er die Gefahr in den Schatten stellte? Ich weiß, daß ich mich erstaunlich sicher fühlte, zusammengekauert zwischen den beiden Waggons. Die Schienen glitten unter mir vorbei, glänzten vor meinen Augen, die nach einer Unebenheit suchten, die vielleicht meinen Sprung auffangen könnte. Das war ein seltsames Gefühl, allein zu sein und frei, für jede kommende Sekunde verantwortlich. Ich hatte nur ein Problem: Meinen Augenblick zu wählen. Unter einem sternenglänzenden Himmel, einem kalten und hellen Mond, warf ich mich in die Leere, meine beiden Arme über den Ohren, die Hände hinter dem Kopf, um ihn zu schützen.«

Unversehrt überstand Claire den Sturz. Auf dem Boden liegend, sah sie den endlos langen Zug vorbeifahren. Ein Scheinwerfer beleuchtete die Front des Zuges. Und sie sah, wie jemand aus einem Waggon sprang, hörte, wie Schüsse fielen. Hatten die Kugeln Philippe getroffen? Als die Schlußlichter des Konvois nur noch als kleine rote Punkte zu erkennen waren, lief Claire in die Richtung, wo sie den Flüchtling gesehen hatte. Sie rief und rannte. Da kam ihr jemand entgegen. Es war Philippe, der kurz nach ihr gesprungen war. »Wir liegen uns in den Armen. Wir lachen und weinen. Wie glücklich wir sind, oh Gott sind wir glücklich.« Nach wenigen Schritten stießen sie auf einen leblosen Körper. Ein Flüchtling, blutüberströmt, durchlöchert von den Kugeln aus den Maschinengewehren der Deutschen.

Philippe hatte sich schon einen Plan zurechtgelegt. Sie würden so lange laufen, bis sie auf ein Dorf mit einer Kirche stießen. Den Pfarrer wollten sie dann um Hilfe bitten. Bei den Juden in Belgien hatte sich herumgesprochen, daß die Geistlichen ihnen halfen.

Neunundzwanzigstes Kapitel

Wir sind gute Belgier

Am Bahnhof von Haacht warteten die Pendler auf die erste Straßenbahn nach Brüssel. Es waren Arbeiter und Angestellte, deren Dienst um 7 Uhr in der Haupstadt begann. An diesem Dienstagmorgen gesellten sich mehrere Personen, die offensichtlich fremd in dieser Gegend waren, zu den Wartenden. Ein übermüdet wirkendes Ehepaar, etwa um die vierzig, stand dicht nebeneinander, als wollten sich die Eheleute gegenseitig stützen. Die Frau trug über ihrem Wintermantel einen weißen Schal. Hinda und Mendelis Goldsteinas hatten die Nacht in einem kleinen Wäldchen verbracht und hofften nun auf eine heile Heimkehr nach Brüssel. Auch Hena Wasyng fand sich an der Haltestelle ein. Sie war, nachdem der junge Widerständler sie aufgefordert hatte, sich allein auf den Rückweg zu machen, in den Wald gerannt. In einer Scheune ruhte sie sich ein paar Stunden aus, um sich dann auf die Suche nach der Straßenbahnhaltestelle zu machen. Der Wärter an einem Bahnübergang hatte die einsam herumirrende Frau angesprochen. Er wußte schon, daß ihr Zug von Widerständlern angehalten worden war. »Keine Angst«, versicherte er ihr, »ich werde Sie nicht verraten.« Er wies ihr den Weg zum Bahnhof von Haacht.

»Zu mehreren trafen wir uns an dem kleinen Bahnhof«, beschreibt Hena Wasyng Jahre später diese unvergeßliche Szene. »Ich kannte einige aus dem Konvoi wieder, aber jeder blickte sofort in eine andere Richtung. Wir wagten es nicht, einander anzusehen, geschweige denn, miteinander zu sprechen. Der junge Mann, der in unserem Waggon so sehnsüchtig an der Luke gestanden hatte, wartete auch auf die Bahn. Er hatte eine andere Joppe an und sah wie ein Flame aus.« Vermutlich handelte es sich bei diesem Flüchtling um Hubert Lindner. Die Deportationsnummer des gebürtigen Wieners, der sieben Tage zuvor 18 Jahre alt geworden war, lautete 762. Wie viele seiner Schicksalsgenossen war er in dieser Nacht offenbar auf hilfsbereite Menschen gestoßen, die ihn für den weiteren Fluchtweg ausgerüstet hatten.

Eine hübsche dunkelhaarige Krankenschwester stand etwas abseits. Ihre Tracht war zerknittert. Régine Krochmal war nach ihrer Flucht aus dem Waggon immer parallel zu dem Schienenstrang gelaufen, um nicht die Orientierung zu verlieren. Irgendwann war sie bei einem Bahnwärterhäuschen angelangt. Régine öffnete vorsichtig die Tür. Erschreckt drehte sich der junge Eisenbahner zu ihr um, beruhigte sich aber sofort, als er die zierliche Person sah. »Ich bin aus dem Konvoi gesprungen«, erklärte sie ihm, »bitte, helfen Sie mir.« Ohne ein Wort zu verlieren, ergriff der junge Mann Régines Hand und zog sie durch die Tür hinaus hinter sich her. Auf der Rückseite des Bahnwärterhäuschens deutete er auf einen kleinen Heuschober, legte die Finger auf den Mund und schob sie hinein.

Später hörte sie, wie heftig an die Tür des Bahnwärterhäuschens geklopft wurde. Ein Mann fragte auf Deutsch, ob der Gleiswärter irgendwelche Personen gesehen habe, die von einem Zug geflüchtet seien. Offenbar ließ der Eisenbahner die Militärpolizisten ein und bot ihnen zu trinken an. Für lange Zeit waren keine Stimmen mehr zu vernehmen. Dann hörte Régine, wie sich die Männer verabschiedeten. Diese Gefahr war zunächst gebannt. Sie nickte ein. Noch vor Morgengrauen weckte sie der Bahnwärter und erklärte ihr den Weg zur Haltestelle der Tram nach Brüssel.

Pünktlich um 6 Uhr fuhr die Straßenbahn aus dem Depot und nahm die Fahrgäste an der Haltestelle auf. Im letzten Augenblick stiegen zwei junge Burschen zu. Hosen und Schuhe von Jacques Grauwels und seinem Kumpanen waren völlig verdreckt und durchnäßt. Nachdem sie kurz hinter dem Bahnhof von Muizen abgesprungen waren, hatten sie sich querfeldein bis zu einer Feldscheune kurz vor Haacht durchgeschlagen. »Dabei sind wir wahrscheinlich ziemlich dicht an der Stelle vorbeigekommen«, machte sich der Arzt Dr. Grauwels später klar, »wo der Überfall passiert ist. Ein Wunder, daß man uns nicht erwischt hat.«

Sie hatten Angst, mit ihrer schmutzigen Kleidung aufzufallen. Schließlich kontrollierte die deutsche Militärpolizei regelmäßig die Fahrgäste in den öffentlichen Verkehrsmitteln, um nach Arbeitsdienstverweigerern zu fahnden. Deshalb blieben Jacques und sein Kumpel auf dem offenen Perron stehen, um jederzeit abspringen zu können. Und dann geschah etwas, was Jacques Grauwels seinen Lebtag nicht vergessen würde: »Die Arbeiter hatten wohl gemerkt, daß mit uns beiden etwas nicht stimmte, daß wir irgendwelche Probleme hatten. Wie auf ein stilles Kommando umringten sie uns beide auf der Plattform, so daß wir vor zudringlichen Augen geschützt waren.«

Irgendwann am frühen Morgen hatten Claire und Philippe

einen kleinen ländlichen Ort mit einer Kirche erreicht. Claire humpelte. Sie hatte einen Absatz ihres Schuhs verloren. Vor dem Portal wartete das übernächtigte Pärchen, bis die Frühmesse beendet war. Als die Gläubigen sich zerstreut hatten, betraten sie die stille Kirche. Der Pfarrer war gerade im Begriff, das Gotteshaus abzuschließen. Sie seien Juden, sagten sie, die aus dem Zug nach Auschwitz geflüchtet seien. Und sie hätten kein Geld, um weiterzukommen. Der Geistliche blieb erstaunlich gelassen, er schien nicht sonderlich überrascht zu sein. »Gott segne euch«, sagte er, kramte in der Tasche seiner schwarzen Kutte und drückte Philippe 50 Franken in die Hand. Dann erklärte er ihnen den Weg nach Lüttich. In der Nähe gab es eine Straßenbahnhaltestelle. In Lüttich kannten die beiden Flüchtlinge die Adresse einer Frau, die mit einem Cousin von Claire verheiratet war. Eine Nichtjüdin, die ihnen sicherlich weiterhelfen würde.

Simon war die ganze Nacht hindurch gelaufen. Der Gedanke, seinen Vater wiederzusehen, seinen kleinen Hund Bobby sowie seine Pfadfinderfreunde, feuerte ihn an. Immer wieder pfiff er die Melodie »In the mood« vor sich hin, eine Melodie, die für den späteren Jazzpianisten stets mit dieser unheimlichen Nacht verknüpft sein sollte. Einmal erblickte er ein großes erleuchtetes Haus, ein Landschloß, von einem Park umgeben. Weil es so majestätisch wirkte, wagte es Simon nicht, sich dem Gebäude zu nähern. Es könnten sich Deutsche darin aufhalten.

Im Morgengrauen erreichte er ein Dorf. Der Bube klingelte an der erstbesten Haustür. Eine Frau öffnete und blickte verwundert auf den verschmutzten und abgerissenen Jungen. Er habe mit seinen Kameraden in der Nähe des Dorfes gespielt und sich verlaufen, stammelte Simon. Die ganze Nacht sei er herumgeirrt. Die Frau, eine Flämin, nahm ihn an die Hand und brachte den kleinen Jungen, der kein Wort Niederländisch sprach, in das Haus des Dorfpolizisten von Borgloon. Simon wiederholte noch einmal seine Geschichte von den verlorenen Spielkameraden. Obwohl er merkte, daß der Mann ihm nicht glaubte, beharrte er auf seiner Darstellung. Er hatte Angst, man könnte ihn an die Deutschen ausliefern.

Der Polizist verließ das Haus und kehrte nach einer Weile mit den neuesten Nachrichten aus dem Dorf zurück: In der Nähe von Borgloon waren drei Leichen gefunden worden. Es waren die Insassen eines Deportationszuges, die von den deutschen Wachen bei der Flucht erschossen worden waren oder die sich beim Sprung aus dem Zug tödlich verletzt hatten. Zu Simon gewandt sagte der Polizist: » Ich weiß alles. Du warst in dem Judenzug und bist geflohen. Du brauchst keine Angst zu haben. Wir sind gute Belgier, wir werden dich nicht verraten.«

Endlich durfte Simon Vertrauen schöpfen und erzählen, was er wirklich erlebt hatte. Als er von seiner Mutter sprach, fing er an zu weinen. Liebevoll tröstete der Polizist den Buben. Seine Frau wusch ihn, gab ihm zu essen und zu trinken und nähte seine Kleidung. Um die Mittagszeit brachte ein Kollege des Polizisten Simon auf Schleichwegen auf dem Gepäckträger seines Rades zum Bahnhof von Ordingen. Denn auf dem Bahnhof von Borgloon waren deutsche Militärpolizisten gesehen worden. Für Simon Gronowski war diese Fahrt wie die Heimkehr in langentbehrte Freiheit: »Ich sehe den blauen Himmel wieder, die Sonne, die Felder, die Bäume, den Wald, der mir so vertraut war; ich fand den fröhlichen Gesang der Vögel wieder, den Duft der Natur. Ich atmete wieder die Frühlingsluft und die Freiheit. Eine Welt ohne SS, war das möglich?«

Mit dem 50-Franken-Schein, den Simons Mutter im Kniestrumpf versteckt hatte, kaufte der Polizeibeamte die Fahrkarte nach Brüssel. Auf der Rückfahrt in seine Heimatstadt hielt der Zug an jedem kleinen Bahnhof. Überall sah Simon deutsche Uniformen. Aber niemand kontrollierte das Abteil, in dem er saß und angestrengt aus dem Fenster starrte. Um ihn herum hörte er die Leute sagen: »Offensichtlich hat es gestern Krawall mit einem Judenzug gegeben.« In Schaerbeek stieg er aus und nahm die Straßenbahn 5 zur Familie Rouffaert, den

Eltern seines besten Freundes, die seiner Familie bisher immer geholfen hatten.

Insgesamt flüchteten 231 Deportierte an diesem 19. April 1943 vor der deutschen Grenze aus dem Konvoi. 23 Juden starben bei dem Fluchtversuch unter dem Kugelhagel des Begleitschutzes oder durch einen unglücklichen Sturz. Alle, die dem Todeszug nach Auschwitz entkamen, konnten auf die Hilfe der belgischen Bevölkerung rechnen. Niemand wurde verraten. L'honneur des Belges, die Ehre der Belgier.

Dreißigstes Kapitel

Der Verrat

Noch heute hat Jacqueline Mondo das leise zaghafte Klingeln in den Ohren, das sie und ihre Eltern in dieser für ihre Familie so schicksalsschweren Nacht Mitte Mai 1943 hochschrecken ließ. Ihr Vater ging hinunter, um die Haustür zu öffnen. Vor ihm stand ein Mann in SS-Uniform mit wirrem dunklem Haar und verschwollenem, blutigem Gesicht. Erst als der Mann die linke Hand hob, an der eine Handschelle hing, erkannte Octave Mondo, wen er vor sich hatte: Es war der Freund seiner Tochter, der junge Arzt Livchitz.

Youra war aus der SS-Zentrale in der Avenue Louise geflohen. Ein unglaubliches Bravourstück. Am Morgen hatten ihn Gestapo-Agenten in der Nähe einer Garage in Ixelles verhaftet, wo er gemeinsam mit Pierre Romanovitch ein Waffendepot angelegt hatte.

Der Weißrusse, der im großen Stil auf dem Schwarzmarkt tätig war, schien über hervorragende Beziehungen zu verfügen. Wegen Devisenschmuggels war er Mitte Juni verhaftet worden, wurde aber schon nach drei Tagen entlassen. Youra Livchitz schöpfte keinerlei Verdacht gegenüber seinem neuen Freund. Eine schreckliche Fehleinschätzung. Normalerweise sahen nur jene Übeltäter die Gefängnismauern wieder von außen, von denen sich die Militärpolizei oder die Gestapo Gewinn versprachen: Leute, die bereit waren, andere ans Messer zu liefern.

Romanovitch wurde von seinen Auftraggebern in der Avenue Louise offensichtlich gut ausgestattet, um den Eindruck zu erwecken, daß er eine mächtige Widerstandsgruppe im Rücken hatte. Er selbst hatte in die Welt gesetzt, er arbeite mit der »weißen Armee« zusammen. Und Youra, ohne jedes Mißtrauen, fiel auf den Gerissenen herein. Die geglückte Attacke auf den 20. Transport hatte ihn in seinem kämpferischen Idealismus eher noch bestärkt. Gemeinsam mit seinem neuen Freund Romanovitch, der nicht nur über ein Auto, sondern auch über ein geheimes Waffendepot verfügte, plante er einen weiteren Coup gegen die Nazis.

Als ihn der Weißrusse eines Tages bat, ihm dabei zu helfen, Gewehre und Revolver aus einem Versteck in eine Garage in der Rue Vanderkindere zu verlagern, war er sofort dabei. Nachdem sie die Waffen aus Romanovitchs Wagen im neuen Depot ausgeladen hatten, bot der »Graf« Youra großzügig an, eine Pistole an sich zu nehmen. Kaum hatten sich die beiden getrennt, wurde Livchitz auf der Straße von Gestapo-Agenten angehalten, durchsucht und wegen Waffenbesitzes verhaftet. Wer mochte ihn verraten haben?

Stundenlang wurde er von der SS-Polizei im sechsten Stock des Hochhauses verhört. Mit Schlägen und Stockhieben versuchten sie Youra zum Sprechen zu bringen. Als sie ihn dann abends mit Handschellen gefesselt in einer Einzelzelle zurückließen, gelang es ihm, eine Handschelle zu öffnen – mit Hilfe einer Sicherheitsnadel, die er, wie viele belgische Widerständler, auf der Rückseite des Revers seines Jackets als Erkennungszeichen trug. Dann schrie er laut um Hilfe. Als der Wachhabende die Tür öffnete, sah er den Gefangenen gekrümmt und vor Schmerz brüllend am Boden liegen. Er habe schwere Magenkrämpfe und müsse dringend zur Toilette, stöhnte Youra. Auf dem Kellergang zum WC schlug der große Sportler den nicht sonderlich kräftigen SS-Mann von hinten nieder, nahm ihm die Pistole ab und hieb sie ihm über den Schädel. Dann entkleidete er den leblos Daliegenden und zog dessen Uniformjacke und –hose an. Gemessenen Schritts verließ er die verruchte SS-Zentrale und rief den beiden Wachen am Eingang auf Deutsch »Gute Nacht« zu. Kaum war er außer Sicht, lief er, so schnell er konnte, zu der nahegelegenen Rue Guillaume Stocq. Im Haus Nummer 56 wohnten Jacquelines Eltern.

Großmütig nahmen die Mondos den jungen Helden auf, der es geschafft hatte, aus den Kellern der Avenue Louise zu entkommen. Der Buch- und Steuerprüfer Octave Mondo und seine Frau Angèle waren Mitglieder der belgischen Widerstandsorganisation »Armée Secrète«. Als sich bei ihren Freunden herumsprach, wen die Mondos versorgten, brachten sie Lebensmittel, damit der junge Mann wieder zu Kräften kam. Allen war bewußt, daß es lebensgefährlich war, Youra Livchitz im Haus zu behalten. An allen Litfaßsäulen hingen Fahndungsplakate mit dem Foto des »kommunistischen Terroristen« aus.

Auch Rachel Livchitz mußte jetzt untertauchen. Sie konnte für kurze Zeit bei Minnie Minet unterkommen, dann fand sie – bis zum Ende der deutschen Okkupation – wechselndes Asyl bei ihren theosophischen Freunden.

Die Mondos drängten den jungen Livchitz, so schnell wie möglich aus Brüssel zu verschwinden. Sie hatten für ihn ein sicheres Versteck in der Nähe von Antwerpen organisiert. Doch Youra wollte die Stadt noch nicht verlassen. Vor allem wollte er Pierre Romanovitch kontaktieren, um ihn zu warnen. Die Gestapo würde ihm womöglich auf die Spur kommen, wenn er mit seinem Wagen zum Waffenlager in der Garage fuhr.

Jacqueline erklärte sich schließlich bereit, mit Romanovitch zu reden. An dem vereinbarten Treffpunkt an der Porte de Namur entdeckte sie vor einem Café »den gut aussehenden und vornehm gekleideten Mittdreißiger«. Er stellte sich der hübschen Medizinstudentin als »Comte Romanovitch« vor. Sie erinnert sich vor allem an seine Botschaft für Youra Livchitz: Auf keinen Fall solle er bei den Mondos bleiben, das sei zu gefährlich.

Tatsächlich verließ Youra, als er sich von den Strapazen in der Folterzentrale an der Avenue Louise einigermaßen erholt hatte, seine Gastfamilie. Er tauchte in Brüssel bei der Nichte eines Geistlichen unter, der mit dem Widerstand zusammenarbeitete.

Die einzigartige Flucht des jungen Livchitz aus den Kellern der Gestapo hatte in der Résistance die Runde gemacht. Hertz Jospa wurde beauftragt, sich mit seinem jungen Freund in Verbindung zu setzen. Nachdem sie Romanovitch und seine Freundin tagelang beschattet hatten, waren die Genossen zum Schluß gekommen, daß der Weißrusse ein perfides Doppelspiel spielte. Der angeblich so militante Widerständler ging in der Gestapo-Zentrale ein und aus.

»Die Ereignisse, die seiner Verhaftung vorangegangen waren, öffneten endlich Youra die Augen«, berichtet Hertz Jospa in seiner Zeugenaussage für die Wiener »Library«. »Ich mußte mich nicht mehr um Erklärungen bemühen, Youra war überzeugt. Wütend, so hintergangen worden zu sein, wollte er sich mit aller Macht rächen. ›Mein Leben ist nicht mehr viel wert‹, sagte er. Es habe für ihn keinen Sinn mehr, wenn er sich nicht rächen könne. Er versprach dennoch, diszipliniert zu sein, und erbat als letzten Gefallen, diese männliche Hure zu töten, die ihn verraten hat. Danach könne man über ihn verfügen, wie man wolle.

Ich habe mich diesem unsinnigen Plan energisch widersetzt, weil Youra verbrannt und gefährdet war. Wir hätten für ihn in einem Kloster in den Ardennen ein Versteck finden können, in dem er bis zur Befreiung als Mönch leben könnte. Youra weigerte sich kategorisch. Er wollte seinen Kampf fortsetzen. Wenn seine Anwesenheit in Belgien zu riskant war, dann wollte er nach England gehen. Wenn die Résistance sich weigerte, ihn dorthin zu schicken, könnte er die Fluchtorganisation des Paters benutzen, der ihm dieses Versteck besorgt hatte. Ich habe ihm unsere Antwort überbracht. Die

Résistance empfahl den Aufbruch nach England zwar nicht, widersetzte sich ihm aber auch nicht.«

Die Brüder Youra und Alexandre Livchitz befanden sich nun in derselben hoffnungslosen Situation. Sie waren von ihren Freunden isoliert, für den Widerstand verbrannt. Sie fühlten sich überflüssig. Und schlimmer noch: Sie stellten eine Bedrohung für alle dar, die mit ihnen umgingen. Die Flucht nach England schien der einzige Ausweg. Ein Lieferwagen sollte sie nach Frankreich bringen, und von dort aus sollten sie weiter nach England geschleust werden.

Doch die Fluchtroute wurde verraten. Am 26. Juni kontrollierten deutsche Feldgendarmen den Lieferwagen auf einer Ausfallstraße von Brüssel, kurz nachdem die Gebrüder Livchitz und weitere Flüchtlinge zugestiegen waren. Die deutsche Polizei hatte offensichtlich einen Tip erhalten. Alexandre und Youra wurden in das belgische KZ Breendonk überstellt, dem als »Hölle von Breendonk« berüchtigten Straflager. Im Gewölbe dieser alten Festung unweit von Mechelen ist noch heute die Folterzelle mit den von der SS installierten Folterwerkzeugen wie Daumenschrauben und Deckenhaken zu besichtigen. In einer Ecke steht ein Schreibtisch, an dem die Vernehmer saßen. Auch ein kleiner, harmlos wirkender Bollerofen steht noch dort. In ihm brachten die SS-Männer die Eisenzangen zum Glühen, mit denen sie ihre Gefangenen peinigten.

Der einzige Lichtblick in diesem düsteren Kastell, in dem eine Horde brutaler und sadistischer Nazischergen herrschte, war der österreichische Militärpfarrer. Monsignore Otto Gramann beobachtete mit Entsetzen, was um ihn herum geschah, und versuchte, so gut er es vermochte, das Leid der Internierten zu lindern. Der ehemalige Kavallerieoffizier schmuggelte im Kommunionskelch, im Brevier und unter dem Talar auf Zigarettenpapier und Papierschnipsel geschriebene Nachrichten nach draußen. Er tröstete die Gefangenen und begleitete die zum Tode Geweihten in Breendonk und im Gefängnis St. Gilles während ihrer letzten Stunden.

So auch Alexandre Livchitz: »Von Zeit zu Zeit besucht mich der außergewöhnlich liebenswerte Militärpfarrer, der mich, so gut er kann, betreut. Heute Nachmittag haben wir miteinander geredet, und ich war zu Tränen gerührt«, schreibt Choura in seinem Abschiedsbrief. Der Partisanen-Kommandant war im Januar 1944 nach einem kurzen Prozeß zum Tode verurteilt worden. In einer Zelle des Brüsseler Gefängnisses St. Gilles wartete er am 9. Februar 1944 auf seine Hinrichtung. Er hatte – als letzten Wunsch – noch einmal Willy Cohen-Baudoux sehen dürfen. Seine Geliebte büßte in der Frauenabteilung desselben Gefängnisses dafür, daß sie den bewaffneten Partisanen beherbergt hatte. Der Gestapo war bei einer Hausdurchsuchung in der Wohnung der Livchitz ein Notizbuch von Alexandre in die Hände gefallen, und so waren sie seiner Freundin auf die Spur gekommen.

Willys »wunderbarer Besuch« in der Zelle war viel zu kurz gewesen. Nun wartete an diesem Abend auf Youras Bruder nur noch die Henkersmahlzeit. Kaffee, ein Glas Fischpastete und Kekse. Seine rechte Hand hatte man aus der Handschelle befreit, so daß er – unter der Aufsicht von zwei Wärtern – schreiben konnte.

»Saps, Freunde, Brüderchen« begann er seinen Abschiedsbrief: »Seit zwei Stunden weiß ich sicher, daß ich morgen früh um acht Uhr exekutiert werde. Noch eine Runde auf dem Zifferblatt der Uhr, und ich bin endlich frei. Ich bin ruhig, und als man mir die Bestätigung der Verurteilung sowie die Ablehnung meines Gnadengesuchs vorgelesen hat, habe ich nicht mit der Wimper gezuckt. Und ich glaube sogar, daß in dem Raum, wo diese Zeremonie stattfand, sich die anwesenden Herren als die eigentlich Schuldigen fühlten … Ich bin überhaupt nicht deprimiert, vielleicht ein wenig bewegt; ich war es sicherlich mehr an jenem Tag, als man mich um 7.30 Uhr in Breendonk in der Stube abholte und ich noch nicht einmal Youra Adieu sagen konnte … Ich darf sagen, ohne daß dieser stereotype Satz im mindesten falsch wäre, daß ich erhobenen Hauptes zum Erschießungspfahl (denn ich werde erschossen – das ist immerhin besser, als gehängt zu werden) gehen werde, ohne Bedauern, ohne Gewissensbisse, daß ich die Verhaftung von Personen verursacht hätte, und mit dem Gefühl, das Beste versucht zu haben, um für ein besseres Leben und für den Beginn einer neuen Welt zu kämpfen. Ich will diesen Brief nicht beenden, ohne Euch zu sagen – und das als einer, der nicht im geringsten gläubig ist –, daß ich rein gefühlsmäßig nicht an das absolute Nichts glaube; ich habe keine besondere Vorliebe für irgendeine Hypothese, aber es fällt mir schwer zuzugeben, daß ich in das schwarze Loch fallen werde, so wie es mir in meinen Fieberträumen erschienen ist … Das alles, um Euch zu sagen, daß mein Leben außerhalb meines irdischen Körpers – vielleicht in einem anderen oder anderswo – weiterexistiert. Was weiß ich? Am Ende werde ich mit oder ohne diese Idee die große Pforte durchschreiten – man wird sehen …«

Eine Woche, nachdem Alexandre Livchitz auf dem Nationalen Schießplatz unter den Kugeln des Hinrichtungskommandos starb, wartete sein jüngerer Bruder Youra in einer Zelle des Fort Breendonk auf das bevorstehende Ende. Als Vergeltung für zwei Sprengstoffanschläge auf deutsche Dienststellen in Brüssel hatte Militärbefehlshaber Alexander von Falkenhausen die Erschießung von Geiseln angeordnet. Aus der Liste der in Breendonk inhaftierten Gefangenen wählte der General für den Exekutionstermin am 17. Februar 1944 sechs »kommunistische Terroristen« aus, darunter den Arzt Youra Livchitz, wohnhaft in der Avenue Brugmann 247.

Wenige Tage später erhielt Lily Allègre, die kleine schüchterne Freundin von Youra, eine Benachrichtigung von der Militärverwaltung. Sie habe sich an einem bestimmten Tag zu einer festgesetzten Uhrzeit an der Place Royale in der Kommandantur einzufinden. Dort empfing ein freundlicher älterer Herr in Uniform das junge Mädchen. Es war der Militärgeistliche Gramann, der die Abschiedsbriefe von Youra und Alexandre in den Händen hielt. »Beide sind als Helden gestorben«, sagte er. Er sei bei ihren Hinrichtungen zugegen gewesen.

Youra habe sich geweigert, sich die Augen verbinden zu lassen. Er wollte mit dem Gesicht zur aufgehenden Sonne, zum Symbol des Lebens, erschossen werden.

Youra hatte Lily für diesen schweren Botengang auserkoren, weil sie unverdächtig war, weder Jüdin noch im Widerstand; und ihre Eltern würden den Aufenthalt seiner untergetauchten Mutter in Erfahrung bringen.

Rachel Livchitz lebte zu dieser Zeit bei den Vander Hechts, die enge Freunde aus der Theosophengemeinde waren. Die Tochter des Hauses, Henriette mit dem Spitznamen »Riquet«, kannte Youra aus der Wohngemeinschaft »Monada«, wo er sie beim Küchendienst in philosophische Fragespiele verwickelt hatte. Gemeinsam waren sie später mit Marcel Hastir zum Ferienlager nach Ommen getrampt. Daß Youra, der Held ihrer Kindheitsjahre und Backfischzeit, von den Deutschen als »kommunistischer Terrorist« erschossen worden war, schien der Medizinstudentin zunächst so unvorstellbar, daß sie es nicht glauben mochte.

»Saps« wirkte gefaßt, als Lily ihr die Briefe überbrachte. Doch der Schmerz über den Tod ihrer Söhne sollte sich tief in die Seele dieser Frau eingraben. Youra und Alexandre würden in ihrem langen Leben – sie starb mit 93 Jahren – allgegenwärtig bleiben. Die Freunde ihrer Söhne blieben dieser außergewöhnlichen Frau, deren Begeisterung für die Schönheit der Natur und der Musik so ansteckend war, bis ins hohe Alter hinein eng verbunden.

Noch heute erinnert sich Lily Allègre an die tränenlose, traurige Stimme von Rachel Livchitz, mit der sie ihr Youras Abschiedsbrief vorlas. Es war der Brief eines Enttäuschten und Getäuschten. »Liebe Mama, auch wenn die Worte nicht all das auszudrücken vermögen, was ich empfinde, verlasse ich diese Zelle, um gelassen auf die andere Seite des Lebens zu wechseln – eine Gelassenheit, die auch Resignation vor dem Unvermeidbaren ist. Dir zu sagen, daß ich all das bedauere, was geschehen ist, würde nichts nützen. Ich bedauere sehr viel mehr, daß ich nicht mehr da bin, um Dir bei der ersten Prüfung, die Du bereits erlitten hast, zu helfen: Choura. Ich wäre so gerne da, damit wir beide für eine künftige Welt wirken könnten.

Liebe Mama, weine nicht zu viel, wenn Du an Deinen Kleinen denkst. Mein Leben ist bisher sehr erfüllt gewesen, erfüllt mit allem und vor allem mit Irrtümern. Ich denke an all meine Freunde, die im Gefängnis sind, und bitte sie um Entschuldigung. Erinnere Dich meiner ohne Schmerzen. Ich habe gute, ausgezeichnete Kameraden bis zum Schluß gehabt, und selbst jetzt fühle ich mich nicht allein. Meine Grüße an alle.

Liebe Mutter, ich muß Dir auf Wiedersehen sagen, die Zeit verstreicht. Noch einmal, es sind nicht die letzten Augenblicke, die die schwersten waren. Behalte Zuversicht und Mut im Leben, die Zeit löscht alle Dinge. Denke, daß wir an der Front gestorben sind, denke an all die Familien, all die Mütter, schwer getroffen vom Krieg, einem Krieg, den wir alle viel früher zu Ende glaubten. Dein Sohn, der Dich liebt, Saps, Youra.« Er richtete Grüße an seine Freunde und Freundinnen, an Minnie Minet, Riquet und ihre Familie, Robert Leclercq, Marcel Hastir, an die Mondos und an Lily.

Offensichtlich war nicht zu ihm in das Lager Breendonk gedrungen, daß auch die Familie Mondo Opfer des Verräters Romanovitch geworden war. Fünf Tage nach Youras Festnahme, am 1. Juli 1943 waren Octave Mondo, seine Ehefrau Angèle, die 20jährige Tochter Jacqueline und der 17jährige Sohn Walter in ihrem Haus in der Rue Guillaume Stocq 56 verhaftet worden. In dem Aktenvermerk 323/43SK der Brüsseler Sicherheitspolizei und des Sicherheitsdienstes heißt es: »Mondo wird verdächtigt, in seiner Wohnung Mitglieder einer terroristischen Organisation beherbergt zu haben – unter anderem den uns bekannten Terroristen Youra Livchitz, der, nachdem er am 15. 5. 43 aus dem Gebäude des genannten Dienstes geflohen ist, drei Tage lang Unterkunft bei ihm fand. Der Revolver, den er bei sich hatte, wurde dort versteckt und die Handschellen wurden aufgefeilt.«

Jacquelines Eltern verschwanden im Gefängnis St. Gilles. Im März 1944 fand in einer Suite des Brüsseler Palace-Hotels der Militärprozeß gegen die Familie statt. Die Verhandlung dauerte fünfzehn Minuten. Octave und Angèle Mondo wurden wegen Unterstützung des Feindes zum Tode verurteilt, ihre Tochter Jacqueline erhielt ein Jahr Haft auf Bewährung, ihr Sohn Walter wurde freigesprochen. Im Badezimmer durften sich die Eltern und Kinder noch ein letztes Mal sprechen. Octave Mondo wurde in Deutschland exekutiert, seine Frau kam im Konzentrationslager Ravensbrück um.

Am 3. Juli 1943, zwei Tage nach der Festnahme der Mondos, wurde Richard Altenhoff verhaftet. Auch er wurde vom weißrussischen »Grafen« denunziert. Dem führenden Mitglied der »Groupe G« wurde vorgeworfen, er sei am Überfall auf den 20. Transport beteiligt gewesen. Neun Monate später, am 30. März 1944, wurde der Ingenieur auf dem nationalen Schießplatz in Brüssel exekutiert. In einem Brief nimmt der 30jährige Altenhoff von seiner Mutter und seinen jüngeren Geschwistern Abschied:

»Jetzt ist es endgültig klar, ich bin besiegt – aber nicht niedergeschlagen. Und sei beruhigt, sie werden nicht die Genugtuung haben, mich zittern zu sehen. Ich habe vorher immer gedacht, daß die Nähe des Todes etwas Schreckliches, Beängstigendes sein müsse. Aber die Erfahrung zeigt mir, daß es nicht so ist; ich bin gelassen. Aber eines liegt mir schwer auf der Seele: der Gedanke daran, welchen Schmerz ich Euch zufüge. Mama, Hunderttausende von Soldaten sind in diesem Krieg gestorben, ich bin einer von ihnen. Ich ertrage mit Leichtigkeit die Stunden hier, weil ich weiß, daß Ihr tapfer seid und guten Mutes bleibt. Und ich wünsche, daß Ihr Euch am Tag des Sieges alle von Herzen freut.«

Am 7. August verhaftete die Gestapo Jean Franklemon an einer Straßenbahnhaltestelle. Auch ihn hatte der niederträchtige Spitzel Romanovitch verraten. Franklemon kam wie viele andere Politische nach Breendonk, wo er Youra wiedertraf. Zuletzt hatten sich die Freunde zwei Tage nach dem Überfall auf den 20. Transport in Jeans Stammkneipe getroffen. Erleichtert über den guten Ausgang dieser heiklen Operation hatten sie ein Glas getrunken. Nun sahen sie sich beim Hofgang innerhalb der finsteren Gemäuer der Festung wieder. Und Youra gestand seinem alten Klassenkameraden seinen fatalen Fehler: Er habe Romanovitch vertraut und ihm und dessen Geliebter Malka Cymring die Namen derjenigen genannt, die an der Befreiungsaktion in Boortmeerbeek beteiligt waren. Jean Franklemon kam als Häftling in das KZ Oranienburg und Sachsenhausen. Wie durch ein Wunder überlebte er den Todesmarsch, auf den die SS die nahezu verhungerten und völlig geschwächten KZ-Insassen geschickt hatte.

Nur durch einen Zufall entging Robert Maistriau der Verhaftungswelle nach dem Verrat durch Romanovitch. Der 22jährige war nach seinem Gesellenstück beim Überfall auf den Deportationszug in der »Groupe G« Mitglied des Hauptquartiers geworden. Als Anfang August die Männer in den langen Mänteln bei seiner Mutter in der Avenue Molière auftauchten und nach ihrem Sohn fahndeten, war Robert nicht daheim. Als er das Haus betreten wollte, warnte ihn eine Nachbarin: »Bei euch sind Deutsche, die nach dir suchen.«

Mit Hilfe seiner Kameraden tauchte Maistriau im Maquis der Ardennen unter. Er war innerhalb des Führungszirkels für Organisation und Rekrutierung zuständig. Sieben Monate später, im März 1944, wurde er bei einem Treffen verhaftet. Er wurde als Politischer im KZ Breendonk interniert und dann nach Buchenwald deportiert. Anschließend schuftete er im Arbeitslager Dora, bis er wegen einer Lungenentzündung in das Krankenrevier von Harzungen kam. In Bergen-Belsen schließlich wurde er von den Amerikanern befreit.

Jacqueline Mondo sollte Pierre Romanovitch im Jahr 1947 vor dem Militärtribunal in Brüssel wiedersehen. Sie sagte als Zeugin gegen den Verräter aus, der den Tod ihrer Eltern verschuldet hatte. Die schöne Geliebte des Weißrussen, Malka Cymring, war hochschwanger und somit prozeßuntauglich. Romanovitch wurde zum Tode verurteilt, doch das Urteil wurde nicht vollstreckt. Seine Spur verliert sich in der Nachkriegszeit. So wie die des Spitzels »gros Jacques«, über dessen Schicksal es unterschiedliche Versionen gibt. Die einen erzählen, Icek Glogowski sei von der Gestapo als unbequemer Mitwisser liquidiert worden, die anderen glauben, er habe sich mit den Nazis nach Deutschland abgesetzt.

Einunddreißigstes Kapitel
Die Befreiung

Simons Lieblingsplatz war dicht am Fenster. Tagsüber, wenn die anderen Kinder in der Schule waren, saß er dort und beobachtete durch einen Spalt in der Gardine das Treiben unten auf der Chaussée de Waterloo, sah die Frauen mit den großen Einkaufstaschen auf ihrer täglichen Jagd nach Lebensmitteln, die Müßiggänger und Geschäftigen, verfolgte mit seinen Blicken die wenigen Autos, die trotz der Benzinrationierung noch fahren durften.

Seit seiner Flucht aus dem Deportationszug lebte Simon versteckt in einer belgischen Familie. Die Tage vergingen für den Zwölfjährigen nur langsam. Er sehnte sich nach den Abenteuerspielen seiner Pfadfindergruppe, verzehrte sich nach der zärtlichen Fürsorge seiner Mutter. Ein Jahr war es nun her, daß er von seiner Schwester Ita aus dem Sammellager Mechelen einen Brief erhalten hatte. Sie war, so wußte er von seinem Vater, mit dem er fleißig korrespondierte, im vergangenen September deportiert worden. Nur einmal hatte er in den langen Monaten seinen Vater gesehen. Es war für Léon Gronowski zu gefährlich, seinen Unterschlupf zu verlassen. Simon hatte seinem Vater versprechen müssen, vernünftig zu sein und auf keinen Fall seinem Freiheitsdrang nachzugeben. Drei Stunden lang lernte er wochentags nach den Schulbüchern des Sohnes seiner Gastfamilie Rechnen, Französisch und Niederländisch.

Es war der 3. September, als sich dem kleinen Simon auf der Straße ein ungewöhnliches Bild bot: Gruppen junger Leute zogen lachend und singend unter seinem Fenster vorbei. Menschen, die sich auf dem Bürgersteig begegneten, fielen sich in die Arme, Autohupen vereinten sich zu einem rhythmischen Hupkonzert. Junge Mädchen, mit Blumen in der Hand, eilten vorbei. Sie waren auf dem Weg, so sollte Simon wenig später erfahren, um die amerikanischen und englischen Soldaten zu begrüßen, die Brüssel eingenommen hatten.

Erst am nächsten Tag traute sich Simon, gemeinsam mit Guy, dem Sohn seiner Gastfamilie, hinunter auf die Straße. Die beiden Jungen liefen zur Porte de Hal, um die ankommende englische Armee zu bewundern. Der breite Boulevard war von jubelnden und ausgelassenen Brüsselern gesäumt, Blumen wurden zu den Soldaten auf den Panzern hochgereicht, und junge Mädchen erklommen die monströsen Kettenfahrzeuge, um ein Stück mitzufahren. »Mit dem Gefühl, als würde mich die feiernde Menge auf Händen tragen, gelangte ich zur Avenue Louise«, schreibt der Rechtsanwalt Simon Gronowski in seinen Memoiren. »Da sah ich, wie die Kuppel des Justizpalastes brannte. Die Deutschen hatten das Feuer gelegt. Auf der Platz Poelaert bildeten die Menschen eine Kette, um die wertvollen Bücher aus der brennenden Bibliothek zu retten, und ich reihte mich ein. Das sollte mein erster Kontakt mit der Justiz sein.«

Die 22jährige Claire Prowizur stürmte auf die Straße, als die alliierten Panzer in Charleroi einrollten. In dem kleinen Vorort Gilly war sie mit ihrem Mann Philippe unter falschem Namen untergetaucht. Das Verstecken und das Stillsein hatte nun ein Ende. Ihr Jubel war grenzenlos. Sie, die in den vergangenen Jahren ihre wahre Identität hatte verschweigen und vertuschen müssen, schrie nun für alle Nachbarn hörbar hinaus: »Wir sind Juden. Wir sind befreit!« Die Bürger von Charleroi tanzten einen Tag und eine Nacht ohne Unterbrechung.

Bis zum Schluß hatten die Nazis in Belgien ihre mörderische Politik betrieben. Und niemand kam ihnen dabei in die Quere. Militärbefehlshaber von Falkenhausen war am 26. Juli abberufen, nach Berlin einbestellt und dort von der SS verhaftet worden. Mit seinen Einwänden gegen die Zwangsrekrutierung der belgischen Arbeiter hatte er sich den Zorn des SS-Bevollmächtigten Fritz Sauckel zugezogen, der bei dem Führer auf die Abberufung des unbequemen Militär drängte. Nach dem mißglückten Attentat auf Hitler am 20. Juli wurde der General verdächtigt, zum Zirkel der Verschwörer zu gehören.

Als Belgien befreit wurde, saß der ehemalige Militärgouverneur als Gefangener in der SS-Polizeischule Drögen bei Ravensbrück ein. Die Gestapo konnte ihm nichts nachweisen. Denn von Falkenhausen hatte es stets vermieden, delikate Informationen schriftlich – in Form von Briefen oder Gesprächsnotizen – festzuhalten. In Ravensbrück begann die sechs Jahre und acht Monate währende Irrfahrt des deutschen Generals durch die verschiedensten Lager und Gefängnisse. Nach der Kapitulation Deutschlands internierten ihn die Briten und die Amerikaner, die von Falkenhausen aber vom Vorwurf freisprachen, ein Kriegsverbrecher zu sein. Im Oktober 1948 wurde der 70jährige dem belgischen Kriegsgericht überstellt, das ihn am 9. März 1951 wegen der von ihm angeordneten Geiselerschießungen zu zwölf Jahren Zwangsarbeit verurteilte. Sein Verwaltungschef Eggert Reeder erhielt im selben Verfahren dasselbe Strafmaß. Beide wurden am Tag des Urteilsspruchs an die deutsche Grenze gefahren und freigelassen. Verbittert kehrte der General diesem Land den Rücken, das sich seinem fairen Gouverneur gegenüber so undankbar verhalten hatte.

Nach der Abberufung des Militärgouverneurs im Juli 1944 regierte SS-General Richard Jungclaus in Belgien. Doch seine Tage als Befehlshaber waren gezählt, nachdem in der Normandie die Amerikaner gelandet waren. Sprit und Kohle waren inzwischen so knapp, daß kaum noch Züge für den Transport der verwundeten deutschen Frontsoldaten in die

Heimatlazarette zur Verfügung standen. Pferde wurden vor Lastwagen gespannt, um die Invaliden zu transportieren. Dennoch: Für die Endlösung der Judenfrage und für die Vernichtung ihrer Gegner mobilisierte die SS die letzten Reserven.

Am 31. Juli 1944 verließ der 26. Transport das Sammellager Mechelen in Richtung Auschwitz. Insgesamt waren damit 25257 Juden aus Belgien deportiert worden, darunter 5093 Kinder. Kurt Asche war mit der Organisation der Transporte nicht mehr befaßt. Der korrupte SS-Funktionär war zunächst strafversetzt und dann im Mai 1944 wegen fortgesetzten militärischen Ungehorsams und Hehlerei zu einer 18monatigen Haftstrafe verurteilt worden. Als Belgien im September 1944 endlich vom Joch der Nazis erlöst wurde, verbüßte Asche seine Haft im Straflager Mauthausen. Erst Ende der siebziger Jahre wurde der fanatische Judenhasser wegen Beihilfe zum Mord vor Gericht gestellt. Bis zur Amnestie für die sogenannten Mitläufer im Jahr 1955 hatte Asche unter dem falschen Namen Kurt Klein gelebt. Der ehemalige Lagerverwalter bei der Deutschen Schlafwagen- und Speisewagengesellschaft wurde aus Rücksicht auf sein fortgeschrittenes Alter von 72 Jahren im Jahr 1981 vom Landgericht Kiel zu nur sieben Jahren Freiheitstrafe verurteilt. Der rüstige Rentner Asche wurde 88 Jahre alt.

Als die Alliierten naherückten, versuchten sich die deutschen SS-Mannschaften im Sammellager Mechelen klammheimlich abzusetzen. In der letzten Augustwoche rief Kommandant Hans Frank das jüdische Personal zusammen und erklärte, er und seine Kollegen müßten vorübergehend nach Deutschland. Die flämischen Wachsoldaten würden zurückbleiben und darüber wachen, daß niemand gegen die Lagerordnung verstoße. Bei ihrer Rückkehr würde jedes Vergehen schwer bestraft. Dem jüdischen Bademeister Haber erteilte Frank noch den Auftrag, sämtliche Unterlagen aus dem Aufnahme-Büro zu verbrennen. Die Spuren des Holocaust sollten ausgelöscht werden. Haber ignorierte die Anordnung. Und so sind die Listen aller aus Belgien deportierten Juden im Deportationsmuseum von Mechelen erhalten.

Unter den letzten Gefangenen des Sammellagers war Régine Krochmal. Sie saß streng bewacht in einer Einzelzelle. In den Arrestzellen der Habsburger Kaserne hatte die SS Frauen untergebracht, die der Résistance angehörten. Denn das KZ Breendonk war ein reines Männergefängnis. Nach der wochenlangen Isolation und grausamer Folter haderte Régine mit ihrem Schicksal. Wie lange würde sie diese elende Existenz, diese Einsamkeit in dem düsteren Gelaß noch ertragen? Sofort nach ihrem Ausbruch aus dem 20. Konvoi war sie zu ihrer Widerstandsgruppe zurückgekehrt. Statt sich zu verstecken, verteilte sie wieder Flugblätter und Untergrundzeitungen der »Österreichischen Freiheitsfront«. Sie fühlte sich glücklich wie seit langem nicht mehr: »Endlich konnte ich wieder nützlich sein und die Solidarität der Kameraden spüren.«

Doch dann wurde sie mit einem Stapel Zeitungen verhaftet. Als Mitglied der Résistance lernte sie die fürchterlichen Folterpraktiken der Gestapo kennen. Noch heute mag Régine Krochmal nicht von dem sprechen, was ihr die Nazischergen antaten, wenn sie die junge Frau in der fensterlosen Zelle der Kaserne zum Reden zu bringen versuchten. »Die dicken Wände haben meine Schreie geschluckt.«

Régine wußte erst, daß alles vorbei war, als am Abend des 3. September zwei junge belgische SS-Büttel in Uniform und mit umgehängten Maschinenpistolen in ihrer Zelle auftauchten. Mit Tränen in den Augen flehten sie die Gefangene an, ihnen die Adresse ihrer Wohnung zu geben. Sie wollten sich dort verstecken. Die Amerikaner stünden vor der Tür.

In derselben Nacht öffneten Mitgefangene die Tür ihrer Zelle. Régine war frei.

Anhang

Liste der Deportierten

Liste spéciale

1.	Feigin, Jacob	04. 05. 92	Odessa
2.	Turko, David Lejbus	15. 05. 06	Konskie
3.	Perl, Samuel	16. 10. 20	Ruscova
4.	Schmitz, Rudolf Salomon	02. 12. 04	Kaisersesch
5.	*Zweig, Benjamin*	*16. 09. 20*	*Krakau*
6.	Ejzyn, Jojne	13. 08. 03	Lodz
7.	Kuczynski, Jacob	13. 04. 11	Bia…….
8.	Melman, Uszer Berck	21. 07. 23	Ozarow
9.	Blitz, Chaskel Feiwel	03. 05. 99	Tarnow
10.	*Posesorski, Lejb (XXIII/6)*	*18. 07. 18*	*Warschau*
11.	Dab recta Fleischman, Adolf	28. 11. 09	Jaslo
12.	Kuczynski, Max	11. 03. 21	Plauen
13.	*Abramowicz, Salomon (XXIII / 1)*	*23. 07. 16*	*Wien*
14.	Fritz, Hans	13. 01. 12	Wien
15.	Tran-Rotholz, Fajga	01. 05. 98	Warschau
16.	Icek, Majer	01. 09. 19	Kusmia-Grabowska
17.	Icek, Kopel	23. 08. 13	Klanowa
18.	*Holzer, Arthur Israel (XXI / 40)*	*26. 01. 05*	*Wien*
19.	Paskusz, Moriz	23. 08. 01	Wartberg

16. 01. 43

1.	Meyer, Julius	01. 03. 73	Berlin	stl.	Jurist
2.	Meyer-Tauber, Charlotte	21. 05. 87	Würzburg	stl.	Hausfrau
3.	Deutsch, Fanny Marie	12. 07. 29	Wien	stl.	Schülerin
4.	Kapelner-Pardes, Esther	03. 12. 00	Zarki	stl.	Näherin
5.	De Vriend-De Kromme, Rebecca	21. 02. 71	Amsterdam	stl.	ohne
6.	De Ceulaer-Margulies, Jenta	05. 07. 01	Strusow	stl.	Kranken-schwester
7.	Bau, Georg	02. 04. 37	Wien	stl.	ohne

8. Weininger, Erich	23. 08. 20	Wien	stl.	Kürschner
9. Grynberg, Szlama	13. 12. 98	Tomaszow	stl.	Kürschner
10. Grynberg, Fajga-Ruchla	07. 05. 26	Tomaszow	stl.	Schülerin
11. Grynberg, Chana	1929	Tomaszow	stl.	Schülerin
12. Nejman-Blachman, Temer	14. 02. 09	Lodz	stl.	Schneiderin
13. Kellermann-Isler, Pessel Rachel	11. 08. 08	Hannover	stl.	Näherin
14. Kellermann, Hilde	13. 12. 36	Duisburg	stl.	Schülerin
15. Kanarek, Chaim	01. 05. 95	Hesko	stl.	Pelzarbeiter
16. Kanarek-Bombach, Rywka Elke	20. 02. 98	Dobromil	stl.	Hausfrau
17. Kanarek, Herz	29. 10. 34	Leipzig	stl.	Schüler
18. Rothmann-Flaumenhaft, Chana	01. 04. 86	Zarnova	stl.	ohne
19. Schächter-Tieger, Reizel	11. 10. 04	Koslov	stl.	Hausfrau
20. Schächter, Peppa	28. 06. 34	Lomberg	stl.	Schülerin
21. Schächter, Maurice	14. 04. 41	Antwerpen	stl.	ohne
22. Brand, Jacob	01. 12. 94	Tarnobrzog	stl.	Kaufmann
23. Brand-Atlas, Perla	04. 09. 94	Przeworski	stl.	Hausfrau
24. Brand, Feiwel Chaskiel	16. 11. 26	Leipzig	stl.	Kürschner
25. Nejman, Michel	19. 11. 05	Sulejow	stl.	Schneider
26. Zylberszac, Hélène	31. 03. 27	Anderlecht	stl.	Schülerin
27. Wechselberg, Fani Sarah	17. 08. 35	Etterbeek	stl.	Schülerin
28. Szyf, Klemmens	31. 03. 02	Warschau	stl.	Hosenschneider
29. Singer, Rosalia	26. 05. 33	Antwerpen	stl.	Schülerin
30. Singer, Rachel	14. 08. 39	Antwerpen	stl.	ohne
15. 01. 43				
31. Wajsman, Max Richard	25. 10. 96	Sokolow	stl.	Schlosser
32. Gottfried, Charles	18. 04. 36	Brüssel	stl.	ohne
33. Micheels, Louis Josef	06. 06. 17	Amsterdam	stl.	ärztl. Assistent
34. Micheels-Van Esso, Isna Schalom	09. 10. 20	Amsterdam	stl.	zahnärztl. Assist.
35. Zwang, Helmuth Herbert	30. 10. 12	Adelsheim	stl.	Dekorateur
36. Helman, Samuel (XXIII –15)	*21. 09. 97*	*Warschau*	*stl.*	*Hotelier*
37. Hanauer, Herman	04. 07. 88	Lingen	stl.	Kürschner
19. 01. 43				
38. Schein, Samuel	18. 03. 91	Jurkow	stl.	Schneider
39. Schein, Mendel Emmanuel (XXI)	*04. 04. 26*	*Dobra*	*stl.*	*Schüler*
40. Leffmann, Albert Israel	11. 10. 07	Wanne i.W.	stl.	Kraftfahrer

41. Leffmann-Koffler, Berta-Sara	31. 05. 16	Viersen	stl.	Verkäuferin
42. Schmerler-Koffler, Paula	04. 02. 94	Rosulna	stl.	Hausfrau
43. Gaenger, Eljaz	16. 12. 91	Oswierin	stl.	Jurist
44. Goldfarb, Hilel	30. 09.04	Paskrjine	stl.	Tischler
45. Goldstein, Hetel David	05. 03. 01	Opocano	stl.	Kürschner
46. Goldstein-Lavendel, Liba	24. 04. 04	Zwrzoviczki	stl.	Kürschnerin
47. Goldstein, Isidoor Isaac	28. 06. 32	Brüssel	stl.	Schüler
48. Jakubowicz, Hilel	18. 09. 02	Noworadowak	stl.	Tischler
49. Fajnholc, Icek	1883	Siedlec	stl.	Handschuh-macher
50. Fajnholc-Alterwajn, Chawa	1890	Warschau	stl.	Hausfrau
51. Eskenazy-Kalderon, Dora	15. 12. 11	Monastir	stl.	ohne
52. Opoczynski, Szlama Zalma	11. 08. 05	Kamiensk.	stl.	Schneider
53. Opoczynski-Kalderon, Esther	11. 01. 16	Monastir	stl.	Schneiderin
54. Nisenbaum-Wejntraub, Laja	27. 09. 01	Budaljn-zowska	stl.	Näherin
55. Nisenbaum, Juliette	12. 03. 32	Brüssel	stl.	Schülerin
56. Schein, Sanal	15. 10. 87	Jurkow	stl.	Schneider
57. Schein-Kornbluth, Esther	21. 04. 92	Tarnopol	stl.	Hausfrau
58. Schein, Moritz	15. 05. 13	Wien	stl.	Schneider
59. Schein, Magdalena	29. 03. 21	Szombathely	stl.	Schneiderin
60. Schein, Erich	25. 08. 25	Oberwart	stl.	Schüler
61. Gertner-Szperber, Rebecca	21. 01. 99	Warschau	stl.	Schneiderin
62. Michelewitz-Cygler, Ruchla	08. 02. 09	Tomaszow	stl.	Schneiderin
63. Teitelbaum-Weber, Hildegard	14. 12. 98	Berlin	stl.	Stenotypistin
64. Moczydlinski-Fuks, Noma	1885	Warschau	stl.	Hausfrau
65. Kreindler, Josef Mordko	01. 02. 02	Kolomea	stl.	Lehrer
66. Lewkowitz, Walter (XXI-1)	*10. 06. 01*	*Kempen*	*stl.*	*Bergarbeiter*
67. Borenchole, Abraham Josek	16. 04. 94	Czyste	stl.	Lederarbeiter
68. Borenchole-Landsberg, Fejga	23. 09. 94	Warschau	stl.	Schneiderin
69. Borenchole, Thérèse	09. 04. 26	Brüssel	stl.	Schülerin
70. Cudykier, Mordka (XXIV-10)	*02. 05. 03*	*Zakoczyn*	*stl.*	*Lederarbeiter*
71. Cudykier-Drobiarz, Estera	24. 04. 07	Dzaloszyra	stl.	Schneiderin

72. Cudykier, Leon	04. 12. 34	Brüssel	stl.	Schüler
73. Kwint-ova, Hendrik	27. 04. 40	Antwerpen	stl.	ohne

21. 01. 43

74. Prowizur, Chaskel (Oscar)	28. 02. 99	Tarnow	stl.	Kürschner
75. Krik-Schwarz, Olga (Wwe Fischer)	03. 10. 85	Wien	stl.	Hausfrau
76. Spetter, Jacques	29. 08. 97	Rotterdam	stl.	Kaufmann
77. Blum, Maurice	08. 04. 74	Galatz	stl.	Schneider
78. Wald, Moritz	17. 12. 09	München	stl.	Angestellter
79. Preisz, Arthur	14. 05. 06	Wien	stl.	ohne
80. Skornicki, Szmul	1898	Wodzialaw	stl.	Schneider
81. Kaufman, Frajndla	10. 05. 04	Wodzialaw	stl.	Schneiderin
82. Skornicki, Herman	07. 05. 32	Antw. Borgerhout	stl.	Schüler
83. Lempert, Ovchie	20. 01. 08	Kichineff	stl.	Ingenieur
84. Grünebaum, Heinrich	05. 11. 99	Rendel	stl.	Kaufmann
85. Grünebaum-Strauss, Rosa	05. 02. 98	Frankf. a. M.	stl.	Schneiderin
86. Grünebaum, Berthold	26. 07. 31	Groß-Koben	stl.	Schüler
87. Grünebaum, Alice	27. 04. 38	Frankf. a. M.	stl.	ohne
88. Ajsenberg, Rywen	15. 03. 98	Zvolun-Radom	stl.	Schneider
89. Ajsenberg-Szpilman, Malla (IX-210)	*28. 03. 03*	*Ostrowice*	*stl.*	*Näherin*
90. Ajsenberg, Peretz	02. 10. 30	Etterbeek	stl.	Schüler
91. Ehrlich, Fritz	04. 9. 24	Dortmund	stl.	Packer
92. Reinstein-Dörmer, Mina	21. 02. 80	Ruti	stl.	Hausfrau
93. Kalfus-Reinstein, Anna	16. 06. 06	Cernauti	stl.	......
94. Czapnik-Knopmacher, Szaindla	1899	Miedzyczcie	stl.	Hausfrau
95. Czapnik, Moizesz	20. 10. 26	Miedzyczcie	stl.	ohne
96. Freifeld, Josef Benjamin	03. 12. 92	......	stl.	Kaufmann
97. Freifeld-Schifter, Augusta	14. 10. 95	Porschapper	stl.	ohne
98. Zylberberg, Chil	26. 11. 96	Miedzyczcie	stl.	....
99. Zylberberg, Jacob	06. 03. 21	Warschau	stl.	Schneider
100. Zylberberg, Nathan (XXI)	*14. 12. 24*	*Warschau*	*stl.*	*Elektriker*
101. Pitermann, Abraham Alex	14. 08. 01	Lukow	stl.	Schneider
102. Pitermann-Strauss, Reuti	04. 03. 09	Frankf. a. M.	stl.	Schneiderin
103. Braschkin, Rafael	15. 11. 68	Kiew	stl.	Elektrotechniker
104. Sametz-Wasser, Sali Leona	09. 11. 92	Lemberg	stl.	Stenotypistin
105. Bornstein, Bernhard	24. 12. 02	Wien	stl.	Buchhalter
106. Bornstein-Strauss, Lina	17. 8. 01	Frankf. a. M.	stl.	Kontoristin
107. Bornstein, Miriam	26. 09. 35	Frankf. a. M.	stl.	Schülerin

108. Riedermann, Icek Lazar	04. 09. 66	Bylky	stl.	ohne
109. Potasz, Chaia Cywla	17. 12. 24	Sulejow	stl.	Schneiderin
110. Bosel, Marlene	10. 10. 31	Wien	stl.	Schülerin
111. Markowicz-Goldsztaijn, Bina Nacha.	13. 05. 96	Warta	stl.	Hausfrau
112. Bikszenspan, Sena Marie	04. 06. 09	Apen-Vizni	stl.	Haushälterin
113. Hartstein-Weisz, Julienne	15. 09. 98	Leliez	stl.	Köchin
114. Catzaf, Pinkus	16. 03. 71	Palesti	stl.	ohne
115. Catzaf, Leib	14. 02. 96	Roseanie	stl.	Metallarbeiter
116. Herz, Hans Jakob Israel	13. 11. 05	Aachen	stl.	Schneider
117. Kwaczkowski-Schocken, Gertrud	09. 07. 99	Czarnikau	stl.	Näherin
118. Wajdenfeld, Isucker Ber	20. 02. 97	Warschau	stl.	Lederarbeiter
119. Holender, Chaim Abraham	24. 03. 13	Warschau	stl.	Handschuh-macher
120. Baecher, Arthur Israel	21. 07. 96	Breslau	stl.	Stubendekor. maler
121. Jakubowicz, Maya	10. 01. 20	Predborg	stl.	Näherin
122. Marx, Kurt	16. 02. 93	Krefeld	stl.	Makler
123. Nikolajewitch, Hermann	11. 05. 01	Tarnow	stl.	Näher
124. Weinwurm, Ernst	05. 07. 21	Wien	stl.	Bäcker
22. 01. 43				
125. Bernstein, Schmul	12. 05. 89	Odessa	stl.	Mechaniker
126. Reens, Elisabeth	28. 10. 09	Antwerpen	stl.	Geschäftsfrau
127. Bucholc, Aron	10. 07. 10	Warschau	stl.	Photograph
128. Metzger, Fischel	07. 11. 05	Starunia	stl.	Hotelier
129. Metzger-Ickovic, Estera	16. 01. 04	Tacevo	stl.	Köchin
130. Bloemhof-Rodriguez, Femmetje	28. 03. 70	Amsterdam	stl.	ohne
131. Kanner-Reissfeld, Klärl	20. 03. 70	Brody	stl.	ohne
132. Schiffer, Armand	10. 02. 82	Kapovar	stl.	Ingenieur
133. Montezinos-Kooker, Jetta	31. 01. 95	Amsterdam	stl.	Geschäftsfrau
134. Witteboon-Ziekenoppasser, Rozette	04. 11. 75	Amsterdam	stl.	ohne
135. Safier-Löw, Feiga	18. 05. 84	Blagowa	stl.	ohne
136. Kernkraut, Tauchen	24. 08. 76	Neu-Sandez	stl.	ohne
137. Kernkraut-Berggrün, Esther	20. 06. 85	Neu-Sandez	stl.	Hausfrau
138. Kalter-Mechel, Marjem	30. 06. 78	Jaliska	stl.	ohne
139. Schwartz, Maximiliaan	23. 03. 09	Wien	stl.	Diamant-schneider
140. Levy, Sophia	11. 01. 03	Amsterdam	stl.	Büroangestellte

141.	Luksenberg, David Laizer	15. 04. 74	Bendzin	stl.	ohne
142.	Luksenberg, Ella	24. 06. 06	Chrzanow	stl.	ohne
143.	Luksenberg, Hirsch	11. 05. 99	Chrzanow	stl.	Kaufmann
144.	Luksenberg-Szönmann, Dwojra T.	30. 06. 18	Lagerow	stl.	Köchin
145.	Luksenberg, Marcel	19. 04. 39	Antwerpen	stl.	ohne
146.	Luksenberg, Aron	09. 06. 97	Dobrowa	stl.	Diamantkliever
147.	Luksenberg-Najmark, Malka	14. 05. 09	Bendzin	stl.	Hausfrau
148.	Luksenberg, Annie	04. 03. 34	Antwerpen	stl.	Schülerin
149.	Luksenberg, Regina-Leia	11. 10. 39	Antwerpen	stl.	Schülerin
150.	Luksenberg-Hercberg, Machela	29. 12. 06	Bendzin	stl.	Hausfrau
151.	Luksenberg, Samuel Isaac	05. 05. 35	Antwerpen	stl.	Schüler
152.	Luksenberg, Aron	13. 06. 36	Antwerpen	stl.	Schüler
153.	Luksenberg, Rebecca Reine	01. 03. 39	Antwerpen	stl.	ohne
154.	da Silva Abenator, Abraham	10. 07. 76	Amsterdam	stl.	ohne
155.	da Silva Abenatar-Montanhes, Branca	02. 01. 69	Amsterdam	stl.	ohne
156.	Fink, Jakob	30. 12. 96	Radziechow	stl.	Darmsortierer
157.	Gottlieb, Moses Leib	15. 11. 75	Karajow	stl.	ohne
158.	Gottlieb-Feldberg, Frima	10. 11. 75	Planoza Mala	stl.	Hausfrau
159.	Krajcman-Przewoznik, Ruchla L.	15. 01. 04	Plonsk	stl.	Hausfrau
160.	Krajcman, Daniel	23. 11. 28	Antwerpen	stl.	Schüler
161.	Krajcman, Anna-Stena	09. 10. 30	Antwerpen	stl.	Schülerin
162.	Krajcman, Sara Margaret	30. 10. 38	Antwerpen	stl.	ohne
163.	Hacker-Tuchler, Hermine	11. 01. 68	Wilhelmburg	stl.	ohne
164.	Mamber-Hacker, Malvine	25. 10. 93	Ramsan	stl.	Hausfrau
165.	Zuker, Josef	14. 12. 92	Borodylow	stl.	Uhrmacher
166.	Zuker-Hacker, Margarethe	02. 07. 97	Wien	stl.	Hausfrau
167.	Zuker, Berthold	13. 11. 28	Antwerpen	stl.	Schüler
168.	Zuker, Jacques	14. 07. 30	Antwerpen	stl.	Schüler
169.	Pasternak, Abraham Chaim	28. 07. 78	Zal…	stl.	ohne
170.	Pasternak-Schmutz, Ryfka	03. 12. 79	Dukla	stl.	Hausfrau
171.	Pekel, Frederika	14. 03. 99	Amsterdam	stl.	Masseuse
172.	Haber, Sender	02. 09. 90	Zabno	stl.	Kaufmann
173.	Haber-Löw, Frimet	11. 01. 95	Sedpiszow	stl.	Hausfrau
174.	Haber, Sonja	17. 01. 26	Wien	stl.	ohne
175.	Low-Bakenroth, Cirla	15. 12. 80	Schodnica	stl.	ohne
176.	Hochberger-Löw, Berta	17. 04. 04	Schödnica	stl.	Hausfrau

177. Hochberger, Dwora Debora Dolly	10. 02. 39	Wien	stl.	ohne
178. Berliner, Szmul	26. 01. 08	Warschau	stl.	Schneider
179. Wolf, Valk	26. 01. 97	Amsterdam	stl.	Diamantschleifer
180. Weinstein, Charles	28. 05.99	Czernowitz	stl.	Kaufmann
181. Grinberg, Hertz	25. 06.10	Lodz	stl.	Schneider
182. Montezinos, Rosamunde Luciana	30. 03. 26	Antwerpen	stl.	ohne
183. Aron-Dolfman, Rebecca	26. 10.80	Bucarest	stl.	ohne
184. Auster, David	15. 11. 07	Rawaruska	stl.	Kürschner
185. Eisenstark-Aron, Lisa	02. 04. 12	Bucarest	stl.	Friseuse
186. Eisenstark, Abraham Albert	31. 07. 32	Charleroi	stl.	Schüler
187. Eisenstark, Esther	14. 06. 37	Charleroi	stl.	ohne
188. Weishaus, Leo	18. 07. 93	Leipzig	stl.	Vertreter
189. Weishaus-Piestreich, Bronislawa	15. 01. 04	Stanislau	stl.	Hausfrau
190. Blocherman-Borzykowska, Chana	31. 05. 04	Radomsk	stl.	Schneiderei
191. David, Arthur	29. 06. 01	Rheidt	stl.	Schlosser
192. Fajgenblat, Estera	10. 04. 96	Podlasic	stl.	Köchin
193. Kirszenbaum, Chil	28. 09. 94	Kovartchoff	stl.	Lederarbeiter
194. Kirszenbaum-Lajcher, Perla	03. 11. 95	Czestochowa	stl.	Handnährin
195. Wyman, Aaron	24. 01. 90	Den Haag	stl.	Portier
196. Wyman-de Vrede, Rica	13. 09. 88	Anderlecht	stl.	Hausfrau
197. Gompertz, Max	28. 01. 19	Amsterdam	stl.	Schiffer
198. Eisner, Joseph	06. 12. 04	Sambor	stl.	Schneider
199. Eisner-Siegel, Marjem	05. 03. 02	Smolnice	stl.	Schneiderin
200. Urstein-Brandriss, Marie	06. 01. 92	Grzymalow	stl.	Näherin
201. Mileband, Majer Brajs	26. 05. 94	Warschau	stl.	Schäftemacher
202. Mileband-Rottesman, Ester	14. 02. 03	Neu Sandez	stl.	Lederarbeiterin
203. Wahl-Wachtel, Rachel	28. 02. 73	Rohatyn	stl.	ohne
204. Weizmann-Levkowitch, Baila	16. 06. 96	Lodz	stl.	Hausfrau
205. Weizmann, Charlotte Blanche	01. 10. 26	Straßburg	stl.	Kindergärtnerin
206. Guterman, Sender	09. 06. 97	Piotrkow	stl.	Schneider
207. Guterman-Cymring, Hena	10. 04. 04	Warschau	stl.	Schneiderin
208. Guterman, Rosette	15. 11. 33	Paris	stl.	Schülerin
209. Guterman, Leon	14. 05. 35	Paris	stl.	Schüler
210. Peretz, Mosez Gertzl	14. 02. 87	Krcetsburg	stl.	Hafenarbeiter
211. Peretz-Leba, Gitla (Ketty)	28. 07. 90	Falticien	stl.	Hausfrau

212.	Peretz, Marietta	10. 08. 29	Antwerpen	stl.	Schülerin
213.	Worms, Hyman	14. 04. 82	Amsterdam	stl.	Kaufmann
214.	Kaminski-Schütz, Joséphine	22. 11. 15	Anderlecht	stl.	Schneiderin
215.	Kaminski, Suzanne	11. 03. 43	Brüssel	stl.	ohne
216.	Schutz, Lea	02. 02. 19	Auderghem	stl.	ohne
217.	-------------------------------	*blanko*	-------------------------------		
218.	Kropveld, Samuel	11. 03. 94	Amsterdam	stl.	Metzger
219.	Kropveld, David	03. 01. 18	Amsterdam	stl.	Schneider
220.	Goldman, Celli	02. 05. 16	Esch s.Alz.	stl.	Verkäuferin
221.	Landau, Ernst	02. 01. 16	Wien	stl.	Redakteur

26. 01. 43

222.	Reich, Bernard	22. 07. 06	Neu Sandes	stl.	Fleischer
223.	Verheyden-von Taussic, Alice	16. 09. 74	Wien	stl.	ohne
224.	Welward, Wilhelm	22. 12. 21	Wien	stl.	Koch
225.	Kostelaniec, Morduch	03. 04. 02	Molozadz	stl.	Stricker
226.	Grubner, Juda	21. 10. 07	Chrzanow	stl.	Schneider
227.	Grubner-Steinitz, Helene	20. 02. 09	Münich	stl.	Hausfrau
228.	Schaffel-Veiszner, Paula	05. 07. 14	Sighet	stl.	Hausfrau
229.	Fiszban, Eljasz	23. 06. 05	Lublin	stl.	Schneider
230.	Gorski, David	23. 09. 04	Chmielnik	stl.	Bügler
231.	Husserl, Ernst	30. 09. 04	Wien	stl.	techn. Angestellter
232.	Majerowitz, Moses Isaak	11. 02. 00	Rudna	stl.	Pelzarbeiter
233.	Hass, Jakob	15. 09. 81	Halicz	stl.	ohne
234.	Hass-Goldberg, Luba	30. 08. 91	Odessa	stl.	Hausfrau
235.	Mendelssohn-Vajda, Bianca Sara	17. 06. 92	Berlin	stl.	Stenotypistin
236.	Langerman-Brauner, Sara	27. 10. 11	Berlin	stl.	Hausfrau
237.	Berneman, Dydja	07. 05. 11	Kozienice	stl.	Schneider
238.	Isralowitz-Friedlander, Schichla	27. 03. 75	Riga	stl.	ohne
239.	Pinskier, Szaja	16. 02. 00	Warschau	stl.	Lagerist
240.	Berisch-Richter, Sara	03. 04. 90	Sokola	stl.	ohne
241.	Sass-Lewowicz, Sara	16. 11. 64	Stanislawczyk	stl.	ohne
242.	Rose-Sass, Augusta	12. 10. 88	Stanislawczyk	stl.	Hausfrau
243.	Süsser, Alexandre	23. 11. 06	Saranow	stl.	Handelsreisender
244.	Süsser, Salli	09. 02. 16	Luxemburg	stl.	ohne
245.	Birnberg, Baruch Szymon	04. 12. 99	Kolomsa	stl.	Kellner

246. Kirszenzaft, Jacob	11. 05. 28	Warschau		
(=) Witkowski, David	*06. 06. 29*	*Etterbeek*	*stl.*	*Schüler*
247. Gutman, Szama	28. 03. 05	Lomasz	stl.	Schneider

27. 01. 43

248. Ekstein, Jacob	12. 09. 85	Tarnobrzeg	stl.	Kaufmann
249. Kahn, Herman	15. 07. 92	Kettenbach	stl.	Landwirt
250. Dubrowin, Szlama	20. 08. 75	Mirslaw	stl.	ohne
251. Dubrowin-Nachimson, Groja	1881	Szawlo	stl.	Hausfrau
252. Dattner, Stefan	29. 08. 04	Osmiecin	stl.	Kürschner
253. Brawerman-Pupko, Lubow	16. 12. 05	Lida	stl.	Hausfrau
254. Szyper, Frain Wolf	12. 12. 16	Josofow	stl.	Schneider
255. Szyper-Prowisor, Klara	30. 05. 22	Altona	stl.	Schneiderin
256. Stern, Jankel/Josef	10. 06. 79	Warschau	stl.	Bäcker
257. Stern-Wermus, Ryfka Rebecca	21. 6. 83	Warschau	stl.	Hausfrau
258. De Buyl-Peltz, Cyrla	22. 03. 18	Lodz	stl.	Hausfrau
259. Benkoski, Jacob	25. 11. 24	Jette	stl.	Friseur
260. Jakubowitz, Bertha	08. 06. 25	Brüssel	stl.	Näherin
261. Nasielski-Wolf, Rana	14. 12. 88	Doore	stl.	Hausfrau
262. Nasielski, Estera Vera	19. 06. 14	Vladslawec	stl.	Angestellte
263. Krochmal, Regine	28. 07. 20	Den Haag	stl.	Kranken-schwester
264. Kuczbart, Abraham	07. 04. 03	Kroluck	stl.	Schneider
265. Szwarcbard-Najhaus, Rywka G.	20. 04. 03	Prysuchow	stl.	Schneiderin
266. Gorin, Moise	03. 04. 88	Staraja	stl.	Kaufmann
267. Gutweter, Icek	24. 07. 90	Warschau	stl.	Scherenmacher
268. Lewy-Nawratzki, Frieda	16. 08. 00	Thorn	stl.	Schneiderin
269. Cymerman, Robert	28. 06. 00	Warschau	stl.	Schneider
(=) Brajtman, Ruben	14. 03. 00			
270. Kleinberg, Alexander	02. 05. 06	Brody	stl.	Schneider
271. Katzman, David	27. 07. 91	Kalusch	stl.	Friseur
272. Heiliczer, Bernhard	03. 08. 15	Wien	stl.	Angestellter

28. 01. 43

273. Vidokle, Icek	08. 01. 75	Kedaina	stl.	ohne
274. Vleeschdrager-Cohen-Rodriguez, Bathseba	27. 05. 79	Amsterdam	stl.	ohne
275. Zelt, Nachim	26. 02. 07	Tarnow	stl.	Schneider
276. Souritz, Abraham Echiel	22. 03. 94	Pskow	stl.	Kaufmann
277. Souritz, Pauline	16. 04. 28	Antwerpen	stl.	Schülerin

278. Hollander, Siegmund Süßkind Süssel	02. 02. 94	Blazowa	stl.	Restaurateur
279. Freifeld, Abraham	25. 01. 83	Pomaratz	stl.	ohne
280. Stern-ova, Ida	06. 08. 14	Zavidovo	stl.	Haushälterin
281. Stern, Leopold	08. 09. 42	Antwerpen	stl.	ohne
282. Van Gelder, Benjamin	04. 09. 70	Brüssel	stl.	ohne
283. Van Gelder, Jozefina	16. 04. 96	Amsterdam	stl.	ohne
284. Freifeld, Chaim	29. 04. 95	Budolowice	stl.	Kaufmann
285. Grosz-Osztreicher, Rozalia	03. 07. 07	Satu Mare	stl.	Hausfrau
286. Szternfeld, Manes	11. 11. 14	Otwien	stl.	Lederarbeiter
287. Spaanbroek, Salomon	27. 12. 67	Rotterdam	stl.	ohne
288. Spaanbroek-Swalf, Bertha	31. 01. 70	Rotterdam	stl.	ohne
289. Steinhart-Huttner, Fanny	04. 05. 79	Wien	stl.	ohne
290. Kolm-Werner, Helene	03. 01. 88	Wien	stl.	Hausfrau
291. Szklo, Josek	24. 12. 12	Radoazyce	stl.	Rabbiner
292. Gajzt, Brajla Bojla Jenta	24. 03. 24	Lublin	stl.	Schneiderin
293. Szternfeld-Gutsznick, Dyna	02. 01. 74	Rozmiezer	stl.	ohne
294. Wolffberg-Blumenthal, Frieda	25. 04. 01	Berlin	stl.	Stenotypistin
295. Nejman, Paul	24. 10. 28	St.Gilles	stl.	Schüler
296. Auster, Rachela	14. 03. 16	Lubaczow	stl.	Näherin
297. Jakubowitz, Martha	12. 07. 15	Ahrweiler	stl.	Näherin
298. Hauser, Simon	16. 11. 88	Mokrzyazow	stl.	Diamantkliever
299. Hauser-Anisfeld, Chaja	23. 08. 88	Podgorze	stl.	Schneiderin
300. Gold, Mordka	10. 07. 85	Odessa	stl.	ohne
301. Feder, Bajla-Jochad	21. 03. 05	Smolnik	stl.	ohne
302. Jakubowicz, Lajb	30. 10. 94	Kutno	stl.	Schneider
303. Jakubowicz-Rosenberg, Marjam	1905	Kutno	stl.	Hausfrau
304. Jakubowicz, Bernard-Symcha	18. 03. 28	Kutno	stl.	Schüler
305. Jakubowicz, Dorothea	05. 07. 34	Antwerpen	stl.	Schülerin
306. Jakubowicz, Eduard	08. 06. 38	Antwerpen	stl.	ohne
307. Flaster, Wolf	15. 03. 97	Biecz	stl.	Masch.Schlosser
308. Flaster-Moskovic, Serena	23. 02. 06	Rukacovo	stl.	Näherin
309. Plaster, Leizer Chaskel	20. 12. 00	Biecz	stl.	Kaufmann
310. Lachmann-Ova, Hanny	05. 12. 12	Dusina	stl.	Schneiderin
311. Reichman, Ludwig	22. 04. 76	Halmen	stl.	ohne
312. Reichmann-Glatt, Feiga	28. 09. 80	Ulanowpol	stl.	Hausfrau
313. Rub, Lenca	07. 07. 06	Roa de Sus	stl.	Dienstmädchen
314. Kains, Alfred Israel	10. 01. 15	Berlin	stl.	Dekorateur

315. Goldstein, Elias Leo	29. 07. 10	Antwerpen	stl.	Diamantkliever
316. Goldstein, Richard	07. 08. 13	Antwerpen	stl.	Diamant-schneider
29. 01. 43				
317. Najberger, Moszek Icek	17. 12. 08	Tomaszaw	stl.	Pelzarbeiter
318. Najberger-Flesik, Bajla	17. 09. 10	Warschau	stl.	Hausfrau
319. Najberger, Isidor Israel Marcel	01. 12. 34	Tomaszow	stl.	Schüler
320. Najberger, Marcel Joseph Isidoor	14. 04. 37	Ixelles	stl.	ohne
321. Najbergier, Haja Sura	1910	Tomraszowic	stl.	ohne
322. Minc, Jacob	28. 07. 97	Przedborg	stl.	Schneider
323. Wainberger-Jakubowicz, Chaja Dwoja	1882	Przgroy	stl.	Näherin
324. Resler, Mendel	22. 07. 94	Sulitsa Botosani	stl.	Zuschneider
325. Resler-Gutmann, Rebecca	22. 07. 95	Jassy	stl.	Schneiderin
326. Resler, Alexander	26. 12. 22	Bucarest	stl.	Schneider
327. Resler, Mirace	06. 04. 26	Bucarest	stl.	Buchhalter
328. Resler, Tauba	13. 06. 28	Bucarest	stl.	Schülerin
329. Resler, Eva	02. 10. 29	Etterbeek	stl.	Schülerin
330. Frydland, Israel-Majer	25. 01. 06	Grojze	stl.	Schneider
331. Apfel-Frank, Clara Sara	17. 11. 66	Elsen-Grev.	stl.	ohne
332. Einmann, Adolf	30. 08. 97	Lukow	stl.	Schlosser
333. Einmann-Apfel, Ella (Wwe Leffmann)	19. 02. 95	Münstereifel	stl.	Hausfrau
334. Tenenbaum, Szlajme Majer Salom.	15.12. 99	Tomaszow	stl.	Schneider
335. Herschlikowitsch, Godel Israel	27. 11. 99	Zloezen	stl.	Pelzarbeiter
336. Neumann, Heinrich	03. 09. 09	Wien	stl.	Elektriker
337. Isaak-Stein, Johanna Paula	25. 06. 82	Danzig	stl.	Hausfrau
338. Silbersztejn, Henri Herz	15. 07. 23	Warschau	stl.	Schneider
339. Moskovic-Iczkovic-Ova, Ides	15. 11. 11	Nogovo	stl.	Hemdnäherin
340. Patron, Josef Majer	01. 11. 96	Warschau	stl.	Lederarbeiter
341. Patron-Bergerman, Szaindel	03. 11. 97	Warschau	stl.	Lederarbeiterin
342. Majzel, Baruch	24. 06. 06	Leczyen	stl.	Mediziner
343. Majzel-Tabak, Sara	26. 08. 10	Stanislow	stl.	Lehrerin
344. Ujlaki, Fritz (mit Transport XXII Nr. 396)	*12. 08. 09*	*Wien*	*stl.*	*Buchdrucker*
345. Tenenbaum, Ruwen (XXVI-1)	*07. 05. 06*	*Warschau*	*stl.*	*Techn. Text. Masch.*

346.	Tenenbaum-Elsztajn, Hinda	15. 09. 12	Skiernicwice	stl.	Schneiderin
347.	Bloch-Loeb, Sofie	08. 02. 73	Boppard	stl.	Hausfrau
348.	Bunn, Feibisch	01. 06. 66	Bahin	stl.	ohne
349.	Bunn-Seligmann, Johanna	22. 10. 78	Kettig	stl.	Hausfrau
350.	Kleinberg-false Zeisler, Beila Hinda	23. 03. 12	Brzeske	stl.	Haushälterin
351.	Ellbogen, Ludwig	23. 09. 01	Neutra	stl.	Farbezubereiter
352.	Hirsch, Moritz	30. 01. 74	Frankf. a/M	stl.	Kaufmann
353.	Hirsch-Adler, Ida	08. 02. 77	Darmstadt	stl.	Hausfrau
354.	Baumann, Samuel	09. 07. 74	Illkirch	stl.	ohne
355.	Dubrowin, David	15. 10. 11	–	stl.	Lederarbeiter
356.	Klein-Schimko, Edith	14. 06. 11	Wien	stl.	Schneiderin
357.	Liber, Jacob	30. 01. 98	Czarnovice	stl.	Schneider
358.	Denkscherz-Ebenstein, Cäcilie	23. 05. 03	Wien	stl.	Stenotypistin
359.	Denkscherz, Paul	17. 12. 30	Wien	stl.	Schüler
360.	de Groot, Abraham	21. 05. 07	Antwerpen	stl.	Diamantschleifer
361.	de Groot, Louis	04. 11. 12	Amsterdam	stl.	Diamantschleifer
362.	Weisz, Sander	18. 03. 11	Mendok	stl.	Maler
363.	Judkowic-Ova, Laja	01. 04. 10	Terebla	stl.	ohne
364.	Immerglück, Chana Ittel	1907	Podgorze	stl.	Diamant-schneiderin
365.	Immerglück, Ruth Helena	03. 04. 40	Antwerpen	stl.	ohne
366.	Immerglück, Jeanne	29. 10. 42	Antwerpen	stl.	ohne
367.	Langerman, David Melech	07. 07. 88	Przenyel	stl.	ohne
368.	Feldman, Ruchla Dwoira	15. 09. 86	Dobrzyce	stl.	Hausfrau
369.	Langerman, Chana	08. 01. 27	Berchem-Antw.	stl.	Schülerin
370.	Langerman, Lea	12. 02. 33	Antw.-Borgerh.	stl.	Schülerin
371.	Smaragd, Szmul Zaisvell	24. 11. 82	Warschau	stl.	Kaufmann
372.	Smaragd, Rose	30. 03. 24	Paris	stl.	Näherin
373.	Beckering-Davids, Anna	15. 09. 71	Amsterdam	stl.	Hausfrau
374.	Metz-Cohen-Rodriguez, Sara	07. 10. 89	Amsterdam	stl.	Handels-vertreterin
375.	Mintz-Gutterman, Helena	24. 12. 85	Warschau	stl.	Näherin
376.	Walzer, Bernard	30. 08. 02	Jaroslaw	stl.	Kaufmann
377.	Walzer-Brachfeld, Sprince	30. 01. 03	Jurkow	stl.	Hausfrau
378.	Walzer, Helene	14. 03. 40	Antwerpen	stl.	ohne

02. 02. 43

379. Karpin, Motek	15. 11. 02	Warschau	stl.	Kraftfahrer
380. Holzer-Schuster, Cäcilie	30. 12. 05	Wien	stl.	Schneiderin
381. Holzer, Erika	28. 11. 31	Wien	stl.	Schülerin
382. Fischer-Hart, Anna	10. 11. 02	Wien	stl.	Schneiderin
383. Kutnowski, Leo	18. 10. 19	Siedler	stl.	Schneider
384. Falcman, Abram Fiszel	17. 02. 03	Strykow	stl.	Lederarbeiter
385. Falcman-Wolf, Tauba Laja	28. 05. 06	Strykow	stl.	Hausfrau
386. Wolf, Fiszel	11. 12. 02	Lodz	stl.	Fabrikarbeiter
387. Wolf-Lewik, Laja	10. 07. 01	Zarnowice	stl.	Pelzarbeiter
388. Wolf, Gela	04. 05. 22	Lodz	stl.	Handschuh-macherin
389. Korman, Uszer	24. 03. 99	Pietrkow	stl.	Schneider
390. Korman-Dorfman, Ilena	1903	Ostrelonka	stl.	Schneiderin
391. Fisch, Filip	04. 10. 07	Iwow	stl.	Schlosser
392. Fisch-Jakubowicz, Liba	19. 09. 00	Przedborg	stl.	Schuh-Näherin
393. Fisch, Leon	25. 08. 34	Forest	stl.	Schüler
394. Fisch, Anna	23. 04. 37	Brüssel	stl.	ohne
395. Goldsztajn, Israel	14. 01. 02	Pajengwo	stl.	Schuster
396. Goldsztajn-Szczupak, Sura	07. 05. 02	Dzialoszyn	stl.	Näherin
397. Brandt-Cymerman, Krasla	1889	Dzialoszyn	stl.	Hausfrau
398. Leichtman, Fani	15. 10. 04	Sazbor	stl.	Schneiderin
399. Urbach, Juda Arje	24. 03. 05	Czestochowa	stl.	Schneider
400. Urbach-Poringer, Estera	03. 05. 10	Czestochowa	stl.	Schneiderin
401. Urbach, Puk Rita	03. 05. 35	Czestochowa	stl.	Schülerin
402. Morgenstern, Roza	25. 08. 92	Strusow	stl.	Schneiderin
403. Schönfeld, Simon	13. 03. 84	Kolomea	stl.	Buchbinder
404. Schönfeld-Spalter, Debora	15. 02. 92	Stojasnow	stl.	Köchin
405. Buchler-Sperber, Sprynca Gitla	25. 09. 99	Hinsko	stl.	Schneiderin
406. Buchler, Bernard	09. 01. 29	Wien	stl.	Schüler
407. Gordin, Maurice	30. 10. 86	Polotzla	stl.	Rechtsanwalt
408. Gordin-Churin, Ita	01. 07. 89	Kraslazel	stl.	ohne
409. Gordin, Frieda	26. 09. 15	Nigni Novg.	stl.	Lehrerin
410. Spektor, Saul (Transport XXI-33)	*07. 05. 15*	*Samba*	*stl.*	*Schneider*
411. Retman-Goldstein, Ryfka	14. 11. 85	Warschau	stl.	ohne
412. Archinoff, Alexandre	07. 08. 99	Alexan-drowsky	stl.	Sprachlehrer
413. Archinoff-Smorgonski, Frieda	14. 11. 94	Wilna	stl.	Masseuse

03. 02. 43

414.	Haberman, Soucher	07. 07. 13	Warschau	stl.	Kürschner
415.	Gutman, Abraham	10. 05. 69	Warschau	stl.	Leder-zuschneider
416.	Handsman, Tauba Rywka	27. 08. 03	Warschau	stl.	Fabrikarbeiterin
417.	Handsman, Cywja Julia	07. 11. 30	Brüssel	stl.	Schülerin
418.	Feit, Leo	23. 03. 97	Sanok	stl.	Textilarbeiter
419.	Eichel, Maks	07. 07. 07	Bosnowice	stl.	Schneider
420.	Heilbronn-Huhn, Klara	18. 07. 95	Staitlingsfeld	stl.	Krankenpflegerin
421.	Lammfromm-Thorner, Johanna S.	03. 10. 80	Berlin	stl.	ohne
422.	Zylberstajn, Zalma	14. 01. 09	Szezekociny	stl.	Schlosser
423.	Frajman, Israel Jakob	15. 05. 02	Bralobzeg	stl.	Tischler
424.	Lehrer, Markus	25. 03. 10	Limanow	stl.	Gummimäntel-fabr.
425.	Lehrer, Chaim	11. 12. 81	Podgorze	stl.	Kaufmann
426.	Lehrer-Landau, Debora	14. 07. 80	Limanowa	stl.	Hausfrau
427.	Bandel, Benjamin	07. 03. 08	Sanok	stl.	Kraftfahrer
428.	Berges, Marianne Rosa	08. 01. 20	Hamburg	stl.	ohne
429.	*Freind, Julius (XXV-2)*	*17. 12. 19*	*Belz*	*stl.*	*Tischlerlehrling*
430.	Tabak, Chaim	06. 02. 13	Krzesjow	stl.	Schneider
431.	*Littman, Herman Armand*	*03. 04. 84*	*Puesti*	*stl.*	*Kaufm.*
432.	Kauf, Bernard	05. 06. 23	Berlin	stl.	Pelzarbeiter
433.	Eisner-Lebensohn, Gitel	26. 12. 94	Podowola-Cz.	stl.	Hemdennäherin
434.	Lewin, Heinz-Hermann Israel	23. 10. 11	Berlin	stl.	Kraftfahrer
435.	Reissmann-Hecht, Liselotte	13. 05. 10	Berlin	stl.	Näherin
436.	*Atyas, Samuel (XXI-1058)*	*14. 04. 09*	*S.......*	*stl.*	*Vertreter*
437.	Wachsman, Hirsch	12. 07. 95	Krakau	stl.	Kaufmann
438.	*Wachsman, Julien (XXI-3)*	*23. 03. 29*	*Ixelles*	*stl.*	*Schüler*
439.	*Wiesner, Kurt (XXI-27))*	*18. 05. 16*	*Wien*	*stl.*	*Handels-angestellter*
440.	Rosler-Werner, Sara	28. 08. 15	Wien	stl.	Hausfrau
441.	Rosler, Helene	27. 04.40	Antwerpen	stl.	ohne
442.	Rosler, Tulla	01. 04.42	Antwerpen	stl.	ohne
443.	Langrock, Szyron	01. 03. 98	Krakau	stl.	Pelzarbeiter
444.	Langrock-Landau, Dresel	02. 07. 04	Neu Sandez	stl.	Hausfrau
445.	Langrock, Salomon-Alexander	19. 01. 30	Antwerpen	stl.	Schüler

446. Langrock, Joel	01. 10. 34	Antwerpen	stl.	Schüler
447. Beer, Robert	02. 12. 94	Grodek	stl.	Möbelbeizer
448. Beer-Stapelfeldt, Solka Sora	10. 11. 97	Kolomsa	stl.	Hausfrau
449. Beer, Hella Sara	16. 09. 23	Hamburg	stl.	Schneiderin
450. Gutwein-Reinhald, Hudes-Helena	26. 02. 82	Reglice	stl.	Hausfrau
451. Gutwein, Meilech	06. 07. 91	Neu Sandez	stl.	Kaufmann
452. Gutwein-Beldengrun, Helena	15. 06. 95	Mszana	stl.	Hausfrau
453. Richter-Kornfeld, Rosa	02. 06. 66	Seidziszow	stl.	ohne
454. Grosz-Reichman, Maria	18. 11. 02	Satu Mare	stl.	Hausfrau
455. Grosz, Paula	16. 01. 26	Antwerpen	stl.	Schülerin
456. Grosz, Alexander	03. 07. 28	Antwerpen	stl.	Schüler
457. Grosz, Anni	26. 10. 29	Antwerpen	stl.	Schülerin
458. Fuss-Laufer, Malia	01. 11. 04	Tarnow	stl.	Hausfrau
459. Fuss, Silvain	01. 11. 29	Antwerpen	stl.	Schüler
460. Fuss, Arnold	09. 03. 34	Antwerpen	stl.	Schüler
04. 02. 43				
461. Woythaler, Conrad	29. 02. 72	Bordzichow	stl.	ohne
462. Mayer-Woythaler, Erika	23. 03. 02	Danzig	stl.	Näherin
463. Dr. Van Thyn, Branko	26. 12. 97	Zaandam	stl.	Apothek./ Chemiker
464. De Leeuwe, Louis	28. 03. 03	Enschede	stl.	Elektriker
465. De Leeuwe-Velleman, Klaartje	30. 12. 03	Groningen	stl.	Büroangestellte
466. De Leeuwe, Abraham (Transp.XXI-4)	*06. 06.25*	*Enschede*	*stl.*	*Elektr.lehrling*
467. De Leeuwe, Marion	27. 02. 30	Enschede	stl.	Schülerin
468. Kesing-De Vos, Betty	16. 05. 07	Amsterdam	stl.	Hausfrau
469. Kesing, Roosje Yvonne	08. 03. 34	Amsterdam	stl.	Schülerin
470. Kesing, Ingrid Marietta	26. 10. 35	Amsterdam	stl.	Schülerin
471. Kesing, Kees	16. 10. 36	Amsterdam	stl.	Schüler
05. 02. 43				
472. Giller, Srul	05. 03. 07	Ostrow	stl.	Lederarbeiter
473. Spiro-Pastein, Esther Beila	25. 12. 85	Warschau	stl.	Hausfrau
474. Spiro, Chaja Scheindel	28. 05. 08	Warschau	stl.	Krawatten-macherin
475. Czyzyk-Farkasova, Silvina	18. 10. 15	Sevlus	stl.	Hausfrau
476. Czysyk, Myriam	05. 07. 42	Antwerpen	stl.	ohne

477. Schnitzer-Lemberger, Hinda Beila	16. 07. 98	Krakau	stl.	Hausfrau
478. Schnitzer, Henriette	03. 05. 40	Antwerpen	stl.	ohne
479. Fuks, Berek Rolf	16. 08. 98	Turobin	stl.	Diamantkliever
480. Fuks-Mahler, Rosa Elke	23. 07. 06	Przeworsk	stl.	Hausfrau
481. Fuks, Salomea	13. 10. 36	Antwerpen	stl.	Schülerin
482. Fuks, Moses	05. 02. 38	Antwerpen	stl.	ohne
483. Casoetto-Querido, Reine	08. 09. 72	Amsterdam	stl.	ohne
484. Novosedzas, Naftelis	05. 09. 00	Pasvalys	stl.	Angestellter
485. Novosedzas-Goldsztaub, Marjem	28. 06. 00	Warschau	stl.	Hausfrau
486. Novosedzas, Esther Augusta	02. 07. 30	Antwerpen	stl.	Schülerin
487. Novosedzas, Charlotte Frieda	26. 11. 33	Antwerpen	stl.	Schülerin
488. Berliner-Reinhard, Meta	03. 07. 05	Holsen	stl.	Schneiderin
489. Berliner, Isaak	10. 04. 39	Köln	stl.	ohne
490. Berliner, Felix	13. 08. 40	Antwerpen	stl.	ohne
491. Weinberger-Haferling, Rywa	06. 09. 01	Krosno	stl.	Hausfrau
492. Weinberger, Albertine Babine	23. 11. 35	Antwerpen	stl.	Schülerin
493. Weinberger, Abraham Chaim	18. 10. 38	Antwerpen	stl.	ohne
494. Weinberger, Anna	07. 10. 42	Antwerpen	stl.	ohne
495. Teff, Mordchay (Transp. XXI v. 31. 7. 43)	*22. 05. 12*	*Bialystok*	*stl.*	*Schneider*
496. Turko-Drajfus, Chaja	23. 11. 11	Warschau	stl.	Hausfrau
497. Turko, Simon	13. 05. 36	Antwerpen	stl.	Schüler
06. 02. 43				
498. Israels, Gustave	14. 11. 96	Molenbeek	stl.	Angestellter
499. Israels-Alexander, Suzanne H. L.	03. 05. 00	Antwerpen	stl.	Hausfrau
500. Israels, Alice Renée	18. 10. 30	Molenbeek	stl.	Schülerin
501. Wozniak, Julia	30. 10. 99	Barzenia	stl.	Hosennäherin
502. Herschensohn, Abram	29. 04. 96	Lublin	stl.	Mützenmacher
503. Herschensohn-Schneider, Beile Bline	31. 8. 08	Vinkovie	stl.	Näherin
504. Herschensohn, Margot	30. 10. 29	Köln	stl.	Schülerin
505. Hertzdahl, Sylvain	02. 09. 90	Sittard	stl.	Fabrikdirektor
506. Hertzdahl-Bloemgarten, Marie	22. 06. 97	Heerlen	stl.	Hausfrau
507. Bonem, Rudolf	01. 01. 90	Trèves	stl.	Häutesortierer

508. Goldgicht-Kac, Marjem	1905	Radzymin	stl.	Schneiderin
509. Teichberg, Chaim Meyer	30. 10. 78	Saborow	stl.	Kaufmann
510. van Bienen, Jules	28. 01. 77	Amsterdam	stl.	ohne
511. Landau, David	26. 07. 23	Zarebki	stl.	Diamantarbeiter
512. Marcus, Alfred	26. 09. 86	Luneburg	stl.	Zahntechniker
513. Kisner, David (Transp. XXI v.31. 7. 43)	*11. 04. 17*	*Baar*	*stl.*	*Maler*
514. Hobenwarten, Golda (Transp. XXI)	*23. 10. 18*	*Wartenau*	*stl.*	*ohne*
515. Rozen, Dawid	03. 09. 10	Blonse	stl.	Schneider
516. Rozen-Rozencwajg, Syma Simonne	26. 05. 15	Lodz	stl.	Schneiderin
517. Rafalowicz, Fanna Joseph	27. 05. 12	Radom	stl.	Lederarbeiter
518. Rafalowicz-Szajnbaum, Rojza Etla	20. 04. 13	Radom	stl.	Lederarbeiterin
519. Solberg, Aron	28. 04. 93	Warschau	stl.	Kaufmann
520. Solberg-Lazarescu, Maria	25. 12. 04	Tannieu	stl.	Schneiderin
521. Solberg, Frajda Myska	16. 06. 27	Roux	stl.	Schülerin
522. Wallach, Fritz Israel	23. 03. 74	Berlin	stl.	ohne
523. Storm, Elias	13. 12. 11	Tarnow	stl.	Schneider
524. Naftaniel, Hersch	09. 09. 14	Berlin	stl.	Friseur
525. Schmidt, Paul	12. 07. 91	Tarnow	stl.	Kaufmann
526. Besser, Isidor	13. 09. 96	Tarnow	stl.	Kaufmann
527. Heimann, Fritz	01. 06. 87	Berlin	stl.	Kaufmann
528. Roter-Tenenbaum, Haja	09. 05. 06	Walbran	stl.	Schneiderin
529. Hertz, Walter Israel	04. 05. 15	Eschweiler	stl.	Gärtner
530. Oehlenberg, Paul	23. 08. 19	Wien	stl.	Automechaniker
531. Kirschenbaum, Feiwel	05. 05. 91 (93)	Tarnobrzeg	stl.	Kaufmann
532. Steppel, Jacques	15. 10. 25	Antwerpen	stl.	Schüler
533. Steppel, Helene	30. 03. 28	Antwerpen	stl.	Schülerin
534. Steppel, Renée	03. 03. 33	Antwerpen	stl.	Schülerin
535. Steppel, Liliane	18. 08. 37	Antwerpen	stl.	ohne
536. Steppel, Bernardus	08. 02. 22	Antwerpen	stl.	Lederarbeiter

09. 02. 43

537. Kruk, Jacob (Transp. XXI v. 31. 7. 43)	*12. 06. 11*	*Zelinea*	*stl.*	*Kaufmann*
538. Macznik, Izrael Katma	29. 10. 13	Novy Korczyn	stl.	Schreiner
539. Masznik-Zyngier, Chaja Hinda	10. 07. 17	Lodz	stl.	Wäschenäherin
540. Masznik, Monique Clairette	31. 01. 34	Lüttich	stl.	ohne

541. Polaczek, Natan	24. 12. 84	Geniedz	stl.	Kaufmann
542. Abrahams, Joseph	01. 11. 82	Arnhem	stl.	Handelsreisender
543. Ungierowicz-Sochaczewska, Liba	20. 12. 91	Linczyck	stl.	Näherin

10. 02. 43

544. Wachsberger-Schneid, Gusta	12. 12. 97	Lemberg	stl.	Schneiderin
545. Schneid, Max	03. 01. 08	Wien	stl.	Schuhmacher
546. Schneid-Altmann, Grete	01. 04. 13	Wien	stl.	Schneiderin
547. Zybel, Salomon	31. 12. 98	Vilna	stl.	Buchhalter
548. Zybel-Mioduszewska, Dwojra N.	06. 01. 08	Ostrow	stl.	Näherin
549. Mioduszewski, Froim Tauchim	12. 04. 06	Ostrow	stl.	Stricker
550. Mioduszewski-Strauber, Chana Sara	04. 01. 13	Glasgow	stl.	Näherin
551. Bahr, Saly	16. 10. 98	Brühl	stl.	Sattler
552. Mendlewicz-Iglinski, Szajna Golda	18. 01. 11	Wloclawek	stl.	Schneiderin
553. Luftman-Iglinski, Frania	10. 02. 12	Wloclawek	stl.	Schneiderin
554. Drummer-ova, Eugenie Jenny	18. 12. 22	Rostoka	stl.	Haushälterin
555. Berberich, Abraham Israel	14. 09. 69	Groß Krotzenburg	stl.	ohne
556. Engelsztajn, Daniel	22. 01. 08	Tomaszow	stl.	Schneider
557. Engelsztajn-Lefler, Estera	25. 02. 09	Krasnobrod	stl.	Schneiderin
558. Fuks-Bach, Ruchla	15. 04. 04	Przynicka	stl.	Schneiderin
559. Ajdler, Wolf Lajb	02. 01. 06	Warschau	stl.	Uhrmacher
560. Pinatycki, Socher	24. 11. 95	Priesk	stl.	Bügler
561. Pinatycki-Rozenberg, Ester	30. 03. 97	Tomaszow	stl.	Lederarbeiterin
562. Korn, Akiwa	15. 11. 96	Warschau	stl.	Kürschner
563. Kaufmann, Heinz Israel	19. 07. 07	Wiesbaden	stl.	Dessinateur
564. Farber, Max	23. 03. 99	Wikowice	stl.	Kaufmann
565. Rodriguez-Lopez, Leopold Mozes	30. 08. 03	Amsterdam	stl.	Kaufmann
566. Slodzina, David Abram	26. 05. 74	Kalisz	stl.	Weber
567. Kaplan, Martha	20. 02. 04	Kalisz	stl.	Hausfrau
568. Grün, Moses David	30. 03. 00	Brzesko	stl.	Vertreter
569. Grün-Hellfeld, Necha Nelly	02. 03. 04	Stanislawow	stl.	Büroangestellte
570. Heigmans, Eliazer	11. 11. 64	Amsterdam	stl.	ohne

571. Agsterribbe-Heigmans, Amalia	26. 10. 93	Amsterdam	stl.	Hausfrau
572. Wijnschenk, Maurits	10. 11. 04	Amsterdam	stl.	Lagerist
573. Wijnschenk-Da Silva Abenator, Rachel	27. 09. 01	Amsterdam	stl.	Prokuristin
574. Stolowicz, David	14. 09. 12	Warschau	stl.	Diamantschleifer
575. Stolowicz-Halbzaijd, Rosa	14. 02. 10	Odessa	stl.	Verkäuf./Näherin
576. Stolowicz, Abraham Robert	08. 06. 36	Antwerpen	stl.	Schüler
577. Wijnschenk, David	27. 04. 08	Amsterdam	stl.	Mechaniker
578. Wijnschenk-Da Silva Abenator, Elisab.	07. 11. 05	Amsterdam	stl.	Hausfrau
579. Goldmann, Baruch	01. 02. 83	Kanczugs	stl.	Kaufmann
580. Goldman-Karniol, Rikel	30. 12. 11	Sokal	stl.	Hausfrau
581. Goldman, Oscar Maurits	25. 06. 41	Antw. Berchem	stl.	ohne
582. Hamburger, Jesaia	04. 03. 83	Amsterdam	stl.	ohne
583. Hamburger-Blom, Esther	21. 05. 80	Uithoorn	stl.	Hausfrau
584. Blom, Jacob	07. 08. 52	Mijdrecht	stl.	ohne
585. Velleman, Salomon	26. 10. 77	Antwerpen	stl.	ohne
586. Velleman-Van Been, Bertha	10. 09. 83	Rotterdam	stl.	Hausfrau
587. Gompers-Velleman, Roosje	03. 10. 72	Rotterdam	stl.	ohne
588. Treff, Mozes	14. 01. 87	Dukla	stl.	Kaufmann
589. Treff-Lederberger, Esther	18. 03. 97	Wisnicz	stl.	Hausfrau
590. Treff, Fanny	15. 08. 30	Berlin	stl.	Schülerin
591. Weinreb-Weinreb, Rosa	1893	Baranow	stl.	Hausfrau
592. Weinreb, Scheindla	29. 11. 21	Baranow	stl.	Modistin
593. Hamburger, Simon	18. 01. 72	Amsterdam	stl.	ohne
594. Hamburger-Helmstadt, Jeannette	22. 08. 75	Amsterdam	stl.	Hausfrau
595. Losner, Josef	06. 02. 81	Radautz	stl.	Hausierer

11. 02. 43

596. Rosenfeld-Franck, Germaine Esther	21. 09. 88	Bayonne	stl.	Lederarbeiterin
597. Porges, Erwin	16. 07. 91	Prag	stl.	Büroangestellter
598. Wachsman-Jakubowicz, Chaja Hel.	25. 09. 98	Wodisislaw	stl.	Näherin
599. Szpajer, David Albert	22. 04. 10	Darmstadt	stl.	Dekorateur
600. Goldmann, Maria	20. 10.19	Köln	stl.	Modistin
601. Bienstock-Wolf, Chana Feigel	07. 08. 97	Wischnitz	stl.	Hausfrau

602. Bienstock, Emmanuela	08. 06. 29	Dortmund	stl.	Schülerin
603. Glazman, Moszek	15. 10. 82	Staszow	stl.	Schneider
604. Caron-Gefner, Gusti	23. 01. 20	Wien	stl.	Hausfrau
605. Sieradszki-Krys, Liba	03. 02. 00	Lodz	stl.	Handnäherin
606. Sieradski, Jankiel Jules	20. 03. 27	Wierzow	stl.	Schüler
607. Greidinger, Hermann (XXIII-16)	*03. 03. 00*	*Dobromil*	*stl.*	*Schneider*
608. Goldstein, Abraham	16. 12. 79	Garsolin	stl.	ohne
609. Farkas, Saja Matya	06. 12. 90	Ruske	stl.	Schuhmacher
610. Stein, Max	28. 05. 89	Wien	stl.	Buchhalter
611. Stein-Aufrichter, Karoline	01. 07. 94	Boskowitz	stl.	Hausfrau
612. Krasucki, Moszek	30. 09. 87	Warschau	stl.	Lederarbeiter
613. Markovics, Meyer	07. 06. 05	Tomaszow	stl.	Schneider
614. Mittelbach, Icek Izaak	04. 04. 95	Noury-Awor	stl.	poissonier
615. Singer-Kupfer, Pessil	09. 05. 06	Przeworsk	stl.	Krankenpflegerin
616. Medman-Vacman, Szprinca	1869	Gorzkoma	stl.	ohne
617. Herszkowicz-Medman, Sury	1911	Opoczne	stl.	Schneiderin
618. Siedner, Felix Karl	25. 06. 05	Breslau	stl.	Elektro-mechaniker
619. Lewin, Moszko	10. 04. 21	Biala	stl.	Schneider
620. Sztaynberg, Szaja	02. 02. 99	Tomaszow	stl.	Schneider
621. Sztaynberg-Jacobowicz, Paula M.	15. 10. 06	Piotrkow	stl.	Schneiderin
12. 02. 43				
622. Blicher, David Laib	18. 01. 97	Radymmo	stl.	Hotelangestellter
623. Blicher-Stockhamer recta Garfunkel, Chana	17. 12. 04	Radymmo	stl.	Näherin
624. Rozenstein, Helene	16. 04. 11	Lodz	stl.	Krankenpflegerin
625. Jakubowicz, Salomon	12. 12. 72	Kamyk	stl.	Schuster
626. Sainderichin-Brodsky, Maria	04. 06. 81	Kischineff	stl.	Hausfrau
627. Mühlrad-Schick, Blanka	28. 07. 99	Radofcofcs	stl.	Hausfrau
628. Mühlrad, Erich	25. 02. 34	Wien	stl.	Schüler
629. Neuberger-Mahler, Liba	15. 12. 87	Krakau	stl.	Hausfrau
630. Siedlecki, Wolf	31. 12. 07	Kolbiel	stl.	Stricker
631. Siedlecki-Rosen, Curtla	15. 05. 05	Warschau	stl.	Handnäherin
632. Siedlecki, Sara	10. 10. 31	Ântwerpen	stl.	Schülerin
633. Siedlecki, Bernard	30. 10. 32	Antwerpen	stl.	Schüler
634. Siedlecki, Stella	13. 06. 38	Antwerpen	stl.	ohne
635. Zonszajn, Eljezar	23. 07. 08	Warschau	stl.	Mechaniker

636. Zonszajn-Siedlecka, Estera Laja	20. 07. 08	Warschau	stl.	Näherin
637. Zonszajn, Fajga Dina	12. 02. 29	Warschau	stl.	Schülerin
638. Zonszajn, Dora	26. 07. 36	Antw. Borgerhout	stl.	Schülerin
639. De Vries-Kleinberger, Lea	31. 03. 75	Krakau	stl.	ohne
640. Komkommer, Joseph	31. 12. 81	Amsterdam	stl.	ohne
641. Preso-De Groot, Esther	14. 05.87	Amsterdam	stl.	ohne
642. Hoffmann, Rudolf	03. 04. 75	Neuss a. Rh.	stl.	ohne
643. Blauner, Szymon	12. 03. 08	Tarnow	stl.	Kaufmann
644. Hoffmann-Seligmann, Clara	28. 08. 79	Darmstadt	stl.	Hausfrau
645. Hermann, Mendel	01. 08. 91	Stanislaw	stl.	Obstkonserven-fabrikant
646. Landau-Krupel, Krawel	15. 11. 97	Berchy	stl.	Pelzarbeiterin
647. Berman, Hil	1878	Jurburg	stl.	ohne
648. Getreider, Chaskel	09. 11. 99	Cswiescin	stl.	Diamantschleifer
649. Monitz, Charles	04. 10. 93	Crewa	stl.	Goldschmied/ Klempner
650. Schabes-Teichner, Gizela	21. 06. 04	Tarnow	stl.	Hausfrau
13. 02. 43				
651. Miller-Sprenger, Gertrud	21. 06. 94	Stettin	stl.	Hausfrau
652. Mayer, Karl	16. 11. 09	Wien	stl.	Betriebsleiter Schuhfabrik
653. Fogelsen, Sebastian	23. 01. 79	Krievija	stl.	Fabrikdirektor
654. Kandel, Jakob Israel	24. 02. 06	Wien	stl.	Reisender
655. Kandel-Getzl, Martha	17. 12. 13	Wien	stl.	Schneiderin
656. Kandel, Renée	17. 10. 38	Brüssel	stl.	ohne
657. ---------- *Kandel, Henri, *10. 01. 40 in Brüssel, durchgestrichen* ----------				
658. Kandel, Camilla	07. 05. 42	Brüssel	stl.	ohne
659. Kandel-Krausz, Gertrude	27. 06. 21	Wien	stl.	Hausfrau
660. Kandel, Henri	29. 04. 41	Hasselt	stl.	ohne
661. Klein-Thalheim, Elisabeth	29. 05. 01	Wien	stl.	Hausfrau
662. Lüfschütz, Bela	06. 11. 01	Budapest	stl.	Elektriker
663. Louis-Rakowsky-Glancz, Malvinel	08. 07. 84	Wartberg	stl.	Modell-entwerferin
664. Rambam, Moses	15. 11. 96	Combien	stl.	Buchhalter
665. Rambam-Frenkel, Ester	07. 06. 00	Lodz	stl.	Hausfrau
15. 02. 43				
666. Glaser, Simon	07. 04. 92	Boryslaw	stl.	Schneider
667. Glaser, Karl	10. 08. 27	Wien	stl.	Schüler

16. 02. 43

668.	Desau, Juda Ber	20. 06. 95	Belchatow	stl. Schneider
669.	Desau-Bogdanska, Sara Rywka	1902	Tuszyn	stl. Schneiderin
670.	Desau, Rafael	29. 06. 27	Tuszyn	stl. Schneider
671.	Silberstern, Moritz	15. 03. 66	Goltsch-Fenikau	stl. ohne
672.	Szpiro-Jakubowitsch, Ita	1886	Sulejow	stl. Hausfrau
673.	Szpiro-Bornszejn, Raca	18. 08. 09	Lask	stl. Lederarbeiterin
674.	Gutman, Szulem Moszke	10. 07. 00	Ruda	stl. Lederarbeiter
675.	Gardyn-Rozenbaum, Ita Gitla	1893	Reuspol	stl. Hausfrau
676.	Bleiberg-Hefter, Gitel	17. 03. 80	Bohorode-zany	stl. Hausfrau
677.	Bleiberg, Meschulim Chaim	01. 03. 07	Mikuliczyn	stl. Handelsreisender
678.	Bleiberg-Giniewski, Ruchel	07. 03. 14	Stanislaw	stl. Schneiderin
679.	Bleiberg, Anna	06. 03. 41	Zottegem	stl. ohne
680.	Ajzenfisz-Desau, Blima Rajga	12. 06. 22	Tuszow	stl. Schneiderin
681.	Rozenfeld-Weberman, Chaja	1869	Lukow	stl. ohne
682.	Gutman-Rosenfeld, Reisla	1894	Lukow	stl. Hausfrau
683.	Gutman, Ester	12. 10. 33	Anderlecht	stl. Schülerin
684.	Jellinek, Leopold	21. 09. 62	Znaim	stl. ohne
685.	Jellinek-Hollitscher, Therese	08. 12. 66	Nikolsburg	stl. Hausfrau
686.	Passman-Vogelsang, Jeannette	28. 01. 78	Gelsen-kirchen	stl. ohne
687.	Hechtkopf, Max	30. 05. 94	Culin	stl. Bäcker
688.	Hechtkopf-Scholna, Thea	08. 10. 02	Berlin	stl. Hausfrau
689.	Hechtkopf, Wolfgang	06. 08. 29	Berlin	stl. Schüler
690.	Scholna-Reihsner, Gertrud	12. 09. 66	Sochow	stl. ohne
691.	Ackerhalt-Fried, Reisel	19. 08. 97	Krakau	stl. ohne
692.	Hausner, Mendel Lei	29. 12. 09	Ropica	stl. Wäsche-zuschneider
693.	Hausner-Kalter, Frieda	08. 10. 12	Düsseldorf	stl. Hausfrau
694.	Hausner, Max	25. 06. 36	Düsseldorf	stl. Schüler
695.	Goldstein, Bernard	12. 03. 14	Teuste	stl. Schneider
696.	Goldstein-Buchsbaum, Pessel	15. 12. 12	Wisnicz	stl. Lageristin
697.	Goldstein, Jacob	03. 07. 41	Alken	stl. ohne
698.	Lubolski-Bornstein, Laja	19. 07. 82	Kowal	stl. ohne

699. Grunbaum-Bornstein, Fella Feiga	07. 10. 88	Kowal	stl.	ohne
700. Stark, Hugo	06. 12. 09	Wien	stl.	Uhrmacher
701. Stark-Engel, Hildegarde	30. 10. 09	Wien	stl.	Hausfrau
702. Stark alias Engel, Pierre René	29. 11. 39	Brüssel	stl.	ohne
703. Kohn-Pollak, Bertha	02. 10. 94	Wien	stl.	Schneider
704. Bueno de Mesquita-Edelstein, Toni	05. 01. 23	Warschau	stl.	Pelzarbeiterin
705. Edelstein, Adela	05. 01. 23	Warschau	stl.	Maschinen-näherin
706. Hahn, Herbert (Transp. XXI)	*01. 01. 13*	*Köln*	*stl.*	*Bäcker*
707. Hahn-Domb, Blima (Transp. XXI)	*17. 01. 18*	*Zürich*	*stl.*	*Konfektions-näherin*
708. Dalicz, Ignaz (Transp. XXI)	*18. 11. 94*	*Brody*	*stl.*	*Schneider*
709. Keinigsmann, Chaim	15. 08. 02	Warschau	stl.	Konfektions-zuschneider
710. Adler-Brauner, Louisa B.	24. 08. 73	Odessa	stl.	ohne
711. Kleinrock-Adler, Cornelia	10. 03. 02	Wien	stl.	Bankbeamtin
712. Kleinrock, Suzanne	01. 12. 30	Wien	stl.	Schülerin
713. Lederer-Guttmann, Marie	12. 10. 01	Wien	stl.	Hausfrau
714. Schick-Sax, Cornelia	19. 03. 99	Wien	stl.	Schneiderin
715. Goldwasser, Abram	01. 04. 98	Odessa	stl.	Schneider
716. Goldwasser-Lubelski (Grojnowski) Fale	18. 07. 08	Radjiejow	stl.	Schneiderin
717. Eisner, Juda (Transp. XXI)	*10. 10. 94*	*Husokow*	*stl.*	*Kaufmann*
718. Klein, Joseph	08. 03. 98	Trumbowla	stl.	Kellner
719. Cahen, Irma	07. 10. 78	Arlon	stl.	Wäschenäherin
720. Cahen, Camille	18. 08. 82	Arlon	stl.	Wäschenäherin
721. Hausner-Goldberg, Pesia Gina	21. 07. 05	Tarnobzeg	stl.	Hausfrau + Näherin
722. Rottenberg, Elias David	02. 02. 06	Stanislau	stl.	Landwirtsch.-arbeiter
723. Rottenberg-Berkelhammer, Bertha	25. 09. 09	Wien	stl.	Hausfrau
724. Rottenberg, Robert	31. 12. 28	Wien	stl.	Schüler

18. 02. 43

725. Jablonsky-Dykierman, Ruchla	30. 11. 78	Wiernzow	stl.	ohne
726. Goldszteyn-Kaplan, Masze	13. 12. 00	Zelschow	stl.	Hausfrau

727.	Goldsztein, Regina	16. 12. 29	Brüssel	stl.	Schülerin
728.	Goldsztein, Rosa Frieda	19. 12. 31	Antwerpen	stl.	Schülerin
729.	Goldsztein, Maria	29. 01. 37	Antwerpen	stl.	ohne
730.	*Rychter, Szlama Mordechay (Transp. XXI)*	*01. 01. 07*	*Biala*	*stl.*	*Schneider*
731.	Grünblatt, Moses	20. 10. 88	Riga	stl.	Diamantarbeiter
732.	Aron-Finkelstein, Salomea	18. 08. 77	Tarnopol	stl.	ohne
733.	Epstein-Weisz, Ester	26. 06. 95	Szylaes (Rum.)	stl.	ohne
734.	Goldstein, Dina	24. 01. 33	Etterbeek	stl.	Schülerin
735.	Stein, Ester	19. 01. 28	Antwerpen	stl.	Schülerin
736.	Tzwern-Wasyng, Hena	01. 01. 13	Warschau	stl.	Hausfrau
737.	Zanger-Frand, Feige Ruchel	30. 04. 61	Dubiecko	stl.	ohne
738.	Grinberg, Joseph	18. 10. 05	Warschau	stl.	Bäcker
739.	Greizerstein-Zingher, Zilda	05. 03. 07	Vetcani	stl.	Hausfrau
740.	Greizerstein, Ruth	03. 08. 29	Leipzig	stl.	Schülerin
741.	Greizerstein, Jacob	16. 06. 31	Leipzig	stl.	Schüler
742.	Greizerstein, Manfred	14. 01. 36	Antwerpen	stl.	Schüler
743.	Gründland-Gradus, Elka	1861	Warschau	stl.	ohne
744.	Gründland, Marjem	1887	Warschau	stl.	ohne
745.	Gehl-Joachimsmann, Frieda	08. 10. 03	Trappau	stl.	Büroangestellte
746.	Hoffmann-Loew, Sara Hilda	17. 03. 79	Mogendorf	stl.	ohne
747.	*Breso, Willem (Transp. XXI)*	*04. 06. 24*	*Antwerpen*	*stl.*	*Schneider-lehrling*

19. 02. 43

748.	Mogielnicki, Lejbus	22. 06. 09	Uszczanow	stl.	Schneider
749.	*Birn, Moritz (Transp. XXII Nr. 1)*	*15. 09. 12*	*Chemnitz*	*stl.*	*Kürschner*
750.	*Ames, Lejzor (Transp. XXIIa)*	*10. 03. 98*	*Dubiecko*	*stl.*	*Schneider*
751.	Biglajzen, Henri	01. 03. 35	Etterbeek	stl.	Schüler
752.	*Werner, Leon (XXIII-10)*	*07. 05. 04*	*Stanislau*	*stl.*	*Mechaniker*
753.	Brzustowski-Hoffman, Rywka	14. 10. 04	Dobrowice	stl.	Schneiderin
754.	Brzustowski, Hersch	04. 02. 06	Lodz	stl.	Schneider
755.	Borenstein-Cwajman, Fajga	27. 03. 99	Warschau	stl.	Hausfrau
756.	Berger, Samuel	19. 01. 96	Przemysl	stl.	Hilfsarbeiter
757.	Berger-Stahl, Anna	13. 10. 11	Lemberg	stl.	Hausfrau

758. Sisslé, Salomon Marcusoff	20. 09. 90	Lithanew	stl.	Buchbinder
759. Steinwolf, Moses (Transp. XXII)	*07. 07. 01*	*Podwo-lodziska*	*stl.*	*Kaufmann*
760. Zylberszac, Szmul Szulem (XXVI-58)	*13. 05. 94*	*Ozorkow*	*stl.*	*Lederarbeiter*
761. Blum-Beglajzer, Chawa	10. 07. 97	Tomaszow	stl.	Schneiderin
762. Lindner, Hubert	12. 04. 25	Wien	stl.	Zahntechniker
763. Schäfler, Penäler Saul (XXIII-13)	*06. 12. 01*	*Kolomea*	*stl.*	*Lehrer*
764. Cleffmann, Alex Israel	06. 12. 78	Wesel a. Rh.	stl.	Kaufmann
765. Liebeskind-Sztark, Golda	1897	Ozorkow	stl.	Schneiderin
766. Liebeskind, Sophia	12. 07. 27	Lodz	stl.	Schülerin
767. Liebeskind, Cecilia	18. 06. 30	Brüssel	stl.	Schülerin
768. Pytel, Benejon Noach	1903	Lodz	stl.	Kaufmann
769. Pytel-Szulman, Zelda	21. 05. 01	Lodz	stl.	Hausfrau
770. Gutman-Rosenberg, Frieda	18. 02. 96	Bendzin	stl.	Köchin
771. Piekerz, Wolf	25. 09. 98	Nosgobody	stl.	Schneider
772. Piekerz, Faga Ryfka	20. 07. 24	Etterbeek	stl.	Scneiderin
773. Piekerz, Paula Madeleine	05. 11. 29	Etterbeek	stl.	Schülerin
774. Martchouk, Chaim Bozuk	15. 03. 71	Mechelmotte	stl.	Musiker
775. Ajzenfisz, Joseph	04. 04. 22	Warschau	stl.	Lederarbeiter
776. Desau, Brana	02. 02. 24	Tuszyn	stl.	Korsettmacherin
777. Löw, Walter Max	01. 10. 96	Hamburg	stl.	Direktor d. dipl. Archive
778. Löw-Flatow, Edith Vera	27. 01. 02	Berlin	stl.	Hausfrau
779. Goldsteinas, Mendelis Judelis	05. 10. 01	Maryampolis	stl.	Dr. Chemiker
780. Goldsteinas-Vistinezki, Henda	17. 12. 05	Maryampolis	stl.	Büroangestellte
781. Bornsztejn-Lajtmann, Szajndla	28. 09. 08	Warschau	stl.	Näherin
782. Liberman, Szylam	23. 03. 03	Warschau	stl.	Koch + Kellner
783. Herszaft-Fuchs, Pessa	Juni 66	Warschau	stl.	ohne
784. Herszaft, Joseph	24. 03. 91	Warschau	stl.	Lederarbeiter
785. Herszaft-Blech, Judith	16. 06. 01	Gerzd	stl.	Hausiererin
786. Gorowicz-Kawa, Sara Zysa	1864	Racinz	stl.	ohne
787. Matzner-Klug, Margarethe	03. 07. 90	Szered	stl.	Hausfrau
788. Pardes-Goldwasser, Braune	15. 11. 03	Cswiecin	stl.	Hausfrau
789. Litwer, Karel	20. 02. 98	Amsterdam	stl.	Diamantschleifer
790. Van Rijn-Elsas, Johanne	18. 11. 19	Amsterdam	stl.	Hausfrau

791. Van Rijn, Jaak	08. 05. 41	Antw.Deurne	stl.	ohne
792. Weitz, Nachmann	25. 06. 93	Laak	stl.	Elektriker
793. Weitz-Hampel, Chaja	10. 06. 94	Nowo Radomsk	stl.	Schneiderin
794. Weitz, Szymon Israel	07. 11. 27	Konin	stl.	Elektriker-lehrling
795. Schops-Drucker, Seraphina	08. 03. 04	Cernowitz	stl.	Modistin
796. Schops, Eveline Paula	20. 08. 27	Antwerpen	stl.	Modistin
797. Schops, Annie	31. 10. 30	Antwerpen	stl.	Schülerin
798. Landau, Maurice	17. 11. 97	Visny Svidnik	stl.	Apotheker
799. Schreiber-Anisfeld, Chaja	14. 11. 90	Krakau	stl.	Hausfrau
800. Hirsch, Maurice	14. 03. 70	Galatz	stl.	ohne
801. Gottfried-Kupfer, Chaja	03. 06. 08	Irgevorsk	stl.	Schneiderin
802. Worms-Gans, Esther	16. 06. 76	Amsterdam	stl.	ohne
803. Thaler recta Wedner, Estera	20. 02. 02	Ustrzyk-Dolna	stl.	Haushälterin
804. Woloski, Abraham	20. 01. 30	Antw. Borgerh.	stl.	Schüler
805. Woloski, Anna	07. 10. 31	Antw. Borgerh.	stl.	Schülerin
806. Woloski, Isaak	26. 05. 35	Antwerpen	stl.	Schüler
807. Woloski, Israel	19. 10. 38	Antwerpen	stl.	ohne
808. Wizen-Wedner, Mirla	Juni 1905	Ustrzyki-Dolms	stl.	Hausfrau
809. Wizen, Anna	01. 09. 36	Antwerpen	stl.	Schülerin
810. Wizen, Eva	15. 02. 39	Antwerpen	stl.	ohne
811. Wizen, Nathan	19. 02. 41	Antwerpen	stl.	ohne
812. Fischmann-Izrael, Esther	29. 01. 01	Turulung	stl.	Hausfrau
813. Fischmann, Joseph	24. 05. 29	Antwerpen	stl.	Schüler
814. Blasz, Serena Sarah	16. 08. 13	Peten	stl.	Diamant-schneider
815. Blasz, Bertha (Eva)	06. 10. 33	Antwerpen	stl.	Schülerin
816. Schuldenfrei-Goldstein, Esther	16. 07. 11	Lopan	stl.	Schneiderin
817. Schuldenfrei, Heinz Adolf	14. 05. 33	Leipzig	stl.	Schüler
818. Schuldenfrei, Manfred Moritz	07. 08. 35	Leipzig	stl.	Schüler

20. 02. 43

819. Frenkiel, Dawid	23. 04. 11	Warschau	stl.	Handelsreisender
820. Fefer, Leo Siegfried	08. 02. 09	Offen-bach a. M.	stl.	Friseur

821.	Fefer-Binder, Estera Bracka	15. 09. 02	Corlice	stl.	Hausfrau
822.	Fefer, Hilda	29. 08. 34	Antwerpen	stl.	Schülerin
823.	Jungst, Herke	14. 06. 05	Ozorkow	stl.	Handelsreisender
824.	Kaufmann, Max	07. 02. 77	Korneli-münster	stl.	ohne
825.	Bonn, Fanni	01. 01. 57	Malbach	stl.	ohne
826.	*Bleiberg, Herman (XXIII-8)*	*15. 12. 08*	*Borchow*	*stl.*	*Schneider*
827.	Beffi, Samuel	20. 08. 83	Den Haag	stl.	Musiker
828.	Schwalb, Moritz	25. 04. 72	Smetkovice	stl.	Kaufmann
829.	Jurysta-Fink, Sofia	09. 11. 00	Dzialoszyce	stl.	Näherin
830.	Jurysta, Berta	02. 02. 26	Antwerpen	stl.	Pelznäherin
831.	Jurgskta-Apelbaum, Idessa	1872	Koroczyn	stl.	ohne
832.	Herschlikovitsch-Jurgskta, Rywka	30. 11. 98	Rendzin	stl.	Kartonage-arbeiterin
833.	Rosenzweig-Diamant, Golda	12. 07. 98	Strumiowa	stl.	Schneiderin
	23. 02. 43				
834.	Sprecher, Eljasz	06. 08. 99	Sanok	stl.	Diamantkliever
835.	Neuman, Abraham	06. 04. 19	Krakau	stl.	Diamant-schneider
836.	Seelenfreund, Jonas	20. 01. 99	Ueszew	stl.	Kürschner
837.	Seelenfreund-Trieger, Mathilda	10. 10. 00	Noerisch-Ostro	stl.	Hausfrau
838.	Adler, Klara	08. 11. 05	Gebweiler	stl.	Kindergärtnerin
839.	Swaab, Samuel	10. 01. 21	Amsterdam	stl.	Kürschner
840.	Lewkowicz, Josef	14. 01. 08	Wieckiwicz	stl.	Schneider
841.	Lewkowicz-Freund, Ingeborg	04. 11. 21	M. Gladbach	stl.	Schneiderin
842.	Goldschmidt, Hermann	12. 09. 23	Bonn a. Rh.	stl.	Schneider
843.	Nudel, Moses	04. 08. 10	Warschau	stl.	Vertreter
844.	Nudel-Fuswerk, Chaja	28. 03. 14	Warschau	stl.	Näherin
845.	-----------------------------				
846.	*Sochezcawski, Taube Marie (Transp. XXI)*	*04. 03. 15*	*Alexandrof*	*stl.*	*Verkäuferin*
847.	Grün, Leon Lejzer	03. 08. 08	Brzesko	stl.	Kürschner
848.	Silber, Josef	14. 07. 08	Picnicza	stl.	Kaufmann
849.	Südwerts-Knispel, Salome	15. 10. 02	Rzezow	stl.	Schneiderin
850.	Südwerts, Adolf	09. 10. 28	Berlin	stl.	Schüler
851.	Seiden-Altberger, Rosa	12. 02. 11	Frankf. a. M.	stl.	Hausfrau

852. Seiden, Leon	11. 12. 31	Köln	stl.	Schüler
853. Seiden, Moritz Jakob	03. 06. 33	Köln	stl.	Schüler
854. Eisenstark, Selda	28. 08. 16	Wtasyowa	stl.	Schneiderin
855. Haas, Emile	31. 05. 80	Kirschseifen	stl.	Metzger
856. Frogel, Nathan	04. 01. 00	Sceranow	stl.	Schreiner
857. Frogel-Kaufmann, Hilde	15. 08. 01	Blumenthal	stl.	Stenotypistin
858. Ingwer, Bernhard	03. 11. 07	Zloczow	stl.	Schneider
859. Ingwer-Salomon, Jeanne	14. 09. 12	Voelklange	stl.	Korrespondentin
860. Ingwer, Wilhelm	04. 08. 12	Zloczow	stl.	Schneider
861. Kimelfeld-Rosenzweig, Dora	15. 04. 92	Tornazow	stl.	Handnäherin

25. 02. 43

862. Markowicz-Rosental, Laja	19. 04. 07	Czestochowa	stl.	Schneiderin
863. Markowicz, Rudolf	12. 12. 31	Antwerpen	stl.	Schüler
864. Jakab, Maria	14. 04. 08	Asualjul	stl.	Köchin
865. Klapholz, Mayer	11. 06. 69	Nowy-Saez	stl.	ohne
866. Stokler-Willdorff, Else	30. 03. 91	Danzig	stl.	Hausfrau
867. Stockler, Anna Lise	25. 10. 26	Berlin	stl.	Schneiderin
868. Man, Froim	23. 03. 05	Pradz	stl.	Schneider
869. Kitaj, Estera Rena	11. 08. 96	Mlawa	stl.	Schneiderin
870. Weiss gen. Süsswein, Mayer	29. 10. 11	Neu-Sanez	stl.	……?
871. Dab recta Fleischman, Saul	30. 12. 11	Jaslo	stl.	Installateur
872. Dab, Blima	22. 10. 22	Jaslo	stl.	Pelzarbeiterin
873. Kalter-Zimmermann, Chaja	März 65	Sekuren	stl.	ohne
874. Kohn-Stein, Filomena	15. 06. 73	Neu-Rosnitz	stl.	ohne
875. Kadinsky-Kabalkin, Marthe	1861	Doubrowno	stl.	ohne
876. Goldblat-Kadinsky, Polina	01. 12. 83	Dangoupils	stl.	ohne

26. 02. 43

877. Seiden, Markus Meyer	07. 03. 05	Bochnia	stl.	Uhrmacher
878. Finchelstein, Aizic	15. 01. 08	Tighine Kzarnanic	stl.	Lehrer
879. Westheimer, Julius	13. 06.01	Canstatt	stl.	Fleischer
880. Westheimer-Borg, Meta (Transp. XXI)	*09. 11. 04*	*Berlin*	*stl.*	*Näherin*
881. Jaskiel, Abraham Jacob (XXV-9)	*14. 11. 02*	*Czestochowa*	*stl.*	*Handelsreisender*
882. Finkelkraut, Isaak	Juli 91	Warschau	stl.	Schneider

883. Kruszel, Icek	21. 07. 02	Pawsinck-Wilance	stl.	Schneider
884. Kruszel-Calka, Gela	1901	Kolbig	stl.	Hausfrau
885. Kruszel, Maria Laja	14. 01. 29	Brüssel	stl.	Schülerin
886. Lapman, Abram (Transp. XXI)	*02. 08. 11*	*Warschau*	*stl.*	*Reisender*
887. Goldring, Marie (XXI-18)	*13. 08. 19*	*Leipzig*	*stl.*	*Kinoartistin*
888. Meyer, Johanna Sara	18. 07. 11	Euskirchen	stl.	Hotelangestellte
889. Glotzer-Molnar, Magdalena	07. 02. 13	Wien	stl.	Kontoristin
890. Fajngold, Moise Szyk	15. 07.66	Janow	stl.	Kaufmann
891. Faijngold-Fitrin, Liba	10. 10. 66	Janow	stl.	Hausfrau
892. Rozentraub-Fajngold, Braimscha	25. 08. 07	Basel	stl.	ohne
893. Weisz, Miksa (XXV-4)	*26. 08. 95*	*Budapest*	*stl.*	*Klempner*
894. Lebovic, Chaja	30. 01. 05	Sulchovce	stl.	Schneider
895. Gottfeld, Ernst	14. 08. 03	Wuppertal	stl.	Fabrikant
896. Brunner-Weindling, Anna Mina	25. 04. 61	Mako	stl.	ohne
897. Gutter-Brünner, Malvina	28. 07. 95	Sastoral-janglely	stl.	Hausfrau
898. Gutter, Sylvia	18. 07. 25	Antwerpen	stl.	Schülerin
899. Gutter, Fernande	06. 05. 30	Antwerpen	stl.	Schülerin
900. Gutter, Marguerite Helene	03. 09. 33	Antwerpen	stl.	Schülerin
901. Blonder-Binnenstock, Tauba Ettel	01. 12. 80	Kolbuszowa	stl.	Hausfrau
902. Czarna, Cyja	17. 05. 06	Wilma	stl.	Masseuse
903. Czarna, Anna	04. 06. 40	Antwerpen	stl.	ohne
904. Witteboon, Aron	25. 07. 77	Amsterdam	stl.	ohne
905. Witteboon-Swaab, Fenima	27. 12. 75	Hilversum	stl.	Hausfrau
906. Rabinovitch-Garber, Beila	15. 03. 82	Novograd	stl.	Hausfrau
907. Majbruch, Izak Lazar	05. 09. 13	Krakau	stl.	Handels-Ing./Bücherrevis.
908. Majbruch-Rabinovitch, Laura	08. 07. 11	Novograd	stl.	Hausfrau
909. Majbruch, Jacob	03. 04. 37	Antwerpen	stl.	ohne

28. 02. 43

910. Gasman, Iechok Ajrijk	28. 08. 06	Lodz	stl.	Koch
911. Karolinski, Jules	21. 12. 14	Warschau	stl.	Handschuh-macher
912. Sad, Michael	16. 03. 83	Kalisz	stl.	Lehrer
913. Weingarten, Frankisch	10. 10. 07	Volowa	stl.	Schneider
914. Weingarten-Sad, Rana	10. 09. 05	Kalisz	stl.	Schneiderin

915.	Sad, Blima	28. 10. 17	Kalisz	stl.	Handschuhmacherin
916.	Backer, Jakob	18. 11. 91	Wieszcourt	stl.	Lederzuschneider
917.	Backer-Kainer, Rosa	21. 12. 88	Tarnow	stl.	Hausfrau
918.	Backer, Irène	02. 3. 23	Berlin	stl.	Schneiderin
919.	Backer, Adolf	09. 12. 24	Berlin	stl.	Polsterer
920.	Borensztejn, Joseph	18. 04. 93	Warschau	stl.	Schneider
921.	Borensztejn-Szklawer, Blina	15. 03. 94	Warschau	stl.	ohne
922.	Borensztejn, Mozek Aron	21. 07. 26	Warschau	stl.	Schneider
923.	Borensztejn, Rachel	25. 10. 28	Warschau	stl.	Schülerin
924.	Icek, Abraham	02. 07. 90	Bolsalawice	stl.	Konditor
925.	Icek-Bulke, Gucia	16. 11. 87	Zlozen	stl.	Hausfrau
926.	Friedman, Nati	17. 09. 24	Wien	stl.	Mechaniker
927.	Mandel, Moses Leib	25. 04. 08	Loszensk	stl.	Kaufmann
928.	Icek, Szmul Heisz	20. 09. 27	Lututow	stl.	Konditor
929.	Gliksman, Chaim Wolf	02. 01. 00	Zdunska Wola	stl.	Konfektionsschneider
930.	Gliksman, Izak Mordka	09. 03. 24	Lodz	stl.	Schneider
931.	Leybtschik, Jefin	15. 10. 88	Bowrowak	stl.	Uhrmacher
932.	Leybtschik-Kempler, Lea	20. 03. 05	Krakau	stl.	Näherin
933.	Ghelmann-Pila, Masza	17. 06. 97	Zniamienka	stl.	Handnäherin
934.	Grosman, Jacob Sechok	04. 07. 22	Warschau	stl.	Kürschner
935.	Pinkus, David Josef	01. 09. 02	Bendzin	stl.	Kürschner
936.	Pinkus-Pinkus, Estera	29. 10. 99	Bendzin	stl.	Pelzarbeiterin
937.	Pinkus, Heinrich	02. 02. 30	Düsseldorf	stl.	Schüler
938.	Redlich-Lenkawicka, Maria Tila	16. 10. 01	Warschau	stl.	Hausfrau
939.	Reinman, Laser	03. 06. 14	Lemberg	stl.	Kürschner
940.	Reinman-Klein-Ova, Frida	03. 12. 19	Viliki	stl.	Hausfrau
941.	Reinman, Felicien	17. 12. 42	Ixelles	stl.	ohne
942.	Glasz, Max	18. 04. 15	Wien	stl.	Kürschner
943.	Birnbaum, Abraham	13. 02. 07	Sazajah	stl.	Steppdeckenarbeiter
944.	Birnbaum-Karmazyn, Tauba	23. 02. 11	Lodz	stl.	Steppdeckenarbeiterin
945.	Gross, Siegfried	26. 09. 99	Kroznska	stl.	Dekorateur
946.	Gross-Gumpert, Liesbeth	14. 06. 02	Berlin	stl.	Stenotypistin
947.	Rotschild, Wilhelm Israel	30. 12. 11	Groß-Armstadt	stl.	Pelzarbeiter
948.	Dankewitz, Mojzesz Salomon	04. 04. 03	Krakau	stl.	Kaufmann

949. Altbregin, Michel	Mai 85	Polaska	stl.	Tischler
950. Altbregin, Wolf Vulp	04. 09.13	Gangavspuls	stl.	Lederarbeiter
951. Weinberger, Gustav (Transp. XXI)	*06. 01. 06*	*Wien*	*stl.*	*Metzger*
952. Reichgott, Rita (XXI-11) (XXI-11)	*07. 11. 11*	*Zürich*	*stl.*	*Sekretärin*

02. 03. 43

953. Szpiro, Bruchla	03. 05. 04	Warschau	stl.	Pelzarbeiterin
954. Stökl, Friedel	31. 07. 21	Wien	stl.	Kürschner
955. Schimanowicz, Adolphe	22. 10. 99	Lodz	stl.	Schlosser
956. Schimanowicz-Kiper, Chana Gitla	21. 11. 00	Tomaszow	stl.	Schneiderin
957. Schimanowicz, Bertha	08. 04. 38	Marcinelle	stl.	ohne
958. Kranz-Gerstel, Dessa	14. 09. 77	Mrelecz	stl.	ohne
959. Storch-Kranz, Marie	23. 02. 05	Rzeszow	stl.	Hausfrau
960. Storch, Ernestine	14. 09. 36	Wien	stl.	Schülerin
961. Blacherman, Abraham	20. 11. 92	Yanow	stl.	Schneider
962. Blacherman-Sapenck, Ruchla	25. 04. 95	Lomarcz	stl.	Schneiderin
963. Blacherman, Fradlia	03. 11. 27	Etterbeek	stl.	Schneiderin
964. Rath, Adolf Leon	16. 11. 79	Kolowice	stl.	Kaufmann
965. Lewkowicz, Philip	14. 01. 08	Lodz	stl.	Pelzarbeiter
966. Lewkowicz, Albert	27. 05.30	Antwerpen	stl.	Schüler
967. Lewkowicz, Isidore	14. 04.36	Antwerpen	stl.	Schüler
968. Lipschutz-Kalischer, Szajndel Anna	11. 09. 56	Krakau	stl.	ohne
969. Freudenfeld, Aron	28. 08. 97	Tarnow	stl.	Bügler
970. Freudenfeld-Gastwirth, Fania	03. 02. 07	Pilzno	stl.	Hausfrau
971. Freudenfeld, Axel	03. 10. 40	Bevel	stl.	ohne
972. Flam, Icek	19. 04. 94	Piotrkow	stl.	Bäcker
973. Flam-Roth, Adela	30. 05. 98	Ouaryckow	stl.	Hausfrau
974. Flam, Amalie	28. 03. 23	Köln	stl.	Schülerin
975. Blioger, Sura-Marianne	06. 02. 02	Czestochowa	stl.	Schneiderin
976. Rozenblum, Zelman Joseph	08. 04. 96	Warsschau	stl.	Uhrmacher
977. Eckert, Osias	23. 03. 93	Wien	stl.	Wäschenäher
978. Herz-Wachtel, Dina Perl	06. 11. 90	Tarnow	stl.	Hausfrau
979. Scharf-Wachtel, Helene Chaja	18. 10. 98	Tarnow	stl.	Hausfrau
980. Proner-Roth-Knohl, Adela	14. 12. 07	Toporow	stl.	Wäschenäherin
981. Schiller, Julius	08. 09. 98	Frankf. a. M.	stl.	Metzger

04. 03. 43

982.	Löwenwirth, Samuel	19. 05. 13	Loze	stl.	Schneider
983.	Lowenwirth-Dronzek, Eva	01. 05. 14	Antwerpen	stl.	Schneiderin
984.	Löwenwirth, Ruth	30. 12. 41	Brüssel	stl.	ohne
985.	Gutman-Gerstl, Rosa	13. 04. 99	Zürich	stl.	Hausfrau
986.	Gutman, Anenka Adelaide	17. 02. 24	Würzburg	stl.	Kunstmalerin
987.	Gutman, Charlotte Sonia	26. 05. 30	Brüssel	stl.	Schülerin
988.	Gutman, Josefina	26. 08. 40	Brüssel	stl.	ohne
989.	Kudisch, Abraham	26. 10. 05	Wolance	stl.	Stricker
990.	Kudisch-Wenig, Bindla	12. 05. 11	Dobromil	stl.	Strickerin
991.	Kudisch, Philip	29. 10. 42	Brüssel	stl.	ohne
992.	Steinberger, Aurel	24. 11. 01	Satu Mare	stl.	Feldarbeiter
993.	Steinberger-Hollender, Rosalia	14. 12. 05	Kivyadz	stl.	Hausfrau
994.	Steinberger, Jacques	20. 10. 31	La Louvière	stl.	Schüler
995.	Steinberger, Maurice	31. 05. 33	Etterbeek	stl.	Schüler
996.	Steinberger, Robert	02. 07. 36	Laeken	stl.	Schüler
997.	Steinberger, Henriette	19. 05. 40	Brüssel	stl.	ohne
998.	Rapaport, Franz	01. 11. 95	Bern	stl.	Bügler
999.	Wolff-Baum, Elvira	02. 04. 10	Bausendorf	stl.	Hausfrau
1000.	Wolff, Jacqueline	15. 03. 33	Luxemburg	stl.	Schülerin
1001.	Leiberg, Konrad	24. 06. 94	Warschau	stl.	Krankenpflegerin
1002.	Leiberg-Hoffmann, Anna	02. 03. 91	Caernowitsch	stl.	Modistin
1003.	*Silberstein, Jecheskel (XXV-5)*	*03. 06. 12*	*Krakau*	*stl.*	*Kürschner*
1004.	*Brauner, Simon (XXIII-5)*	*25. 04. 86*	*Sandomitz*	*stl.*	*Mützenmacher*
1005.	Neumann, Zita	15. 02. 22	Berlin	stl.	Modistin
1006.	Schüller, Meyer	15. 03. 10	Köln	stl.	……erzeuger
1007.	Pawlowicz, Szaja	20. 12. 16	Warta	stl.	Lebensmitteltechniker
1008.	Raichert-Strang, Reizla	Aug. 97	Zdunska Vola	stl.	Wäschenäherin
1009.	Russek, Zalman	08. 02. 92	Kalisz	stl.	Schneider
1010.	Russek-Bielinska, Brana	1894	Turok	stl.	Schneiderin
1011.	Russek, Lejb	23. 06. 22	Kalisz	stl.	Pelzarbeiter
1012.	Russek, Henoch David Henri	17. 03. 25	Kalisz	stl.	Pelznäher
1013.	Russek, Priwa	19. 11. 32	Kalisz	stl.	Schülerin
1014.	Wajngart, Aron	11. 07. 16	Warschau	stl.	Kartonagearbeiter
1015.	Wajngart-Liberman, Estera	10. 10. 12	Warschau	stl.	Hausfrau
1016.	Katz, Arno	10. 02. 99	Bunda	stl.	Naturheilpraktiker
1017.	Katz-Ransenberg, Jenny	10. 06. 92	Holxer	stl.	Hausfrau
1018.	Neufeld, Marie Mela	23. 11. 19	Berlin	stl.	Verkäuferin

1019.	Siekierska-Bihman, Sara	07. 01. 99	Cetatoa-Alba	stl.	Schneiderin
1020.	Gerstl-Neumann, Rosa	04. 01. 89	Wien	stl.	Hausfrau
1021.	Gerstl, Adolf	03. 06. 26	Wien	stl.	Friseur
1022.	Markus, Egon Israel	05. 03. 22	Berlin	stl.	Glaser
1023.	Weiss, Karl	18. 11. 04	Berlin	stl.	Angestellter
1024.	Weiss-Lipschütz, Bertha	06. 08. 99	Frankf. a. M.	stl.	Hausfrau
1025.	Fischer, Moritz	13. 03. 81	Gemet Szolgyen	stl.	Kaufmann
1026.	Fischer-Herzka, Ella	12. 03. 88	Wien	stl.	Hausfrau
1027.	*Hammer, Schaye Hersch (XXVI-2)*	*04. 04. 97*	*Lodz*	*stl.*	*Buchhalter*
1028.	Hammer-Glücksmann, Lina Charl.	03. 11. 03	Berlin	stl.	Hausfrau
1029.	Kurgan, Samuel	13. 09. 03	Wilna	stl.	Ingenieur
1030.	Wiesenfeld, Marken	04. 11. 19	Berlin	stl.	Kürschner

05. 03. 43

1031.	Strauss, Paul Israel	09. 08. 79	Nürnberg	stl.	Kaufmann
1032.	Urstein, Leibusch	30. 05. 79	Petrikau	stl.	ohne
1033.	Sternefeld-Van Kreveld, Rosa	18. 09. 63	Goude	stl.	ohne
1034.	Szwentarski, Israel Szmul	28. 11. 86	Lodz	stl.	Reisender
1035.	Gorlicki-Grinbaum, Chana Maya	03. 03. 03	Chnichnik	stl.	Schneiderin
1036.	Nadel, Hersch	25. 04. 98	Neu Sandez	stl.	Polsterer
1037.	Daszkal-Weisz, Pepi	19. 03. 97	Witko	stl.	Hausfrau
1038.	Daszkal, Edith	19. 08. 23	Satu Mare	stl.	Schneiderin
1039.	Brisk, Hermann	26. 03. 79	Poltsama	stl.	Kaufmann
1040.	Anysch, Samuel	29. 12. 11	Dresden	stl.	Elektriker
1041.	Minder, Julius	30. 12. 93	Plugie	stl.	Lagerist
1042.	Stolar-Rabinowitz, Sara Beila	28. 08. 77	Schtokmans-hoff	stl.	ohne
1043.	Cop-Radziwiller, Chaja	15. 12. 78	Brody	stl.	Hausfrau
1044.	Tessler-Briljantchik, Paulina	13. 05. 06	Brody	stl.	Hausfrau
1045.	Teszler, Rachel	19. 03. 31	Antwerpen	stl.	Schülerin
1046.	Teszler, David	19. 05. 34	Antwerpen	stl.	Schüler
1047.	Teszler, Silvia Gisela	26. 11. 35	Antwerpen	stl.	Schülerin
1048.	Blanes-de Vries, Saartje	15. 11. 80	Vianen	stl.	Hausfrau
1049.	Streep, Hartog	24. 11. 70	Amsterdam	stl.	ohne
1050.	Streep, Jacob	16. 03. 75	Amsterdam	stl.	ohne
1051.	Streep-Voorzanger, Roosje	19. 02. 68	Amsterdam	stl.	ohne
1052.	Halmans, David	24. 09. 82	Amsterdam	stl.	Diamantsäger

1053.	Weinreb, Israel	1874.	Baranowo	stl.	ohne
1054.	Weinreb-Rosenblith, Etla	1875	Kopki	stl.	ohne
1055.	Melzer-Biegeleisen, Esther	20. 01. 68	Kolbuszowa	stl.	ohne
1056.	Ryb, David	08. 02. 83	Krzyweza	stl.	ohne
1057.	Ryb-Kraut, Blima	1888	Sokolow	stl.	ohne
1058.	Berler, Wilhelm	18. 04. 18	Meselocanti	stl	Student

06. 03. 43

1059.	*Waldberg, Berthold (transp. XXIV)*	*25. 02. 16*	*Wien*	*stl.*	*Schneider*
1060.	*Klausner, Leopold (transp. XXIV)*	*06. 05. 08*	*Wien*	*stl.*	*Zuschneider*
1061.	Blockerman, Benjamin	27. 11. 97	Jano Podlowska	stl.	Schneider
1062.	Goldberg-Szmulewicz, Cylka	12. 12. 07	Kalisz	stl.	Schneiderin
1063.	Prowizor, Chaim	31. 03. 95	Tarnow	stl.	Schneider
1064.	Frenkiel, David	23. 01. 08	Tomqozow	stl.	Kellner
1065.	Bresler, Kopel	04. 03. 71	Delatin	stl.	ohne
1066.	Reischer, Eric	02. 04. 25	Wien	stl.	Mechaniker
1067.	--------------------------------				
1068.	De Saegher-Neumann, Herta Sara	15. 07. 20	Frankf. a. M.	stl.	Schneiderin
1069.	Abramowicz, Hermann	08. 08. 13	Wien	stl.	Goldschmied
1070.	Abramowicz-Steckel, Martha	04. 01. 18	Wien	stl.	Modistin
1071.	Abramowicz, Freddy	23. 01. 38	Wien	stl.	ohne
1072.	Steckel, Betty	01. 02. 20	Wien	stl.	Hausfrau
1073.	Steckel, Gitta	06. 02. 39	Wien	stl.	ohne
1074.	Brod-Lufer, Frida	03. 09. 21	Berlin	stl.	Näherin
1075.	Schönheim, Rudolf	31. 10. 92	Bleicherode	stl.	Kaufmann
1076.	Feldman, Abraham	08. 06. 93	Przemyse	stl.	Lederarbeiter
1077.	Feldman-Rotman, Mariem	14. 05. 88	Usteryki	stl.	Lederarbeiterin
1078.	Schussel-Grunhut-Kanfer, Mancia	28. 07. 97	Jazlowice	stl.	Schneiderin
1079.	Levi, Hananel Henri	24. 12. 10	Salonique	stl.	Automechaniker

08. 03. 43

1080.	Sapcaru, Jozef Herman	27. 04. 07	Galatz	stl.	Bauingenieur
1081.	Sapcaru-Ellmann, Similia	30. 08. 10	Galatz	stl.	Schneiderin
1082.	Mendel, Günther	02. 07. 19	Düsseldorf	stl.	Kürschner
1083.	Bergman, Israel Jajne	16. 06. 03	Lodz	stl.	Lederarbeiter
1084.	Bergman-Fajerman, Sosza	31. 08. 05	Czestochowa	stl.	Hausfrau

1085.	*Szafir, Joel (transp. XXII)*	*29. 07. 89*	*Warschau*	*stl.*	*Elektriker*
1086.	Podgorz, Pinkas	12. 04. 05	Baligrod	stl.	Kürschner
1087.	Kurs, Markus Jozef	27. 04. 96	Sokal	stl.	Koch
1088.	Kurs-Kaul, Sisel Jenty	03. 04. 94	Sokal	stl.	Schneiderin
1089.	Potasinski, Moszek Abraham	29. 08. 03	Kzias-Wielki	stl.	Schneider
1090.	Potasinksi-Wajslic, Emilia	27. 03. 14	Warschau	stl.	Schneiderin
1091.	Finkelszteijn, Israel David	23. 12. 04	Warschau	stl.	Kürschner
1092.	Reif, Chaim	09. 12. 03	Babin	stl.	Reisender
1093.	Mikanovska, Mirla	21. 08. 91	Warschau	stl.	Schneiderin
1094.	Wachsberg-Sobelmann, Renata	17. 01. 80	Leipzig	stl.	ohne
	10. 03. 43				
1095.	Naparstek, Szymon	1879	Chjainy	stl.	Schneider
1096.	Naparstek-Sale, Rywka Rojza	1888	Sochaczow	stl.	Köchin
1097.	Miller, Chil Jacob	30. 11. 95	Ghodisk	stl.	Lederarbeiter
1098.	Miller, Elsa	14. 04. 23	Lasgendresge	stl.	Näherin
1099.	Korenberg, Dora	09. 04. 29	Zswierncie	stl.	Lederarbeiter
	11. 03. 43				
1100.	Szwiercewski, Szmul	22. 09. 08	Zelow	stl.	Schuster
1101.	Jakubowicz, Chana Tauba	12. 05.95	Lodz	stl.	Hausfrau
1102.	Markowicz, Paula Iska	02. 04. 09	Zdunska Wola	stl.	Pelzarbeiterin
1103.	Markowicz, Maria Paula	05. 08. 26	Lüttich	stl.	Schülerin
1104.	Markowicz, Esther	1904.	Zdunska Wola	stl.	Pelzarbeiterin
1105.	Friszman-Szrajber, Tauba	22. 02. 03	Edunaba	stl.	Schneiderin
1106.	Surovetchi, Meer	07. 08. 01	Crioms-Ozera	stl.	Handelsreisender
1107.	Dimidschstein, Michel	08. 04. 92	Ksenetz	stl.	Schneider
1108.	Damidschstein-Zylberman, Gienendla	21. 05. 95	Sandomierz	stl.	Hausfrau
1109.	Rotsztein-Wajcblum, Sura	13. 05. 08	Opatow	stl.	Näherin
1110.	Blumenfeld-Wajcblum, Chaja	10. 05. 09	Opatow	stl.	Pelzarbeiterin
1111.	Slezingher, Wolf	15. 03. 80	Aichinoff	stl.	Apotheker-Chemiker
1112.	Slezingher-Reitich, Sofia	04. 05. 84	Aichineff	stl.	Hausfrau
1113.	Kheifetz-Moguilevitch, Dina	15. 03. 79	Tchimobyl	stl.	ohne
1114.	Curvicius, Peisachas	19. 01. 01	Koshedary	stl.	Lehrer

1115.	Curvicius-Kheifetz, Sara	27. 07. 03	Ekaterina-slaw	stl.	Hausfrau
1116.	Danziger, Theresia	23. 12. 08	Wajdacaka	stl.	Schneiderin
1117.	Flaschtaz-Aronsohn, Dichla	10. 3. 01	Sawolki	stl.	Hausfrau
1118.	Lachman, Aron	19. 11. 98	Sulejow	stl.	Schneider
1119.	Flaschtaz, Henri	18. 10. 27	Antwerpen	stl.	Student
1120.	Flaschtaz, Suzanne	24. 06. 35	Antwerpen	stl.	Schülerin
1121.	Frankfort, Jonas	19. 04. 82	Amsterdam	stl.	ohne
1122.	Frankfurt-Philips, Clara	27. 08. 84	Amsterdam	stl.	Hausfrau
1123.	Frankfort, Lehman	18. 11. 27	Amsterdam	stl.	Schüler
1124.	Jakubowicz-Rozencwajg, Liba-Golda	23. 03. 12	Stopnica	stl.	Schneider
1125.	Swaap, Abraham	23. 01. 03	Amsterdam	stl.	Diamantschleifer
1126.	Biederberg-Weissberg, Rywka	23. 05. 07	Ruda Breniecka	stl.	Näherin
1127.	Biederberg, Anna	21. 07. 41	Antwerpen	stl.	ohne
1128.	Elsas, Emmanuel	25. 01. 31	Antwerpen	stl.	Schüler
1129.	Wolf-Cassuto, Mirjam	02. 04. 73	Amsterdam	stl.	ohne
1130.	Keizer, Isaac	15. 07. 97	Antwerpen	stl.	ohne
1131.	Hilsberg, Moszek Chil	15. 03. 95	Warschau	stl.	Krawatten……..
1132.	Hilsberg-Rotblat, Perla	05. 04. 92	Warschau	stl.	Hausfrau
1133.	Altmann-Hofstaedter, Marjem	12. 04. 06	Wiesbaden	stl.	Hausfrau
1134.	Altmann, Heinz	13. 09. 33	Wiesbaden	stl.	Schüler
1135.	Mittelman, Louis	03. 06. 15	Lodz	stl.	Bautechniker
1136.	*Rosenberg, Mendel (transp. XXI)*	*01. 07.20*	*Pelanzi*	*stl.*	*Schneider*
1137.	Abraham, Abraham	15. 06. 96	Pilsno	stl.	Kaufmann
1138.	Abraham-Chamajdes, Adela	14. 11. 05	Drhobycz	stl.	Hausfrau
1139.	Abraham, Arthur	13. 05. 42	St.Gilles	stl.	ohne
	12. 03. 43				
1140.	Widawski, Jakob	13. 02. 01	NowoMiasto	stl.	Hemden-schneider
1141.	Widawski-Zarzewski, Sura	18. 09. 00	Lodz	stl.	Hemdennäherin
1142.	Widawski, Dina	27. 08. 27	Lodz	stl.	Stenotypistin
1143.	Marbach-Halm, Perl Rosa	21. 01. 95	Wijnita	stl.	Köchin
1144.	Friedmann, Régine gesch.Heimann	23. 11. 03	Podro-loczyska	stl.	zahnärztl. Assistentin
1145.	Glotzer, Kiwe	15. 01. 14	Bursztijn	stl.	Schaftemacher
1146.	Gnazik, Elias	25. 04. 95	Kalisz	stl.	Schneider

1147. Reig, Leib	28. 05. 10	Kalisz	stl.	Pelarbeiter
1148. Reig-Landskroner, Berta	04. 03. 22	Wien	stl.	Schneiderin
1149. Szmulewicz, Ajzyk	05. 05.10	Kalisz	stl.	Schneider
1150. Szmulewicz-Trajman, Perla	04. 01. 15	Bletzin	stl.	Schneiderin
1151. Kraus, Rudolf	03. 08. 97	Berlin	stl.	Bankbeamter
1152. Wolkenfeld, Lily	27. 08. 22	Mor Ostrawa	stl.	Schneiderin
1153. Castegnier-Weinreb, Isabella	02. 11. 19	Frankf. a. M.	stl.	Hausfrau
1154. Dym, Schabse	15. 05. 99	Liska	stl.	Kaufmann
1155. Perkal, Wigdor Henoch (XXV-1)	*23. 01. 06*	*Nowo Minsk*	*stl.*	*Versich.agent*
1156. Sann, Chaja	09. 01. 98	Rzeszow	stl.	ohne
1157. Fuchs, Kurt (transp. XXI)	*07. 05. 23*	*Wien*	*stl.*	*Schuster*
1158. Fuchs, Johanna (transp. XXIIa)	*28. 05. 26*	*Wien*	*stl.*	*Weißnäherin*
1159. Dutke, Arnold (transp. XXIIa)	*21. 10. 21*	*Wien*	*stl.*	*Radiotechniker*
1160. Judelowitz-Feuermann, Ester	04. 05. 94	Kolomea	stl.	Weißnäherin
1161. Judelowitz, Helene	16. 08. 32	Berlin	stl.	Schülerin
1162. Ochs-Preiss, Debora	15. 06. 80	Barbosow	stl.	Hausfrau
1163. Roth, Elias Samuel	07. 12. 06	Tyrowa Wolaska	stl.	Vorsänger
1164. Roth-Ochs, Bina	14. 07. 11	Zbarow	stl.	Buchhalterin
1165. Roth, Sarah	04. 12. 37	Wien	stl.	ohne
1166. Roth, Josef	08. 04. 40	Antw.-Berchem	stl.	ohne
1167. Roth, Rebekka	21. 08. 42	Antw.-Borgerhout	stl.	ohne
1168. Steinreich-Henig, Ruchel	16. 02. 09	Bochnis	stl.	Hausfrau
1169. Steinreich, Ruth	10. 07. 34	Antwerpen	stl.	Schülerin
1170. Steinreich, Sopie	06. 08. 37	Antwerpen	stl.	ohne
1171. Steinreich, Marc	15. 03. 40	Antwerpen	stl.	ohne
1172. Lerner-Steinreich, Marie	21. 07. 99	Wisniczby Bochnis	stl.	Näherin
1173. Lerner, Sophie	07. 05. 28	Frankf. a. M.	stl.	Schülerin
1174. Lerner, Gusti	21. 07. 30	Frankf. a. M.	stl.	Schülerin
1175. Wynberg-Lessing, Esther	26. 03. 80	Amsterdam	stl.	Näherin
1176. Henig-Lewy, Chaja	10. 07. 76	Bochnis	stl.	Hausfrau
1177. Laub-Henig, Brucha	01. 09. 04	Bochnis	stl.	Kontoristin
1178. Laub, Marcel	07. 06. 31	Antwerpen	stl.	Schüler
1179. Laub, Noemie	14. 09. 36	Antwerpen	stl.	ohne
1180. Kichelmacher, Szymon	02. 02. 01	Osmolica	stl.	Diamantarbeiter

1181. Kichelmacher-Sobel, Laja Dwora	15. 01. 01	Lublin	stl.	Hausfrau
1182. Kichelmacher, Jehuda-Lejb	11. 10. 26	Warschau	stl.	Student
1183. Kichelmacher, David	15. 12. 32	Antwerpen	stl.	Schüler
1184. Stern-Brotman-Majer, Eidel	05. 09. 79	Krakau	stl.	Hausfrau
1185. Stern, Sali	09. 02. 11	Wien	stl.	Schneiderin
13. 03. 42				
1186. Jelen, Chil Mayer	25. 05. 90	Bdonie	stl.	Kaufmann
1187. Jelen-Goldberg, Perla	12. 11. 91	Grodsisk	stl.	Hausfrau
1188. Klajnzynger-Jelen, Gitla	11. 05. 20	Warschau	stl.	Stenotypistin
1189. Jelen, Mala	10. 10. 26	Warschau	stl.	Schneiderin
1190. Wald-Mansklajd, Ruchla	28. 05. 18	Warschau	stl.	Friseuse
1191. Kryksman, Gedelja Szlama	29. 05. 09	Ruda Guswoska	stl.	Schneider
16. 03. 43				
1192. Mayer, Jakob (transp. XXI)	*31. 07. 05*	*Frankf. a. M.*	*stl.*	*Kaufmann*
1193. Mayer-Fischbein, Frieda	12. 10. 11.	Kiew	stl.	Bankangestellte
1194. Heuberg, Samuel	06. 03. 02	Nielec	stl.	Kürschner
1195. Heuberg-Dobschütz, Laura	20. 09. 03	Juroslaw	stl.	Schneiderin
1196. Heuberg, Sylvia	24. 01. 32	Brüssel	stl.	Schülerin
1197. Haber, Anna	12. 12. 23	Altona	stl.	Schneiderin
1198. Eisenstab, Louis	15. 03. 30	Brüssel	stl.	Schüler
1199. Rybak-Sylberberg, Elka	Okt. 84	Warschau	stl.	Hausfrau
1200. Birnbaum, Itta	1898	Czestochova	stl.	Schneiderin
1201. Seiler-Pensel, Sara Rebecca	16. 09. 77	Sochaczow	stl.	Hausfrau
1202. Teitel, Abraham (XXIII-6)	*15. 09. 19*	*Berlin*	*stl.*	*Schneider*
1203. von Wassermann, Robert Siegfried	08. 01. 97	Berlin	stl.	Kaufmann
1204. Johr, Sally	16. 04. 82	Lopsens	stl.	ohne
1205. Johr-Krakauer, Margarethe	22. 02. 91	Thorn	stl.	Hausfrau
1206. Körnacker-Sobotki, Ruth	12. 04. 04	Elberfeld	stl.	Verkäuferin
1207. Lehrer, Michael	19. 04.98	Jassy	stl.	Kaufmann
1208. Rubin, Leon Robert (XXIII-21)	*13. 02. 06*	*Lille*	*stl.*	*Kraftfahrer*
1209. Beiline, Alfred (transp. XXI)	*07.0 2. 24*	*Neufchatel*	*stl.*	*Hilfsarbeiter*

	17. 03. 43				
1210.	Steinberg, Israel	14. 07. 90	Wilno	stl.	Schneider
1211.	*Rosenstraub, Eisig (XXIV-20)*	*21. 12. 09*	*Belatyn*	*stl.*	*Schneider*
1212.	Steiner-Kolbuszowar, Hermine	04. 03. 08	Wien	stl.	Modistin
1213.	*Raychman, Michael (transp. XXIIa)*	*22. 07. 93*	*Warschau*	*stl.*	*Vertreter*
1214.	*Raychman-Spitz, Rence (XXIIa)*	*27. 07. 01*	*Wien*	*stl.*	*Hausfrau*
1215.	Keller, Moses	03. 09. 93	Rzeszow	stl.	Diamantkliever
1216.	Keller, Rachel	20. 06. 28	Antwerpen	stl.	Schülerin
1217.	Lachin, Michel	01. 09. 80	St. Petersburg	stl.	ohne
1218.	Loszynski-Abraham, Hansshen	02. 09. 87	Posen	stl.	Hausfrau
1219.	Sztabzyb, Ajzyk David	22. 02. 12	Warschau	stl.	Handelsreisender
1220.	Sztabzyb-Szklarowicz, Freyda	01. 04. 11	Wilno	stl.	Schneiderin
1221.	Sztabzyb, Isidore-Isaac	15. 01. 39	Brüssel	stl.	ohne
1222.	*Siederer-Wachheiser, Stella (XXI)*	*19. 11. 08*	*Wien*	*stl.*	*Hausfrau*
1223.	Stawicki, Ichel Wolf	01. 05. 96	Leczyca	stl.	Schneider
1224.	Stawicki-Szopp, Regina	12. 07. 91	Radzmaco	stl.	Schneiderin
1225.	Igalson, Itta	29. 01. 96	Warschau	stl.	ohne
1226.	Igalson, Maurice	30. 10. 30	Brüssel	stl.	Schüler
1227.	*Keisman, Jankiel (XXIII-11)*	*23. 07. 99*	*Lowicz*	*stl.*	*Kaufmann*
1228.	Jakobowicz, Josef	05. 08. 76	Zdunska-Wola	stl.	ohne
1229.	Doxtorczyk-Igalson, Machla	25. 02. 99	Warschau	stl.	Pantoffel-macherin
1230.	Doxtorczyk, Basia	06. 10. 30	Etterbeek	stl.	Schülerin
1231.	Rosenbaum, Max	11. 06. 82	Schlehtern	stl.	Kaufmann
1232.	Rosenbaum-Plaut, Dina	03. 03. 78	Lutter	stl.	ohne
1233.	Gronowsky-Kaplan, Chana	10. 12. 02	Jurbarkas	stl.	Schneiderin
1234.	Gronowsky, Simon	12. 10. 31	Uccle	stl.	Schüler
	19. 03. 43				
1235.	Polak, Jonas	12. 01. 18	Amsterdam	stl.	Textil-Betriebs-leiter
1236.	Bremer-Bremer, Sofia	27. 06. 19	Amsterdam	stl.	Arztassistentin
1237.	Bremer, Karin Bianca Irène	06. 01. 41	Amsterdam	stl.	ohne

1238.	Thaler, Samuel	15. 06. 66	Mielce	stl.	ohne
1239.	Kaiser, Sally	18. 07. 72	Priekhofen	stl.	ohne
1240.	Kaiser-Sternberg, Elise	12. 09. 66	Westerberg	stl.	ohne
1241.	Spinner, Salomon	26. 07. 61	Talbow	stl.	ohne
1242.	Spinner-Peczenik, Henriette	10. 05. 65	Tarnopol	stl.	ohne
1243.	Linhart, Eliasz	01. 04. 03	Sambor	stl.	Hutmacher
1244.	Linhart-Meisel, Cyla	20. 11. 10	Botromil	stl.	Hausfrau
1245.	Linhart, Rosa	07. 05. 39	Antwerpen	stl.	ohne
1246.	Meisel-Blauer, Marie	26. 01. 03	Wien	stl.	Hausfrau
1247.	Freund-Frechter, Ruchla	1903	Bokacz	stl.	Hausfrau
1248.	Freund, Helene Regine	16. 10. 33	Ântwerpen	stl.	Schülerin
1249.	Hartog, Josephine	22. 05. 90	Moorsel	stl.	Verkäuferin
1250.	Engel, Mojzes	23. 12. 04	….	stl.	Schuhmacher
1251.	Engel-Grunberger, Helena	30. 12. 04	Zapson	stl.	Hausfrau
1252.	Engel, Armin	29. 01. 40	Antwerpen	stl.	ohne
1253.	Engel, Samuel	17. 01. 42	Antwerpen	stl.	ohne
1254.	Mandel recta Kwadrat, Jacques	26. 11. 24	Antwerpen	stl.	Tischler
1255.	Rozenfeld, Esthera	05. 04. 04	Dunska Wola	stl.	Hausfrau
1256.	Bok, Rachel	27. 08. 30	Blanken-berghe	stl.	Schülerin
1257.	Schneider, Helene	27. 10. 00	Krakau	stl.	Diamantkliever
1258.	Schneider, Elsa Eva	01. 03. 15	Caya	stl.	ohne
1259.	Thaler-Sztejnfeld, Esther	20. 07. 95	Warschau	stl.	Hausfrau
1260.	*Kaminski, Chaskiel (XXIII-13)*	*23. 05. 18*	*Rensin*	*stl.*	*Kaufmann*
1261.	Steigler-Monassohn, Manscia	20. 09. 86	Petrograd	stl.	Hausfrau
1262.	Steigler, Rachel	12. 09. 20	Berlin	stl.	Lehrerin
1263.	*Böhm, Max (transp. XXI)*	*10. 07. 22*	*Köln*	*stl.*	*Elektriker*
1264.	Weichselbaum, Nachman	20. 12. 71	Rubaczow	stl.	ohne
1265.	Gross, Israel	04. 04. 97	Padworno	stl.	Kürschner
1266.	Kneppel-Taub, Basche	18. 07. 97	….	stl.	Schneiderin

20. 03. 43

1267.	Osterreicher, Robert	21. 01. 12	-----	stl.	Koch
1268.	Behr, Lucien	04. 10. 69	Neuviller	stl.	Rabbiner
1269.	Behr-Hoenel, Julie	24. 06. 71	Minversheim	stl.	Hausfrau
1270.	Edelstein, Szlama	20. 04. 91	Warschau	stl.	Kaufmann
1271.	Gans-Heissfeld, Margarete Sara	24. 06. 87	Sassin	stl.	Klavier-pädagogin
1272.	Goldner-Klein, Risa	15. 07. 90	Wien	stl.	Hausfrau
1273.	Ehrlich, Berek	20. 04. 98	Radoszyck	stl.	Lederarbeiter

1274. Ehrlich-Lipski, Laja	27. 01. 04	Lodz	stl.	Lederarbeiterin
1275. Erlich, Wolf Willy	12. 07. 29	Anderlecht	stl.	Schüler
1276. Heffner, Naftali (XXIV-15)	*27. 04. 11*	*Dubiecko*	*stl.*	*Schneider*
1277. Srebnik, Lejzor Icek (transp. XXI)	*20. 06. 10*	*Biedlice*	*stl.*	*Schuster*
1278. Braun, Adolf (transp. XXI)	*26. 05. 94*	*Klingenthal*	*stl.*	*Kaufmann*
1279. Marjenberg, Refuel	28. 11. 03	Warschau	stl.	Lederarbeiter
1280. Marjenberg-Mlodek, Ruchla (tr. XXI)	*10. 03. 03*	*Michon*	*stl.*	*Schneiderin*
1281. Marienberg, Moise (Maurice)	19. 06. 05	Warschau	stl.	Lederarbeiter
1282. Marienberg-Marienberg, Elba	28. 09. 03	Warschau	stl.	Lederarbeiterin
1283. Korenberg, Jankiel	03. 09. 06	Zawiezce	stl.	Metzger
1284. Keppich-Feldman, Rozalia	03. 08. 10	Satu Mare	stl.	Schneiderin
1285. Bilsky, Max	09. 01. 80	Kilusov	stl.	Schneider
1286. Bilsky-Kutner, Ella Marja	23. 07. 90	Lodz	stl.	Schneiderin
1287. Devries, Georges	10. 01. 76	Roermond	stl.	ohne
1288. Da Costa da Fonseca, Jacobus	11. 07. 78	Amsterdam	stl.	Diamantschleifer
1289. Da Costa da Fonseca-Kapper, Jantje	29. 06. 84	Amsterdam	stl.	Hausfrau
1290. Kernadel-Falk, Simone	05. 01. 12	Warschau	stl.	Schneiderin
1291. Lindner-Kanner, Feiga	06. 12. 72	Lanout	stl.	ohne
1292. Mandel-Deutsch, Rosalia	08. 11. 00	Baia Mare	stl.	Hausfrau
1293. Mandel, Bela	29. 03. 28	Baia Mare	stl.	Schüler
24. 03. 43				
1294. Mandel, Albert	23. 12. 29	Antwerpen	stl.	Schüler
1295. Mandel, Elisabeth	03. 08. 33	Antwerpen	stl.	Schülerin
1296. Katz-Deutsch, Regina	02. 07. 09	Carasca	stl.	Hausfrau
1297. Katz, Lilly	20. 01. 32	Antwerpen	stl.	Schülerin
1298. Feldman, Maurice	02. 06. 76	Satu Mare	stl.	Schneider
1299. Feldman-Grünfeld, Hanny	02. 07. 78	Satu Mare	stl.	Hausfrau
1300. Feldman, Oscar	03. 04. 16	Satu Mare	stl.	Schneider
1301. Brodtmann-Segal, Hanny	13. 05. 98	Spandau	stl.	Stenotypistin
27. 03. 43				
1302. Regutkowicz, Berck Janiel	04. 01. 05	Ryki	stl.	Schumacher
1303. Regutkowicz-Majster, Dwojra	04. 12. 11	Rypin	stl.	Schuharbeiterin

1304.	Mytnowiecki-Skop, Sura	12. 12. 06	Dobrzyn	stl.	Gummimäntelkleberin
1305.	Riksenpan, Ruchela Rachel	15. 01. 05	Apsa-Vysni	stl.	Gummimäntelkleberin
1306.	Szriftgieser-Brill, Eva Hava	30. 09. 98	Kischinow	stl.	Schneiderin
1307.	Kornblum-Szwarcfuter, Rywfka	14. 01. 08	Konskić	stl.	Hausfrau
1308.	Sadokrzycki-Pik, Ilena	15. 12. 04	Zdunska Wola	stl.	Näherin
1309.	Moos-Sondheimer, Therese	18. 08. 74	Zell a. Mosel	stl.	ohne
1310.	Sondheimer, Amalia	19. 11. 75	Zell a. Mosel	stl.	ohne
	30. 03. 43				
1311.	Koschminski, Erwin Martin	09. 12. 14	Berlin	stl.	Lehrer
1312.	Koschminski-Gensaite, Frieda	18. 08. 11	Kolotek	stl.	Hausfrau
1313.	*Zonszajn, Abraham (transp. XXI)*	*02. 11. 24*	*Warschau*	*stl.*	*Schneider*
1314.	Grauwels, Jakob	25. 12. 24	Warschau	stl.	Student
1315.	Belfer, Lejb	29. 12. 96	Pinczow	stl.	Schäftemacher
1316.	Belfer-Belfer, Hina	13. 01. 98	Pinczow	stl.	Hausfrau
1317.	Ilzycer, Icchok	28. 03. 99	Warschau	stl.	Möbelpolierer
1318.	Ilzycer-Dembrowska, Pesa Chaja	28. 12. 05	Warschau	stl.	Hausfrau
1319.	Ilzycer, Mina	30. 06. 28	Brüssel	stl.	Schülerin
1320.	Gopenajk, Mindla	18. 01. 00	Konskowale	stl.	Schneiderin
1321.	Weleman, Zymel	27. 05. 02	Blatzki	stl.	Lederzuschneiderin
1322.	Weleman-Ejdelman, Chaja	20. 05. 06	Tomascow	stl.	Schneiderin
1323.	Brenner, Leiser	04. 05. 89	Phiona	stl.	Spitzenarbeiter
1324.	Mangot-Halfgot, Ryfla Ruchla	1868	Nowy Dwor	stl.	ohne
1325.	Jutkowic, Rosa	23. 12. 25	Bedwla	stl.	Pelzarbeiterin
1326.	Neubart, Joseph	22. 02. 83	Tarnow	stl.	Kaufmann
1327.	Neubart-Puretz, Henna	06. 01. 87	Przeczow	stl.	Hausfrau
1328.	Pisk, Paul	25. 12. 91	Wien	stl.	Kaufmann
1329.	Finkelstein, Friedrich	04. 07. 83	Stanislau	stl.	Kaufmann
1330.	Finkelstein-Finkelstein, Amalie	13. 07. 90	Stanislau	stl.	Hausfrau
1331.	Fischer-Finkelstein, Klara	09. 09. 12	Stanislau	stl.	Hausfrau

02. 04. 43

1332.	Rosenbaum-Lichtenstein, Margaretha	13. 01. 92	Frankf. a. M.	stl.	ohne
1333.	Werkendam-Leeda, Bertha	10. 01. 74	Amsterdam	stl.	ohne
1334.	Blimbaum, Sacha	27. 12. 24	Leipzig	stl.	Kürschner
1335.	Bos, Marcel	04. 11. 85	Amsterdam	stl.	Diamantkliever
1336.	Bos-Werkendam, Judith	21. 06. 91	Amsterdam	stl.	Hausfrau
1337.	Bos, Mary	12. 01. 28	Antwerpen	stl.	Schülerin
1338.	Kesner, Salomon	20. 05. 77	Amsterdam	stl.	Diamantschleifer
1339.	Schaap-Schaap, Keetje	21. 09. 68	Amsterdam	stl.	ohne
1340.	Metzelaar, Jacob	10. 01. 88	Amsterdam	stl.	Diamantschleifer
1341.	Metzelaar-Schaap, Evelina	26. 08. 93	Amsterdam	stl.	Hausfrau
1342.	Gruber, Abraham	09. 12. 78	Mastrywielki	stl.	Handelsvertreter
1343.	Frederikstadt-De Vries, Rachel	25. 01. 93	Amsterdam	stl.	Schneiderin
1344.	Frederikstadt, Rebecca	18. 04.30	Amsterdam	stl.	ohne
1345.	Schaap, Lea	07. 05.89	Amsterdam	stl.	ohne
1346.	de Smit-de Wolf, Heintje	17. 10.56	Amsterdam	stl.	ohne
1347.	*Melchior, René (transp. XXIIa)*	*20. 01. 89*	*Brüssel*	*stl.*	......
1348,	Molnar-Singer, Paula	28. 08. 04	Wien	stl.	Hausfrau
1349.	Singer, Ernst	30. 03. 15	Wien	stl.	Verkäufer
1350.	*Grosman, Leyer (transp. XXIV)*	*02. 03. 07*	*Warschau*	*stl.*	*Diamant-schneider*
1351.	Konarski-Frankforski, Malka	02. 04. 05	Szestochowa	stl.	Schneiderin
1352.	Konarski, Severin	10. 05. 31	Antwerpen	stl.	Schüler
1353.	Kummer-Götzler, Else	25. 01. 00	Frankf. a. M.	stl.	Hausfrau
1354.	Berger-Perlman-ova, Frieda	08. 11. 04	Mukscevo	stl.	Schneiderin
1355.	Berger, Jacques	28. 12. 32	Antwerpen	stl.	Schüler
1356.	Rosenvaser-Rozenberg, Hermina	14. 11. 11	Fuciumi	stl.	Näherin
1357.	Rosenvaser, Willy	24. 07. 41	Antwerpen	stl.	ohne
1358.	Rosenvaser, Renée	26. 11. 42	Antwerpen	stl.	ohne
1359.	Rucker, Mina	29. 12. 89	Wionisca	stl.	ohne

03. 04. 43

1360.	Fischel, Abraham	04. 08. 21	Antwerpen	stl.	Konditor
1361.	Zylberberg, Szoel Haim	14. 12. 96	Raddom	stl.	Hausierer
1362.	Mitelsbach, Nuchim Nathan	15. 01. 07	Warschau	stl.	Kaufman

1363.	Mitelsbach-Berry, Rosia-R.	14. 06. 09	Bedzin	stl.	Hausfrau
1364.	*Fink, Hirsch Moses (XXVI-8)*	*09. 04. 03*	*Pikelovka*	*stl.*	*Bügler*
1365.	Winter, Naftali	28. 10. 86	Tarnow	stl.	Goldschmied
1366.	Cyngiser, Israel Jacob	24. 08. 04	Krasnick	stl.	Schuhmacher
1367.	Zloto-Szterenlicht, Necha	01. 08. 11	Warschau	stl.	Hausfrau
1368.	Lewenkron-Anuszewicz, Sura Fajga	05. 07. 95	Warschau	stl.	Hausfrau
1369.	Wolman, Icek Moszek	28. 04. 06	Wyczogrod	stl.	Zuschneider
1370.	Lokcinski-Rotenberg, Anna	23. 07. 01	Lodz	stl.	Schneiderin
1371.	Kriksman, Szrul	21. 12. 04	Grodzak	stl.	Schneider
1372.	Schaffman, Chaim	12. 03. 94	Kichineff	stl.	Scneider
1373.	*Jablonski-Rosenstein, Dyna (XXIIA)*	*20. 05. 20*	*Lask*	*stl.*	*Krankenpflegerin*
1374.	Lieder-Keller, Breindel	11. 09. 83	Krakau	stl.	Hausfrau
1375.	Belfer, Ruth	30. 10. 30	(Polen)	stl.	Schülerin
1376.	Ryfenholc, Icek	04. 06. 95	Warschau	stl.	Lederarbeiter
1377.	Ryfenholc-Kleniec, Ruchla	11. 11. 95	Warschau	stl.	Näherin
1378.	Ryfenholc, Albert	27. 11. 30	Brüssel	stl.	Schüler
1379.	Weberman, Symche	05. 01. 09	Lyszyce	stl.	Stricker
1380.	Bloder, Abraham	19. 12. 12	Warschau	stl.	Schneider
1381.	*Tabakman, Mejer (XXIII-17)*	*03. 09. 12*	*Siedlec*	*stl.*	*Schuh-zuschneider*
1382.	Swiercs, Maurice	17. 11. 99	Brataczowice	stl.	Tischler
1383.	Swiercs-Galeck, Rachel Ruchla	10. 05. 97	Warschau	stl.	Hausfrau
1384.	Bainvol, Leibus	15. 01. 87	Surkowice	stl.	Lederarbeiter
1385.	Bainvol-Schwartzberg, Esther	1888	Plotzk	stl.	Hausfrau
1386.	Isaac-Plotke, Ida	15. 08. 97	Berlin	stl.	Modistin

07. 04. 43

1387.	Sztokman, Paltyl	13. 10. 05	Bututow	stl.	Hutmacher
1388.	Sztokman-Mydlek, Estera	06. 06. 04	Kutno	stl.	Hausfrau
1389.	Sztokman, Aron	03. 01. 42	Schaerbeek	stl.	ohne
1390.	Apteker-Rotter, Anna	26. 11. 68	Ottynia	stl.	ohne
1391.	Apteker, Nathan	03. 01. 95	Kolomen	stl.	Koch
1392.	Apteker-Goldmann, Editha-Helena	23. 11. 02	Harburg	stl.	Schneiderin
1393.	Apteker, Lisette	16. 09. 30	Harburg	stl.	Schülerin
1394.	Apteker, Suzanne	06. 11. 34	Antwerpen	stl.	Schülerin

1395. Apteker, Charles	13. 10. 41	Brüssel	stl.	ohne
1396. Millet, Isidor	24. 12. 85	Lemberg	stl.	Tapezierer
1397. Millet-Buk, Sali	09. 03. 98	Liwowce	stl.	Hausfrau
1398. Finger-Cohen, Ida	24. 05. 88	Oberhausen	stl.	Schneiderin
1399. Finger, Ignaz	25. 05. 14	Gladbach	stl.	Schneider
1400. Meyer-Cahn, Rosa	04. 02. 89	Mühlheim	stl.	Näherin
1401. Silbermann, Max Israel	01. 04. 06	Wilhelms-hafen	stl.	Dekorateur
1402. Silbermann-Walter, Liselotte	24. 05. 16	Bonn	stl.	Schneiderin
1403. Weiss, Oscar	15. 08. 97	Baden b. Wien	stl.	Koch
1404. Weiss-Wilner, Bertha	07. 05. 99	Wien	stl.	Stenotypistin
1405. Rzepkowicz, Szmul	23. 08. 17	Lodz	stl.	Dolmetscher
1406. Mühlbauer, Isidor (transp. XXI)	*23. 04. 09*	*Lwow*	*stl.*	*Pelzarbeiter*
1407. Kahn, Rudolf	07. 11. 00	Warschau	stl.	ertreter
1408. Ultmann, Hilda	04. 10. 20	Wien	stl.	Schneiderin
1409. Eisler-Strausz, Fanny	01. 01. 79	Lopasso	stl.	ohne
1410. Weiserbs-Rozenbaum, Marie	03. 06. 96	Warschau	stl.	Näherin
1411. Neumann-Fuchs, Rosa	08. 05. 00	Wien	stl.	Hausfrau
1412. Grünbaum, Ester	29. 08. 16	Warschau	stl.	Korsettnäherin
1413. Grynbaum, Udla	14. 07. 04	Przedborg	stl.	Haushälterin
1414. Kupferminc, Lajbus	04. 08. 89	Przedborg	stl.	Schneider
1415. Kupferminc-Kupferminc, Sara	15. 07. 89	Przedborg	stl.	Handnäherin
1416. Kutnowski-Kupferminc, Anna	10. 08. 14	Przedborg	stl.	Pelzarbeiterin
1417. Kupferminc, Aron Mordka	16. 07. 12	Przedbog	stl.	Schneider
1418. Kupfermine-Ajzenfisz, Chawa	21. 09. 10	Minsk Mazowich	stl.	Hausfrau
1419. Kupferminc, Hilda	05. 06. 39	Anderlecht	stl.	ohne
1420. Heller, Heinrich	07. 03. 12	Wien	stl.	Schlosser
1421. Heller-Holländer, Marie	30. 09. 14	Wien	stl.	Hausfrau
1422. Blumenthal, Willi Josef	23. 03. 94	Berlin	stl.	Schlosser
1423. Posener, Ludwig	09. 04. 26	Berlin	stl.	ohne
1424. Ginsberg, Gerson	07. 05. 01	Wisnicz	stl.	Handels-angestellter
10. 04. 43				
1425. Holländer, Regina	10. 05. 73	Pivniczna	stl.	ohne
1426. Aronsfrau, Leon (transp. XXI)	*08. 12. 87*	*Bochnia*	*stl.*	*Kaufmann*

1427.	Aronsfrau-Hollander, Eva	28. 07. 93	Radomysl	stl.	Hausfrau
1428.	Aronsfrau, Leonore (transp. XXI)	08. 12. 87 08. 09. 20	Bochnia Dresden	stl. stl.	Kaufmann ohne
1429.	Kolski-Graneck, Esthera M.	04. 10. 01	Wielum	stl.	Hausfrau
1430.	Gothelf, Jakob Josef	05. 10. 04	Babjanice	stl.	Zuschneider
1431.	Gothelf-Erlich, Brandla	14. 02. 02	Grostechowa	stl.	Näherin
1432.	*Moddel, James (XXI-1279)*	*22. 05. 04*	*Berlin*	*stl.*	*Kürschner*
1433.	Moddel-Horwitz, Edith	10. 12. 05	Berlin	stl.	Hausfrau
1434.	Moddel, Evelina	10. 10. 32	Berlin	stl.	Schülerin
1435.	Wiegel, Anna	10. 08. 15	Berlin	stl.	Näherin
1436.	Epstein, Joseph	03. 12. 01	Warschau	stl.	Damen-konfektionneur
1437.	Epstein-Sturm, Marie Jonte	29. 08. 07	Kolbuszowa	stl.	Kunst-gewerblerin
1438.	Glatt, Salomon	03. 11. 00	Prodzinko	stl.	Milchmann
1439.	Glatt-Dancygier, Selda Fajgla	08. 03. 99	.awkorcie	stl.	Hausfrau
1440.	Glatt-Fliegelman, Anna	17. 12. 25	Duisburg	stl.	Schneider-lehrling
1441.	Hercberg, Ruth	16. 05. 31	Duisburg	stl.	Schülerin
1442.	Loszyca-Klajman, Bina Mayem	10. 03. 14	Piotrkow	stl.	Schneiderin
1443.	Poznanski, Szmul Boruch	27. 06. 91	Warschau	stl.	Damentaschen-arbeiter
1444.	Poznanski-Chlewner, Chaja M.	29. 08. 02	Warschau	stl.	Hausfrau
1445.	Bomberg-Birentzveig, Sura L.	16. 07. 04	Warschau	stl.	Hausfrau
1446.	Grosskop, Moses	11. 01. 93	Opatow	stl.	Schneider
1447.	Weinberg, Josef	12. 10. 09	Salzbug	stl.	Lehrer
1448.	Jauze, Isaac	20. 02. 87	Warschau	stl.	Handelsvertreter
1449.	Jauze-Rosemberg, Laja	18. 10. 88	Warschau	stl.	Hausfrau
1450.	*Frydman-Cukier, Chaja (XXIII)*	*25. 09. 08*	*Vrzitik*	*stl.*	*Schneiderin*
1451.	Dym-Gotzel, Ettel	07. 07. 97	Cieszanow	stl.	Hausfrau
1452.	Dym, Roza	11. 03. 28	Berlin	stl.	Schülerin
1453.	Lipszyc, Fiszel Abram (Felix)	15. 03. 23	Lodz	stl.	Schneider
1454.	*Herskovic, Sachla (transp. XXI)*	*29. 12. 07*	*Vulchova*	*stl.*	*Schneider*
1455.	Goldine, Afchic	10. 03. 12	Anderlecht	stl.	Zuschneider
1456.	Olszyn, Mendel M.	03. 11. 00	Zubrazyn	stl.	Schneider

1457.	Korn, Ira	10. 08. 05	Stanislaw	stl.	Kaufmann
1458.	------------------------*(doppelt, siehe 895)*------------------------------------				
1459.	Bloemgarten-Wesly, Maria Anne	22. 08. 56	Maastricht	stl.	ohne
1460.	Bloemgarten, Leonie	05. 04. 86	Maastricht	stl.	Hausfrau
1461.	Bloemgarten, Victor	23. 03. 92	Maastricht	stl.	Kaufmann
1462.	Rutgajzer, Israel	03. 02. 04	Uman.	stl.	Musiker
1463.	Vischraper, Simon	09. 05. 70	Amsterdam	stl.	Kaufmann

12. 04. 43

1464.	Blumsack, Josef	08. 10. 07	Frank-furt a. M.	stl.	Jurist
1465.	Lustbader, Markus	11. 09. 05	Novy-Sagz.	stl.	Schneider
1466.	Kastner-Fenger, Mina	13. 08. 91	Berlin	stl.	Hausfrau
1467.	Fenger, Irmgard	09. 02. 09	Berlin	stl.	Kranken-schwester
1468.	Jellinck, Samuel	19. 02. 84	Eiwonitz	stl.	Schneider
1469.	Jellinek-Neubroch, Karla Charlotte	04. 8. 79	Vele	stl.	Hausfrau
1470.	Justman, Henoch	28. 09. 02	Lodz	stl.	Lederarbeiter
1471.	Justman-Albek, Chaja	29. 07. 97	Warschau	stl.	Näherin
1472.	Lachman, Berck	09. 10. 90	Lodz	stl.	Schneider
1473.	Lachman, Michel Ichok	25. 07. 26	Lodz	stl.	Schneider
1474.	Lajzerowicz, Jochene Luzer	10. 05. 97	Kowal	stl.	Schneider
1475.	Lajzerowicz-Charenzowska, Hendla	1895	Lodz	stl.	Handnäherin
1476.	Lajzerowicz, Lejb	11. 12. 24	Lodz	stl.	Schneider
1477.	Magier, Schlama	15. 03. 96	Bendzin	stl.	Schneider
1478.	Magier-Abramovicz, Sura	20. 04. 94	Bendzin	stl.	Hausfrau
1479.	Majerowicz, Szlama	18. 04. 93	Konin	stl.	Lederarbeiter
1480.	Majerowicz-Lancman, Marie	26. 02. 99	Kolo	stl.	Handnäherin
1481.	Masiewicki, Aron	25. 04. 05	Warschau	stl.	Metzger
1482.	Masiewicki-Rotter, Chaja Fajda	14. 03. 04	Warschau	stl.	Schneiderin
1483.	Masiewicki, Benjamin	15. 09. 31	Brüssel	stl.	Schüler
1484.	Masiewicki, David	12. 11. 37	Brüssel	stl.	Schüler
1485.	Mazelman, Mordka	05. 03. 89	Warschau	stl.	Lederarbeiter
1486.	Mazelman, Mojsze Ichok	03. 11. 22	Warschau	stl.	Lederarbeiter
1487.	Mazelman, Fanni Fajga	28. 03. 28	Warschau	stl.	Schülerin
1488.	Moskowicz, Tobias	30. 11. 91	Stawitzyn	stl.	Schneider
1489.	Moskowicz-Klieger, Regine	14. 03. 89	Warschau	stl.	Stenotypistin

1490. Praszkewicz, Jankiel	30. 04. 04	Brzeznica	stl.	Schneider
1491. Praszkiewicz-Zilberberg, Ita Laja	23. 01. 09	Minsk	stl.	Hausfrau
1492. Praszkewicz, Charles	11. 09. 36	Brüssel	stl.	Schüler
1493. Schotland, Dina	05. 11. 16	Majdan	stl.	Schneiderin
1494. Strauber-Ertenstreich, Schendel R.	26. 05. 98	Abertyn	stl.	Näherin
1495. Stern, Abraham	18. 12. 17	Hujcze	stl.	Kürschner
1496. Singer, Isaak	19. 08. 02	Chrzanow	stl.	Schneider
1497. Singer-Rosenzweig, Rosalie	15. 12. 06	Berlin	stl.	Näherin
1498. Wolkowicz, Herszel	13. 06. 02	Zdunska-Wola	stl.	Schneider
1499. Wolkowicz-Glucha, Liba Dwojra	17. 08. 01	Zdunska-Wola	stl.	Schneiderin
1500. Bacman, David	15. 02. 77	Karlovla	stl.	ohne
1501. Bacman-Ghelfand, Haja	14. 07. 79	Lircova	stl.	ohne

16. 04. 43

1502. Weingast gen. Erde, Joel	05. 05. 04	Biala	stl.	Vertreter
1503. Weingast-Glattstein, Hinda	03. 10. 06	Odessa	stl.	Schneiderin
1504. Weingast gen. Erde, Georges	29. 05. 31	Antwerpen	stl.	Schüler
1505. Weingast gen. Erde, Numa	11. 10. 34	Antwerpen	stl.	Schüler
1506. Weingast gen. Erde, Ruth	10. 01. 39	Antwerpen	stl.	ohne
1507. Levee, Hartog	04. 09. 77	Amsterdam	stl.	ohne
1508. Levee-Wolf, Anna	11. 05. 83	Amsterdam	stl.	Hausfrau
1509. Halloy-Heidt, Eva (Wwe Hoflich)	21. 12. 89	Frischenich	stl.	Hausfrau
1510. Höflich, Jacob (Siegfried *09. 09. 16)	25. 07. 19	Aachen	stl.	Techniker
1511. Wajdenbaum-Fogelgarn, Chana Ita	14. 04. 05	Warschau	stl.	Hausfrau
1512. Wajdenbaum, Joseph	19. 04. 35	Etterbeek	stl.	Schüler
1513. Wajdenbaum, Jacob Wolf	25. 07. 40	Schaerbeek	stl.	ohne
1514. Steinberg, Marjem	14. 07. 20	Tarnow	stl.	Pelzarbeiterin
1515. Strosberg, Esther Edith	15. 04. 18	Kieler	stl.	Pelzarbeiterin
1516. Zucker, Moses	13. 01. 71	Krakau	stl.	ohne
1517. Zucker-Hirschberg, Chana	05. 04. 71	Krakau	stl.	Hausfrau
1518. Zucker, Hinda	21. 12. 98	Krakau	stl.	Büroangestellte
1519. Elbaum-Berlinerblau, Chana	Nov. 85	Warschau	stl.	Hausfrau
1520. Elbaum, Fajwel Rafael	06. 03. 08	Warschau	stl.	Angestellter

1521.	Elbaum, Abram	12. 04. 15	Warschau	stl.	Kaufmann
1522.	Rotenberg, Markus	19. 09. 10	Antwerpen	stl.	Diamantkliever
1523.	Rotenberg-Strosberg, Laja Chana	06. 02. 13	Slupia Nova	stl.	Pelznäherin
1524.	Liebersohn recta Klughaupt, Josef	30. 12. 92	Brody	stl.	Angestellter
1525.	Liebersohn-r. Klugh.-Dominitz, Anna	08. 01. 91	Prajbatycza	stl.	Hausfrau
1526.	Krynek, Leon	20. 06. 90	Lodz	stl.	Kaufmann
1527.	Steil-Meiseles, Elisa	31. 03. 07	Lemberg	stl.	Hausfrau
1528.	Piepsz-Herschberg, Rifka	1886	Tomaszow	stl.	Hausfrau
1529.	Klein-Lesczczynski, Laja	13. 10. 98	Kleszow	stl.	Schneiderin
1530.	Klein, Alfons	08. 06. 32	Antwerpen	stl.	Schüler
1531.	Cremer-Goldman, Cyrla	15. 07. 04	Chenow	stl.	Hausfrau
1532.	Cremer, Benni	30. 07. 42	Antwerpen	stl.	ohne
1533.	Jungst-Wrochawska, Chana	24. 09. 92	Osorkow	stl.	Hausfrau
1534.	Jungst, Abraham Samuel	17. 01. 24	Zagyrow	stl.	ohne
1535.	Kornmehl-Ginzburg, Sipra Alte	07. 01. 84	Eyglice	stl.	ohne
1536.	Tenzer, Chaja	11. 12. 12	Prechow	stl.	Kontoristin
1537.	Wins-Wagenaar, Sophia	24. 06. 56	Amsterdam	stl.	ohne
1538.	Wins, Marianne	04. 04. 80	Amsterdam	stl.	ohne
1539.	Tencer, Chana Mindel	19. 07. 10	Preclow	stl.	Modistin
1540.	De Coster-De Jong, Bertha	28. 06. 82	Amsterdam	stl.	ohne

17. 04. 43

1541.	Trygier-Ber, Hinda	01. 05. 04	Sognawice	stl.	Schneiderin
1542.	Burak-Lewkowicz, Maria	02. 04. 02	Wielum	stl.	Hausfrau
1543.	Silberstein, Suzanna	24. 01. 20	Warschau	stl.	Ladenarbeiterin
1544.	Konstantinowsky, Samuel	10. 05. 74	Bechtere	stl.	Kaufmann
1545.	Dylewski, Anna (Rosa Ruda *28. 09. 28)	16. 03. 31	Charleroi	stl.	Schülerin
1546.	Dylewski-Grynszpan, Itta	10. 01. 01	Radoszek	stl.	Hausfrau
1547.	Rusek, Mordche Mendel	17. 02. 69	Lask	stl.	ohne
1548.	Jakobs, Moritz	14. 01. 78	Dinslaken	stl.	ohne
1549.	Jakobs-Freudenberg, Martha	16. 11. 81	Bochum	stl.	Hausfrau
1550.	Zechel, Moise	04. 01. 99	Kichineff	stl.	Zahnarzt
1551.	Nozice, Noe	08. 10. 04	Techenz	stl.	Pelzarbeiter
1552.	Nozice-Lasar, Marthe	01. 04. 07	Anderlecht	stl.	Hausfrau
1553.	Nozice, Gisèle	12. 02. 33	Chenée	stl.	Schülerin
1554.	Nozice, Robert	13. 06. 36	Chenée	stl.	Schüler

1555.	Glat-Kalinska, Chana Pera	1899	Lodz	stl.	Hausfrau
1556.	Glat, Maurice	15. 11. 28	Lodz	stl.	Schüler
1557.	Glat, Maier	10. 11. 29	Szomice	stl.	Schüler
1558.	Glat, Sara	13. 02. 40	Lüttich	stl.	ohne
1559.	Pikowski, Israel	21. 12. 97	Nikolaief	stl.	Klempner
1560.	Pikowski-Nemarcq, Gabrielle	18. 05. 01	St. Wiel	stl.	Hausfrau
1561.	Pikowski, Olga	11. 07. 23	Bochum	stl.	Schneiderin
1562.	Goldberg-Reich, Marien Esther	1885	Tarnoczeg	stl.	Hausfrau
1563.	Goldberg, Chaim	11. 01. 13	Tarnow	stl.	Hausierer
1564.	Goldberg-Oesterreicher, Ester Etelka	24. 12. 13	Kassa Kosice	stl.	Schneiderin
1565.	Ajzenstein, Nuchim Chaim	04. 11. 09	Pinsk	stl.	Ingen.Elektriker
1566.	Popper, Otto	17. 08. 71	Prag	stl.	ohne
1567.	Popper-Fried, Ida	20. 05. 82	Bondweis	stl.	Hausfrau
1568.	Kempner-Rozen, Marjam	28. 02. 91	Pabjanice	stl.	Hausfrau
1569.	*Grub, Abram Josek (XXI-825)*	*18. 07. 11*	*Drobin*	*stl.*	*Reisender*
1570.	Grub-Kempner, Brandel	29. 09. 22	Düsseldorf	stl	Scneiderin
1571.	Rozen, Alter Jacob	27. 08. 88	Pabjanice	stl.	Fotograf
1572.	Gelbtrung, Israel Chaim	30. 11. 03	Warschau	stl.	Reisender
1573.	Gelbtrung-Rubinstein, Nechrima	13. 09.02	Wloclawek	stl.	Modistin
1574.	Schwab-Slawkowska, Zlata Lotte	27. 01. 04	Lodz	stl.	Hausfrau
1575.	Schwab, Margit	10. 11. 27	Halle a. S.	stl.	Schülerin
1576.	Schwab, Liliane	22. 12. 29	Halle a. S.	stl.	Schülerin
1577.	Wachter, Abraham	01. 11. 83	Rotzmatow	stl.	Kaufmann
1578.	Wachter-Lichtenstein, Henny Sara	05. 07. 99	Halle a. Saale	stl.	Hausfrau
1579.	Lichtenstein, Gertrud	04. 05. 03	Halle a. Saale	stl.	Geschäftsfrau
1580.	Goldstein-Davidmann, Regina	15. 04. 05	Wien	stl.	Näherin
1581.	Goldstein, Nelly	04. 07. 26	Wien	stl.	Pelznäherin
1582.	Karminer, Mojsek	1892	Kaskowele	stl.	ohne
1583.	Karminer-Burej, Hudes	1892	Baranow	stl.	Hausfrau
1584.	Karminer, Chaja Cywja	24. 01. 25	Lublin	stl.	Näherin
1585.	Karminer, Frida Fumez	22. 03. 27	Ixelles	stl.	Schülerin
1586.	Karminer, Jacques	29. 05. 31	Uccle	stl.	Schüler
1587.	Karminer, Maurice	12. 01. 33	St.Gilles	stl.	Schüler
1588.	Muller-ova, Perl Paula	11. 01. 15	Ganice	stl.	ohne
1589.	Markovic-ova, Helena	15. 04. 17	Sovlus	stl.	Werkfrau

1590.	Spirn, Leib	07. 07. 96	Tarnobrzeg	stl.	ohne
1591.	Spirn, Esther	04. 03. 29	Berlin	stl.	Schülerin
1592.	Spirn, Isaak	02. 02. 32	Berlin	stl.	Schüler
1593.	Müller, Marten	12. 01. 03	Ganice	stl.	ohne
1594.	Polaczek/Polakow, David	1865	Berzian-kowice	stl.	ohne
1595.	Appel, Juda	05. 05. 97	Toplitze	stl.	Angestellter
1596.	Ruthen, Alois	31. 08. 10	Wien	stl.	Hilfsarbeiter
1597.	Ruthen-Binstok, Dwojra	11. 05. 08	Lovice	stl.	Handnäherin
1598.	Clement-Goldgicht, Golda	10. 12. 23	Warschau	stl.	Mechanikerin
1599.	Goldsztaub, Anszel Icek	06. 06. 83	Warschau	stl.	Lederarbeiter
1600.	Berlinerblau-Krantz, Berta Rosa	10. 05. 89	Warschau	stl.	ohne
1601.	Lichtman, Chaim	07. 12. 85	.....	stl.	……
1602.	Einhorn-Lipschütz, Erna	28. 08. 10	Krakau	stl.	Büroangestellte
1603.	Einhorn, Renée	25. 06. 39	Antwerpen	stl.	ohne
1604.	Einhorn, Maurice	21. 08. 42	Antwerpen	stl.	ohne
1605.	Mond-Gross, Rosa	17. 12. 91	Zmigrod	stl.	Hausfrau
1606.	Mond, Aron	01. 10. 92	Zolynia	stl.	Zuschneider
1607.	Klein, Joseph	21. 05.13	Pilky	stl.	Landw.arbeiter
1608.	Klein-Ova, Irena	16. 02. 18	Komnaty	stl.	Näherin
1609.	Klein-Rosenberg-ova, Rosalie	29. 06. 10	Anck	stl.	Hausfrau
1610.	Klein, Lea	16. 10. 36	Antwerpen	stl.	Schülerin
1611.	Klein, Josef	16. 03. 38	Antwerpen	stl.	Schüler
1612.	Goldman, Szmul	07. 05. 14	Otwock	stl.	Pelzarbeiter
1613.	Goldman-Jankelovic, Malka	30. 03. 13	Novoselie	stl.	Hausfrau
1614.	Goldman, Eva	21. 10. 40	Brüssel	stl.	ohne
1615.	Goldman, Adam	06. 09. 42	Brüssel	stl.	ohne
1616.	Beck-Herzig, Karolina	14. 03. 85	Krakau	stl.	ohne
1617.	Einhorn-Beck, Sarolta-Sari	05. 07. 18	Eger	stl.	Hausfrau
1618.	Beck, Regina	19. 03. 06	Duhla	stl.	ohne

2601. Schive, Rakhniel *09. 12. 68*

Literatur

Adriaens, Ward: Partizaan Frans Storms. Nioba Uitgevers Antwerpen 1988
Améry, Jean: Jenseits von Schuld und Sühne. Klett-Cotta. Stuttgart 1997
Améry, Jean: Örtlichkeiten. Klett-Cotta. Stuttgart 1980
Bodson, Herman: Agent for Resistance. Texas, A & M University Press 1994
Bosquet, Alain: Ma mère russe. Grasset, Paris 1984
Broder, Pierre: Les juifs debout contre le nazisme. Editions EPO, o. J.
Charles, Jean-Léon/Dasnoy, Philippe: Les Dossiers Secrets de la Police Allemande. Editions Arts & Voyages, Bruxelles 1972
de Launay, Jacques: La Belgique à l'Heure Allemande. Paul Legrain Editor. Bruxelles, o. J.
de Launay, Jacques: La Drôle d'Occupation. Didier Hatier, Bruxelles 1990
Depaepe, Mard/ Martin, Dirk (Hrsg.): La Seconde Guerre Mondiale, une Etape dans L'Histoire de l'Enseignement. crehsgm, Bruxelles 1997
Despy-Meyer, Andrée: Une page importante dans notre histoire. In: Des Hommes et des Pierres. Archives de l'ULB, Bruxelles 1997
Falkenhausen, Alexander von: Mémoires d'Outre-Guerre. Editions Arts & Voyages, Bruxelles 1974
Garfinkels, Betty/Gottschalk, Max: Les Belges Face à la Persécution Raciale 1940–1944. Edition de l'Institut des Sociologie, ULB
Gérard, Hervé: La Résistance Belge face au Nazisme. Editions J.-M. Collet, Braine-L'Aleud 1994
Gotovitch, José: Du Rouge au Tricolore. Les Communistes Belges de 1939 à 1944. Bruxelles 1992
Gotovitch, José: Enkele Aspecten van het Dagelijkse Leven van een Klandestien. In: Het dagelijkse Leven in Belgie. CGER, Bruxelles 1984
Gotovitch, José: L'engagement des intellectuels dans la résistance. In: Des Hommes et des Pierres. Archives de l'ULB, Bruxelles 1997
Gruman, Massia: L'Athénée d'Uccle. In: Depaene, Marc/ Martin, Dirk: La seconde Guerre Mondiale. CREHSGEM, Bruxelles 1997
Hillberg, Raul: Die Vernichtung der europäischen Juden. Band 1–3. Fischer Taschenbuch Verlag, Frankfurt a. M. 1990
Han Suyin: Une Fleur Mortelle. Editions Stock 1967
Klarsfeld, Serge/ Steinberg, Maxime (Hrsg.): Die Endlösung der Judenfrage in Belgien. Beate Klarsfeld Foundation

Klarsfeld, Serge/ Steinberg, Maxime: Mémorial de la Déportation des Juifs de Belgique. Union des Déportés Juifs et Fils et Filles de la Déportation. Avenue Ducpéctiaux 68, 1060 Bruxelles

Lauwaert, Dirk: Van publiek naar toeschouwer: Duitse films in Belgische zalen. In: Het dagelijkse leven in Belgie, CGER, Bruxelles 1984

Les Archives de l'ULB: Des Hommes et des Pierres. Les Amis de la Liberte. Bruxelles 1997

Liebman, Marcel: Né Juif. Editions Duculot, Paris-Gembloux 1977

Lokker, Claude: Les Bâtons dans le Roues. Editions MIM, Bruxelles/Anvers

Longerich, Peter: Politik der Vernichtung. Piper, München 1998

Micheels, Louis J.: Doctor 117641. A Holocaust Memoir. Yale University Press. New Haven Londen 1996

Michman, Dan (Hrsg.): Belgium and the Holocaust. Yad Vashem. Jerusalem 1998

Neuman, Henri: Avant qu'il soit trop tard. Editions Duculot

Partisans Armés Juifs: 38 Témoingnages, édité par Les enfants des Partisans juifs de Belgique. Bruxelles 1991

Prowizur-Szyper, Claire: Conte à Rebours. Louis Musin Editeurs, Bruxelles 1979

Schreiber, Jean-Philippe (Hrsg.): Hertz Jospa – Juif, Résistant, Communiste. Textes réunis par Jean-Philippe Schreiber. Editions Vie ouvrière, Bruxelles 1997

Sommerhausen, Anne: Journal d'une Femme Occupée. Didier Hatier, Bruxelles 1988

Steinberg, Maxime: 1942 Les cent jours de la Déportation. Editions Vie Ouvrière, Bruxelles 1984

Steinberg, Maxime: La Question Juife 1940–1942. Vie Ouvrière 1983

Steinberg, Maxime: La Traque des Juifs 1942–1944. Volume I. Editions Ouvrière, Bruxelles 1986

Steinberg, Maxime: La Traque des Juifs 1942–1944. Volume II. Editions Vie Ouvrière, Bruxelles 1986

Ugeux, William: Histoires des Résistants. Editions Duculot, Paris–Gembloux 1979

Ugeux, William: Le »Groupe G« (1942–1944). De Boeck-Wesmael, Bruxelles 1994

Wagner, Wilfried: Belgien in der deutschen Politik während des Zweiten Weltkrieges. Wehrwissenschaftliche Forschungen. Hrsg. Militärgeschichtliches Forschungsamt, Boldt Verlag 1974

Weber, Wolfram: Die innere Sicherheit im besetzten Belgien und Nordfrankreich 1940–1944. Droste Verlag Düsseldorf

Weinzierl, Ulrich/ Dokumentationsarchiv des österreichischen Widerstandes (Hrsg.): Österreicher im Exil Belgien 1938–1945. Bundesverlag Wien, 1984

Welsch, Marc: La Belgique sous l'Oeil Nazi. Editions Quorum, Ottignies LLN 1998

Unveröffentlichte Dokumente und Quellen

Bundesarchiv Berlin, Abteilung Reich: Personalakten Kurt Asche u. a.

Centre des Recherches et d'Etudes Historiques de la Seconde Guerre Mondiale (CREHSGM) Bruxelles: Berichte der Militärverwaltung, Zeitungsartikel, Untergrundpresse

Gronowski, Simon: L'enfant du 20ième convoi. Manuskript

Joods Museum van Deportatie en Verzet, Mechelen: Dokumente zur Verfolgung der Juden und zum Widerstand in Belgien

Landgericht Kiel: Prozeßakten Kurt Asche

Militärarchiv Freiburg: Nachlaß General Alexander von Falkenhausen

Service des Victimes de Guerre im Ministère de Santé Publique, Bruxelles: Protokolle des Judenrats, Abschrift des Tagebuchs von Salomon Vanden Berg, Personaldossiers von Widerständlern und politischen Häftlingen, Fichier Sicherheitsdienst, Transportlisten Mechelen–Auschwitz

Politisches Archiv des Auswärtigen Amtes, Bonn: Telegramme, Berichte an das Auswärtige Amt

Privatarchiv Robert Korten, Boortmeerbeek

Université Libre de Bruxelles: Archiv zur »Groupe G«

Zentrale Stelle der Landesjustizverwaltungen, Ludwigsburg: Strafanzeige und Urteil Kurt Asche

Danksagung

Ich danke den Deportierten des 20. Transports, Willy Berler, Brüssel, Ernst Landau, Tel Aviv, Jacques Grauwels, Ostende, Simon Gronowski, Brüssel, Régine Krochmal, Brüssel, Samuel Perl, Antwerpen, Claire und Philippe Szyper-Prowizur, Tel Aviv, für ihre rückhaltlose Bereitschaft, mir ihre Geschichten zu erzählen. Abela Crousel-Goldsteinas und Jacques Goldsteinas konnte ich über ihre Eltern befragen, die bei dem Überfall auf den 20. Transport von Robert Maistriau befreit worden waren. Maistriau, der 45 Jahre als Viehzüchter und Farmer im Kongo gelebt hat und nun wieder in Brüssel wohnt, verdanke ich die detaillierte Schilderung dieser einzigartigen Widerstandsaktion. Die Interviews mit Inès De Castro-Lewin, David Lachman, Paul Halter und Yvonne Jospa vermittelten mir Zusammenhänge und Hintergründe aus der Résistance, die in keinem Buch zu lesen waren. Lily Coulon-Allègre, Marcel Hastir, Kaya Kengen, Henriette Vander Hecht und Jacqueline Opdenberg-Mondo brachten mir die Persönlichkeit von Youra Livchitz nahe. Die Geschichte seiner Familie erfuhr ich von seiner Nichte Maria Henninot, Paris, und von dem Ehepaar Stolnikoff, Genval. Philippe Franklemon und Agnes Lecarte verdanke ich wichtige Hinweise auf ihren Vater, den Musiker Jean Franklemon, der 1977 in der DDR verstorben ist.

Das Fundament für diese Rekonstruktion des Überfalls auf den 20. Transport lieferte der belgische Historiker Maxime Steinberg, der die Verfolgung, die Vernichtung und den Widerstand der Juden in Belgien mit wissenschaftlicher Akribie dokumentiert hat. Ward Adriaens vom Joods Museum van

Deportatie en Verzet war ein stets freundlicher und kundiger Auskunftgeber. Der inzwischen verstorbene Partisan Robert Korten aus Boortmeerbeek, auf dessen Initiative hin eine Gedenktafel am Ort des Geschehens aufgestellt wurde, hat mir sein Privatarchiv geöffnet. Claire Barette und Sophie Vanderpontseele im Service des Victimes de la Guerre haben für mich nach Akten, Berichten und Protokollen aus der deutschen Besatzungszeit gefahndet. Im Landgericht Kiel durfte ich die umfangreichen Prozeßakten des 1981 zu sieben Jahren Gefängnis verurteilten Kurt Asche einsehen, der 1997 in Hamburg verstarb.

Ich danke Christiane Kohl, die mir, der Journalistin, über die anfänglichen Schwierigkeiten ein Buch zu schreiben, hinweghalf. Erika Dahners hat mir bei der Durchsicht des Manuskripts geholfen und mit großem Engagement die Abschrift der Deportationslisten erstellt. Ein Dankeschön auch an meine Lektorin Maria Matschuk, die mich bestärkt und kenntnisreich begleitet hat.